Nord-
friedhof
Th.-Neubauer-Str.
Planetarium
Thomas-
Philosophen-weg
Kritzegraben
Jakob-Str.
A.-Harnack-Str.
Griesbach-garten
K.-Kollwitz-Str.
Planetarium
Botanischer Garten
Bibliotheksweg
Bibl.-pl.
K.-Liebknecht-Gedenkst.
Goethe-Gedenkstätte
Univers.-bibliothek
Ballhausg.
Schwarzer Bär
Rat d. Stadt
Spittelplatz
Spitzweiden-
Saalbahnhof-Str.
Am Anger
Goethe-allee
Luther-pl.
Goethe-allee
Stadtkirche
Friedr. Schiller-Univ.
Johannisstr.
Weinperle
Universitätshochhaus
Platz der Kosmonauten
Rathaus
Kirchpl.
Saalstr.
Unter-lauengasse
Markt
Bus-bf.
Insel-platz
Steinweg
Frauengasse
Camsdorfer Brücke
Karl-
Löbderstr.
Holzmkt.
Rat d. Kreises
Roter Turm
E.-Thälmann-Ring
Capitol
Teutonengasse
Palast-theater
Grietgasse
Paradiesstr.
Fischerg.
A.-Volks-bad
Volksbad
Knebel-straße
Paradies
Paradiesbrücke
Bf. Paradies
Märchenbrunnen
Karl-Marx-Platz
Seidel-Straße
Camsdorfer
Dietrich-weg
Hügel-straße
Friedrich-Engels-
A.-Kochers-graben
Am Burggarten
Burg-weg
Saale
Wenigenjenaer Ufer
Löbstedter Straße
Griesbrücke
Georg-Büchner-Damm
Tümplingstr.
Magnus-Poser-
Geschw.-Scholl-
Carl-Zeiß-
Schul-Str.
Camsdorfer Str.
Hausberg-
Lobeda
144
1
5
6
8
9
10
11

Peter Wensierski
Jena-Paradies

Peter Wensierski

JENA-PARADIES

Die letzte Reise des Matthias Domaschk

Ch.Links VERLAG

Auch als ebook erhältlich

Die deutsche Nationalbibliothek verzeichnet diese Publikation
in der Deutschen Nationalbibliografie; detaillierte bibliografische Daten
sind im Internet über www.dnb.de abrufbar.

Ch. Links Verlag ist eine Marke der Aufbau Verlage GmbH & Co. KG

2. Auflage, 2023

www.christoph-links-verlag.de
Prinzenstraße 85, 10969 Berlin
Umschlaggestaltung: zero-media.net, München,
unter Verwendung von Fotos von Hans-Helmut Kurz (vorn oben und Rückseite)/
Robert-Havemann-Gesellschaft/Manfred Hildebrandt/RHG_Fo_HAB_11254
(vorn unten)
Vor-/Nachsatz: Ausschnitt aus dem Stadtplan Jena, VEB Tourist Verlag, 1979
Satz: Nadja Caspar
Druck und Bindung: Friedrich Pustet GmbH & Co. KG,
Gutenbergstr. 8, 93051 Regensburg

ISBN 978-3-96289-186-2

Inhalt

Vorbemerkung

Dieses Buch erzählt vom Leben des Jugendlichen Matthias Domaschk und basiert auf Gesprächen mit mehr als 160 Zeitzeugen, zumeist Verwandte, Freunde und Freundinnen, die ihn Matz nannten. Ferner 30 ehemalige Mitarbeiter der Staatssicherheit, darunter diejenigen, die mit Matthias Domaschk bei seiner letzten Reise zu tun hatten. Darüber hinaus wurden für dieses Buch etwa 60 000 Seiten teils erstmals aufgefundene MfS- und andere Akten in mehreren Archiven durchgesehen und ausgewertet.

Alle authentischen Äußerungen und Begriffe jener Zeit sind kursiv gesetzt. Sie entstammen in lesbar gemachter Form Briefen, Vernehmungen, Tonbandaufzeichnungen, Vermerken, Zetteln, Abhör- und sonstigen Protokollen oder Tagebüchern sowie dazugehörigen Zeitzeugengesprächen. Dieser Fundus, auf dem das Buch basiert, wird im Thüringer Archiv für Zeitgeschichte »Matthias Domaschk« zugänglich gemacht. Schriftliche Überlieferungen wurden in der ursprünglichen Rechtschreibung belassen, auch die Kleinschreibung in den Briefen von Matz wurde beibehalten. Rekonstruierte wörtliche Rede wird ohne Anführungszeichen wiedergegeben.

Prolog

Herbst 1976. Matz sitzt an der Felskante des alten Steinbruchs. Sein Blick geht weit über die Stadt. Von hier aus kann er alles sehen, die Ruine der Lobdeburg direkt gegenüber, daneben die Hochhäuser von Neulobeda, wo seine Eltern wohnen – aber er nicht mehr. Gleich dahinter Drackendorf, wo Goethe eine Geliebte hatte und Matz eine Schülerband.

Unten im Tal, am Fußweg nach Jena, die Teufelslöcher, wo er vor Jahren mit einem wildfremden Mädchen in der Höhle Schutz fand, als ein Platzregen niederging. Die Kreuzung an der Landstraße, von der aus sie lostrampen, zu Freunden in Leipzig, Zeitz oder Apolda, zu Blueskonzerten nach Wandersleben, nach Polen ... Hauptsache weit weg.

Zu seinen Füßen die Berufsschule in Göschwitz, auf der er im nächsten Jahr sein Abitur machen wird, um dann studieren zu können. Hier und da zwischen den Häusern funkelt die Saale auf ihrem Weg zwischen Wiesen und Auen im Volkspark Paradies.

Matz schaut nach rechts, zur alten Autobahnbrücke mit den geheimen Räumen direkt unter der Fahrbahn. An diesem sonnigen Herbsttag sind nur wenige Pkws zu sehen.

Da nähert sich ein Auto. Ein VW Käfer mit West-Berliner Kennzeichen, der jetzt am Steinbruch anhält, den Motor abstellt. Es ist still, keiner ist dem Wagen gefolgt, das Gelände kilometerweit zu überblicken. Niedrige Büsche, ein paar Pionierpflanzen, kleine Tümpel und Teiche mit Schachtelhalm, eine riesige Felswand, in der sich Birken unterschiedlicher Größe angesiedelt haben.

Wie im Italowestern, meint Uwe beim Aussteigen zu Matz, ein toller Treffpunkt!

Seine Freundin Brigitte ist mitgekommen und in einem Korb auf der Rückbank ihr Baby Lara. Sie wollen reden – über die notwendige Revolution in Ost wie West. Erfahrungen austauschen. Uwe hat einen Schulstreik organisiert und kämpft gegen Immobilienspekulanten am Klausenerplatz, ein Sponti, linksradikal und gewaltbereit. Brigitte hat vor ein paar Tagen Flugblätter der Roten Hilfe vor dem Moabiter Frauenknast verteilt und eines davon mitgebracht.

In den nächsten Stunden geht es bei dem heimlichen Treffen im Steinbruch um Frauenbewegung, Männergruppen, Umweltinitiativen, Makrobiotik, um Hippies und Blumenkinder, die zum Mystizismus abdriften, um den Wunsch, natürliche Lebensmittel herzustellen. Sie reden sich die Köpfe heiß über die Zentralisierung oder Dezentralisierung des politischen Kampfes, die alte KPD und die neuen Bewegungen, Straßenfeste und Jugendzentren, Erich Honecker, die Stasi und das Leben in der DDR. Es geht um eine gemeinsame Strategie, um die Frage, wie Veränderungen schon heute bewirkt werden können – und nicht erst für die Enkel.

Warum sollen wir sonst eine Revolution machen?, fragt Uwe und berichtet von überall im Westen entstehenden Handwerkskollektiven, Biobäckereien, Landkommunen, Selbsterfahrungsgruppen.

Am späten Nachmittag müssen Uwe und Brigitte wieder los, sie wollen ins Wendland fahren.

Vielleicht habt ihr davon gehört? In Brokdorf soll ein Atomkraftwerk errichtet werden. Zur nächsten Demo werden Tausende Leute kommen. Drückt uns die Daumen, damit es nicht wieder so eine brutale Prügelei wird! Lotta continua!

Nachdem die West-Berliner losgefahren sind, steckt sich Matz eine Karo an, seine Lieblingszigarette ohne Filter. Er hockt sich noch einmal auf die Kante des Steinbruchs, die steil abfällt, gefährlich tief nach unten. Sein Blick geht wieder in die Ferne.

In Hunderten Fenstern der Wohnblocks von Neulobeda spiegelt sich die Abendsonne. Das Stadtzentrum dagegen liegt schon im Schatten der Berge.

Irgendwo müsste die alte Tonnenmühle zu sehen sein, Am Rähmen, direkt gegenüber die Wohnung von Renate und Matz.

Was der Abend wohl noch bringen wird?

Vielleicht zu den Freunden in die Gartenstraße gehen, zu Hauser, in den Hirsch oder zu Walli im Steinweg?

Es wird kalt hier oben.

Matz greift neben sich, da liegt der Beutel mit Zeitungen und Büchern, die ihm Uwe und Brigitte mitgebracht haben. Er nimmt einen Band mit Gedichten von Peter-Paul Zahl in die Hand, schlägt ihn auf und liest die Zeilen:

rücken an rücken
kämpft es sich besser
da hat man mehr mut

Freitag, 10. April 1981

nach liebe fragen kann ich nicht
nach schönheit fragen will ich nicht
aber nach unserem leben
denn es ist liebe und schönheit

Gedicht von Matthias Domaschk in einem
Brief an seinen Freund Heppe,
4. Juni 1978

Freitag, 19.15 Uhr – MfS-Kreisdienststelle Jena

Acht relevante Personen haben Jena verlassen und fahren mit dem D-Zug 506 Richtung Berlin. Diese Personen dürfen nicht in die Hauptstadt einreisen!

Major Herbert Würbach legt den Telefonhörer auf und blickt auf seine Armbanduhr. Viertel acht. Der Befehl von Oberst Werner Weigelt aus der Bezirksverwaltung des Ministeriums für Staatssicherheit in Gera kommt über den Operativstab kurz nach Dienstschluss. *Und erklärt mir mal,* habe der Oberst noch geblafft, *was da wieder los ist bei euch!*

Würbach, der stellvertretende Leiter der Kreisdienststelle Jena, ist schon seit acht Uhr morgens im Haus. Damit hat er jetzt nicht mehr gerechnet. Die meisten Mitarbeiter haben ihre Schreibtische schon leergeräumt, die Akten in die Stahlschränke gelegt, deren Türen verschlossen und versiegelt, die persönliche Petschaft ins weiche Plastilin gedrückt. Endlich Wochenende, viel zu viele Stunden im *Objekt,* es ist April – endlich wärmer! Zu Hause gemütlich machen oder raus auf die Datsche.

Und jetzt das! Von wegen Dienstschluss. Hoffentlich sind die noch nicht alle raus … Würbach selbst hat noch bis acht Uhr morgens einen 24-Stunden-Bereitschaftsdienst.

Erster Gedanke: Wer ist zuständig? Er wählt die Nummern der Mitarbeiter im Referat XX: Urbansky 313 68, Mähler 344 02 … Niemand geht ran. Würbach wird ungeduldig, dann eben die Nummer des Offiziers vom Dienst. Der kontrolliert im Erdgeschoss den Ein- und Ausgang des Gebäudes. Alle Mitarbeiter müssen an ihm vorbei, selbst wenn sie den Hinterausgang nehmen, in den vor Blicken geschützten Hof, wo einige in den Fertigteilgaragen neben dem Benzinbunker ihre Ladas und Wartburgs parken, zwischen Objekt Gerbergasse und Objekt Anger.

Ist Köhler schon raus? Urbansky und Mähler? Rössel? Die Antwort des OvD wartet Würbach gar nicht erst ab: Egal – schaffen Sie mir jeden von der Truppe ran! Sofort! Würbach legt auf, um erneut zu wählen.

Doch sein Apparat kommt ihm zuvor, es klingelt schon wieder. Neue Information aus Gera: Das *Beobachterkollektiv* am Saalbahnhof hat zwei der Jugendlichen, die in den Zug gestiegen sind, identifiziert: Bei dem mit der *Afrofrisur* handele es sich um Rösch, Peter, Spitzname Blase. Der andere sei ein gewisser Domaschk, Matthias, genannt Matz. Beides relevante Personen des politischen Untergrunds von Jena.

Ach du grüne Neune, durchfährt es Würbach. Ausgerechnet diese beiden!

Noch vor drei Tagen hat er mit Oberleutnant Roland Mähler und dem Referatsleiter der XX Hauptmann Peter Urbansky besprochen, dass während des X. Parteitages der SED dieser Domaschk unbedingt in Jena gebunden werden müsse. Dafür sollte ein inoffizieller Mitarbeiter sorgen *und einen stabilen Kontakt zu Domaschk aufbauen, um seine Absichten und Ziele, Mittel und Methoden aufzuklären.*

Sie hatten sich dafür einen guten Plan ausgedacht: Ein junger Bildhauer, Bassist in der Rockband Casua mit dem Decknamen »Steiner« sollte das übernehmen und Domaschk um Hilfe beim Renovieren seines Ateliers bitten. Von anderen Informanten wussten sie, dass Matz sehr hilfsbereit ist, besonders, wenn es ums Renovieren geht.

»Steiner« war ein besonderer Fang der Kreisdienststelle. Kind eines amerikanischen G. I., in Worms geboren. Die Mutter verließ den Vater und ging im Jahr des Mauerbaus zurück zu ihren Verwandten nach Thüringen. Der Junge wurde wegen seiner Hautfarbe und der krausen Haare im Kindergarten und in der Schule gehänselt. Bei der Armee gab es ständig Beleidigungen durch Kameraden. Wenn er in Uniform in die Kneipe kam, schallte ihm entgegen: *Jetzt ziehen sie schon Nigger ein.* Als er in der Schlange vor einem Taxistand mal drängelte, beschimpften ihn Bürger als *Niggerschwein* und *Dreckiger Nigger,* es kam zur Schlägerei. Er sollte vor Gericht. Eine gute Gelegenheit für die Kreisdienststelle: Anwerbung statt Strafe.

Das war vor einem Jahr. Mit dem Kontakt zu Domaschk bekam »Steiner« jetzt seinen ersten wirklich wichtigen Auftrag. Er sollte sich täglich telefonisch bei seinem Führungsoffizier Mähler melden und über Domaschk berichten.

Na, hat ja prima geklappt, denkt Würbach. Keine einzige Meldung von »Steiner« lag bis gestern vor! Und nun verlässt Domaschk Jena mit dem Zug in Richtung Berlin.

Dabei gab es gestern erst eine weitere Lagebesprechung zu Domaschk und Rösch. Wie sich herausgestellt hat, liegen zu beiden seit Wochen brisante Informationen vor, denen nicht konsequent nachgegangen worden ist. Bei der Besprechung ging es hoch her. Jeder Anfangsverdacht, hieß es, muss verfolgt werden. Nichts darf zu leicht genommen werden. Oberleutnant Mähler musste sich den Vorwurf gefallen lassen, eine wichtige Information über Domaschk viel zu lange zurückgehalten zu haben.

Hauptmann Köhler, der wegen Krankheit im März wochenlang ausgefallen und erst seit wenigen Tagen wieder im Dienst war, nutzte das geschickt für sich aus. Er kehrte mal wieder den Eifrigen hervor. Am Ende nahm er Mähler die Sache komplett aus der Hand und verpflichtete sich, alle längst notwendigen Maßnahmen zu Domaschk und Rösch einzuleiten. Deshalb ist Köhler als stellvertretender Referatsleiter XX jetzt mit dafür verantwortlich, beide potenziellen Störenfriede von Berlin fernzuhalten.

Immerhin, das mit dem Einsatz der Beobachtergruppe hat geklappt, sonst würden die beiden unentdeckt im Zug gen Berlin fahren, ohne dass wir davon wüssten! Was haben sie bloß vor?

Moment mal. Mähler wollte doch heute Vormittag einen Kurztreff organisieren, um den IM endlich gegen Domaschk in die Spur zu schicken. »Steiner« sollte heute zu Domaschk gehen und ihn bitten, am Wochenende mitzuhelfen.

Das war der Plan: *Sollte Domaschk mit diesem Vorschlag einverstanden sein, wäre eine Bindung über die gesamte darauffolgende Woche nach Feierabend möglich. Nach Eintreten der Dunkelheit könnte Steiner zusammen mit Domaschk ein Bierchen trinken und so das Zusammengehörigkeitsgefühl weiter ausbauen.*

Sollte Domaschk nicht mitmauern, hätte »Steiner« wenigstens mit ihm saufen gehen können. *Relevante* Typen wie Domaschk und Rösch, die wir seit Jahren *bearbeiten,* dürfen momentan nicht in die Hauptstadt gelangen! An diesem Wochenende kommen immerhin 2700 in- und ausländische Genossen als Gäste und Delegierte zum X. Parteitag der SED, und die sollen eine Hauptstadt der Sauberkeit und Ordnung erleben, ohne dekadent aussehende, langhaarige Paradiesvögel. *Der Parteitag soll in hoher Ordnung und Sicherheit verlaufen.* Und wer weiß, vielleicht haben die ja noch was Schlimmeres vor? Eine öffentlichkeitswirksame Störaktion? Den beiden ist doch alles zuzutrauen.

Vielleicht weiß Köhler mehr darüber, was die beiden Typen planen? Nur, wo bleibt er denn jetzt bloß? Köhler gibt doch gern an, dass er immer der Letzte ist, der geht, und der Erste, der kommt. Warum nimmt er sein Telefon nicht ab?

Freitag, 16.30 Uhr – Jena, Am Rähmen 3

Matz stürmt das dunkle Treppenhaus hoch, nimmt immer zwei der ausgetretenen Stufen auf einmal, im dritten Stock geht er zur Tür mit dem bunten Blumenplakat, die wie immer unverschlossen ist, drückt die Klinke herunter, wirft seinen Stoffbeutel in die Ecke, macht ein paar Schritte durch den Raum zum Plattenspieler. Das Lied geht ihm schon die ganze Zeit durch den Kopf. Er greift nach dem kleinen Stapel Schallplatten. Jimi Hendrix, Janis Joplin, Bayon, Breakout, The Doors ... Die Scheibe, die er sucht, hat eine Hülle aus einfachem Karton. Es ist der vorletzte Song auf der LP. Die Nadel absenken, schon knistert es in der Rille. Den Verstärker noch etwas aufdrehen, dann legen Ton Steine Scherben los:

Ich bin nicht frei und ich kann nur wählen
Welche Diebe mich bestehlen, welche Mörder mir befehlen
Ich bin tausendmal verblutet und sie haben mich vergessen ...

Matz sieht sich um, greift nach dem Rest Rotwein in der Flasche auf dem Tisch, trinkt einen Schluck, stellt die Flasche ab und geht in die Küche, auf der Suche nach etwas Essbarem. Kühlschrank und Schranktüren leuchten ihm knallrot entgegen.

Er muss plötzlich an Kerstin denken. Sie hat in der Wohnung einiges verändert. Kerstin, in die er sich vor einem Jahr Hals über Kopf verknallt hat. Sie ist zu ihm gezogen, hat den Fußboden mit Bastmatten ausgelegt, Zeichnungen aufgehängt und alles Mögliche rot gestrichen. Aber Kerstin ist nicht hier. Sie wird heute auch nicht kommen.

Seit einem halben Jahr ist sie in Weimar, im Gefängnis. Bestraft als *asozial und arbeitsscheu*. 249 – diesen Paragrafen des DDR-Strafgesetzbuchs kennt jeder Jugendliche in der Szene. Matz ist über Kerstins Verurteilung durch das Kreisgericht Jena wegen *Beeinträchtigung der öffentlichen Ordnung und Sicherheit durch asoziales Verhalten* immer noch empört. Zehn Monate Gefängnis für seine Freundin, die ihren 20. Geburtstag hinter Gittern verbringen musste, weil sie öfter unentschuldigt nicht bei der Arbeit erschien oder zu spät kam und Aussprachen mit der *Abteilung Inneres* nicht wahrnahm. Er war oft morgens mit ihr aufgestanden und hatte sie wie ein Bewährungshelfer zu Fuß bis zu ihrer zugewiesenen Arbeitsstelle, der Kinderklinik Jena, begleitet. Vergebens.

Als Ehefrau hätte sie nicht mehr arbeiten müssen. Beim Standesamt Jena hatte Matz deshalb bereits einen Heiratstermin festgemacht: am 2. Oktober 1980 um 8.30 Uhr. Essen und Trinken für die Feier waren schon eingekauft. Zwei Tage vorher kam sie ins Gefängnis.

Auf dem Küchenschrank liegt Kerstins letzter Brief aus dem Knast. Den hat er schon drei Mal gelesen.

Mein lieber Matz! Du schläfst bestimmt noch und ich nutze diese freie Stunde wieder mal an Dich zu schreiben. Es ist 5:30 Uhr! Es wird auch höchste Zeit, ich hatte noch bis gestern auf Post von dir gewartet, aber nichts. Todmüde bin ich ins Bett gefallen, aber jetzt nehme ich mir Zeit für Dich, mein Spatz! Was soll ich Dir berichten? Daß ich mich auf den Sprecher freue, bald wahnsinnig werde vor Sehnsucht, denn jetzt, wo es dem Ende zugeht, kriechen die Tage nur so dahin. Noch 52!

Ach Matz, kann nicht endlich dieser letzte Abschnitt vorbei sein? Dieses schmerzende, zermürbende Warten. Aber wir haben uns beide lieb und werden es schon schaffen. Übrigens habe ich meine Haare ein ganzes Stück abgeschnitten. Ich bin so wahnsinnig müde und ausgepumpt. In der Hoffnung nächste Woche nun endlich Post zu bekommen, höre ich auf. Wenn was ist, schreibe! Sei nun ganz lieb umarmt, ich glaube an Dich!

Beim letzten Sprecher, als er sie im Gefängnis besuchte, sah sie ziemlich mitgenommen aus, bleich und zerbrechlich.

Sein Blick fällt auf zwei Äpfel. Davon könnte es nächste Woche in der HO Vitamine mehr geben, dann würde er sie beim nächsten Sprecher mitnehmen. Kerstin bekommt ja dort kaum Obst. Einen nimmt er sich, beißt hinein. Wieder raus aus der Küche. Vom Schreibtisch greift er einen Zettel, wirft sich auf etwas, das aussieht wie eine Couch, es sind aber nur mehrere übereinandergestapelte Matratzen. Jetzt noch eine Karo anzünden! Der erste Zug geht tief in die Lunge, und er liest:

Hallo Matz! Die Fete ist vom 10.–12. April. Du mußt in Schönefeld ausstei-

gen mit der S-Bahn Richtung Oranienburg fahren. Dann S-Bahnhof Greifswalder Str. aussteigen. Ab da mußt Du Dich durchfragen nach der Storkower Str. 72. Dann klingelst Du bei Waldorf/Piatek. Bis dann, mach's gut. Ede

Matz versucht, sich alles einzuprägen. Die Anschrift bei einer Kontrolle im Zug dabeihaben? Besser nicht! Schönefeld, Greifswalder, Storkower ... Er wird das schon finden. In Berlin war er ja schon oft.

Ede wird seinen Geburtstag gemeinsam mit Henry in dessen Wohnung feiern. Matz hat die beiden auf einer Geburtstagsfete von Sylvia in Weimar kennengelernt. Mit Ede konnte er gut über Musik und Bücher reden. Henry sprach an jenem Abend wenig, aber wenn, dann nicht drumherum, sondern offen und ehrlich, was ihn bewegt. Und Henry hat genauso wie Matz Bakunin gelesen. Einmal miteinander gesprochen, und es war beiden klar, wie der andere tickt. Grund genug, sich auf das Wiedersehen zu freuen.

Matz mag die ganze Clique in Weimar, zu der auch einige Verrückte aus Apolda und Zeitz gehören. Jedes Wochenende hat er in letzter Zeit mit ihnen verbracht, kaum noch eins in Jena. Sylvia lebt in der Mozartstraße 19 in einer großen Wohnung, das ist aber nur die erste Anlaufstelle, denn in Weimar ist immer was los, im Studentenkeller, im »Jakob« oder im Café Resi. Irgendein wildes Blues- oder Rockkonzert von Knuff oder Frachthof, irgendeine Fete mit selbstgemachtem Apfelschnaps oder den *Olympischen Ringen* – fünf bunt gefüllte Schnapsgläser übereinandergestapelt, drei unten, zwei darüber ... Pfeffi grün, Erdbeer rot, Goldbrand gelb, Eismint blau, Mocca-Likör aus Meerane schwarz. Eine Erfindung von Blase und Matz – dazu stets ein Trinkspruch: Auf Europa! Auf Frankreich! Auf Italien! Blase aber setzte noch eins drauf: Auf die ganze Welt! Sie lachten und tranken.

Nach einer durchzechten Nacht am Sonntagmorgen mit zwanzig Leuten ins Resi, den Kellner bestechen, damit er die Meute platziert. Rühreifrühstück gibt es sonst kaum. Gefeiert wurde viel, wenn nicht bei Sylvia, dann bei Menzi gleich um die Ecke. Matz findet dort das gute alte, warme Gefühl, alle gehören zusammen, alle verstehen sich ohne große Mühe, haben Spaß und genießen es, einfach so sein zu können, wie man ist.

Blase kommt meist mit, dem gefällt das auch. Matz kann stundenlang mit Sylvia und Menzi über Beziehungen und Liebe reden, über Kerstin im Weimarer Gefängnis und das Dauergefühl in ihrem Leben, immer wieder bedroht zu sein. Freitags nach der Arbeit der kurze Weg von Jena zu den langen Nächten von Weimar. Bis zum Morgengrauen gemeinsam Musik hören, trinken, quatschen, rauchen, trinken ... Toll, dass sie sich heute Abend in Berlin alle wiedertreffen, auch die Leute aus Zeitz! Die sind schon seit einem Jahr das andere Lieblingsziel von Matz und Blase. Hubert, Fidel, Albrecht, Ohms, Heike ... Dort das ganze Wochenende bei Hubert und Fidel in der Naumburger Straße abhängen, ins Haus der Jugend oder in die Grüne Aue gehen. Bei Albrecht Rumtopf mit Grubenfusel trinken. Er bekommt als Sprenghauer bei der Wismut den Sprit fast geschenkt. Zwei Tage lang Frank-Zappa-Platten hören, rumspinnen ... Was wäre, wenn ... Was sind wieder für bekloppte Sachen passiert?

Ein besonderer Ort in Zeitz, den Matz liebt, ist auf einem parkähnlichen Grund die alte Näther-Villa mit der Gaststätte Weltfrieden. Dort werden sie ungeachtet ihrer langen Haare und Parkas von Kellnern in schwarzweißen Uniformen bedient. Zur Villa des Fabrikanten, der bis zu seiner Enteignung Europas größte Kinderwagenfabrik in Zeitz führte, gehören Marmorkamine, ein Jagdzimmer, breite, mondäne Treppenaufgänge, überall Holzvertäfelungen. Eine andere Welt. Ein Fluchtpunkt.

Es ist wie immer kalt in Matz' Bude. Am Rähmen 3 ist ein heruntergekommener uralter Bau, vor Jahrhunderten mal eine Mühle gewesen, dicke Steinmauern, kleine Fenster, feuchtes Fundament. Kein fließendes Wasser in der Wohnung, nur ein Hahn draußen im Treppenhaus, über einem Metallausguss. Für die vier Mieter je Stockwerk gibt es ein gemeinschaftliches Plumpsklo. Daneben ein Eimer, nicht immer mit Wasser gefüllt, um nachzuspülen.

Matz erhebt sich, dreht den Verstärker noch etwas lauter, rutscht rüber zum Ofen. Wenigstens der fühlt sich noch lauwarm an.

In jeder Stadt und in jedem Land
Heißt die Parole von unserem Kampf
Keine Macht ...

Er weiß, wie die Parole heißt, tausend Mal hat er die Platte schon gehört. Er kennt Leute und Geschichten aus dem besetzten Kreuzberger Georg-von-Rauch-Haus. Matz schreit mit Rio Reiser: ... *für Niemand!*

Noch ein Schluck Rosenthaler Kadarka aus der Flasche. Was hat Henry gesagt? Einen Grund zum Feiern gibt es immer – trotz alledem! Darum wird es gut in Berlin heute Abend, den ganzen Samstag und Sonntag. Ein vergnügtes Wochenende. Montag früh erst wieder Maschinendienst.

Er muss bald los, will aber noch einen anderen Lieblingssong hören und senkt die Nadel des Plattenspielers auf das siebte Lied der Scheibe:

Ich bin aufgewacht und hab gesehen
Woher wir kommen, wohin wir gehen
Und der lange Weg, der vor uns liegt
Führt Schritt für Schritt ins Paradies

Matz' Blick wandert zum Fenster. Draußen scheint die Sonne, blauer Himmel über Jena. Was für ein Wanderwetter! Zum Landgrafen rauf oder zur Lutherkanzel, über die Kernberge, vielleicht ins Pennickental oder nach Cospeda ins Wirtshaus »Der grüne Baum zur Nachtigall«. Wie früher, mit allen. Mit dreißig, fünfzig oder hundert Leuten. Eigentlich egal, wie das Wetter war. Manchmal, wenn sie so loszogen, sah es aus wie ein Massenaufbruch aus der Stadt, die Berge hoch, alles zurücklassen.

Schritt für Schritt ins Paradies.

Aber Jena ist leer, es sind nur noch wenige Freunde da. Die Orte, an denen sie gemeinsam unbeschwert feierten und Pläne schmiedeten, gibt es nicht mehr. Also auf nach Berlin heute.

Vor ein paar Tagen schrieb sich Matz seinen Frust von der Seele, in einem Brief an Renate, seine erste große Liebe. Sie kämpften gemeinsam damals, aber vor knapp einem Jahr hat sie resigniert die DDR gen Westen verlassen. Ist fortgegangen mit Julia, dem gemeinsamen Kind, und schwanger von ihrem neuen Freund, einem angehenden Pfarrer im Westen. Das tat Matz weh, war für Renate aber wohl das Beste. Die Stasi hatte ihr arg zugesetzt, unerklärliche Einbrüche in ihre Wohnung, ein seltsamer Motorradunfall, vieles machte ihr Angst.

Matz selbst hat es sich verboten, einen Ausreiseantrag zu stellen: *Weg will und kann ich hier nicht. Wir müssen hier etwas ändern!* Die Ausreise, der letzte Notausgang für so viele, kommt für ihn nicht infrage. Immer noch nicht. *Bleibe im Lande und wehre dich täglich!* Dieser Spruch gefällt Matz, er hat ihn von Uwe aus dem Westen aufgeschnappt, vor Jahren schon auf einen Zettel geschrieben und an die Wand geheftet. Direkt neben einem Schild, das er mal auf einer Bahnhofstoilette entdeckt hatte: *Benehmen Sie sich auch hier bitte als Mensch.*

Aber mit wem soll er sich noch gemeinsam wehren? So viele andere sind weg, es macht ihm nicht einmal etwas aus, wenn er wegen seines Bereitschaftsdienstes den ganzen Abend zu Hause bleiben muss:

Die Frage für mich ist ja auch: wohin in Jena? Die einzigen, die ich öfters sehe, sind wohl Tarzan und Blase und dann ist aber auch schon fast Ruhe. Das soll aber nicht nur Geunke sein, denn ich glaube ich muß akzeptieren, daß Leute neue, andere Wege gehen, abbrechen, umdrehen, aufsteigen oder was weiß ich. Vielleicht bin ich auch beim Stand vom Herbst 77 stehen geblieben und weine nur noch »alten« Zeiten nach. Wer weiß, ich habe aber auch keine Lust den Sumpf umzugraben, um dann total bedreckt rauszufinden, warum es so ist. Dazu kommt noch, daß wir allesamt seit Ende 76 immer wieder versucht haben zu kitten, neu zusammenzufügen, was so in die Brüche gegangen ist, daß man's gar nicht mehr kitten kann. Das Hoffen auf's Besserwerden haben wir ja alle in den letzten vier bis fünf Jahren gehabt, die Frage ist bloß, was dabei rausgekommen ist?

Ich will eigentlich nur Ehrlichkeit von den Leuten, mehr nicht, aber die kann ich in Jena kaum noch finden – also weg!

Weg nach Berlin jetzt! Dort steht heute die Geburtstagsfete mit den Leuten aus Weimar und Zeitz an. Henry ist 25 und Ede 23 Jahre alt geworden, und die Fahrt wird sich doppelt lohnen: Kathrin, die er von den großen Treffen in Braunsdorf bei ihrem Vater, Pfarrer Walter Schilling, kennt, hat ebenfalls nach Berlin eingeladen, zur Einweihung ihrer neuen Wohnung. Trotz Zuzugssperre konnte sie eine Zweiraumwohnung ergattern. Hinterhof, Metzer Straße, Prenzlauer Berg. Das wird ein gutes Wochenende in der Hauptstadt der DDR!

Der lauwarme Ofen wärmt nicht wirklich. Matz blickt auf seine Uhr, die er an einem Band aus der Jeanstasche gezogen hat. Kurz vor fünf. Es wird Zeit. Der Zug fährt in gut einer Stunde, und er hat versprochen, vorher Blase abzuholen. Unterwegs will er noch kurz bei der Thomas-Mann-Buchhandlung reinschauen. Ob Ute, die Buchhändlerin, das bestellte Buch zurückgelegt hat? Auf der langen Zugfahrt hat er Zeit zu lesen. Und was ist eigentlich mit einem Geschenk für Henry und Ede?

Matz nimmt seinen Beutel vom Fußboden hoch, schaut kurz hinein. Zahnpasta, Seife, Handtuch, ein Paar Wollsocken, Geld, Stift und Papier. Das meiste ist eigentlich immer drin, damit er irgendwo bei irgendwem spontan übernachten kann.

Das letzte seiner Lieblingslieder von Ton Steine Scherben lässt er noch bis zum Ende laufen.

Wir sind geboren, um frei zu sein
Wir sind zwei von Millionen, wir sind nicht allein
Und wir werden es schaffen

Matz springt auf, stellt die Platte zurück, lässt alles andere stehen und liegen, schnappt sich Parka und Beutel, schmeißt die Tür zu und springt die Treppen hinunter – mit locker sitzenden Jesuslatschen nicht ganz ungefährlich. Bloß raus aus dem Loch!

Wir sind geboren, um frei zu sein, dröhnt es in seinem Kopf.

Draußen auf der Straße blendet die Sonne, raus in die Stadt!

Freitag, 19.20 Uhr – MfS-Kreisdienststelle Jena

Herbert Würbach schaut kurz auf, sein Blick geht zum Fenster. Schon Abend, aber dennoch hell. Das Wochenende könnte so schön werden. Aber immer halten die einen auf Trab. Und Oberst Weigelt gibt uns in der KD mal wieder das Gefühl, versagt zu haben.

Würbach ärgert sich nicht zum ersten Mal über den Geraer Leitungskader, der an diesem Wochenende Generalmajor Dieter Lehmann, den Chef der Bezirksverwaltung, vertritt, denn der ist beim Parteitag in Berlin im Palast der Republik.

Weigelt, dieser alte antifaschistische Kämpfer mit seinen acht Klassen Volksschulbildung, zeigt den jüngeren Genossen ganz gern, wo der

Hammer hängt, besonders, wenn sie wie Würbach studiert haben. Prolet gegen Intellektuellen. Schwielige Arbeiterfaust gegen zu viel Gerede. So ist das nun mal in der Hierarchie der Arbeit-und-Bauern-Macht. Das MfS ist strikt militärisch organisiert. Gera befiehlt, Jena gehorcht. 15 Bezirksverwaltungen stehen über 209 Kreisdienststellen.

Und ehrlich: Wir haben es ja auch verbockt. Die Zentrale in Berlin hat es sicher auch schon erfahren. Jetzt bin ich es mal wieder, der die Kartoffeln aus dem Feuer holen muss. Egal, mein Dienst geht noch bis acht Uhr morgens. Bis dahin haben wir die Sache gelöst. Vor allem mit Köhlers Hilfe.

Würbach kennt den jungen Hauptmann gut und hält große Stücke auf ihn. Schließlich hat er ihn vor zehn Jahren in der Kreisdienststelle zum Hauptamtlichen vorgeschlagen. Würbach ist so etwas wie Köhlers Ziehvater und der in seinen Augen ein vielversprechender Kader mit Perspektive. Ehrgeizig.

Köhler hat Lehrgänge, Fortbildungen, Schulungen absolviert. Er könnte womöglich den Laden in Jena einmal mit leiten. Köhler schont sich und andere nicht. Ein überzeugter Sozialist, *der den von ihm geführten Inoffiziellen Mitarbeitern ein klares Feindbild vermittelt,* der zudem als Parteisekretär der Kreisdienststelle für die Durchsetzung der korrekten politischen Linie unter den 92 Mitarbeitern sorgt.

Erst vergangene Woche haben alle Genossen auf der Sitzung der Parteigrundorganisation in ihre Arbeitsmappen wörtlich mitgeschrieben, was Köhler ihnen vortrug zum Thema menschengerechte Gesellschaft: *Die Rolle der Partei im MfS und das Absterben des Staates: Der Staat wird erst dann völlig absterben können, wenn die Gesellschaft das Prinzip »Jeder nach seinen Fähigkeiten, jedem nach seinen Bedürfnissen« verwirklicht hat. Bis diese höhere Phase des Kommunismus eingetreten ist, ist eine strenge Kontrolle der Gesellschaft notwendig.*

Strenge Kontrolle der Gesellschaft – seine Leidenschaft. Köhler weiß, was Feinde des Sozialismus sind und wie man sie findet. Ersticken jeglicher Opposition bereits im Keim – so wichtig. Kaum war er 1972 hauptamtlicher Mitarbeiter geworden, half er seinem Referat und der Vorgangsgruppe, den staatsfeindlichen Lyrikkreis im Kulturzentrum Neulobeda zu zerschlagen.

Das war seine erste *Bewährungsprobe, bei der er durch ausgezeichnete Arbeit am Feind entscheidend zum Erfolg beitrug.* Weitere Lorbeeren verdiente er sich, als im November 1976 der Liedermacher Wolf Biermann ausgebürgert wurde und sich eine Solidaritätswelle unter dessen Anhängern in Jena ausbreitete.

Nirgendwo sonst in der DDR kam es zu solch einer großen Gruppenaktivität von jungen Leuten. Die Unterschriftensammlungen mit der *Bitte* an die Partei- und Staatsführung, *die Ausbürgerung von Biermann zu überdenken,* mussten gestoppt, die Rädelsführer festgestellt werden. Da war Köhler mit seinen inoffiziellen Mitarbeitern Tag und Nacht dabei.

Rösch, Domaschk und dessen Freundin Groß hat er jahrelang intensiv beobachtet und *operativ bearbeitet,* gut informiert durch die von ihm geführten inoffiziellen Mitarbeiter.

In den Augen der Kreisdienststelle entwickelte sich die Theologiestudentin Renate Groß schon bald nach ihrem Umzug 1974 von Berlin nach Jena zu einer Person, die immer wieder Leute aufgewiegelt hat, weil *sie eine ausgeprägte feindliche Haltung zur Gesellschaftsordnung der DDR besitzt.* Die versucht hat, *durch feindlich-negative Handlungen eine Führungsposition im Jenaer Untergrund einzunehmen und lediglich auf Grund ihrer Schwangerschaft 1976 nicht wie acht andere Rädelsführer inhaftiert wurde.*

Köhler kennt sie und ihren Freund Domaschk gut. Sehr gut sogar. Fünf Aktenordner mit jeweils bis zu 300 Seiten füllt der Operativvorgang »Kanzel« über ihre Aktivitäten. Drei davon über Renate hat er ins Archiv gegeben. Denn um die kümmern sich jetzt im Westen andere Abteilungen des MfS, das hat die Zentrale in Berlin im Griff. Die anderen beiden »Kanzel«-Bände enthielten auch Material zu Domaschk, der auf dem Vorgang mit erfasst war.

In Köhlers Stahlschrank hat sich in fünf Jahren so einiges angesammelt, wobei noch offen ist, worauf es am Ende mit Domaschk hinauslaufen wird. Ein Ermittlungsverfahren? Oder kann man ihn – wie so viele andere – sogar anwerben?

Damals nach der Biermann-Sache hatten sie in Jena und Gera genau überlegt, wen man inhaftiert und wen nicht. Domaschk und sechs andere wurden zwar verhört, doch bewusst nicht eingesperrt, um den Rest der Szene ins Grübeln zu bringen, ob man den Laufengelassenen überhaupt noch trauen kann. Die Leute sollten sich gegenseitig verdächtigen und Vorwürfe machen. Wir haben einige auf *Scheinkontakt* genommen, sie deutlich erkennbar in ihrem Betrieb getroffen oder in die Kreisdienststelle bestellt, so dass ihre Kumpel es mitbekommen. Unsere IMs haben das Misstrauen untereinander zusätzlich geschürt. Besonders wirksam: die hier und da eingestreuten Unterstellungen, bei unserer Befragung zu viel erzählt zu haben. *Differenzierte Verunsicherung* wurde das beim Fernstudium an unserer Hochschule in Potsdam-Eiche im Kurs über *Zersetzung* genannt.

Im September 1977 haben wir Uwe Behr, als Einzigen der acht Inhaftierten, nicht in den Westen abgeschoben, sondern ohne weitere Erklärung nach Jena zurück entlassen, damit ihm gegenüber – und somit untereinander – Misstrauen entsteht. Dieser Kerl – Bärchen wird er genannt – hat es noch immer schwer. Wird er eigentlich Bärchen geschrieben oder Behrchen? Egal, dafür haben wir unsere Spitznamenkartei.

Über Domaschks engen Freund Rösch hat Köhler vor elf Monaten einen eigenen Vorgang angelegt, um ihm strafbare Handlungen nachzuweisen, weil er *feindliche Kontakte unterhält und feindliche Konzeptionen diskutiert.* Auf den Aktendeckel schrieb er im Mai 1980 »Qualle« als interne Bezeichnung für den Vorgang. Das fanden er und seine Vorgesetzten witzig für den beleibten Rösch. Da dieser und Domaschk in letzter Zeit öfter im In- und Ausland gemeinsam reisen – ob nach Weimar, Halle, Zeitz, Apolda, Berlin oder nach Warschau, Danzig und in die ČSSR –, sammelt Köhler Material zu Domaschk ebenfalls im Vorgang »Qualle«. Das *Beobachterkollektiv* am Saalbahnhof hat den beiden in seinem Bericht die Namen »Qualle I« und »Qualle II« gegeben.

Köhler interessieren besonders die *Rückverbindungen* der beiden zu allen möglichen Konterrevolutionären und Feinden in West-Berlin.

Vor ein paar Wochen erst gab es dazu ein Vorkommnis mit Rösch und Domaschk, das für ihn und die Kreisdienststelle besonders peinlich war.

Köhler hat es mit nur ein paar Sätzen nach oben gemeldet:

Am 20. Januar wurde die Sendung »Radio DDR-Hitparade« im Volkshaus Jena aufgezeichnet. Die Rundfunkmitarbeiter waren dabei von den beiden gezielt getäuscht worden, indem sie scheinheilig Grüße an Freunde ausrichten ließen. So hieß es in der Sendung vom 9. Februar: »Nun die Grüße aus Jena – von Hanne, Blase und Matz aus Jena«. In der Folge wurden 14 aus der DDR ausgewiesene Personen gegrüßt.

Blöd gelaufen. Natürlich hagelte es deswegen wieder Vorwürfe aus Gera: *Wie konnte das nur passieren?*

Köhler bekommt jetzt einen knappen Lagebericht. Er ist überrascht, aber verzieht keine Miene. Das kriegen wir schon hin. Wie war das mit der neuen Information über Domaschk, die Mähler verpennt hat? Die ist wirklich bedeutsam, findet Köhler. Vor allem, wenn man weiß, in welchem Zusammenhang Domaschk und Rösch insgesamt zu sehen sind. Köhlers Referat hat das operative Material über Domaschk erstellt, und die jüngsten Informationen liegen auf Würbachs Tisch. Entscheidende Stellen sind markiert. Würbach beugt sich vor, liest und runzelt die Stirn. Na, da sind ja die Richtigen unterwegs! Wir müssen Dampf machen.

Freitag, 17 Uhr – Jena, Platz der Kosmonauten

Matz hat es eilig, aber die Buchhandlung muss noch sein. Regelmäßig schaut er dort rein, immer in der Hoffnung, etwas zu entdecken, was es wert ist, gelesen zu werden. Und er liest viel. Seit Jahren. Die spannendsten Bücher besorgt er sich allerdings anders, die gibt es hier nicht. Heute hat er Pech. Es ist überhaupt nichts Interessantes eingetroffen, da nützt ihm auch seine gute Beziehung zu Ute, der Buchhändlerin, nicht. Die legt ihm sonst schnell vergriffene Bücher zurück. Er schaut noch einmal die Auslagen durch, greift schließlich nach einem Buch von Lion Feuchtwanger, ein Autor, von dem er schon immer mal etwas lesen wollte. In »Der falsche Nero«, sagt Ute, gehe es in satirischer Weise um die Täuschung und Verblendung eines Volkes und den Aufstieg der Nazis. Interessant, findet Matz. Es kommt in seinen Stoffbeutel, mit auf die Fahrt nach Berlin.

Die Wege in der Innenstadt sind kurz, und man trifft eigentlich immer Bekannte. Seltsam, heute nicht. Dann doch. Er hätte sie im Gewühl der Menschen fast übersehen, aber Maria ruft laut seinen Namen. Sie stehen kurz zusammen. Er spricht von seiner Vorfreude auf Berlin,

Maria fragt, ob er am Dienstagabend Zeit hat: Ich würde mich freuen, wenn du auf einen Besuch bei mir vorbeikommst.

Mach ich, antwortet Matz.

Wir könnten auch mal wieder zusammen auf ein Konzert gehen, sagt Maria.

Ja klar, Maria, machen wir. Ich muss jetzt los.

Sie sehen sich in die Augen, Maria umarmt ihn, gibt Matz einen Kuss auf die Wange. Nach ein paar Schritten dreht sie sich noch einmal um.

Bis dann, Matz! Viel Spaß in Berlin!

Matz hat die Zwätzengasse hinter sich gelassen, schon ist er in der Saalbahnhofstraße. Fast hätte er vergessen, die Postkarte einzuwerfen, die er heute bei der Arbeit im Heizungskeller geschrieben hat. Eine Geburtstagskarte an seine Ex-Freundin Renate, die nun in Frankfurt am Main lebt:

liebe renate! ich wünsche dir alles echt gute zum geburtstag. und hoffe, daß es dir langsam aber sicher leichter fällt da zu leben, wo du nun mal lebst. (scheiß grenze!) alles liebe bis bald! matz

Im Spitzweidenweg Nummer 11 klingelt er bei seinem Freund. Irgendwie ist es Blase gelungen, in diesem Wohnhaus für Zeiss-Arbeiter und Krankenschwestern eine kleine Einraumwohnung zu ergattern, die er allerdings nur zum Schlafen und Klamottenwechseln aufsucht. *9 Quadratmeter, mein sozialistisches Wohnklo, 3,02 Meter mal 3,04 Meter,* aber *eine deftige Monatsmiete: 50 Mark.* Darum trifft man Blase meist als Besucher in irgendeiner der offenen Wohnungen seiner Freunde an. Am Markt 24 etwa, da liegt der Schlüssel auf dem Elektrozähler. Nach Feierabend setzt sich Blase dort oft in die Küche, kocht sich einen Tee und wartet, wer so alles eintrifft. Nach und nach ist der Küchentisch voller Leute. Das findet er angenehmer, als allein in seiner Absteige zu sein.

Matz klingelt ein zweites Mal und wartet. Er sieht sich in der Straße um, erblickt gegenüber das Gebäude des Wehrkreiskommandos. Die haben ihn vor vier Jahren zur NVA geschickt.

Endlich kommt sein Freund aus dem vierten Stock herunter, in der Hand einen gar nicht so kleinen Koffer.

Wozu nimmst du so ein großes Ding mit?, fragt Matz.

Für Schallplatten, antwortet Blase, Westschallplatten! Ich hab da was organisiert, mit Ria. Die bringt mir einiges mit, vorausgesetzt, an der Grenze geht's gut.

Ria gehört zu den vielen, die schon längst drüben sind. Zumeist unfreiwillig oder zermürbt von den Verhältnissen. Sie lebt jetzt in West-Berlin wie die meisten ihrer Freunde aus Jena, die nicht nach Westdeutschland wollten, sondern nach West-Berlin und wenn möglich Kreuzberg, mit billigen Mieten und einer spannenden Mischung aus Alten und Studenten, Türken, Wehrdienstverweigerern und politisch aktiven Jugendlichen.

Matz und Blase gehen schweigend nebeneinander auf den Saalbahnhof zu. Obwohl es noch recht hell ist, leuchtet die Mitropa-Reklame schon. Ein Blick auf die Zeiger der Uhr über dem Eingang: 17.40 Uhr. Genug Zeit, um vor der Abfahrt noch ein Bier zu trinken. Die bis an die Decke geflieste Bahnhofshalle ist voller Leute, doch einer der drei Schalter rechts ist gerade frei. Rasch hin! Jeder kauft seine Fahrkarte für den Schnellzug nach Berlin. Der kommt aus Saalfeld, fährt um 18.19 Uhr vom Saalbahnhof ab, über Naumburg, Weißenfels und Leipzig und wird nach Halt in Schönefeld und Lichtenberg um 22.14 Uhr in Berlin-Ostbahnhof sein.

Matz legt 22,60 Mark passend auf die bewegliche Schublade, die die Fahrkartenverkäuferin hinter der Glasscheibe – ritsch, ratsch – mit einem kleinen Billett darauf zurückbefördert. Ganz schön teuer, aber eben auch ganz schön schnell. Trampen, wie sonst oft, würde heute nicht funktionieren. Mit dem Schnellzug und der S-Bahn in Berlin sind sie bestimmt noch weit vor Mitternacht bei Ede, Henry und den anderen.

Zur Mitropa geht es über eine breite Treppe nach oben. Fast alle Tische sind besetzt. Da entdecken sie Behrchen und seine schwangere Freundin Ute, weiter hinten im Raum noch ein paar andere Bekannte. Blase ist auch von weitem leicht zu erkennen, nicht nur weil er ziemlich beleibt ist, sondern vor allem an seinen in alle Richtungen abstehenden Haaren: ein Wuschelkopf mit fein gekräuselter, üppiger Lockenpracht. Matz erscheint neben ihm noch schmaler, als er ohnehin ist, mit seinen eng anliegenden Jeans, dem tief herunterhängenden Tramperbeutel und den dünnen, schulterlangen Haaren.

Blase ist hungrig und geht zur Vitrine. Doch da liegen nur noch zwei traurige Brötchen, deren Wurst- und Käsescheiben sich verschwitzt nach oben biegen.

Unappetitlich wie Sau!, entfährt es ihm. Matz lacht und bestellt ein Bier. Blase versucht die Buffetkraft zu überreden, sich auf die Suche nach etwas Essbarem zu machen. Vergeblich. Am Ende sitzen beide mit Bier am Tisch von Behrchen.

Ach, nach Hiddensee wollt ihr eine Woche? Wie habt ihr das geschafft?

Sie plaudern eine Weile mit den angehenden Eltern. Matz erzählt von seinem vergangenen Wochenende, an dem er mit Freunden in Zeitz abgehangen hat.

Behrchen fragt Blase, wie die Beerdigung seines Vaters vor drei Wochen in Rostock war. Blase winkt ab, er mag nicht darüber reden. Es ist auch nicht mehr viel Zeit.

Sie verlassen die Mitropa, die Treppe hinunter, durch den Tunnel unter den Gleisen, zum Bahnsteig, der voller Fahrgäste ist. Der Schnellzug D 506 fährt ein. Die Leute drängeln, aber Matz und Blase haben ja Platzkarten. Am hinteren Ende des Zuges, im Wagen 8, können sie sich direkt am Fenster niederlassen. Blase verstaut seinen Koffer auf dem Gitter über seinem Kopf. Er ist müde, streckt die Beine aus und will erst mal eine Runde schlafen. Behrchen und seine Freundin nehmen die Sitzbank im Gang direkt gegenüber.

Es ruckelt kurz, die Diesellok zieht an, und der Zug verlässt Jena.

Freitag, 19.30 Uhr – MfS-Kreisdienststelle Jena

Würbach ist wieder allein in seinem Zimmer. Er starrt auf die vor ihm liegenden Blätter mit den markierten Stellen.

Domaschk sprach offen über Terrorismus und von »Roten Brigaden«, zu denen er sich bekannte. Seinen Äußerungen war zu entnehmen, daß sich Domaschk sehr viel mit dieser Problematik auseinandersetzt und bereit wäre, sich selbst an solchen Aktivitäten zu beteiligen. Die Meinung des »Matz«

ist dahin zu konkretisieren, daß er solche terroristischen Handlungen, bzw. die Handlungen solcher »Roter Brigaden« mit Gewalt für den einzigsten Lösungsweg in unserer Gesellschaft bei der Beseitigung der herrschenden Mißstände sieht.

Auf der nächsten Seite dann die zugespitzte Schlussfolgerung, *daß es sich bei Domaschk um eine existierende Gruppe mit terroristischen Zielstellungen/Vorhaben handelt.*

Das passt ja zu den anderen vorliegenden Erkenntnissen. Die beiden fahren doch nicht ohne Grund von Jena nach Berlin! Ein Anschlag auf den Parteitag? Vielleicht sind sie schneller, als wir dachten? Wir müssen vom Schlimmsten ausgehen. Unser Plan war im Prinzip gut.

Sollte der IM »Steiner« direkt hinsichtlich seiner Mitarbeit in einer terroristischen Gruppierung angesprochen werden, lehnt er diese nicht sofort und direkt ab.

Würbach weiß: Das *Beobachterkollektiv* unter Leitung des Genossen Sigurd Schneider hat am Saalbahnhof nicht verhindern können, dass das Gespann Rösch/Domaschk und die anderen Typen aus Jena in den Zug einsteigen. Das hätte Köhler doch voraussehen und sich anders kümmern müssen!

Die Beobachter waren eine HIM-Gruppe und mussten unerkannt bleiben. Nur wenn man jemanden einschüchtern will, wird offen observiert, auffällig vor Wohnungen oder Versammlungsorten herumgestanden. Rösch und Domaschk haben nicht einmal im Ansatz bemerkt, dass sie heute begleitet wurden. Die weitere Überwachung der beiden durch die Genossen der Abteilung VIII ist noch für die ganze nächste Woche beantragt worden, wenn sie zurück in Jena sind. Erst dann endet der *Kampfkurs X* und damit die erhöhte Wachsamkeit.

Kontrolle ist nun mal gut. Kontrolle macht die Dinge beherrschbar.

Aber jetzt liegt der schwarze Peter erst mal bei Würbach.

Sein Problem ist ein Schnellzug, der mit gut hundert Stundenkilometern in den Abend fährt, mit staatsfeindlichen Elementen an Bord, immer weiter auf die Hauptstadt zu ...

Würbach überlegt. Oberstleutnant Walter Nowack, der Kreisdienststellenleiter, ist schon zu Hause, wahrscheinlich gemütlich beim Abendessen. Der alte Nowack ist oft krank, seine Ausfälle belasten die Arbeit der Kreisdienststelle schon seit längerem. Den anzurufen hat noch einen Moment Zeit. Vielleicht hat ihm Gera an mir vorbei sowieso schon Bescheid gegeben.

Würbach muss alle Hebel in Gang setzen, um einen Eklat zu verhindern, die peinliche Panne wiedergutzumachen. Acht Leute aus dem *politischen Untergrund* Jenas im Zug nach Berlin! Na klar, wird es selbst in der Berliner Zentrale beim Minister heißen, typisch KD Jena! Nicht gut für den Ruf, nicht gut für die Auszeichnungen und die Prämien.

Also los jetzt: Anrufe, Fernschreiben, Anrufe. *Operativer Einsatzstab, Abteilung XX, Zentraler Operativstab,* Bezirksverwaltung Berlin. Die Volkspolizei muss ran. Ist denn Transportpolizei im Zug? Ein Zugbegleitkommando? Welche Zwischenhalte gibt es? Wann kommt der Zug in Berlin genau an? In drei oder vier Stunden? Nicht mehr viel Zeit.

An den *Zentralen Operativstab* in Berlin geht die Order, im Bahnhof Lichtenberg vorsorglich Posten aufziehen zu lassen, um die Jugendlichen abzufangen, bevor sie ins Stadtzentrum und damit in die Nähe des dort gerade beginnenden X. Parteitages der SED gelangen könnten.

Dann schießt es Würbach siedend heiß durch den Kopf: Halle! Der Zug müsste doch bald in Halle einen Zwischenhalt machen! Dort haben die beiden Gesinnungsgenossen, die sich ihnen womöglich anschließen oder etwas übergeben könnten. Wir holen sie einfach dort schon aus dem Zug oder setzen sie in Halle beim Treffen mit ihren Kumpanen fest!

Würbach schickt über die Funk- und Chiffrierstelle ein Fernschreiben zur Bezirksverwaltung Halle:

Entsprechend bisheriger operativer Erkenntnisse besteht die Möglichkeit, dass 8 Personen den operativ bekannten Jugenddiakon Rochau, Lothar in Halle-Neustadt aufsuchen. Wir bitten um Kenntnisnahme und sofortige Information bei Feststellung der Personen in Halle. Leiter der KD, in Vertretung Würbach.

In Halle, Gera und Jena weiß man genau Bescheid über die Kontakte der Untergrundkreise beider Städte, auch über die speziellen Beziehungen von Rösch und Domaschk zu einer Gruppe um den Jugenddiakon Lothar Rochau, die das MfS kürzlich ziemlich aufgeschreckt hat. Seit Dezember hat die Bezirksverwaltung Halle die Treffen dieser Fünfergruppe verfolgt, die ihrer Einschätzung nach eine anarchistische Terrorgruppe nach dem Vorbild der Stadtguerilla im Westen aufbauen könnte. Die fünf haben sich Decknamen gegeben, konspirative Quartiere organisiert, Kontakt zu Palästinensern gesucht, einen Aufruf für ihr erstes Flugblatt vorbereitet, persönliches Kampftraining begonnen – und sie wollten sich Sprengstoff und Waffen besorgen, um Anschläge in der ganzen DDR zu verüben ... Im Prinzip geht es, glauben die zuständigen MfS-Abteilungen, um den Aufbau einer DDR-RAF, einer linksextremistischen Rote Armee Fraktion, mit Unterstützergruppen im ganzen Land. Erst vor wenigen Tagen wurden zwei der in ihren Augen angehenden Terroristen in Halle festgenommen. Deren Befragung ist in vollem Gange.

In den komplett abgehörten Gesprächen der Gruppe ist auch von Sympathisanten in Jena die Rede, ausdrücklich von *Blase und seinen Leuten.* Der Verdacht besteht, Rösch und Domaschk könnten die nächste *Basis in Jena* bilden. Das ist auch Köhler, Würbach und Nowack bekannt. Vor drei Wochen, im jüngsten Lagebericht zu »Qualle«, hat Leutnant Hans Georg Schütz sie auf die möglichen Folgen *der engen Verbindung von Rösch zur Gruppe in Halle* deutlich hingewiesen. Allerdings hat Schütz zur Absicherung des Parteitages Jena vor Tagen schon verlassen. Den kann Würbach jetzt nicht dazu befragen. Dabei eilt es, so oder so.

Die beiden, die da Richtung Berlin fahren, sind eine explosive Mischung!

Nicht umsonst hat ein Kollege aus Halle, der den Fall bearbeitet, in einer Liste neben dem Namen Rösch mit Kugelschreiber den Vermerk gemacht: *Gewaltbereit.*

Freitag, 18.40 Uhr – Schnellzug D 506 zwischen Jena und Naumburg

Matz schaut aus dem Zugfenster. Sein Buch hat er aus dem Beutel genommen, aber noch nicht begonnen zu lesen. Blase liegt ihm gegenüber auf der Sitzbank und schnarcht. Er ist sofort eingeschlafen, als das gleichmäßige Fahrgeräusch des Zuges mit dem ewigen Tacktack der Gleise einsetzte. Der Waggon ist überheizt, das langärmelige Hemd, das Matz über dem T-Shirt trägt, überflüssig.

Draußen breitet sich die Abendsonne über der Landschaft aus. Sie sind jetzt kurz vor Naumburg. Die Bäume zeigen noch keine frischen Blätter, aber das Gestrüpp entlang der Saale leuchtet schon frühlingsgrün. Der Winter ist vorbei.

Was das Jahr wohl bringen wird? Matz könnte im Sommer nach Prag oder Budapest reisen, um dort seine Tochter wiederzusehen, die bald schon ein Jahr im Westen lebt.

Die kleine Julia, sie wird in diesem Jahr immerhin fünf! Ob er sie noch wiedererkennt? Und Julia ihn?

Aber ob das klappt? In diesem Winter wurde er schon einmal ohne Begründung am Grenzübergang nach Polen auf DDR-Seite abgewiesen.

Er war noch 18, als Renate feststellte, dass sie schwanger war. Sie bereits 26.

Was für ein Theater sein Vater gemacht hat! *Du verbaust dir doch dein ganzes Leben!* Gerhard Domaschk weigerte sich lange Zeit, das Baby überhaupt zu sehen. Er kam nicht ein einziges Mal zu Besuch Am Rähmen vorbei. In dieses Loch. Im Gegensatz zu seiner Mutter Ruth, die ihre Besuche dem Vater jedoch verschwieg.

Erst zu Julias drittem Geburtstag, der im Dezember 1979 im Pfarrhaus von Renate gefeiert wurde, kam sein Vater, brachte ein Stofftier als Geschenk und feierte mit, zur großen Freude von Matz.

Und Renates Eltern? Rigoros evangelikal, mit streng konservativen Auffassungen: ein nichteheliches Kind, ein Bastard. Immerhin kamen sie nach der Geburt gleich zu Besuch.

Auch von ihrem Arbeitgeber, der evangelischen Kirche, bekam Renate Druck. Ihr Vorgesetzter war entsetzt. Für den Superintendenten war eine unverheiratete Pfarrerin mit *illegitimem Kind* eine Katastrophe.

Für sie war er wiederum ein verknöcherter Reaktionär, von denen es viel zu viele in der Kirche gab.

Renate und Matz hatten es nicht leicht. Zu dritt lebten sie nur gut ein halbes Jahr zusammen. Im Sommer 1977 musste Renate Jena verlassen, denn die Kirche hatte der angehenden Pfarrerin zum Abschluss ihrer Ausbildung eine Stelle in Ostthüringen zugewiesen.

Aber da hatten sich die beiden eh schon getrennt, zu anstrengend, zu einengend, zu kompliziert, zu viel Druck von außen. Sie blieben eng befreundet. Renate wolle Matz bei seiner Entwicklung nicht länger im Wege stehen, schrieb sie ihm.

Er besuchte Renate und seine Tochter Julia immer wieder an ihrer ersten Pfarrstelle in Nöbdenitz, half ihr mit seinem Freund Tarzan beim Kohlen-in-den-Schuppen-Schaufeln und Renovieren, freute sich an Esel und Hund, die sie dort für Julia zulegte. Aber nicht einmal elf Monate nach Julias Geburt wurde er im November 1977 für eineinhalb Jahre zur Armee eingezogen.

Als Matz im Mai 1979 zurückkam, fand er nicht mehr das Jena vor, das er verlassen hatte. Renate hatte sich in einen neuen Mann verliebt, einen Vikar aus dem Westen. Zunächst prüften sie, ob nicht die Möglichkeit bestünde, dass er zu ihr in die DDR käme, zumindest zeitweise von seiner Kirche überstellt. Viele Pfarrer waren schließlich in den fünfziger Jahren von West nach Ost übergesiedelt und geblieben. Sie schalteten die Ständige Vertretung der Bundesrepublik in Ost-Berlin ein, doch nach eineinhalb Jahren Verhandlungen mit DDR-Behörden kam vom dortigen Leiter Günter Gaus ein enttäuschender Brief. Das Staatssekretariat für Kirchenfragen unter Leitung von Klaus Gysi war der Ansicht, es gebe schon genug Ärger mit evangelischen Pfarrern in der DDR, und da werde man sich nicht noch einen Westpfarrer dazuholen.

Wir regeln das kirchlich, hieß es, als Renate das Landeskirchenamt Eisenach um Hilfe bat. Dort drängte Oberkirchenrat Wolfram Johannes auf Übersiedlung als Familienzusammenführung.

So verließen Renate und Julia im Sommer 1980 ihre Heimat – für immer.

Matz musste Abschied von seiner inzwischen dreieinhalbjährigen Tochter nehmen. Renate traf ihn in der Wohnung seiner Eltern in Neulobeda, denn die waren verreist. Sie ließ Matz mit Julia einen ganzen Tag allein. Ein letztes Mal.

Matz macht das alles immer noch zu schaffen. Am vergangenen Wochenende bei Fidel und Hubert in Zeitz hat er sich wieder mal ziemlich betrunken.

Dabei hatte alles so unbeschwert und schön angefangen im Juni 1975, als er sie abends besucht hatte, um ihr den geliehenen Kassettenrekorder zurückzubringen. Der hatte für Musik gesorgt, als er seinen 18. Geburtstag in der Gartenlaube seines Vaters feierte. Sie redeten lange, über ihre Eltern, über Bücher, Berlin und Jena, ihre Lebenspläne, und irgendwann fuhr kein Bus mehr, der Matz zurück nach Neulobeda hätte bringen können.

Komm, bleib bei mir, sagte Renate. Sie schliefen in einem Bett.

Am darauffolgenden Wochenende nahm Matz sie mit auf das Wochenendgrundstück seines Vaters. Dort lagen sie bei Kerze und Rotwein in der kleinen Schlafkammer unter dem Dach der Gartenlaube. Sie schwiegen und blickten durch das Fenster in den Sternenhimmel.

Erst als sie am nächsten Tag die Wärme der Mittagssonne spürten, wachten beide auf. Renate zeigte ihm später, was sie damals in ihr Tagebuch notierte:

Ich werde mit Matz immer jünger. Er ist so unschuldig, gradlinig und ehrlich. Seine innere Sicherheit gibt auch mir diese Kraft, die wir alle so sehr brauchen. Ich möchte in dieser Beziehung schwimmen, genauso wie er.

Lange vorbei.

Matz sieht durch das Zugfenster, wie es zu dämmern beginnt, wie die Wiesen von frischem Grün allmählich in dunkles Schwarz wechseln. Wie oft er schon wild gezeltet hat auf solchen Wiesen, im Wald, an einem Fluss!

Der lange Sommer mit seiner ersten Liebe war total verregnet. Tagelang hatte er in Masuren mit Renate im Zelt gelegen, mitten in der Wildnis in Polen. Sie hatten sich aneinander gewärmt, die Kälte nicht bemerkt, die Nässe nicht, die über Nacht in ihr Zelt, in ihre Schlafsäcke hineingekrochen kam. Morgens den Reißverschluss herunterziehen, kurz in den Nebel hinausschauen, zurück ins Zelt, eng aneinanderschmiegen, über die Natur philosophieren und Zukunftspläne spinnen. Renate war im vierten Monat schwanger. Er legte seine Hände auf ihren Bauch, unser Kind. Wie nennen wir es? Gaja ist ein schöner Name – wenn es ein Mädchen wird. Oder besser Julia? Ja, das gefällt mir, dann wird es mein Julchen …

Wenn wir hier einfach abtauchen, was wäre dann? Es weiß doch niemand, wo wir sind! Das stimmte. Damals, im Sommer 1976, waren ihre Ausweise bei der Einreise nach Polen nicht kontrolliert worden. Einfach verschwinden. Lass uns überlegen, wie wir hier überleben können.

Masuren hat doch ein gutes Klima, vieles wird früher reif als bei uns, im Juni gibt es schon Gurken auf den Feldern – es ist ganz anders als in Thüringen. Die Wälder sind groß, die Bäume stehen dicht zusammen und beschützen uns. Wir könnten uns tief hinein zurückziehen, wo uns niemand mehr findet. Ich würde mich ab und an zu einem einsamen Bauerngehöft schleichen, um Milch und Eier zu holen, vielleicht als Tagelöhner bei einem Bauern arbeiten, der keine Fragen stellt. Gegen Brot und Speck. So könnte unser Kind in völliger Freiheit aufwachsen, wir würden es nicht an den Staat verlieren ... Keine Kinderkrippe, kein Kindergarten mit Soldatenliedern, keine Schule mit Fahnenappell.

Meine Güte, was haben wir da rumfantasiert, lächelt Matz. Einfach mal gut, sich aus der DDR rauszuträumen.

Das Licht im Waggon ist knallhell angegangen. Matz blinzelt, sein Gesicht spiegelt sich jetzt vor der Landschaft in der Scheibe des Zugfensters.

Freitag, 20 Uhr – MfS-Kreisdienststelle Jena

Bei Würbach klingelt das Telefon. Genosse Unger von der Bezirksverwaltung Halle ist dran.

Könnt ihr alles vergessen. Wir wissen nichts von einem Treffen Jena–Halle. Jedenfalls nicht heute Abend. Der Zug fährt übrigens nicht über Halle, der fährt über Weißenfels und kommt gleich in Leipzig an.

Würbach legt auf und haut mit der Faust auf den Schreibtisch. Verdammt! Warum meldet sich die Trapo nicht? Leipzig ist jetzt nicht mehr zu schaffen. Wo ist der nächste Halt? Die dürfen uns nicht entwischen!

Was haben wir nicht alles in den vergangenen Wochen unternommen, um die Lage unter Kontrolle zu halten, *Schild und Schwert der Partei* – das gilt es doch zu beweisen, genau jetzt vor dem Parteitag!

Kampfkurs X lautet unser Auftrag seit Monaten schon, ein dreißig Seiten langer Befehl, auf den alle Diensteinheiten verpflichtet worden sind. Erich Mielke, der Genosse Minister, hat ultimativ verlangt: *Keinerlei Zwischenfall während des Parteitags! Alle Ausreiseantragsteller, alle potenziell Verdächtigen, alle dekadenten, feindlich-negativen Jugendlichen sind von der Hauptstadt fernzuhalten! Personen mit pessimistischen und skeptischen Äußerungen sind zu identifizieren!*

Ein heimlicher Ausnahmezustand. *Jeder Genosse an seinem Platz! Tschekistische Höchstleistungen!* Der Apparat dazu steht bereit. In allen Bezirken und in der Zentrale gibt es eigens eingerichtete *Operative Einsatzstäbe,* die rund um die Uhr arbeiten, täglich Bericht erstatten und jedem, auch dem geringsten Zwischenfall nachgehen. Die Tagesberichte der Einsatzstäbe sind seit Wochen voll mit *Vorkommnissen, die erfolgreich liquidiert werden konnten:* Liquidieren bedeutet abschließen. Ob ein Schüler einer Schule in Cottbus auf einer Wandzeitung im Klassenraum zum X. Parteitag einen kleinen Kommentar gekritzelt hat, ob es einen *Fahnenabriß* gab oder irgendeine *Schmiererei. Jedes Vorkommnis wiegt umso schwerer während dieses Zeitraums.*

Die Postzollfahndung legte noch mehr Tempo vor als gewöhnlich und bearbeitete 82 868 Kleingutsendungen innerhalb der DDR *fahndungsmäßig binnen einer Woche durch intensive röntgentechnische Kontrollen.* Zu 11 473 möglichen Störenfrieden in der ganzen DDR sind Kontrollmaßnahmen eingeleitet, mit 6323 Personen *vorbeugende Gespräche zur unerwünschten Einreise in die Hauptstadt der DDR* geführt worden. Sie mussten eine Erklärung unterschreiben oder versprechen, auf keinen Fall nach Berlin zu fahren.

Aber man weiß nie, was noch kommt.

Wir haben für alle Diensteinheiten ab heute Morgen acht Uhr erhöhte Einsatzbereitschaft festgelegt, unser Dienstgebäude mit Doppelposten und Einsatzkräften der Volkspolizei verstärkt gesichert und die Überwachung der gesamten Stadt durch zugewiesene Planquadrate gewährleistet. Wir haben 30 Sicht-Stützpunkte in Jena, vom Volkshaus über das Zeiss-Hauptwerk, Universität, Urania, Textilia bis zum Bekleidungshaus am Markt, die eine flächendeckende Kontrolle von Innen- und Außenring ermöglichen.

Viele Jugendliche sind in diesen Tagen unterwegs wegen des Schwarzbierfestes in Prag. Deshalb hat die Volkspolizei in Gera gemeinsam mit den Genossen von der Abteilung Inneres des Rates des Bezirkes Fahrzeuge und Turnhallen für mögliche Masseninhaftierungen während des X. Parteitages vorbereitet. Allerdings *konnten dreiviertel der geplanten Reisen negativ-dekadenter Jugendlicher nach Prag vorbeugend verhindert werden.*

Auch in Jena haben die Genossen von der Kreisdienststelle mit etlichen Feinden der DDR aus dem Umfeld von Domaschk und Rösch *vorbeugende Gespräche* geführt. Für fast ein Dutzend Biermann-Anhänger hat unser Chef Nowack mit Unterstützung des Leiters der Bezirksverwaltung Gera Mitte März *Sonderanträge auf beschleunigte Ausreise gestellt. Unbedingt bis zum Beginn des X. Parteitages realisieren!,* hatte Nowack gedrängt und *davor gewarnt, daß Leute des politischen Untergrunds die gesellschaftliche Bedeutung des X. Parteitages nutzen, um durch politisch-kriminelle Demonstrativtaten oder andere spontane und wirkungsvolle Aktivitäten ihrer Antragstellung Nachdruck zu verleihen.* Einer von denen, Spitzname Jagger, ist *objektiv in der Lage, verbrecherische Anschläge zu realisieren! Der soll schon mal geäußert haben, daß er den Kanal voll habe und als Terrorist auftreten werde.*

Die Abteilung Inneres hat uns den Gefallen getan und alle Ausreiseanträge schnellstens genehmigt. Die meisten potenziellen Störenfriede konnten noch vor diesem Wochenende von Jena aus in den Westen abgeschoben werden. Sollen sie uns doch dankbar sein! Von zwei anderen, bei denen dies nicht so schnell zu organisieren war, haben wir ultimativ verlangt, sich zurückzuhalten, um ihre anstehende Ausreise nicht zu gefährden.

So hat unsere Kreisdienststelle Druck aus dem Kessel abgelassen, ganz im Sinne des *Kampfkurses X,* und den politischen Untergrund in Jena vor dem SED-Parteitag erheblich geschwächt. Das könnten die in Gera ruhig mal anerkennen, statt uns immer wieder als halbe Versager darzustellen! Das ist ungerecht! Ja, ja, ein paar dekadente Typen sind uns heute entwischt, aber wieso haben wir eigentlich kein *Vorbeugungsgespräch* mit Rösch und Domaschk hinbekommen, keine Verpflichtung von ihnen verlangt, Berlin zu meiden? Den Auftrag dazu hatte Köhler doch schon Ende Januar bekommen. Aber nichts!

Weil er wieder mal wochenlang ausgefallen ist und die Leitung aufgrund von Mählers IM-»Steiner«-Bericht einem anderen Plan nachging. Ja, wir haben einen gesundheitlich angeschlagenen Leiter, zu wenig vorzeigbare Erfolge, Disziplinarverstöße einiger Mitarbeiter, und die IM-Anwerbungen sind auch weit hinter dem Plan zurück. Die Kontrollgruppe hat das hart kritisiert in ihrem Bericht vor ein paar Wochen. Also bitte jetzt bloß nicht die nächste Pleite!

Wieder klingelt Würbachs Telefon, eine neue Information aus Gera: *Die haben einen größeren Koffer dabei. Wir müssen wissen, was da drin ist ... Flugblätter? Sprengstoff? Ein Transparent?*

Freitag, 20 Uhr – Schnellzug D 506 zwischen Leipzig und Berlin

Matz liest in seinem Buch, die Fahrkartenkontrolle ist vorbei, Blase gleich wieder eingeschlafen. Behrchen und seine Freundin schräg gegenüber dösen aneinandergelehnt vor sich hin. Der Zug ist gut gefüllt. Ein paar Abteile weiter das laute Lachen einer Gruppe junger Leute, offensichtlich froh, dem Grundwehrdienst für ein Wochenende zu entkommen. Auf den anderen Plätzen schweigen die Fahrgäste vor sich hin. Die Woche ist um, jeder hängt seinen Gedanken nach.

Tack. Tack. Tack. Matz schließt die Augen. Das gleichmäßige Fahrgeräusch ruft eine Melodie in seinem Kopf in Erinnerung. Ein Lied von den Doors. *Hello, I love you, won't you tell me your name?* Der Song hat ihn beim ersten Mal, als er ihn im Radio hörte, regelrecht umgehauen. Gänsehautmusik. Wie hat er sich dann bemüht, an das Album mit dem Lied zu kommen! Eine Freundin überraschte ihn schließlich damit, die es aus Budapest mitbrachte. Seitdem begleitet ihn die Musik der Doors, er empfindet sie immer noch wie einen Sog, dem man sich kaum entziehen kann. Dieser düster-melancholische Gesang von Jim Morrison, über Ideale und Träume, aufwühlend, verletzlich, so ganz anders als all die Songs von anderen Bands.

Musik entspannt Matz, sie beflügelt ihn, weckt Sehnsüchte, macht ihn glücklich und traurig. Lässt ihn durchhalten.

Er sieht sich, wie er auf einer kleinen Bühne alles aufbaut, die Lautsprecher hin und her rückt, den Verstärker bis zum Anschlag aufdreht, die Gitarren verkabelt, das Schlagzeug, die Mikrofone, das Mischpult. Der Dorfsaal ist rappelvoll. Die Besucher, egal ob Männer oder Frauen, rauchen, was das Zeug hält. Sie blicken durch den Dunst erwartungsvoll Richtung Bühne. Gleich geht es los. Die meisten der um die 20-Jährigen haben sich an der Theke am anderen Ende des Saals schon ihr zweites Bier geholt, einige sind beim dritten oder vierten. Die Jungs mit den Schlaghosen halten ihre Freundinnen mit den engsitzenden Strickpullis fest im Arm, die begehrlichen Blicke der Jungs ohne weibliche Begleitung sind unübersehbar. Es wird gerufen, geschwatzt, geflirtet, getrunken, gequalmt, und gleich wollen sie endlich lostanzen. So viel Zeit bleibt nicht mehr. Um halb zwölf ist Schluss, dann müssen alle raus.

Wer kein Moped hat, um halb besoffen nach Hause zu fahren, oder sonst nicht mehr heimkommt, wird vielleicht in der nächsten Scheune schlafen.

Matz hockt am Rand der Bühne auf einer Holzkiste, ein Bier in der Hand, eine Karo im Mundwinkel. Lässig. Die Blicke der Mädchen sind ihm sicher.

Links und rechts vor der Wand zwei DDR-Fahnen im Ständer. Pflichterfüllung. Direkt über der Theke am anderen Ende des Saals ein Stoffbanner mit der Losung *So wie wir heute arbeiten, werden wir morgen leben!* Direkt darunter holen sich die Leute ihr Bier nach. Matz muss grinsen. So wie wir heute trinken …

Wo sind sie heute nochmal? Im Dorfsaal, nur in welchem? Mellingen? Kahla? Stadtroda? Egal. Ein wilder Sommer 1977, in dem er mit der Band Uller über die Dörfer zieht, von Thüringen bis ins Erzgebirge. Nächste Woche fahren sie an die Ostsee, mit Billy, Jens, Jochen, Moses, Ekki. Matz spielt in der Band nicht mit, ist aber seit deren Gründung eng mit ihr verbunden und als Roadie oft und gern dabei.

Er liebt dieses Rumtouren, »On the road – Unterwegs«. Sie haben es alle gelesen in Jena, dieses Buch von Jack Kerouac. Matz hat sich darin etwas angestrichen:

Denn die einzig wirklichen Menschen sind für mich die Verrückten, die verrückt danach sind zu leben, verrückt danach zu sprechen, verrückt da-

nach, erlöst zu werden, und nach allem gleichzeitig gieren – jene, die niemals gähnen oder etwas Alltägliches sagen, sondern brennen, brennen, brennen wie phantastische gelbe Wunderkerzen, die gegen den Sternenhimmel explodieren wie Feuerräder, in deren Mitte man einen blauen Lichtkern zerspringen sieht, so daß jeder Aahh! ruft. Wie nannte man doch solche jungen Leute in Goethes Deutschland?

Vielleicht gehören Matz und seine Freunde genau zu diesen jungen Leuten. Cool sein und auf der Suche, verrückt danach, zu leben.

Die Sache mit der Band hat schließlich mit Matz angefangen, mit einer Schülerband namens Out, damals in Neulobeda, dem Neubauviertel im Süden von Jena, direkt an der Autobahn. Da wohnte er noch bei seinen Eltern, lernte eifrig in der Dr.-Theodor-Neubauer-Schule und ging ganz brav zur Konfirmation und zur Gemeinde bei Pfarrer Zollmann.

Als Denkspruch wählte Matz: *Die Wahrheit wird euch frei machen.* Das Erinnerungsfoto von 1972 zeigt ihn im schwarzen Anzug, mit ordentlich gekämmten Haaren und einer Bibel in der Hand. Er und seine Mitschüler – ebenso adrett gekleidet – grinsen in die Kamera, in Gedanken vielleicht schon bei dem, was danach kommt. Sie gehen zusammen zur Tanzschule Zellmann, tragen unterm Kordjackett ein weißes Hemd oder Rollkragenpulli, lernen Benimmregeln, zelebrieren den Abschlussball im Anzug, die Mädchen im Rüschenkleid.

Einige Jungs entdecken die geheimen Räume unter der alten Autobahnbrücke für ihre ersten Rendezvous mit Mädchen. Am Fuß der Pfeiler sind Türen, deren Schlösser schnell geknackt sind. Dahinter eine Treppe nach oben, bis zu einem Raum ohne Fenster direkt unter der Fahrbahn. Oben brausen die Autos und Lkws über die Autobahn, wenige Meter darunter liegen zwei Menschen früher oder später eng umschlungen auf einer Decke, vielleicht brennt eine Kerze und es gibt etwas zu trinken – ein wunderbarer Platz für unkontrolliertes Zusammensein, so nah und doch fernab von allem, so unsichtbar.

Generationen von Jugendlichen in Neulobeda kennen das Versteck.

Matz will noch was anderes. Er verschlingt immer mehr Bücher, mit ganz neuen Themen: über die Unschuld der Jugend und den Absturz ins

Erwachsenwerden in J. D. Salingers »Der Fänger im Roggen«, über das Streben nach Wahrheit in Hermann Hesses »Glasperlenspiel« oder über die Abrechnung mit einem übermächtigen Familientyrann in Franz Kafkas »Brief an den Vater«.

Er züchtet auf seinem Fensterbrett im neunten Stock Kakteen und bringt sie zum Erstaunen seiner Eltern zum Blühen.

Zu zweit oder zu dritt lümmeln sie in ihren Jugendzimmern rum, qualmen, trinken, hören die Hitparade von Radio Luxemburg. Matz und seine Freunde schneiden mit dem Tonband Musik aus dem UKW-Radio mit, auf RIAS und Bayern 2. Nach der Schule kommt aus München die beliebte Sendung »Club 16« mit einer Frau als Discjockey. Ihr Name: Julia. Matz mag ihre Stimme und dass sie Beat und Beethoven liebt – wie er. Auf seinem Plattenspieler dreht sich da aber auch schon eine Vierfachsingle der Beatles, die er in Polen ergattern konnte: *Drive my car ... beep-beep, beep-beep, yeah!*

Seine Eltern finden es furchtbar. Er mag die Beatles, und seine Haare werden zotteliger, dann mag er Jimi Hendrix, seine Haare werden noch etwas länger, gehen schon über die Ohren. Billy in der Parallelklasse hat sie allerdings fast bis auf die Schultern. Der Kampf mit den Eltern und Lehrern wird um jeden Zentimeter geführt.

Deine Haare wachsen schneller als dein Verstand, muss Matz sich von seinem Vater anhören. *Lange Haare, kurzer Verstand,* nerven auch die Väter seiner Freunde. In der Schule versuchen sie die Haare zu verstecken, binden sie hinten zusammen, machen die Ohren frei.

Ein Lehrer mahnt: *Lange Haare verstellen die Sicht auf die Zukunft! Das überlassen wir dem Klassenfeind! Lange Haare sind Propaganda für den Gegner!*

Wenn der wüsste, dass sie dauernd Westfernsehen gucken, die letzten Sendungen vom »Beat-Club« mit der frechen Moderatorin, die sogar nackt aus der Badewanne ihre Ansagen macht, mit ihren langen schwarzen Haaren. *Hottentotten-Musik von singenden Affen,* schimpfen Erwachsene und wollen mit ihren Kindern nicht über die Bands diskutieren, deren Namen sie zumeist nicht einmal aussprechen können: The Rolling Stones, Led Zeppelin, Alice Cooper oder Frank Zappa. Allesamt westliche Unmoral und Dekadenz.

Für Matz und seine Freunde aber werden die Fragen wichtig: Wer bin ich, wer will ich sein, was bedeutet mir Freiheit?

Geschichten kursieren in Jena, von Lehrern und Schuldirektoren, die in Klassen kommen, mit dem Finger auf Langhaarige zeigen und befehlen: Du, du und du – mitkommen! Zum Friseur geht es dann in der Gruppe, *um aus den Gammlern wieder Bürger ohne Anzeichen westlicher Dekadenz* zu machen. Erst kurzgeschoren dürfen sie wieder am Unterricht teilnehmen.

Um ihrem Sohn dies zu ersparen, nähert sich die Mutter eines Schulfreundes von Matz nachts mit einer Schere dessen Bett und versucht, ihm die Haare abzuschneiden. Natürlich wird er davon wach, fängt an zu schreien, verletzt sich an der Schere, seine Mutter bricht in Tränen aus.

Egal. Matz lässt seine Haare immer weiterwachsen, über die Ohren, über die Schultern. Parka und Jeans gesellen sich dazu – die Jeans trägt man natürlich ohne Gürtel, so wie der Held in »Die neuen Leiden des jungen W.« –, schließlich Jesuslatschen, bunte Armbänder und Halsketten mit Talisman. Es sind wichtige Zeichen all jener, die sich von den Eltern und den braven Mitschülern unterscheiden, jedoch untereinander erkennen.

Damit sein Vater ihn so nicht sieht, legt Matz ein paar ab, bevor er nach Hause kommt. Im Fahrstuhl sieht das keiner, und es ist genug Zeit, bis er oben ankommt. Matz fragt sich: Was ist das für ein Land, in dem ich lebe, das mir die Länge meiner Haare vorschreiben will, die Art meiner Kleidung?

Billy ist wie er. Den Namen hat ihm Matz verpasst, eigentlich heißt er Ferdinand. Anfangs hat Matz ihn Schlägerbilly gerufen, nachdem es Ferdinand gelang, eine Massenschlägerei an der Dr.-Theodor-Neubauer-Schule einfach mit Argumenten, ohne Gewalt zu verhindern. Billy gehört zu den Nichtbraven, obschon er katholisch ist und sogar Ministrant bei Pfarrer Georg Sterzinsky in Alt-Lobeda, einem patenten katholischen Geistlichen, den die meisten einfach Sterz rufen. Billys Familie kam vor einigen Jahren mit einer Kiste und drei Koffern als Übersiedler aus Oberschlesien in ein kleines Dorf nahe Jena. Sie hatten es nicht leicht. Hier waren und blieben sie die *Pollacken.* Darum zogen sie bald nach Jena-Neulobeda, und so wurde Billy ein enger Freund von Matz.

Er hat wildes, in alle Richtungen abstehendes Haar und eine Wandergitarre, auf der er allerdings lieber trommelt als spielt.

Irgendwann in dieser Zeit um 1973 feiert Matz mit Billy und anderen Freunden Fasching in der Gemeinde der katholischen Kirche in der Wagnergasse. Als Verkleidung färbt der 16-Jährige ein langes Baumwollnachthemd ein, verschmiert darauf Ruß und Asche und schreibt in großen Lettern auf das Hemd: *Ich bin der Umweltschmutz.*

Das erregt Aufsehen, besonders bei der 14-jährigen Heike, die es mutig findet, dass jemand das Thema mit einem Kostüm anspricht. Beide kennen die Ignoranz der meisten Erwachsenen gegenüber den offensichtlichen Umweltsünden in der DDR. So fragt sie ihn, ob er ihr das Protesthemd einmal ausleihen könnte, spätestens zur nächsten Faschingsfeier.

Sie tanzt den ganzen Abend immer wieder mit Matz und staunt darüber, wie gut er sich mit Westmusik auskennt, ob Janis Joplin oder Rory Gallagher.

Heike erzählt Matz, dass sie gerade vom Schuldirektor und der FDJ wegen *Kontaktaufnahme mit dem Feindsender* zur *Verräterin an der Arbeiterklasse* erklärt worden ist, weil sie in der Schulklasse eine Abstimmung organisiert hat, welche Band die beliebteste unter ihren Mitschülern ist. Die meisten Stimmen bekam die englische Hardrockgruppe Slade. Das schrieb sie in einem Brief, den sie an den Deutschlandfunk in Köln adressierte, dessen wöchentliche Hitparade die meisten in ihrer Klasse hören. Der Brief war unterzeichnet mit *Deine Klasse 8a.*

Er wurde bereits im Klassenzimmer abgefangen. Die Chemielehrerin schnüffelte offenbar in der großen Pause auf den Tischen der Schüler herum, fand den Brief unter Heikes Heften versteckt und meldete es umgehend der Schulleitung. Der Unterricht wurde abgebrochen, Direktor und ein FDJ-Vertreter erschienen in der Klasse und ein stundenlanges Tribunal begann.

Seitdem, sagt Heike zu Matz, ist für mich nichts mehr so wie vorher.

Auf dem Schulhof lernen Matz und Billy jemanden kennen, der Moses genannt wird. Der hat sich aus einem Holzbrett eine E-Gitarre gebaut und lädt sie in sein Jugendzimmer im Block 7/6/116 ein. Dort zeigt Moses ihnen, wie man das Radio als Verstärker benutzt – aber nur, wenn seine Eltern nicht da sind.

Die ersten Treffen machen Lust auf mehr. Die drei studieren Zeitungsannoncen und holen eines Tages per Bahn irgendwo in Thüringen bei einem älteren Herrn ein marodes Schlagzeug ab – nur eine große Trommel, Becken und eine Snare Drum. Gemeinsam schleppen sie die riesige Kiste zum Bahnhof und sitzen beglückt im Zug nach Jena.

Der Gedanke ist da, nicht immer nur über Musik zu reden, sondern einfach eine Band zu gründen, gemeinsam etwas Eigenes auf die Beine zu stellen. Aber wo gibt es einen Übungsraum? An der Schule geht das nicht, in den Kellern der Plattenbauten nach dem ersten Versuch und Ärger auch nicht. FDJ-Klub? Sinnlos.

Am Rande des Neubauviertels liegt das kleine Drackendorf. Noch vor wenigen Jahren, bevor die Bagger kamen und Plattenbauten für 22 000 Menschen hingesetzt wurden, lag es mutterseelenallein zwischen Wiesen und Feldern, idyllisch am Berghang unterhalb der Lobdeburg. Ein paar alte Häuser, kaum mehr als eine Kreuzung, ein Dorfteich, ein Gasthaus und Menschen, die noch davon erzählen konnten, dass einst Goethe hier nach seiner Italienreise einkehrte und eine Geliebte hatte, die er regelmäßig besuchte. Von dem Pavillon im Park, in dem der Dichter mit seiner Angehimmelten Händchen haltend manchen Abend gesessen hatte, haben längst junge Leute Besitz ergriffen, die heimlich einen Schlüssel nachgemacht haben.

Matz entdeckt noch ein anderes Refugium in Drackendorf. Direkt neben der kleinen Kirche liegt das Gemeindehaus, in dem der evangelische Pfarrer wohnt, den er von der Jungen Gemeinde her kennt – mit einem Saal, der wochentags kaum genutzt wird. Nur an manchen Sonntagen wird darin der Gottesdienst abgehalten, wenn es in der Kirche zu kalt ist. Wenn das nicht ein Übungsraum für unsere Band ist, was dann?

Matz gelingt es, den Pfarrer zu überzeugen. In der Woche bleibt der Saal zwar ungeheizt, doch was soll's? So friert Matz ein paar Monate lang gemeinsam mit Billy, Moses und ein paar Mitschülerinnen, die vorbeikommen und zuhören.

Als Zehnjähriger hat Matz in Görlitz zwei Jahre lang Gitarrenunterricht genommen. Er probiert sich an der Bassgitarre, setzt sich auch mal ans Schlagzeug, aber das ist nicht sein Ding.

Zum Glück kommt Ekki dazu, dessen Vater Russischlehrer und Freizeitmusiker ist. Er selbst kann wunderbar Klavier spielen. Ob in der Schule oder im katholischen Gemeindehaus in Alt-Lobeda – wenn Ekki anfängt zu improvisieren, drängen sich die Mädchen meist um ihn. Ekki hat auf einem Dachboden ein besseres Schlagzeug entdeckt, und Billy, der bisher selbst kaum spielen kann, zeigt Ekki, wie das ungefähr geht. Nach ein paar Wochen staunen alle nicht schlecht über Ekkis Talent und Können. Er übt jeden Tag und besucht sogar einen klassischen Trommelkurs an der Volkshochschule.

Billy hat inzwischen erkannt, dass seine eigentliche Berufung Sänger ist. Sie covern zunächst ihre Lieblingslieder, nicht nur die der Bands aus England und Amerika. Matz und Billy haben eine polnische Lieblingsgruppe namens Breakout. Matz hat sie 1972 entdeckt, als er mit seinem Freund Matthias aus Görlitz auf einem Bauernmarkt in Zgorzelec war, gleich hinter der Grenze. Da war es DDR-Bürgern gerade erst erlaubt worden, visafrei nach Polen zu reisen.

Dieses Land war unbekannt und aufregend. Zwischen den Panjewagen mit Kohl und Kartoffeln gab es einen kleinen Stand mit *Schallfolien.* Unter einem kaputten Sonnenschirm lag ein abgewetzter Koffer auf einem Klapptisch, daneben ein Plattenspieler mit Lautsprecher im Deckel, der Strom kam aus einer angeklemmten Autobatterie. Der Koffer enthielt dünne Plastikscheiben mit jeweils zwei Songs. Sein Freund kaufte sich »Tumbling Dice« von den Rolling Stones, in Wahrheit wegen des zweiten Liedes: »Je t'aime«. Später gingen sie noch in einen Plattenladen in Zgorzelec. Dort legte sich Matz seine ersten Breakout-Scheiben zu: »Blues« hieß die eine, »Karate« die andere.

Die polnische Band spielt Blues, Folk und Rock und gibt der Drackendorfer Band die Idee zu ihrem Namen: Out.

Breakout übersetzen sie mit ausbrechen. Ausbrechen aus Neulobeda. Ausbrechen aus der Kindheit, aus den starren Anforderungen der Schule, aus den Konventionen und Wünschen ihrer Eltern. Billy bastelt sich ein Lederhalsband und zaubert mit bunten Stiften einen Anhänger mit dem Wort Out darauf, damit es jeder sehen kann. Und plötzlich singt der als *Pollacke* Geschmähte polnische Texte. Zum ersten, eher zufälligen Freiluftauftritt kommt es bei einem Hausgemeinschaftsfest von Billys Wohnblock. Da versucht sich die Band an einem Doors-Lied: *Waiting for the sun …*

Dieser Auftritt ermutigt sie weiterzumachen. In Drackendorf arbeiten sie gerade an ihrem ersten eigenen Stück, als Ekki ihnen von der »Henne« im Zentrum Jenas gleich hinterm Gockelgrill erzählt. Der alte Tanzsaal mit Empore liegt zwischen Stadttheater und Hauptpost und wird bereits von anderen als Übungsraum genutzt. Bands entstehen gerade überall in Jena: an Schulen, an der Uni oder in den Lehrlingswohnheimen. Wenn sie nicht hierherkommen, üben sie in Garagen, Werkräumen oder Kellern. Sie heißen Tramp, Lichtmast, HSP, Rhythmics, Mille Formation oder Polo. In der Henne gibt es bessere Verstärker und Lautsprecher, Ratschläge anderer Musiker und mehr Fans, die mal eben vorbeischauen.

Viele Abende und Wochenenden verbringen sie nun hier mit Proben. Sänger Billy, Moses und Schlagzeuger Ekki von Out bleiben dabei. Zwei Gitarrenspieler kommen neu dazu: Jochen und Udo. Bass, Sologitarre, Rhythmusgitarre, Schlagzeug, Blues Harp – nun sind sie komplett für die neue Band.

Zum Namen kommt es, als einer am Ende einer Probe die Frage in den Raum wirft: Wie heißen wir denn überhaupt? Matz ruft spontan: Uller!

Matz hatte den Namen Uller als Kind aufgeschnappt, als sein Großvater August ihm einen rätselhaften Gegenstand an einem Lederband erklärte, den Matz in einer Schublade entdeckt hatte: Das ist mein Uller, ein Talisman. Der hat mich immer beschützt.

Irgendwann legen sich einige Bandmitglieder und Matz auch so ein Halsband mit Talisman zu, und ein ullerbehängtes Stofftier steht später als Maskottchen bei Auftritten mit auf der Bühne.

Zu den Proben im alten Tanzsaal kommen immer mehr Fans. Warum nicht eine richtige Band mit offizieller Spielerlaubnis werden? Doch so einfach geht das nicht. Im April 1977 könnten sie der Einstufungskommission vorspielen. Dann hätten sie die Berechtigung für öffentliche Auftritte und bekämen eine kleine Gage.

Wochenlang, ja den ganzen Winter proben sie intensiv. Mindestens *Grundstufe* ist ihr Ziel. Um die zuständigen Mitarbeiter vom *Kabinett für Kulturarbeit* zu überzeugen, schreibt Billy eine gut überlegte Liste mit 30 Musiktiteln.

Die Quotenregelung gibt vor, dass mindestens 60 Prozent der Songs selbst geschrieben, aus der DDR oder sozialistischen Bruderländern sein müssen. Aus Polen haben sie natürlich Songs von Breakout vorgesehen. Dazu mischt Billy noch von ihnen selbst vertonte Brecht-Gedichte – wie das »Kuppellied« oder »Freudenmädchen«. Da senkt er seine Stimme ins Melancholische ab, was alle mit Liebeskummer nachvollziehbar anspricht, wenn die tröstenden Zeilen kommen:

Gott sei Dank geht alles schnell vorüber.
Auch die Liebe und der Kummer sogar.
Wo sind die Tränen von gestern Abend?
Wo ist der Schnee vom vergangenen Jahr?

Der Rest darf dann ruhig aus dem Westen sein: »Let's work together« von Canned Heat und Titel von Ten Years After, Black Sabbath, The Doors.

Für die Einstufung müssen sie bürokratische Dinge besorgen und vorlegen: Bescheinigungen von ihren Lehrbetrieben, dass es keine Einwände gibt, polizeiliche Führungszeugnisse und vieles andere mehr. Nach monatelanger Vorbereitung sind sie zuversichtlich, es zu schaffen. Plötzlich ist Gitarrist Udo verschwunden. Abgehauen in den Westen. Geredet hat er natürlich nicht darüber. Katastrophe, kurze Panik. Aber zum Glück treffen sie auf Jens, 16 Jahre, durch seine Familie mit den Jenaer Dixielanders aufgewachsen und bereits ein begnadeter Gitarrenspieler. Durchatmen.

Wie üblich kommen am Einstufungstag sechs Bands hintereinander dran. Als sie um elf Uhr vormittags im Kulturhaus Göschwitz auf der Bühne stehen, haben sie eine halbe Stunde, um der Kommission vorzuspielen. Die nicht mehr ganz jungen Damen und Herren vom *Kabinett für Kulturarbeit* haben sich unten im Saal hinter einem langen Tisch verschanzt und notieren ständig irgendetwas über die dargebotene *Amateurtanzmusik.* Sie verteilen Punkte für Instrumentenbeherrschung, für Arrangement, Harmonie, Rhythmik, Erscheinungsbild, aber auch für die Anbindung an einen Betrieb als Träger oder Bürgen. Die Band hat das mit Sorge bei den vorausgegangenen Gruppen beobachtet, lässt sich aber nicht verunsichern, spielt einfach drauflos, konzentriert und mutig. Sie schauen über die Köpfe der Mitglieder der Einstufungskommission hinweg in den vollbesetzten Saal, zu ihren Fans und den Anhängern der anderen Bands.

Matz ist beim ersten Stück von seinem Zuschauerstuhl aufgesprungen, wird aber sofort aufgefordert, sich wieder hinzusetzen. Wegen der polnischen Lieder in ihrem Repertoire schließt eine Frau aus der Jury sie in ihr Herz. Sie ist ehrenamtlich delegiert vom VEB Jenaer Glaswerk Schott. Vor allem ihr verdanken sie die beste Einstufung, die es für eine Gruppe wie ihre überhaupt geben kann. Sie bekommen überraschend die Spielerlaubnis gleich drei Stufen höher als erwartet, als *Gruppe der Oberstufe.*

Ekki lässt so schnell es geht Visitenkarten drucken. *Uller – Blues und Rock aus Jena. Inselplatz 9, Telefon 258 06, täglich 16.30–17.30 Uhr.* Das sind Adresse und Nummer seiner Eltern, bei denen er zwar nicht mehr wohnt, aber nun täglich für eine Stunde nach der Arbeit vorbeikommt, wegen des Telefons.

Und es klingelt. Ekki wird zum Manager der Band.

Gleich am nächsten Wochenende geht es los. Ihr erster Auftritt ist im F-Haus, mitten in Jena, wo einst die Arbeitsfront der Nazis ansässig war und nun der Freie Deutsche Gewerkschaftsbund, der FDGB, residiert. Im alten Saal des Hauses zwischen Krautgasse und Bachstraße gibt es fast jedes Wochenende Tanz mit Liveband. Ullers erster Auftritt wird ein Fest für die Musiker und ihre Fans. Nach dem F-Haus folgen die Studentenklubs: der Rosenkeller in Jena, der Kasseturm in Weimar, Klubs in Halle, Gera und Erfurt.

Bei einem Auftritt wollen sie mal eine Sängerin ausprobieren. Heike, die Matz als 14-Jährige beim Fasching bewundert hat, erinnert sich wieder an sein Umweltschmutz-Hemd. Matz hat es tatsächlich noch aufbewahrt und leiht es ihr für den Auftritt. So steht die nunmehr 18-Jährige mit dem Fetzen auf der Bühne, singt drei Lieder, aber ihre Zuhörer starren vor allem auf das provozierende Kleid: *Ich bin der Umweltschmutz.*

In der Jungen Gemeinde Stadtmitte organisiert Matz einen Auftritt. Es folgen die Mensa, das RAW, das Kulturhaus Neulobeda, und immer wieder geht es auf die Dörfer. Bald verlieren sie den Überblick, wann sie wo sind oder hinsollen – trotz Manager Ekki. Wenn es nach den Konzerten zu weit ist, schlafen sie in den Wohnungen wildfremder Leute. So vergrößert sich ihr Bekanntenkreis von Auftritt zu Auftritt.

Ankündigungen brauchen sie nicht, ihre Auftritte sprechen sich auch so herum. Ein handgeschriebenes Plakat am Eingang zum Saal reicht aus: *Heute abend spielt: Uller – Beginn 20 Uhr, Eintritt 1 Mark.* Eingelassen werden ohnehin nur so viele, bis der Saal nach Ansicht der Ordnungskräfte voll ist, aber stets wartet draußen eine Menschentraube in der Hoffnung, dass einige Besucher wieder rauskommen.

Für einen Auftritt bastelt Matz ein Plakat mit einem Foto seiner Tochter Julia. Es zeigt sie mit ihren großen Babyaugen auf einem altertümlichen Stuhl.

Wenn sie auf Tour sind, haben sie sogar einen richtigen Bandbus, den sie liebevoll Balkanesel nennen. Den ausrangierten rumänischen Transporter konnte Ekki, der bei der Fahrbereitschaft an der Uni arbeitet, für wenig Geld erwerben. So ein Gefährt ist sensationell! Auf dem gelben Lack bringen sie aus schwarzem Felgen-Klebeband, eigentlich für Reifenpannen gedacht, fünf Buchstaben an: ULLER prangt riesengroß unter der Frontscheibe.

Auf einer der Touren übernachten sie im Balkanesel. Harte Sitze, ziemlich unbequem, aber das ist es, das ersehnte verrückte Leben *on the road.* Die Sonne weckt sie leider schon zwischen vier und fünf Uhr morgens. Daran haben sie nicht gedacht. Kaffee wäre gut, gibt es aber nicht, daran haben sie auch nicht gedacht. Also raus in den Morgen. Beim Pinkeln nebeneinander fragen sie sich: Wo zum Teufel wollten wir heute nochmal hin?

So rauscht der Sommer mit Uller prall und schnell vorbei.

Matz ist nicht überall dabei, denn er hat in diesem Jahr 1977 viel anderes zu tun. Aber ihm gefällt die Rolle als Roadie und guter Geist der Gruppe. Nach den Konzerten hängen sie manchmal noch alle bei ihm

Am Rähmen ab, rauchen, trinken, quatschen, lachen – auch die Freundinnen sind dabei. Sie schlafen bei Matz auf dem Fußboden, wenn es spät wird. Er liebt dieses Zusammensein, die Gemeinschaft mit der Band und die Musik. Wenn er allein ist, schreibt er Gedichte, die vertont werden könnten. Seine Mundharmonika hat Matz beim Trampen und Wandern stets dabei. Wenn er sich gut fühlt, unter Freunden, holt er sie raus und spielt Dylan-Songs oder improvisiert Blues.

Jetzt ist Matz mit der Band irgendwo in Thüringen in einem Dorfsaal, und endlich kommen seine Freunde auf die Bühne. Der ganze Saal johlt und pfeift. Ein schriller Ton, Rückkopplung. Matz fummelt am Verstärker. Zuerst erscheint Jochen, der Bassist, spielt ein paar Läufe auf den Saiten, ahmt die ersten Riffs von »Hey Joe« nach. Der Nächste ist Jens mit der Rhythmusgitarre. Dann setzt Ekki am Schlagzeug ein. Billy kommt und greift zum Mikrofon. Jens haut stärker in die Saiten und springt hoch. Es geht los. Der Saal gerät in Bewegung, Körper drängen sich zum Tanzen, Biere werden abgestellt oder umgekippt.

Die Band beginnt mit einem eigenen Instrumentalstück, Jochen hat es »18. September 1975« genannt, der Todestag von Jimi Hendrix. Die Ersten tanzen direkt vor der Bühne, dann geht es Schlag auf Schlag: »Let's work together« von Canned Heat, »Love like a man« – Ten Years After.

Hundert Leute schütteln sich nun vor ihnen. Ein paar Jungs bleiben am Rand, halten sich an ihrem Bier fest und schauen zu, bis der Funke überspringt.

Hinten in der Ecke stimmt doch etwas nicht? Matz und die anderen in der Band kennen das schon. In den Dorfsälen bleiben die Leute unter sich. Jedes Dorf in seiner Ecke, in seinem Kreis. Da mischt sich nichts, und wenn doch, bringt es nur Ärger. Ein falscher Blick. Flirten mit der falschen Frau. Ein leichtes Rempeln. Etwas Bier übers Hemd gekippt. Versehentlich oder nicht, eine Schlägerei ist schnell im Gang.

In Dornburg haben sie neulich einen algerischen Studenten halb totgeschlagen, nur weil der in den Augen der anderen das falsche Mädchen angebaggert hat.

Wir treten unsere Hühner selbst, haben sie gebrüllt.

Jetzt spielt Uller ein eigenes Stück. »Billies Blues« heißt es. Martin Morgner aus Gera hat es für sie geschrieben:

Hey, steht auf Leute, steht verdammt noch mal auf Leute ...
Hey, Alter, du kotzt den Wein von gestern
Steht dir nichts auf bei meinen Schwestern?
Hey, Pauker, steh auf vor mir! Beuge dich!
Ich stand zu lang stramm vor dem Stockfisch
Hey, Mutter, spring raus aus dem Ehebett.
Lern wieder laufen, sonst wirst du fett!
Hey Leute, das Volk seh' ich Socken stricken
Wann endlich steht's auf, um das Land zu ficken?

Die Unruhe im Saal wird größer. Der Alkoholpegel ist kurz vor Schluss am oberen Limit. Gegröle hinten, vorne wird getanzt. Im Laufe des Abends hat sich der Dunst im Saal zu einem einzigartigen Geruch vereint, eine Mischung aus Rauch, Schweiß, Bier, Parfüm – und Pisse, deren Duft aus den Toiletten hereinweht.

Wo ist die zweite Fahne? Einer der beiden Ständer ist leer, sie fehlt, begreift Matz nun. Warum stampfen sie in der Mitte des Saals so heftig auf dem Boden herum, springen hoch und runter und johlen, johlen?

Sie trampeln auf dem schwarz-rot-goldenen Tuch mit Hammer, Zirkel und Ährenkranz herum. Oder tanzen sie darauf?

Matz wacht auf. Der Zug ist mit einem Ruck und schrill quietschenden Bremsen stehen geblieben. Was ist los? Warum halten wir an?

Freitag, 20.05 Uhr – MfS-Bezirksverwaltung Gera

Rösch, Peter, Spitzname »Blase«, 1,80 m groß, stämmig, Bartträger, sogenannte Davisfrisur, trägt abgeschabten Handkoffer (nach Gestalt und Frisur erkennbar).

So kommt die Beschreibung von Köhler und Würbach bei den Genossen des *Einsatzstabes Kampfkurs X* in Gera an. Zu Domaschk, Matthias, liefert Jena keine weitere Beschreibung. Aber die Angaben zu »Blase« reichen den Mitarbeitern, die sie nun weitergeben können. Rösch mit der Angela-Davis-Frisur ist für das *Zugbegleitkommando* sicher leicht zu erkennen. Doch es befindet sich überhaupt kein solches Kommando im Zug, wie sonst im Wochenendverkehr üblich, um auf alkoholisierte Jugendliche, Fußballfans oder übermütige Wehrpflichtige auf Heimaturlaub *einzuwirken.* Also muss die Transportpolizei am nächstbesten *Unterwegsbahnhof* zusteigen und die Sache in die Hand nehmen.

Die Trapo ist für langhaarige Jugendliche wie Blase und Matz immer mit bösen Erfahrungen verbunden. Überall auf den größeren Bahnhöfen stehen sie herum in ihren blauen Uniformen, mit *Handfunksprechgerät,* Fahndungsbuch und Waffe. Sie patrouillieren die Bahnsteige auf und ab, stehen an Treppenaufgängen, in Bahnhofsgaststätten oder gleich in der Eingangshalle.

Ihren Ausweis! Wo wollen Sie hin? Was wollen Sie da? Was haben Sie da in dem Beutel? Kommen Sie mit!

Auf den Bahnhöfen der Republik sind es mehr als 6000 Transportpolizisten, die *für Sicherheit und Ordnung* sorgen. Sie entfernen unerwünschte westliche Abzeichen von der Kleidung Jugendlicher, nehmen die Personalien auf, wenn ein Reisender in einen Roman westlicher Herkunft versunken ist, ziehen im Zug liegengebliebene *Schundliteratur* ein und verhindern Kontaktaufnahmen zwischen DDR-Bürgern und Transitreisenden.

Für Würbach in Jena und den *Operativen Einsatzstab* in Gera ist die Trapo jetzt der entscheidende Hebel, um Rösch und Domaschk aus dem Zug zu holen. Dazu existieren auf den wichtigsten Bahnhöfen rund um die Uhr besetzte Trapo-Stützpunkte, die telefonisch erreichbar sind. Bei einem Halt des Zuges sollen Sicherungskräfte die beiden mit der entsprechenden Beschreibung suchen. In Wittenberg wäre das möglich oder in Jüterbog.

Immer mehr Abteilungen des Ministeriums für Staatssicherheit, der Volkspolizei und Stützpunkte der Transportpolizei sind in die Aktion einbezogen.

Der Zentrale Operativstab zum Schutz des X. SED-Parteitages in Berlin meldet stolz nach Gera, dass jetzt ausreichend Sicherungskräfte an zwei Bahnhöfen der Hauptstadt aufziehen, um die ungebetenen Besucher aus Jena abzufangen. Der Schnellzug wird planmäßig in Schönefeld und kurz darauf in Lichtenberg halten. Spätestens auf diesen beiden Bahnhöfen könnten durch Genossen *der Bezirksverwaltung Berlin die gesuchten Personen festgestellt, zugeführt und mittels Begleitung durch Trapo nach Jena zurückgeführt werden.*

Der diensthabende Kreisdienststellenleiter Würbach spürt eine gewisse Erleichterung und beruhigt am Telefon seinen Vorgesetzten Nowack: Kannst zu Hause bleiben. Haben alles im Griff.

Freitag, 19.50 Uhr – Schnellzug D 506

Matz schaut hinaus, versucht im Dunkeln etwas zu erkennen. Ein Bahnhof. Wo sind sie? Es ist nicht leicht auszumachen. Berlin rückt näher. Er schiebt das Fenster herunter. Draußen riecht es nach Chemie und Braunkohle. Niemand weit und breit, nicht mal eine Trapo-Streife auf dem Bahnsteig. Sein Blick fällt auf eine einsame Bank.

Fünf Jahre ist es her, da ist ihnen auf dem Berliner Ostbahnhof ein ziemlich genialer Coup auf so einer Bank gelungen, trotz der besonders intensiven Überwachung dort. Seine Freundin Renate hatte es aber auch gut verabredet mit dem Bekannten aus West-Berlin. Es ging um Bücher.

Bücher, die es weder in der Uni-Bibliothek noch in den Buchhandlungen der Stadt gibt, weder über noch unter dem Ladentisch. Verbotene Bücher. Begehrte Bücher.

Eine gewagte Aktion an einem Sommerabend auf dem Berliner Ostbahnhof. Dort halten Züge mit Kurswagen, die von West-Berlin oder sogar Paris ankommen und dann weiterfahren nach Moskau, Warschau, Sofia, Prag oder Budapest. Und sie halten lange. Wer in West-Berlin einsteigt und eine Fahrkarte nach Warschau besitzt, der kann hinaus auf den Bahnsteig, eine Zigarette rauchen oder am Kiosk etwas kaufen.

Daraus lässt sich doch was machen.

Tag und Uhrzeit sind verabredet. Renate und ihr West-Berliner Freund Bernd haben sich zuvor in Ost-Berlin getroffen und dort das gleiche Rucksackmodell zwei Mal besorgt. Er hat seinen mit in den Westen genommen, ihn dort randvoll mit Büchern gepackt und Renate den ihren ebenso dick mit Zeitungspapier ausgestopft.

Der Zug fährt ein, sie sitzt auf einer Bank, viele Leute wuseln auf dem Bahnsteig hin und her, steigen ein, steigen aus. Ein kurzer Moment nebeneinander, nicht zu dicht, ohne sich anzusehen, ohne zu sprechen. Die Rucksäcke nahe beieinander abgestellt, aus den Augenwinkeln geschaut, ob sie jemand beobachtet, und dann entschlossen jeweils den anderen gegriffen.

Herzklopfen. Herzklopfen bis zum Hals. Mit der wertvollen Beute langsam verschwinden. Für den West-Berliner geht's weiter nach Warschau.

Es hat geklappt.

In Jena folgt die Begutachtung des Schatzes. Im dritten Stock Am Rähmen kann niemand ins hell erleuchtete Fenster sehen.

Alles dabei, Gewünschtes und Überraschendes: »Die Revolution entläßt ihre Kinder«, »Erziehung in Summerhill«, »Der Tod des Märchenprinzen«, »Die Grenzen des Wachstums«, »Die Scham ist vorbei«, »Handbuch des Stadtguerillero«, »Kinderladen Rote Freiheit«, Cohn-Bendit »Linksradikalismus. Gewaltkur gegen die Alterskrankheit des Kommunismus«, Bruno Bettelheim »Die Zukunft der Kinder«, eine Mao-Bibel, Trotzki »Verratene Revolution«, Bakunin, ein paar »Kursbücher« und Zeitschriften wie »883«, »Berliner Anzünder«, die »Zwergschulhefte« von Peter-Paul Zahl, eine Broschüre »Bewegung 2. Juni«, Bücher vom Trikont- und vom Merve-Verlag wie »Frauen in der Offensive« oder »Die neue Linke in Ungarn«, einige Ausgaben »radikal« ...

Die Leute aus dem Westen, die nach Jena zu Besuch kommen, bringen mal das eine oder andere Buch mit, sofern es ihnen an der Grenze nicht abgenommen wurde. Aber das hier ist ein ganzer Rucksack voller verbotener Bücher auf einen Schlag! Was tun mit solch einem Bücherschatz?

Matz entwickelt mit seinem Freund Walli die Idee, eine heimliche Bibliothek der verbotenen Bücher aufzubauen.

Bei Walli am Steinweg 5, nicht weit von Am Rähmen 3, gibt es ein verfallenes, unbewohntes Hinterhaus mit einem Dachboden. Dort hinter den Sparren verstecken sie einen großen Koffer voller Bücher. Nur Matz und Walli kennen den Ort, nicht einmal Renate.

Von einer Bibliothek ist nie die Rede. Aber die Bücher zirkulieren in der ganzen Stadt. Matz hat einfach immer interessante Bücher, finden seine Freunde.

Hier, kennst du schon? Hast du schon gelesen? Kannst es geborgt haben. Lass uns doch mal drüber reden, wenn du es durchhast.

Er führt eine Liste und achtet darauf, dass die Leute die geliehenen Bücher nicht allzu lange behalten. Die Bibliothek wächst noch weiter, denn mit Uwe Abraham aus West-Berlin verabreden Renate und Matz eine wesentlich riskantere Übergabe – auf einem Parkplatz an der Transitstrecke. Uwes Freundin Brigitte erledigt das, nachts im Dunkeln. Sie hält auf einem leeren Autobahnparkplatz, geht mit der Tasche ein paar Schritte ins Gebüsch. Matz hat schon gewartet.

Auch das klappt. Sie werden nicht ertappt.

Trotz Überwachungsstaat. Lücken im System gibt es immer.

Eine Taschenlampe leuchtet plötzlich auf. Matz beugt sich weit aus dem Zugfenster und erkennt zwei Uniformierte auf dem Bahnsteig. Die beiden Transportpolizisten sind von ihm unbemerkt den Zug entlanggekommen. Er zieht seinen Kopf wieder zurück.

Was suchen die denn auf solch einem menschenleeren Bahnhof?

Freitag, 20.10 Uhr – MfS-Kreisdienststelle Jena

Hauptmann Köhler blättert im *operativen Material* zu Matthias Domaschk. Er kennt ihn schon seit fünf Jahren, aber nur aus IM-Berichten und Akten, persönlich getroffen hat er ihn noch nicht.

Die Mutter arbeitet in der Uni-Bibliothek, Sektion Theologie. Domaschks Vater ist ein hohes Tier im VEB Carl Zeiss Jena. Stellvertretender Direktor des Optikbetriebes, Genosse, Auslandsreisekader. Gerhard heißt er, wie Köhlers Bruder. Der Mann hat allen gezeigt, was man in unserer Republik erreichen kann. Sein Sohn schadet ihm nur.

Köhler weiß Bescheid über den Konflikt zwischen Vater und Sohn.

Aufgrund seiner dekadenten Entwicklung trennten sich seine Eltern von ihm. Domaschk suchte Unterschlupf in der Wohnung seiner Freundin Renate Am Rähmen 3.

Diese Wohnung ist seit Jahren Treffpunkt und Quartier für allerlei staatsfeindliche Personen. Da herrscht ein unüberschaubares Kommen und Gehen wie überall in diesen Kommune-Behausungen. Ich muss mich endlich mal mit den KI-Genossen der Kriminalpolizei abstimmen, die dort im Erdgeschoss ein *Treffquartier* haben.

Als *operativ relevante Person* hat Köhler Matthias Domaschk erstmals im März 1976 wahrgenommen: als *besonderes Vorkommnis* beim Wochenendtreff der Jungen Gemeinde von Neulobeda, wo es um das Thema »Kumpel und sexuelle Beziehungen« gehen sollte. Der damals 18-jährige Domaschk fiel einem Informanten Köhlers dadurch auf, dass er in der Gruppe nicht nur über das vorgegebene Thema, sondern noch über etwas ganz anderes reden wollte.

Köhler traf sich regelmäßig mit dem angehenden evangelischen Pfarrer von Neulobeda, Michael Stanescu. Der war, wie er sich notierte, *positiv eingestellt zu unserem Staat.*

Dieser IM »Runge« verriet ihm: *Domaschk brachte die gesammelten Werke von Jürgen Fuchs mit und auch einige Abschriften von Gedichten von Bernd Markowsky und diese wollte Matthias während der Rüstzeit zur Sprache bringen.*

»Runge« berichtete stolz, dass er dies verhindern konnte. Über Texte von bekannten DDR-Feinden mit anderen reden! Er habe der Gruppe gesagt: Das gehört nicht hierhin! Das ist zu heiß! Matz, du gefährdest uns alle!

Köhler war zufrieden. Gut gemacht! Stanescu freute sich über das Lob des Hauptmanns und hielt ihn weiter über Domaschk auf dem Laufenden.

Jürgen Fuchs war damals in der Kreisdienststelle besonders verhasst, denn er war mit seinen DDR-feindlichen Texten zum Idol gewisser junger Leute geworden.

Fuchs hatte das Gespräch über seine Exmatrikulation von der Friedrich-Schiller-Universität Wort für Wort protokolliert, ebenso das interne Gespräch über den Rauswurf aus der SED. Und das tippte Domaschk immer wieder ab? Produzierte fünf oder sechs Durchschläge mit Kohlepapier?

Und die Texte von Markowsky? Kommunisten-Bernd wird er von

seinen Leuten genannt. Genauso *ein erwiesener Gegner unserer Gesellschaftsordnung,* kommt daher im Deckmantel des besserwisserischen Marxisten, ist aber doch nur *ein Konterrevolutionär mit revisionistischen Ideen,* der eng mit Fuchs zusammenarbeitet. Und beide trafen sich immer wieder mit Biermann, wenn der nach Jena kam, dazu noch ein direkter Draht zu Robert Havemann in Grünheide ... Dieser ganzen Fuchs-Bande haben wir es aber gezeigt.

Gemeinsam mit anderen haben Fuchs, Markowsky, Hinkeldey, Reiprich, Rathenow und wie sie alle heißen den Literaturzirkel im Kulturzentrum Neulobeda ausgenutzt, um ihre destruktiven Gedichte und negativen Ansichten unter junge Leute zu bringen. *Da waren die zuständigen Organe viel zu lange viel zu großzügig, da lag der revisionistische Keim von Prag 1968 in der Luft.* Doch im *Zusammenwirken* mit dem für Kultur zuständigen Genossen Jürgen Moser im Stadtrat und der Partei ist es uns gelungen, diese *Konzentration feindlicher Kräfte zu zerschlagen.* Der Moser hat allerdings viel zu viel mit denen diskutiert, deshalb wurde er später von seinem Posten als Stadtrat für Kultur entbunden.

Der junge Domaschk hat nicht nur als Zuhörer an den Veranstaltungen des Lyrikzirkels teilgenommen – das weiß Köhler seit dieser ersten Information vor fünf Jahren –, sondern als jemand, der all diese *feindlich-negativen Texte* unerlaubt vervielfältigt und verbreitet, um staatsfeindliche Debatten zu entfachen.

Köhler blättert in den Unterlagen, die er zusammengetragen hat. Im Laufe der Jahre hat sich einiges angesammelt. Doch Köhler kann sich bisher nicht entscheiden, wie er Domaschk behandelt. Er weiß: Nicht zu lange darf man solche Typen nur beobachten, sonst tanzen sie einem auf der Nase herum. Das operative Material liegt nun schon lange im Panzerschrank. Jetzt wäre doch ein guter Anlass ... Jetzt ist es an mir, etwas aus der Sache zu machen, wenn wir sie festgesetzt haben. Zuführung, dann machen wir den Sack zu!

Köhler stützt sich mit den Ellenbogen auf dem Schreibtisch ab und reibt sich die Wangen. Hinter seiner Stirn zieht sich ein kleiner Schmerz bis zu den Schläfen. Er hat ein Problem. Die Kontrollgruppe in Gera hat ihn bei der Untersuchung über den IM-Bestand der Kreisdienststelle Jena in ihrem jüngsten Bericht ausdrücklich und namentlich kritisiert – wegen verschleppter IM-Anwerbungen und mangelnder Planerfüllung:

Die Arbeit mit IM-Vorläufen ist unzureichend und reicht zur Realisierung der in den Arbeitsplänen vorgesehenen IM-Werbungen nicht aus. So wurden beispielsweise die vorgesehenen zwei Vorlauf-IM für den Einsatz am OV Qualle zum geplanten Termin von Hauptmann Köhler, Horst nicht realisiert.

Ausgerechnet für den Vorgang »Qualle«, in dem wir neben Rösch und ein paar anderen auch Domaschk auf dem Schirm haben, fehlen mir inoffizielle Mitarbeiter. Und nun gibt es *Anweisungen* aus Gera wegen der *festgestellten Mängel und Schwächen der KD Jena.*

Köhler steht unter Druck – mal wieder. Ein Vorwurf, der ihn stets begleitet.

Dabei hat er doch alles mitgemacht, erfüllt, was möglich war. Im Dorfkindergarten hing lange ein Bild von Ulbricht im Gruppenraum. Die Erzieherinnen brachten den Kindern bei, wie der Name des Staatsratsvorsitzenden ausgesprochen wird und dass er ein guter Mensch ist, den alle DDR-Bürger lieben. Es war eine Ehre, die Blumen unter seinem Bild gießen zu dürfen.

Immer wieder ist er Vorsitzender geworden, ob mit acht Jahren im Gruppenrat oder mit zehn Jahren im Freundschaftsrat. Als er zwölf war, durfte Köhler als einziger Pionier des Bezirkes Suhl am Empfang zum Geburtstag Walter Ulbrichts teilnehmen. Wie stolz er war, der Horst aus dem kleinen Trusetal mit dem großen Wasserfall tief im Thüringer Wald!

Immer wieder wurde er ausgezeichnet für seine, wie es hieß, *gesellschaftlichen Leistungen.* Mit 13 fuhr er zu einem feierlichen Empfang in der Hauptstadt Berlin für den General German Titow, den sowjetischen Kosmonauten. Er wurde als Mitglied der FDJ-Bezirksleitung delegiert zu Freundschaftsreisen in sozialistische Bruderländer. Für seine Leistungen gab es allerlei Abzeichen und Medaillen in Silber, Bronze und Gold, ein Wilhelm-Pieck-Stipendium und er durfte acht Mal als Delegierter zu den Weltfestspielen der Jugend und Studenten. Schlechte schulische Leistungen glich er mit noch mehr gesellschaftlich-politischer Aktivität aus, jahrelang war er FDJ-Sekretär an seiner Oberschule. Seine *geistige*

Leistungsfähigkeit wurde von den Lehrern zwar als *begrenzt* eingeschätzt, aber er zeigte Disziplin. Der junge Köhler war stolz auf sein Heimatland, die DDR, fühlte sich anerkannt und aufgehoben in den Organisationen, die der Staat eingerichtet hatte. Und so träumte er davon, Staatsanwalt zu werden. Ein Anwalt des Staates, der seinen Staat vor Gesetzesbrechern und Feinden schützt. Er möchte, schrieb der Schüler als Berufswunsch, *die Kriminalität eindämmen und beseitigen. Um das Leben in der sozialistischen Gesellschaft bewußt gestalten zu können, ist es notwendig, daß die Verletzer der Gesetze dazu erzogen werden, den richtigen Weg zur Gemeinschaft zurückzufinden. Als Vertreter der Gesellschaft würde ich es als meine edelste Pflicht ansehen, bei der Erziehung solcher Menschen mitzuwirken, um damit meinen Staat zu unterstützen und zu helfen.*

Eines Tages kommen Vertreter der NVA und des Ministeriums für Staatssicherheit in die Erweiterte Oberschule Schmalkalden, um wie überall im Land Schüler für eine Offizierslaufbahn zu werben. Da sieht das Arbeiterkind Köhler seine Chance, in dieser Gesellschaft weit voranzukommen. Er trifft sich ab Frühjahr 1965 heimlich mit Oberleutnant Neupert, dem stellvertretenden Dienststellenleiter der Kreisdienststelle Schmalkalden. Neupert wohnt auch in Trusetal, nur ein paar Minuten Fußweg entfernt von Köhlers Elternhaus am Oberen Hofweg. An Köhler junior fällt ihm auf, dass er großen Wert auf ein ordentliches Äußeres legt, damit er den Kindern nicht nachsteht, die nicht aus Arbeiterfamilien stammen. Seine »Kontaktperson Köhler« sieht er allerdings wenig im Dorf, denn Horst sitzt oft zu Hause und macht Schulaufgaben. Oder er liest in den Werken von Marx, Engels und Lenin, *Unsere Klassiker,* die ihm sein Führungsoffizier ausborgt. »KP Köhler« ist wohl deswegen oft in Zeitnot, wenn er aber *mit anderen Jugendlichen ins Gespräch kommt, dann vertritt er konsequent die Linie unseres Arbeiter-und-Bauern-Staates.*

Der Schüler verrät vor allem konsequent seine Mitschüler – etwa nachdem er sie an der Bushaltestelle ausgehorcht hat. *Sie haben einen Beatles-Club gegründet und dafür nach westlichem Vorbild eigene Clubausweise mit englischen Begriffen auf grauem Packpapier fabriziert. Auf einem westlichen Tonband hören sie Beatmusik und machen großes Remidemi.*

Er schreibt dem Stasi-Mann handschriftliche Berichte und Einschätzungen, die anfangs mit Horst Köhler, dann mit seinem ausgewählten

Decknamen »Gabi« unterzeichnet sind: was Mitschüler über *Gammler* im Unterricht gesagt haben oder dass ein Schüler im Malzirkel geäußert hat, *daß es langweilig sei, immer nur Arbeiter mit erhobener Faust zu malen,* dass andere Klassenkameraden *Westfernsehen* gucken oder *Westschlager* hören, *Radio Luxemburg einschalten, feindliche Druckerzeugnisse aus dem Westen besitzen und weitergeben, Bilder von Schauspielern-West sammeln* und *nach der Lektüre von westlichen Modezeitungen die Meinung herauskommt, die Mode im Westen sei moderner als in der DDR.*

Der Westen, der Westen, der Westen – der Gegner, der Feind. Es wimmelt nur so davon in Köhlers voller Eifer zusammengetragenen Denunziationen. Schüler aus Trusetal, Schweina, Schmalkalden oder Bad Liebenstein – in jedem Dorf, in jedem Städtchen feindliche Einflüsse, überall wähnt der Junge *politisch-ideologische Diversion.* Selbst den Staatsbürgerkunde-Unterricht an seiner Schule findet er zu lasch und maßt sich sogar an, einen Bericht über einen Mitschüler zu verfassen, den er für ungeeignet hält, Offizier des MfS zu werden.

Die Schüler im Beatles-Club, findet er heraus, haben ihre Clubausweise auf der Arbeitsstelle eines Vaters hergestellt. Alarm, Alarm! Beim nächsten Treff warnt er: *Ebenso könnten dort unkontrolliert Flugblätter des Feindes gedruckt werden.* Dafür lobt ihn der MfS-Oberleutnant und schärft Köhler nochmals ein, worauf es in der Zusammenarbeit ankommt, nämlich bestimmte negative Erscheinungen bereits frühzeitig zu erkennen und im Keim zu ersticken.

Er schenkt Köhler zum 19. Geburtstag das gerade erschienene Buch über einen heldenhaften, vom Feind hingerichteten sowjetischen Meisterspion: »Dr. Sorge funkt aus Tokio«. 460 Seiten, die verschlungen werden. Unterwegs mit Dr. Sorge, dem Meister-Tschekisten, als Kurier und listiger Geheimagent, *der seine entscheidenden Leistungen an der unsichtbaren Front vollbracht hatte, als Kämpfer für den Frieden, denn Kriege werden letztlich nur von einer kapitalistischen Gesellschaft inspiriert. Um die Menschheit von diesem Unglück zu befreien, muß man den Kapitalismus ablehnen!* Dr. Sorge, das unsterbliche Vorbild: *Einer, der noch unter dem Galgen rief: Es lebe die Kommunistische Partei!*

Schon als Schüler bittet Köhler um Aufnahme in die SED. Ein Jahr später wird aus dem Kandidaten ein Mitglied der Partei. Bereits als Jugendlicher hat Köhler den Lebensplan eines Staatsbürgers der DDR übererfüllt.

Der Kopf ist schwer, den er da auf dem Schreibtisch abstützt. Jetzt bin ich fast zehn Jahre hauptamtlicher Offizier in der Kreisdienststelle. Eigentlich müsste ich längst Referatsleiter sein. Immerhin – als Parteisekretär des Hauses bin ich auf Augenhöhe mit der Leitung. Und nach diesem Wochenende kann ich vielleicht einen schönen Erfolg vermelden. Verhinderung einer öffentlichkeitswirksamen Provokation, Nachweis von strafbaren Handlungen, womöglich eine Anwerbung ...

Die vielen Akten, das geschlossene Fenster – Köhler bemerkt, dass die Räume der Kreisdienststelle mal wieder überhitzt sind, die Luft zu trocken ist. Er steht auf, um sich etwas zu trinken zu holen. Unten im Haus, beim Offizier vom Dienst, gibt es ein paar Kisten mit Getränken und eine Kasse des Vertrauens.

Freitag, 20.15 Uhr – Berlin, Storkower Straße 72

Ede steht in der kleinen Küche dicht zusammen mit seinem Freund Henry, jeder hält eine Flasche Berliner Pilsner in der Hand.

Ich hab die Einladung an Matz schon vor zwei Wochen losgeschickt. Kommt denn Blase auch mit?

Sieglinde ist aus Auerbach im Vogtland angereist, sie drängt sich – hey, macht euch mal nicht so breit hier – an den beiden Kerlen vorbei, angelt ein Würstchen aus dem Topf auf dem Gasherd, nimmt sich dazu einen Löffel Kartoffelsalat und balanciert ihren Teller nebst einem Glas Wein ins Wohnzimmer. Dort dröhnt die Musik. Die doppelte Geburtstagsfete von Ede und Henry ist in vollem Gange. Die 38-Quadratmeter-Wohnung ist mit zwei Dutzend Leuten längst überfüllt.

Menzi aus Weimar ist da, Marion aus Plauen, Marina aus der Berliner Schliemannstraße, Holger und ein Typ, den alle nur unter seinem Spitznamen Gurke kennen ... Sofa und Sessel inklusive Lehnen sind besetzt, Lachen, Gläserklirren, vom Tonband ein Mitschnitt von Police, einige schwingen mit dem Song mit, andere versuchen lauthals mitzusingen: *Sending out an S.O.S., sending out ...*

Astrid aus Plauen, allen bekannt als Assi, rutscht etwas näher an Marina heran. Die fragt: Wo Matz bloß bleibt?

Na, sagt Astrid zu Marina, du kannst ihn wohl kaum erwarten?

Marina sieht sie leicht trotzig an: Matz kommt bestimmt!

Astrid nickt. Sie glaubt das auch: Gestern auf Arbeit bei mir in der Plauener Damenkonfektion hat er mich angerufen. Wir haben ja im großen Saal an diesen Säulen so Telefone. Kann ich manchmal heimlich benutzen. Aber man kann da auch angerufen werden, und Matz hab ich mal die Nummer gegeben. Die Meisterin brüllt quer durch den ganzen Raum: Astrid! Telefon für dich! Ich hin. Na, und Matz war dran. Kommst du zu Henry morgen? Nee, hab ich ihm gesagt, ich hab grad kein Geld. Scheiß aufs Geld, meinte er. Hauptsache, du hast etwas Zuggeld, deine Rückfahrt kriegen wir am Wochenende schon hin! Assi, komm doch! Bitte! Na gut, dann komm ich halt irgendwie hin. Hat Matz mich mal wieder überredet. Ich hab aber wirklich nicht mal mehr Geld für den Zug gehabt, also bin ich getrampt, geht ja ganz gut bei uns in Plauen. Sonst wär ich auch noch nicht da, sondern mit ihm zusammen jetzt im Zug.

Astrid rückt noch etwas näher an Marina heran und stupst sie mit dem Ellenbogen an: Sag mal, läuft da was zwischen euch? Du warst doch mit ihm in Budapest und Polen – erzähl mal!

Freitag, 20.20 Uhr – MfS-Kreisdienststelle Jena

Köhler hat das Glas Wasser in einem Zug ausgetrunken und schenkt sich nach. Vor ihm liegen die Akten ausgebreitet in ihren bräunlichen und mattorangen Pappheftern, daneben ein paar Blätter mit handschriftlichen Notizen, eine Grafik *Verbindungsübersicht politischer Untergrund Jena.* Den Vorgang »Qualle« bearbeitet er gemeinsam mit Leutnant Schütz seit einem Jahr.

Köhler will seine Sache nicht nur gut machen, sondern besser als andere. Die Merksätze aus seiner Jugendzeit gelten noch immer: *Wir müssen die Absichten und Vorhaben des Gegners rechtzeitig erkennen und im Keim ersticken. Wir gegen die. Sonst siegt die Konterrevolution.* Darüber hat er mit seinem Vater oft gesprochen. Seine Mutter war in dieser

Hinsicht weniger gesprächig. Sie kümmerte sich um ihn und seinen jüngeren Bruder, den ganzen Haushalt und ging zudem noch arbeiten – in der Zigarrenfabrik, dann in einer Keksbude.

Es gab Dinge in der Vergangenheit, über die in den Familien nicht groß gesprochen wurde. In Trusetal so wenig wie anderswo. Für die SED und das MfS war die Vergangenheit seiner Mutter kein Problem: NSDAP-Mitglied, aktiv im Bund Deutscher Mädel, Flakhelferin, evangelisch. Alles egal. Hauptsache heute keine Westkontakte.

Und sein Vater Walter? Da gibt es was. Der gelernte Fleischer trat zum Kriegsende, gleich nach der Entlassung aus dem Lazarett, mit 22 Jahren in die KPD ein, die 1946 auch in ihrem Ort in der SED aufging. Die amerikanischen Soldaten hatten Trusetal befreit, aber nur kurze Zeit verwaltet. Dann kamen die sowjetischen Soldaten und mit ihnen Angst und Gewalt nach Trusetal. Die Angst, von den Nachbarn denunziert zu werden und im NKWD-Gefängnis zu landen, die Angst, enteignet oder bestohlen zu werden, sei es auch nur ein Schwein oder eine Kuh – damals höchst wertvoll.

Die Trusetaler Kommunisten schwiegen dazu, denn die Russen mussten *Befreier* genannt werden. Andere unter ihnen, auch die Parteigänger der Nazis, passten sich rasch an oder waren überzeugt dabei – beim Wandel zum Sozialismus. Vermeintliche Herrenhäuser wurden abgerissen, Bauern und Gastwirte drangsaliert, Christen diffamiert.

Die Gewalt eskalierte in einer Winternacht nach einem Wodka-Gelage sowjetischer Offiziere. Ihr Anführer, ein Leutnant Bussinow, ließ vierzig Gefangene aus dem Kreisgebiet grundlos umbringen. Den Menschen wurden mit Telefonkabeln die Hände auf dem Rücken zusammengebunden. Ihnen wurden Säcke über die Köpfe gestülpt, dann schlugen der Leutnant und seine Saufkumpane mit Eisenstangen auf sie ein. Wer danach noch am Leben war, wurde mit Genickschuss hingerichtet, die Leichen in einer überstürzten Aktion unter einer Wiese verscharrt.

Wochen später buddelte ein Hund dort den Arm einer Leiche frei, und das Massengrab wurde entdeckt. Die freiwilligen Feuerwehrmänner der umliegenden Orte waren schockiert von den zertrümmerten Schädeln in Jutesäcken. Sie wurden zum Schweigen verpflichtet, doch die Gewalttat der *Befreier* kursierte hinter vorgehaltener Hand in der ganzen Gegend, eine tiefsitzende Angsterzählung, eine Aufforderung, sich nach der Nazi-Zeit erneut zu unterwerfen und über gewalttätiges Handeln hinwegzusehen, hinwegzuschweigen, jahre-, jahrzehntelang.

Walter Köhler meldete sich als Sohn eines Kommunisten freiwillig zur Grenzpolizei, was in Trusetal und anderswo in Thüringen oder Sachsen viele Männer aus Abenteuerlust taten. Wohl auch, um der Schinderei beim Uranabbau für die *Freunde* in den Schächten der Wismut zu entgehen.

Im Juli 1947 wurde Horst geboren. Die Zeiten blieben hart, es gab in der sowjetisch besetzten Zone nicht immer genug Lebensmittel, erst recht nicht in Trusetal. Selbst Grundnahrungsmittel waren rationiert.

Vater Walter erlebte, wie alle seine Vorgesetzten heimlich auf die Jagd gingen. Mal schossen sie ein Reh, mal ein Wildschwein und besonders oft Hasen. Das Jagen lag nahe beim Streifendienst und Patrouillieren im Grenzgebiet zur Rhön. Wie sollte sonst Fleisch auf den Tisch kommen? Zu Hause eine Frau mit Baby, also machte der junge Wachtmeister Köhler bei einem der Jagdstreifzüge mit und wurde prompt im Sommer 1948 zusammen mit einem Kameraden beim Wildern erwischt, festgenommen und verhört. Aus Angst und um der Strafe zu entgehen, floh er Hals über Kopf mit seinem Kameraden in derselben Nacht über die deutsch-deutsche Grenze, die er eigentlich bewachen sollte.

Die Grenzpolizisten auf der Westseite transportierten die beiden Deserteure nach Fulda zu den Amerikanern. Dort zogen sich die Befragungen über ihre Arbeit eine Woche lang hin. Anschließend vermittelte das Arbeitsamt sie als Knechte zu einem Bauern nach Friedberg in Hessen. Die Arbeit auf dem Hof wurde ihnen bald zu hart, sie hielten es nur zwei Wochen aus und flohen nach Westfalen, bekamen Kost, Logis und Arbeit in einer Ziegelei am Rande des Ruhrgebietes.

Walter nahm den Klassenkampf als Gewerkschafter, Betriebsrat und Mitglied Nummer 447262 der KPD-Betriebsgruppe in der Ringofenziegelei Brüninghaus & Schirrmeier wieder auf.

Seine Frau musste in Thüringen mehr als ein Jahr allein mit dem Baby klarkommen. Sie suchte und fand schließlich ihren fortgelaufenen

Mann, fuhr ihm nach Schwerte hinterher und flehte ihn an heimzukommen. Kurz nach ihrem Besuch kehrte er reumütig zurück nach Trusetal, erhielt von der Volkspolizei in Schmalkalden einen neuen Ausweis. Walter wurde nicht bestraft, musste aber zur Wiedergutmachung in den Uranbergbau. Ein Knochenjob unter Tage, Staub, radioaktive Strahlung, Krankheiten.

Jahre später, bei einer Überprüfung der Partei, füllte er 1953 einen Fragebogen aus, verschwieg darin aber seine unrühmliche Zeit im Westen. Das fiel nach einem Streit mit seinem Parteisekretär in Walters Kaderunterlagen auf. Der Versuch, sich herauszureden, scheiterte. Er habe doch nur gedacht, auf die Frage: Waren Sie im Ausland? – Er sei doch in Deutschland und nicht im Ausland gewesen ... Trotz vier Jahren härtester Untertagearbeit bei der Wismut gab es ein Parteiverfahren, das mit seinem Ausschluss aus der SED wegen Unehrlichkeit und Fragebogenfälschung endete.

Walter schmiss die Arbeit hin und fing im Kalibergbau an. Er wollte wieder dazugehören, zurück in die Partei. Schließlich hatte sein Vater Otto Köhler die KPD in Trusetal mitgegründet. Walter bereute und übte Selbstkritik. Seinen zweiten Versuch zur Wiedergutmachung unternahm er als über den Plan schuftender Aktivist und linientreuer Arbeiter.

Die Partei dankte es ihm fünf Jahre später, als sie Walter 1958 wieder in ihre Reihen aufnahm. Vater Köhler wurde sogar Sekretär der Ortsparteileitung, obendrein Kampfgruppenkommandeur und Leiter der *Kommission Ordnung und Sicherheit in Trusetal.*

Horst Köhler kennt die Familiengeschichte und erklärt bei seiner Aufnahme ins MfS: *Ich habe meinen Vater stets als aktiven Genossen erlebt, der mit seiner ganzen Kraft bemüht war, diesen Fehler aus seinen jungen Jahren wiedergutzumachen.*

Das Schicksal seines Vaters soll sich nicht wiederholen und er als Arbeitersohn alles restlos wiedergutmachen.

Der Vater hat die Macht des Systems erlebt, er fürchtet dessen Stärke und erzieht seine Söhne – wie schon sein Vater Otto ihn erzogen hat – klassenbewusst und linientreu. Sie sollen alles besser machen und es in der DDR zu etwas bringen. So kommt es auch. Sein Bruder wird

Volkspolizist, Abteilung K I, Horst geht zum Ministerium für Staatssicherheit.

Was für ein Wiedergutmachungsgeschenk des Vaters an das neue Deutschland, an die Arbeiter-und-Bauern-Macht, an die Partei, die immer recht hat und ihm seinen Fehltritt vergeben hat.

Und wie erzieht man klassenbewusst? Indem man Klassenfeinde aufspürt. Wer nicht für uns ist, ist gegen uns. Der Gegner lauert überall. Der Feind steht im Westen, und seine Handlanger sind unter uns.

Horst ist schon als junger Bursche extrem pflichtbewusst, extrem diszipliniert. Vater Walter und Sohn Horst beobachten und melden gemeinsam Verdächtiges überall in Trusetal.

Ein dunkler Wagen, vielleicht ein Moskwitsch oder ein Wolga? Eine halbe Stunde parkte der Wagen mit Standlicht in Höhe der Erzaufbereitung. Dann fuhr er mit Standlicht an und nahm nach einigen Metern eine Person auf, die aus dem Wald kommen mußte. Der Wagen fuhr in Richtung Trusetal davon.

Ordnung und Sicherheit. Da ist Walter 41, Horst 17 Jahre alt. Der Vater teilt es der Partei mit, der Sohn der Staatssicherheit. Am Ende steckte hinter dem geheimnisvollen Auto lediglich eine Ärztin aus Trusetal, die dort ein paar Mal ihren Liebhaber abholte.

Aber Wachsamkeit gegenüber potenziellen Feinden ist nie verkehrt. Eine von vielen Lektionen, die über drei Generationen in der Familie weitergegeben werden.

Sohn Horst wird nicht sofort nach der Schule hauptamtlicher Mitarbeiter. Er soll sich erst mal bewähren. Er beginnt ein Jurastudium an der Uni Jena mit Unterstützung des MfS. Doch die Vergangenheit scheint ihn einzuholen. Es ist wieder dasselbe: Kritik an seinen fachlichen Leistungen, Lob für seinen politischen Einsatz. *Er gehörte zum politisch aktiven Kern seines Studienjahres.* Die Partei dankt es ihrem *Parteigruppenorganisator* damit, dass er nicht wie seine Altersgenossen zum Wehrdienst muss. Er gilt als *klassenbewußter, politisch gefestigter Bürger unseres Staates mit fundiertem marxistisch-leninistischen Wissen, der keine Auseinandersetzung mit bürgerlichen Ideologien oder falschen politischen Auffassungen scheut, kein Westfernsehen guckt, der Arbeiterklasse treu erge-*

ben ist, in geordneten Eheverhältnissen in einer geschmackvoll eingerichteten 2-Zimmerwohnung lebt, ohne besondere Hobbys, aber alle 2 bis 3 Monate eine Theatervorstellung mit seiner Frau besucht.

Aber etwas stimmt nicht.

Freitag, 20.20 Uhr – Bahnhof Berlin-Schönefeld

Eine Doppelstreife der Transportpolizei schlendert über den Bahnsteig E und hält wachsam Ausschau nach den aus- oder umsteigenden Reisenden.

Die beiden sind zum Dienstantritt im *Führungspunkt* in ihre Aufgaben am Abend und in der Nacht eingewiesen worden. *Negative Einzelpersonen überprüfen und zurückführen! Äußerste Wachsamkeit!* Der Oberleutnant sprach von *unbedingter Befehlstreue und vorbildlicher Dienstdurchführung.*

Müsste klappen, sie sind heute mehr als sonst. Bahnsteig A, B und C – überall Streifenposten, am Ausgang noch einer und zusätzlich ein Posten auf der Fußgängerbrücke. Da entgeht ihnen niemand. Und wer so blöd ist wie dieser angetrunkene Elektriker aus Wustermark vorhin, der trotz unserer Präsenz eine Fahne abreißt und versucht, sie mit dem Feuerzeug anzuzünden, muss eben die Konsequenzen tragen. Nur, wer den Kurswagen des D-Zugs beschmiert hat, das wird sicher schwer festzustellen sein. *Wir grüßen Lech Walesa und das Solidarnosc-Komitee in Paris! Raus mit den Sowjets!* Fotografiert und schnell wieder weggemacht. Die Konterrevolution versucht mit allen Mitteln, den Sozialismus in Polen zu beseitigen, und bedroht auch uns.

Besonders genervt hat diese Westdame, die aus dem Zugfenster heraus gefragt hat, warum denn alle Bahnhöfe so stark beflaggt seien. Natürlich hat so eine vom X. Parteitag nichts gehört.

Heute ist noch Anreisetag, Teilnehmer und Gäste strömen seit dem Morgen von überallher in die Hauptstadt, einige ausländische Delegationen treffen jetzt erst am Flughafen ein. Dazu mischen sich die heimfahrenden Fans des Spiels BSG Stahl Brandenburg gegen den 1. FC Union Berlin ...

Und jetzt sollen wir auch noch gezielt Ausschau halten nach dekadenten Jugendlichen im D 506. Na gut, so wie wir heute aufgestellt sind, dürfte das kein Problem sein. Womöglich gibt's eine schöne Sonderprämie, wenn wir die wegfangen.

Freitag, 20.30 Uhr – MfS-Kreisdienststelle Jena

Ob etwas essen gegen den Kopfschmerz hilft? Köhler öffnet seine Tasche, die er neben dem Schreibtisch abgestellt hat, um die Brotbüchse herauszunehmen. Seine Frau gibt ihm wie oft reichlich Butterbrote zum Dienst mit. Manchmal feixen die Kollegen hinter seinem Rücken darüber. Sie lassen sich lieber von den beiden Küchenfrauen auf der Dienststelle versorgen. Aber die sind um diese Uhrzeit nicht mehr da.

Jetzt ist er froh, dass er die Brote noch hat. Wer weiß, wie lange es heute Abend noch geht? Aber nächtliche Arbeitszeiten, selbst an Wochenenden, scheut Köhler nicht. Er ist nun schon seit 1965 für das MfS tätig. Da war er gerade 18. Damals trat er schnell noch aus der evangelischen Kirche aus, seine Mutter hatte ihn taufen lassen. Drei Jahre später steuerte er, schon zum Führungs-IM aufgestiegen, eine große Gruppe heimlicher Informanten an der Uni Jena. Die meisten hat er jedoch nicht selbst angeworben, sondern von anderen MfS-Mitarbeitern übernommen.

Es ging um die Kontrolle der Mitstudenten. Was treiben sie auf Veranstaltungen, was im Rosenkeller, in ihrer Freizeit in den Wohnheimen, auf Studentenbällen oder Scheunenfesten? Und was reden sie in den Gaststätten, was in der evangelischen oder katholischen Studentengemeinde? Auch etliche Dozenten mit möglichen Kontakten zum Gegner im Westen waren vor ihm und seinem Informantennetz nicht sicher, oder sie gehörten bereits zu seinen 23 IM. In acht Studentenwohnheimen waren zur *Sicherung* die meisten Heimleiter, Hausmeister und Pförtner IM, die wiederum von Führungs-IMs angeleitet wurden, um die Arbeit der chronisch unterbesetzten Kreisdienststelle effektiver zu machen.

So lieferte Köhler als Schlüsselperson und Führungs-IM der Kreisdienststelle an der Friedrich-Schiller-Universität massenweise *Einschätzungen über negative und labile Studenten,* deren weiteres Lebensschicksal in seinen und den Händen der anderen Mitarbeiter im *Referat Universität* lag. Was für eine Macht über Menschen.

Um die Arbeit gut getarnt fortsetzen zu können, bekam Köhler *zur Abdeckung* einen Arbeitsplatz im Rektorat. Er kontrollierte, wer von den Studenten welche Bücher mit Sondergenehmigung, etwa solche aus dem Westen, anforderte.

1972 machte Würbach ihn zum hauptamtlichen MfS-Mitarbeiter. Zuvor suchte er Köhlers Vater Walter auf und wollte von ihm wissen, was da vor 24 Jahren gewesen war, mit dem illegalen Grenzübertritt, dem Parteiausschluss und später der Wiedergutmachung. Nach dem Gespräch war Würbach zufrieden mit den Anstrengungen des Vaters, wieder anerkannter Bürger der DDR und Genosse zu werden. Dessen *Auszeichnungen als Aktivist und mit Prämien* ließ er als Beweis gelten, *daß ihm seine Fehler aus der Vergangenheit nicht nachgetragen* wurden. Würbach verlangte dennoch vom 50-jährigen Vater Köhler – ein Vierteljahrhundert nach dessen Fehltritt – eine unterschriebene Erklärung: *Ich bin auch weiterhin bereit, meine damaligen Fehler durch aktive gesellschaftliche Arbeit und gute Leistungen in der Produktion zum Wohle der DDR wettzumachen.* Damit war für Köhler junior der Weg ins MfS frei.

Schnell stieg Horst Köhler zum stellvertretenden Referatsleiter und zum Parteisekretär der Kreisdienststelle auf. 1974 ging es wohl zu schnell. Da sollte er nach Berlin und für die Hauptverwaltung A, den Auslandsgeheimdienst, perspektivisch nach Japan gehen, ins Land des Tschekisten Dr. Sorge, des Meisterspions.

Ein bisschen viel. Vom kleinen Trusetal über das beschauliche Jena in die große weite Welt des Geheimdienstes. Packe ich das? Wie soll das mit Frau und Kindern laufen, die mitkommen sollen? Unterwegs im Zug zwischen Jena und Berlin bekam er eine Panikattacke. Keine Luft, Zittern, Angst, Druck im Brustkorb, ein Gefühl des Erstickens. Köhler war monatelang dienstunfähig und musste zur intensiven Psychotherapie nach Berlin-Buch. Seine Kollegen tuschelten: Köhler ist in der Klapsmühle. Da soll einer beim Edelsten, was die Stasi zu bieten hat, dabei sein – und dann schafft er es nicht, muss postwendend zurück. Es war demütigend. Die steile Karriere war wohl zu steil, spotteten manche.

Köhler wurde rückversetzt nach Jena, völlig beschwerdefrei, hieß es gegenüber dem Dienststellenleiter. Fortan wurde er im Referat XX eingesetzt zur *Bekämpfung des politischen Untergrunds*. Da gab es in der Kreisdienststelle alle Hände voll zu tun, doch zeigte sich: Arbeit im Kollektiv ist nicht wirklich seins. Der damalige Parteisekretär Nowack schrieb kaum vorzeigbare Beurteilungen über viele *Unzulänglichkeiten* Köhlers. Er sei *empfindlich, vernachlässigt operative Erfordernisse wie Aktenführung, Sammlung und Verdichtung von Informationen, leitungsmäßige Durchdringung seines Verantwortungsbereiches und die systematische Arbeit mit allen Quellen.*

In den Augen der Kollegen ist er ein Sonderling, ein Eigenbrötler, einer, mit dem man nicht besonders gut zusammenarbeiten kann. Wenn er in eine Runde kommt, sehen sich die anderen Mitarbeiter an und ihre Augen sagen: Achtung! Einer, der Kollegen anschwärzen könnte beim Vorgesetzten. Einer, der sich ständig besser darstellt, als er ist. Einer, der ihnen eine heile Familie vorgaukelt, dabei stimmt daran nichts. Köhlers Ehescheidung ist nur eine Frage der Zeit, raunen seine Kollegen. Allerlei sprach sich herum, wenn die Männer der Kreisdienststelle mit ihren Frauen feierten, im großen Versammlungssaal unter dem Dach, im Volkshaus oder im gern von der Stasi genutzten Hotel Schwarzer Bär, gleich gegenüber der Kreisdienststelle, an der Ecke Fürstengraben.

All das machte Horst Köhler zu schaffen.

Die Panikattacke auf der Fahrt nach Berlin war nicht sein erster Zusammenbruch. Schon als Führungs-IM und in der ersten Zeit in der Kreisdienststelle traten bei ihm mal mehr, mal weniger massive Beschwerden auf. Er hatte Alpträume, ihm war regelmäßig kotzübel. So gut es ging, versuchte er das vor den Kollegen zu verstecken. Doch seine Ängste wurden größer und verschwanden nicht. Panik ergriff ihn fast überall: unter Brücken, in Bahnen und Bussen, in Menschenansammlungen, immer öfter auch einfach beim Gehen oder Überqueren von Straßen.

Es war gar nicht gut, was er in einer Silvesternacht auf dem Markt in Jena erlebte. Da waren sie mit allen Reserven der Kreisdienststelle im Einsatz, es gab dort jedes Jahr *Zusammenrottungen negativer Jugendlicher*. Die sollten sie beobachten. Es waren weit mehr, als sie eingeschätzt hatten. Sie strömten von all den Feiern in ihren Wohnungen am Hanfried zusammen, aus der Ratszeise und anderen Kneipen. Vielleicht zwei-, dreihundert? Plötzlich waren Köhler und einige seiner Genossen mitten unter den Langhaarigen, umzingelt von alkoholisierten *feindlich-negativen Personen.* Ein Alptraum.

Er rannte zu Ärzten, doch die fanden trotz gründlicher Untersuchungen keinerlei organische Ursachen. Ihre Empfehlung, Sport zu treiben, half nicht. Auch nach morgendlichen Kniebeugen konnte er kaum geradeaus gehen, das Schwindelgefühl begleitete ihn durch den Tag. Das ließ sich vor den Kollegen nicht mehr verbergen. Nach dem Dienstsport in der Kreisdienststelle war er nicht mehr zu gebrauchen. Einmal fand ein Kollege ihn zusammengesackt auf dem Fußboden liegend.

Jahrelang schluckte Köhler Psychopharmaka, ohne Besserung.

Anfang 1981 wird Köhler als Reservekader bestätigt. Statt womöglich als ungeeignet aus dem Dienst auszuscheiden, lässt man ihn immer weiter aufsteigen. In nicht allzu großer Ferne soll er sogar in die Leitung der Kreisdienststelle. Irgendwie schafft er es, den MfS-Arzt davon zu überzeugen, dass er für diese Perspektive gesundheitlich geeignet ist. Sein Aufstieg ist zum Greifen nah. Er darf an Leitungssitzungen teilnehmen und Entscheidungen mittreffen. Generalmajor Lehmann in Gera ist einverstanden. Köhler hat ständigen Kontakt zur SED-Kreisleitung in Jena. Ein, zwei Erfolge muss er noch vorweisen. Das Kollektiv würde unter seiner straffen Führung viel besser dastehen. Referatsleiter Urbansky bringt es doch schon längst nicht mehr. Und der Trinker Nowack sollte auch besser in den Ruhestand geschickt werden. Köhler muss denen in Gera nur noch einmal beweisen, dass er der richtige Mann ist.

Doch im März 1981 bricht Köhler erneut zusammen, drei Wochen fällt er aus. Schon wieder in der Klapsmühle, feixen die Kollegen, ohne genau zu wissen, was mit Köhler los ist. Männerspott im Männerbund. Sollen sie doch. Er ist doch so viel besser als andere.

Jetzt bin ich wieder am Ball! Und die Lorbeeren mit Rösch und Domaschk an diesem Wochenende, die hole ich mir jetzt.

Freitag, 20.40 Uhr – Schnellzug D 506

Matz ist in das Feuchtwanger-Buch vertieft und denkt über die Zeilen nach, die er gerade gelesen hat.

Was gewesen ist, das gleiche wird sein, und was geschehen ist, das gleiche wird geschehen, und es geschieht nichts Neues unter der Sonne. Und geschieht auch etwas, von dem man sagt: Siehe, das ist neu, ist's doch zuvor auch geschehen in den Zeiten, die vor uns gewesen sind.

Die Bremsen kreischen, ein letzter Ruck, und der Zug steht still. Matz schaut vom Buch auf. Selbst davon ist Blase nicht wach geworden. Eigentlich gibt es doch keinen Halt mehr bis Berlin? Weit kann es nicht mehr sein.

Da hört Matz schwere Stiefelschritte. Immer lauter wird das Getrampel. Dann bauen sich mehrere Uniformierte direkt vor ihnen auf. Sein Freund wird wach, reibt sich die Augen und setzt sich auf.

Sind Sie Herr Rösch?

Ja!

Da brauchen Sie sich nicht mehr ausweisen, Jacke anziehen und mitkommen!

Und Sie? Domaschk? Matthias?

Ja!

Ausweis!

Mein Ausweis? Moment ...

Fahren noch weitere Personen mit Ihnen im Zug? Freunde? Bekannte?

Nein, nein. Niemand. Wollen Sie die Fahrkarten sehen? Wir wurden doch schon kontrolliert. Wir haben Fahrkarten gekauft, hier sind ...

Brauchen wir nicht. Kommen Sie jetzt mit raus!

Aber warum? Was ist denn los? Warum holen Sie uns aus dem Zug?

Auf Anweisung einer höheren Dienststelle. Mehr können wir auch nicht sagen. Folgen Sie uns jetzt!

Matz greift seine Sachen, Blase zieht seinen Parka an und nimmt den Koffer herunter. Die Transportpolizisten nehmen die beiden in ihre Mitte. Zwei vorn, drei hinter ihnen. Im Waggon ist es mucksmäuschenstill. Kennt man doch. Die Trapo greift sich mal wieder zwei langhaarige *Kunden.* Wer weiß, was die ausgefressen haben!

Einige schauen hin, andere schauen weg. Keiner sagt was. Das wäre auch sinnlos. Man will ja nicht riskieren, selbst mitgenommen zu werden. Behrchen und Ute geben sich nicht als Bekannte zu erkennen, drücken sich in ihre Sitze.

Am Ende des Waggons, als die Abgeführten aus den Augen der Fahrgäste sind, müssen sie unmittelbar vor dem Ausstieg stehen bleiben. Sie begreifen kaum, dass ihnen binnen Sekunden Handschellen angelegt werden. Ohne sich festhalten zu können, ist es für beide nicht ganz leicht, die tiefen Gitterstufen vom Waggon hinunter zum Bahnsteig zu bewältigen.

Das dauert den Uniformierten zu lange: Los jetzt, weiter! Geht's nicht schneller?

Der Schnellzug steht schon eine ganze Weile, ein paar Fahrgäste sind ausgestiegen, andere haben die Fenster heruntergeschoben. Wer als Raucher nur im Nichtraucherabteil Platz gefunden hat, nutzt die Gelegenheit, um sich draußen eine anzustecken.

Matz und Blase gehen schweigend mit ihrer Eskorte Richtung Bahnhofsgebäude. Jetzt erkennen sie an einem Schild, wo sie sich befinden: Jüterbog.

Einige Leute schauen neugierig in ihre Richtung.

Matz sieht die Glut der Zigaretten, die in der Dunkelheit aufleuchtet, und hätte jetzt auch gern eine.

Unter einer der trüben Laternen steht Eva, eine junge Frau aus Jena, die sich umschaut, warum der Zug so lange hält. Die Gruppe kommt auf sie zu, sie sieht das Metall der Handfesseln an den Händen von Matz und Blase aufblitzen.

Matz erkennt sie, versucht noch, ihr durch Wegschauen zu zeigen, was jetzt besser wäre. Zu spät.

Oh, hallo! Ihr müsst ja ganz schön was ausgefressen haben ...

Auch Blase dreht den Kopf zur Seite. Eva ist gerade 18 Jahre alt, sie versteht nicht sofort, was los ist, und wird sogar etwas ärgerlich, weil niemand sie zurückgrüßt.

Mit euren Silberarmbändchen braucht ihr doch nicht gleich so eingebildet zu sein!

Zwei Transportpolizisten bleiben stehen, die anderen packen Matz und Blase fester an den Armen und führen sie weiter ab.

Ihren Personalausweis!

Wie bitte, was soll das denn? Darf man hier nicht mehr grüßen?

Ihren Ausweis!

Ich hab meine Sachen alle im Abteil!

Zwei Transportpolizisten begleiten sie in den Zug. Dort ist Evas Freundin Sylvi im Abteil zurückgeblieben. Auch sie muss ihren Ausweis abgeben und bekommt ihn nicht zurück.

Kennen Sie die beiden?

Nein, nee, na ja … flüchtig.

Beide mitkommen, zwecks Klärung des Sachverhalts.

Warum denn das? Nein! Wir müssen nach Hause!

Sie kommen raus aus dem Zug! Widersetzen Sie sich nicht der Maßnahme!

Eva und Sylvi müssen ihre Jacken anziehen, das Gepäck nehmen und den Zug verlassen.

Bekommen wir jetzt auch Armbändchen? Wir haben doch überhaupt nichts getan! Ich seh das überhaupt nicht ein! Wehe, der Zug fährt ohne uns weiter!

Los, los! Ruhe und weitergehen! Nach vorn schauen!

Matz und Blase werden in den Stützpunkt der Transportpolizei geführt. Drinnen sitzt jemand an einem Tisch mit Telefon. Er hat durch drei Fenster den Bahnsteig in alle Richtungen im Blick.

Die beiden Mädchen kommen kurz darauf mit ihren Bewachern dazu. Sie sind sehr aufgebracht, und Eva schimpft: *Wir müssen zur Verlobungsfeier rechtzeitig da sein! Die ganze Verwandtschaft wartet auf uns! Wie stellt ihr euch das vor? In Lichtenberg müssen wir umsteigen nach Rostock! Wie sollen wir nun da hinkommen?*

Der Raum ist klein, sie müssen sich auf Stühle setzen und sollen vor allem keine Fragen mehr stellen.

Sprechen Sie nur, wenn Sie gefragt werden!

Im Nebenraum gibt einer der Uniformierten per Telefon an die *Führungsgruppe Transportpolizei* in Potsdam durch, *daß 4 Personen aus dem Zug genommen wurden.*

Auf dem Schrank steht ein kleiner Fernseher. Schwarzweiß. Im Bild:

Erich Honecker, er redet auf dem X. Parteitag der SED: *Der sozialistische Staat der Arbeiter und Bauern auf deutschem Boden beweist jeden Tag aufs Neue durch sein Handeln zum Wohle des Volkes, durch seinen Beitrag zum Frieden, Sicherheit und internationaler Zusammenarbeit, dass seine Gründung ein Wendepunkt war – in der Geschichte des deutschen Volkes und Europas.*

So haben sie sich den Abend nicht vorgestellt.

Matz muss daran denken, dass er vor zwei Jahren schon einmal auf diese Art aus dem Zug geholt wurde, als er nach Dresden zu einer Fete von Kiste wollte. Er ist einer aus der Tramperszene, der sehr gut kochen kann und ab und zu in Jena auftaucht. Da war er am Freitag, dem 5. Oktober 1979, mit Ines unterwegs. Sie wurden zwölf Stunden festgehalten, wieder und wieder befragt, wohin sie, warum, zu wem wollten. Erst waren sie auf dem Volkspolizeikreisamt, von dort zurück zur Trapo am Hauptbahnhof, danach zum Trapoamt hinter dem Neustädter Bahnhof. Sie hatten sich bei der Abfahrt in Jena nichts dabei gedacht, aber am Sonntag, dem 7. Oktober, wollte die DDR den 30. Jahrestag ihrer Gründung feiern – ohne jegliche Störung, wie man ihm unterstellte. Matz hatte dann *so die Schnauze voll*, keine Lust mehr auf Fete und fuhr mit ziemlicher Wut sofort zurück nach Jena.

Bitte nicht schon wieder!

Freitag, 20.45 Uhr – MfS-Kreisdienststelle Jena

Hinter den meisten Fenstern der Kreisdienststelle zwischen Gerbergasse und Am Anger brennt Licht. Würbach hat Oberleutnant Baumgarten vom Volkspolizeikreisamt Jena am Apparat. Der ordentliche Amtsweg zur Transportpolizei führt auch für die Stasi über die Volkspolizei. Baumgarten ist etwas umständlich beim Diktieren der Personendaten.

In Jüterbog konnten vier Personen aus dem Zug ausgesetzt und identifiziert werden. Es handelt sich um Rösch und Domaschk, sowie zwei 18jährige Frauen.

Würbach notiert sich die Daten der beiden ihm unbekannten Frauen. Er ist etwas ungeduldig, aber sehr erleichtert.

Wir haben sie festgesetzt!

Anruf bei Oberstleutnant Meier vom *Operativen Einsatzstab* in Gera, um das weitere Vorgehen abzusprechen. Es sollen doch acht Personen in den Zug eingestiegen sein? Was ist mit den vieren, die noch fehlen? Sind darunter womöglich weitere potenzielle Störer des X. Parteitages?

Die Absprache zwischen Jena und Gera lautet: *Die festgesetzten Personen sollen durch die Transportpolizei sofort befragt werden über Reiseziele, Pläne und Absichten. Alle mitgeführten Behältnisse müssen gründlich kontrolliert werden. Und gebt uns sofort eine Rückinformation über das Ergebnis der Befragung! Dann sehen wir weiter, welche Maßnahmen wir noch ergreifen.*

Der Einsatzstab in Gera soll die Abteilung XIX und das Transportpolizeiamt Saalfeld aktivieren, damit in Jüterbog alles klappt.

Würbach ist nach mehr als zwölf Stunden Dienst hellwach und denkt über die nächsten Aufgaben nach.

Denen in Halle muss ich Bescheid geben, die brauchen wir jetzt nicht mehr. Wollen wir doch mal sehen, was wir an Erkenntnissen über die beiden Mädels in unseren Speichern haben. Silvia und Eva … Den Suchauftrag mit ihren Nachnamen, Geburtsdaten und Anschriften gibt er auf kurzem Weg im Haus weiter. Die wichtigsten Leute sind ja über Nacht dageblieben.

Wieder ein Anruf aus Gera. Oberstleutnant Meier hat noch eine Idee für die Befragung in Jüterbog.

Gebt ihr von Jena aus mal Bescheid, was ihr über die beiden Frauen wisst? Welche Kontakte und Verbindungspersonen die haben? Dann können die Genossen in Jüterbog es den Mädels vorhalten, denn die tun so, als ob sie keinen der beiden Jungs kennen.

Klar. Wird gemacht!

Vor allen Dingen wollen wir wissen, was die beiden Männer in ihren Behältnissen mitführen. Das soll am besten unsere Dienststelle in Potsdam überprüfen. Nicht die Trapo. Die mitgeführten Gegenstände können wir dann sicherstellen und überprüfen. Die Trapo weiß doch nicht, was uns interessiert.

Freitag, 21.15 Uhr – Bahnhof Jüterbog, Diensträume der Transportpolizei

Matz blickt zu Blase, Blase zu Matz. Miteinander sprechen ist verboten. Sie sollen still sein und abwarten. Der Fernseher auf dem Schrank zeigt immer noch Reden vom X. Parteitag: *Das sozialistische Weltsystem mit der Sowjetunion als seinem Machtzentrum ist die bestimmende Kraft unserer Epoche. Die DDR ist Teil dieser weltverändernden Kraft.*

Matz muss an seinen Staatsbürgerkundelehrer in der Dr.-Theodor-Neubauer-Oberschule Neulobeda denken. Eigentlich sollte das Fach ihn und seine Mitschüler *zur tiefen Liebe zur DDR, ihrem sozialistischen Staat und zum leidenschaftlichen Haß gegen die imperialistischen Feinde unseres Volkes erziehen.*

Seinem Lehrer reichte es aber, wenn man die üblichen Floskeln aufsagen konnte. Ein ständig abverlangtes Bekenntnis zum Staat, eine alltägliche Unterwerfung. Seid bereit – immer bereit! Als Jungpionier war das noch kein Thema, doch je älter Matz und seine Freunde wurden, desto mehr spürten sie, dass Realität und Floskeln nicht zusammenpassten. Sie lebten in einer seltsamen Normalität, einer Alltäglichkeit des Verstellens und Schwindelns, aus der sie rauskommen wollten. Die meisten in diesem Land aber beherrschten dies wie einen geheimen Code zum Überleben. Die Lehrer hielten natürlich immer weiter daran fest, die Ausbilder bei der Armee ebenso, und die Sprecher im Fernsehen oder Radio erst recht.

Man konnte sich daran gewöhnen, an das blutleere Gerede, an die immergleichen Phrasen auf den Schildern im ganzen Land, in den Überschriften der Zeitungen – einfach nicht hinhören, an etwas anderes denken, darüber hinwegsehen.

Hier in diesem trostlosen Raum der Transportpolizei, mit Menschen, die stur Anweisungen vorgesetzter Dienststellen erfüllen und sie aus dem Zug geholt haben, dabei selbst noch nicht einmal wissen, warum, wirken die Sprüche vom *erfüllten und glücklichen Leben in unserer Heimat, der DDR,* aus dem Kasten da oben auf dem Schrank noch absurder als sonst.

Matz war 17 und noch Schüler, da gab es ein Ereignis, das ihn und alle um ihn herum erschütterte. Damals entstand ein tiefer, unheilbarer Riss zwischen ihm und diesem Staat. Bis dahin hatten sie geglaubt, dass man vielleicht sein eigenes Leben gestalten kann, solange man gewisse Anforderungen erfüllt – Pionierhalstuch tragen, FDJ-Eintritt, Jugendweihe und später Wehrdienst. Irgendwie durchmogeln, das taten doch so viele, ihre Eltern, die Verwandten, die Leute in der Stadt. Jeder hatte eine öffentliche – und eine private Meinung.

Der Polizeiüberfall an jenem Samstagabend zu Beginn des Jahres 1975 auf eine Feier in der Gartenstraße 7 erschütterte diese Gewissheit und wirkte wie ein Urknall im Jenaer Jugendkosmos. Niemand hatte ihn vorhergesehen.

In dem heruntergekommenen Haus wohnten seit dem Sommer 1974 zwei Paare: Tarzan und Maria, Ponder und Doris. Ihre offene Wohngemeinschaft hatte viele Besucher. Zudem gab es Mitbewohner für ein paar Wochen oder Monate, die in einer Nische im Flur übernachteten. Bekannte und Freunde kamen nicht nur aus Jena, sondern auch aus Berlin, Leipzig, Halle, Dresden oder Karl-Marx-Stadt zu Besuch. Alles Leute, bei denen man umgekehrt selbst nach einem Blues- oder Rockkonzert schlafen konnte. Auch Westdeutsche oder West-Berliner kamen vorbei, die man beim Trampen in Polen, Ungarn oder Rumänien kennengelernt hatte.

Ausgerüstet mit einem Schlafsack, fanden sie ohne große Probleme einen Platz für die Nacht, hier oder in anderen Wohngemeinschaften und offenen Wohnungen, die in Jena im Lauf der siebziger Jahre entstanden: Maxim-Gorki-Straße 1, die in der Szene als »Kommune 1« firmierte, ferner Markt 24, Melanchthonstraße 6, Jahnstraße 10, Schloßgasse 3, Steinweg 5, Wagnergasse 27, Gartenstraße 7, Am Rähmen 3.

Bewohnt wurden sie von Leuten, die untereinander oft nur ihre Spitznamen kannten. Schwester Thomas hieß einer, weil er der erste männliche Krankenpfleger in Jena war. Und die anderen? Jagger, Pump, Bibe, Waldi, Walli, Hilli, Willi, Nobi, Thea, Maik, Mao, Matz, Behrchen, Jesus – jeder Spitzname hatte seine Geschichte. Die Bewohner der WGs wechselten, wenn sie ihre Liebschaften austauschten, und mancher Besucher blieb einfach monatelang, wenn es allen gefiel. Wo es möglich war, zogen in die anderen Räume oder Etagen des Hauses nach und nach weitere Freunde ein.

Die Gründer der offenen Wohnungen wurden von den Jüngeren bewundert. Mensch, hieß es, der hat 'ne WG! Nach dem Tanz im Rosenkeller ging man halt in eine WG, sofern man irgendwie dort jemanden kannte oder mitgenommen wurde. In der Schloßgasse 3, mitten im Altstadtzentrum, wurde dann bei Nobi, Tina, Pump und Jagger weitergefeiert und diskutiert. Auf dem legendären, etwa sieben Meter breiten Hochbett lagerten mitunter über ein Dutzend Leute am Ende eines langen Abends. Auch Bands, die im Studentenklub auftraten, nutzten öfter die Möglichkeit zur Übernachtung.

Am Tag herrschte ein ständiges Kommen und Gehen. Damit immer etwas zu essen und zu trinken da war, sollten die Besucher in einem Sammelkarton etwas Geld spenden. Ein offener Treffpunkt mit erheblicher Ausstrahlungskraft.

Von solch einer Wohnung hatte Tarzan schon geträumt, als er noch bei den Eltern lebte und sein Freund Ponder im Lehrlings- und Arbeiterwohnheim in der Fritz-Ritter-Straße.

Doch Wohnungen waren knapp und wurden durch die staatliche *Wohnraumlenkung* zugewiesen. Natürlich gab es viel Gemauschel. Ärzte, SED-Funktionäre, aber auch Frauen mit Kindern wurden bevorzugt, oder sie versuchten es gar mit Bestechung. Junge Leute, die zu Hause endlich ausziehen wollten, hatten praktisch keine Chance. Trotz des vielen Leerstands in Jena hieß es in der Abteilung Wohnungswirtschaft beim Rat der Stadt: Tja, wer hätte nicht gerne eine Wohnung. Wir haben aber keine!

Tarzan und Ponder legten eine Liste mit 15 leerstehenden Wohnungen vor. Das werden wir prüfen, hieß es.

Doch beim nächsten Termin, zwei Wochen später, wurden sie abgewimmelt. Die Frau vom Amt murmelte halb zu sich, halb zu ihnen: Zwei Kerle, die zusammenwohnen wollen, das ist doch ungewöhnlich …

Also legten sie eine neue Liste vor. Mehrmals ging das Spiel von vorn los, bis die Dame entnervt ein einziges Angebot rausrückte: die Gartenstraße 7.

Die erste Besichtigung war ernüchternd: zwei schmale Kammern, eine Miniküche, zwei kleine Zimmer, eines davon ein Durchgangsraum, die Toilette über den Hof. Wegen der Feuchtigkeit lösten sich die Tapeten von den Wänden, in den Zimmern roch es muffig, der Putz bröckelte an der Hausfassade.

Natürlich, die wollte sonst keiner haben, aber es war ihre erste eigene Wohnung, und sie lag günstig, noch im Zentrum. Das Renovieren machte ihnen sogar Freude.

Die Wasserleitungen aus Blei wurden ausgetauscht, ein Nachbar half beim Putz-Erneuern. Lampen und erste Möbel beschafften sie sich für ein paar Mark bei Wohnungsauflösungen. Die Zimmertüren wurden später von Tarzans Bruder Achim, der ausgebildeter Dekorateur war, mit Blumen bemalt.

Bald schauten mehr und mehr Freunde und Bekannte spontan vorbei.

Man wollte zusammen sein, Erfahrungen austauschen, neue Leute kennenlernen und als Gemeinschaft leben. Mit Maria und Doris kamen auch die neuen Freundinnen von Tarzan und Ponder dazu. Schließlich zog Wilma noch mit ein, ein quirliger kleiner Pudelmischling, pechschwarz, lockig und äußerst interessiert an jedem Besucher der Gartenstraße. Ponder hatte sie eines Tages mitgebracht, seifte sie regelmäßig ein, und ab und zu musste ihr Fell geschoren werden – jedes Mal ein Ereignis. Wilma war auch beim Wandern stets dabei und suchte sich hin und wieder ein neues Herrchen oder Frauchen. Ein echter WG-Hund, offen für alle.

Ponder trug nach und nach einen Schatz in der Gartenstraße zusammen, der für gute Stimmung sorgte: mehr als hundert bespielte Tonbänder und eine der größten Plattensammlungen mit Bluesmusik in Thüringen. Nur Winne in Kahla konnte mehr vorweisen, denn er hatte Kontakt zum britischen Musiker Tony Sheridan, der die Sendung »Blues am Dienstag« im NDR-Radio moderierte. Der versorgte Winne vom Westen aus mit Platten. Ponder wiederum tauschte einige seiner Ost-Bluesschätze gegen Winnes Westplatten. So hatten beide was davon, und in der Gartenstraße lief stets gefragte Musik.

Manche Leute kamen einfach nur vorbei, um zu lesen, stundenlang, zurückgezogen in einem Sessel, in irgendeiner Ecke.

Es gab einen alten Fernseher, der nützlich war, um gemeinsam »Rockpalast« zu schauen oder hin und wieder die Berichte über die Aktionen und Entführungen der Baader-Meinhof-Gruppe RAF. Als die Serie »Holocaust« im Westfernsehen gezeigt wurde, war es besonders voll.

Im Frühling stellten sie einen Tisch in den Hof, Stühle und Kisten drum herum, um in der Sonne zu frühstücken, Pläne zu schmieden, Erlebnisse auszutauschen oder die nächste große Wanderung in die Berge rund um Jena zu planen. Wenn es regnete, wurde Karten gespielt, das ganze Wochenende durch, 17 und 4, Skat, Doppelkopf. Unterm Tisch stand dann ein Kasten Bier. Und wenn der leer war, wurde ein neuer aus der Leutraquelle herübergeholt.

Matz kam manchmal mit Renate und später mit ihrem Baby Julia vorbei, brachte Kuchen vom Bäcker oder interessante Bücher mit.

Die Gartenstraße 7 war für Matz eine Insel der Freiheit, die er gern aufsuchte, zum Quatschen, zum Träumen, zum Leben.

Ponder, der Lebenslustige, und Tarzan, der aussah wie Che Guevara, fotografierten leidenschaftlich: die Feten und Treffen in der Gartenstraße und anderen Wohngemeinschaften, die großen und kleinen Wanderungen, die Reisen und Tramptouren nach Polen, Rumänien, Tschechien, Bulgarien. Die Filme entwickelten sie selbst. Dann dunkelte Ponder abends die Fenster des Schlafzimmers ab, baute Vergrößerer und Schalen auf, legte eine Bluesscheibe nach der anderen auf und freute sich, wenn die Bilder nach dem Belichten in der Entwicklerschale auf dem Fotopapier langsam immer deutlicher wurden. Die Abzüge verteilten sie großzügig unter Freunden.

Weihnachten und Ostern verschickten die Bewohner der Gartenstraße 7 kreativ fotografierte Grußpostkarten von ihnen selbst und einem Schild in der Hand: Frohe Ostern! Frohe Weihnachten! Mal mit Hasenohren, mal mit brennenden Kerzen und Adventskranz auf dem Kopf.

Auch ein Gästebuch gab es. Ponder hatte dafür ein Heft aus einem Ladengeschäft der HO besorgt mit dem Aufdruck »Der Kunde hat das

Wort«, ein Schreibheft, gedacht für Verbesserungsvorschläge der Kunden von Kaufhallen und Geschäften. Langhaarige, Tramper, Blues-, Jazz- oder Rockfans nannten sich untereinander aber auch Kunden. Entsprechend launig waren die Eintragungen im Kundenbuch der Gartenstraße.

Die Liebe und der Suff reiben alle Kunden uff! Gritsch.

Mein Beitrag zum IX. Parteitag: Ich verpflichte mich in spätestens sieben Wochen einem neuen Kunden das Leben zu schenken. Jutta.

Eines Tages über Nacht, da kommen die Kunden an die Macht! Tina.

Daß ich morgen leben werde, weiß ich freilich nicht! Daß ich aber, wenn ich lebe, trinken werde, das ist ganz gewiß! Silke.

Fröhliche Fotos der Gäste wurden daneben geklebt, Karikaturen und Sprechblasen gezeichnet – jeder neue Besucher blätterte darin und verewigte sich auf seine Weise.

Matz trug sich ein, nachdem er mit Ponder, Renate, Faustus und Stockel zusammen in der Sonne auf den Stufen am Hanfried gesessen hatte. Der jahrhundertealte Marktplatz im Herzen Jenas war ein beliebter Treffpunkt, doch die langhaarigen Kunden und Tramper zu Füßen des einstigen Landesfürsten und Universitätsbegründers mussten regelmäßig Kontrollen über sich ergehen lassen. Also schrieb Matz: *Wenn Kunden am Hanfried sitzen – alle Bullen mächtig schwitzen.*

Und weil er, wie so viele der Freunde und Freundinnen, etwas gegen das kleinbürgerliche Eheideal hatte, klebte er später noch ein Bild dazu, auf dem er seinen Freund Faustus küsst: *Der 1. Mai, der ist vorbei, oh wei! Die verlobten Kunden Matz + Faustus.*

Auf einem anderen Foto, das Ponder an diesem Tag in der Sonne am Hanfried machte, streckt Matz die Zunge raus: Ihr könnt mich mal!

Auf dem nächsten ballt er die Faust zum Gruß.

Alles ist gut, dann kommt Samstag, der 18. Januar 1975, ein kalter Wintertag. Doris und Ponder haben zu ihrer Verlobung eingeladen.

Die ersten Besucher sind bereits am Vortag eingetroffen. Ponder holt den Langen Schmidt am Saalbahnhof ab und bringt auf dem Weg kleine Zettel an Laternen und Bäumen an, die er mit der Schreibmaschine dreißigmal getippt hat: *Weiße Mäuse in liebevolle Hände abzugeben.*

Gartenstraße 7. Seine künftige Verlobte ist über die anhaltende Vermehrung nicht wirklich glücklich, und so will er sich noch vor der Feier von ihnen trennen. Das Tiergeschäft bot ihm nur fünf Pfennig pro Maus, da hat er abgewunken.

Am frühen Abend sitzen in den zwei kleinen Zimmern dreißig Gäste eng beisammen. Sie hocken auf dem Boden, stehen im Türrahmen, laufen über den engen Flur zur Küche oder liegen gemütlich auf Matratzen. Ponder hat ein Best-of-Blues-Mix auf seinem tschechischen Tesla-B100-Tonbandgerät eingelegt.

Wegen der weißen Mäuse ziehen ihn einige Gäste auf: *Mit deren Nachwuchs kannst du die Mäuse vom Ehekredit aber nicht abkindern, da braucht ihr schon eigene!* Maria nimmt eine Maus heraus und lässt sie über ihre Schulter krabbeln. Lachende Gesichter, Gläserklirren, volle Aschenbecher, Kerzen. Immer mehr Leute kommen dazu, ein paar gehen wieder nach Hause, wie Gudrun und Gag, die sich gestritten haben und nicht mehr so recht in Feierlaune sind.

Um 22.40 Uhr klingelt es. Jemand öffnet die Tür und ruft: Die Volkspolizei ist da!

Großes Gelächter. Zwei uniformierte Polizisten aus dem Streifenwagen 442 treten ein. Sie haben das Haus schon eine Weile observiert. Tarzan erklärt, dass Doris und Ponder heute ihre Verlobung feiern.

Eine Verlobungsfeier?

Die Volkspolizisten sehen sich um und sind entsetzt, dass es keine Tische, keine ordentlichen Sitzgelegenheiten gibt, die Mehrzahl der Gäste einfach auf dem Boden herumlümmelt. So eine Verlobungsfeier kennen sie nicht.

Wer ist der Verantwortliche dieser Veranstaltung? Es liegt eine Beschwerde von Bürgern wegen ruhestörenden Lärms vor. Stellen Sie die Musik leiser! Tarzan erwidert: Gehen Sie doch mal vors Fenster draußen, was hören Sie denn von hier drinnen?, aber er dreht den Regler am Tonband zurück.

Jemand ruft den Volkspolizisten zu: Wir haben hier eine große Schüssel Kartoffelsalat, wollen Sie auch was?

Die Uniformierten schütteln den Kopf und ziehen ab. Über Funk geben sie durch, dass sie dringend Verstärkung benötigen, *da es sich um eine größere Gruppe von teils auswärtigen, labilen Personen handele.* Eine Viertelstunde später klingelt es erneut. Drei Volkspolizisten und vier zivil gekleidete Kriminalpolizisten von der Abteilung K I, einer Einsatzgruppe für politische Straftaten, drängen herein, ohne sich vorzustellen oder auszuweisen.

Wo ist der Wohnungsinhaber?

Tarzan hebt die Hand und folgt ihnen in die Küche.

Was sind das hier für Personen? Wo kommen die her? Welchem Zweck dient die Zusammenkunft?

Es poltert an der Tür, 16 Polizisten stürmen plötzlich in die kleine Wohnung, mit Schlagstöcken in den Händen. Der Flur ist im Nu voller Uniformierter, sie drängen in die Räume, überall Gebrüll. *Die Personalausweise!* Ein Polizist sammelt diese ein und beginnt, die Namen aufzuschreiben. Nicht alle haben ihre Ausweise sofort zur Hand, manche befinden sich in den Jacken und Parkas im Flur, ein wildes Gedränge und Durcheinander entsteht.

Einige Gäste sind ohne Ausweis zur Fete gekommen – grobe Pflichtverletzung, finden die Uniformierten und kommandieren:

Mitkommen! Schuhe und Jacken anziehen und raus!

Es wird gemault: Nix da, wir bleiben alle hier!

Ein Wort gibt das andere: Was soll das denn? Was hat das mit lauter Musik zu tun?

Eine junge Frau ohne Ausweis behauptet, sie stehe doch schon auf der Liste, und nennt einen Namen, den sie darauf erkennen kann. Sie wird in Ruhe gelassen.

Blase mischt sich ein, als die Polizisten noch jemanden ohne Ausweis abführen wollen. Er wird heftig zurückgestoßen.

Werden Sie nicht frech! Mitkommen hab ich gesagt! Schneller! Hopp! Hopp!

Einige Frauen schreien: Fassen Sie mich nicht an!

Dreißig fassungslose Fetengäste, zwanzig Volks- und Zivilpolizisten, dann der Befehl: Knüppel raus!

Schlagstöcke sausen nieder, die Umherstehenden werden Richtung Tür geprügelt. Hiebe auf Köpfe, auf Rücken, auf Arme, Beine. Ein massiver Ausbruch von Gewalt, mit dem keiner der Feiernden gerechnet hat.

Maria wird geschubst und fällt in den großen Flurspiegel. Ein Schlagstock, der ihr gilt, trifft das Glas, es klirrt, eine Scherbe gerät in ihre Hand, sie schmeißt sie einem Polizisten vor die Füße, merkt nicht, dass sie blutet, und schreit ihn an: Das waren Sie!

Alle rufen durcheinander: Ihr Schweine! Sogar auf Mädchen schlagt ihr ein! Warum macht ihr das? Ihr seid ja wie Nazis! Hört auf!

Vor dem Haus steht ein grüner Polizei-Lkw, dahinter die beiden Streifenwagen. Ein Spalier brüllender Polizisten prügelt die Leute, die aus dem Haus kommen, weiter in Richtung Ladefläche. Als das nicht schnell genug geht, treten einige Polizisten mit ihren schweren Lederstiefeln nach. Die Ersten auf dem Wagen sind ein Mädchen und ein Junge aus Kahla. Einer der Gäste versucht, aus dem Hof in Richtung Straße zu fliehen, kommt aber nicht weit. Zwei Volkspolizisten prügeln von hinten auf ihn ein, bis er auf dem Pflaster zusammenbricht und liegen bleibt.

Mehrere Nachbarn schauen aus ihren geöffneten Fenstern zu. Im Hof und vor dem Haus ein Tumult.

Jetzt packen vier Volkspolizisten den schwergewichtigen Blase an den Armen, greifen in die langen Haare und zerren ihn Richtung Lastwagen. Nobi sieht, wie gleichzeitig sein Freund Willi zum Lkw geschleift wird. Er brüllt: Lasst seine Haare los!, und versucht, die Hände der Volkspolizisten aus der Lockenmähne seines Freundes zu lösen. Daraufhin bekommt er mehrere Faustschläge ins Gesicht und wird selbst auf den Wagen geworfen.

Es reicht, die Ladefläche ist voll. Einer der Polizisten, die mit ihnen dort sitzen, klatscht mit dem Knüppel in seine Hand: Jetzt alle mal die Schnauze halten, nicht dass noch einer rumzuckt, sonst könnt ihr mal an dem Ding hier kosten.

Der schwere Dieselmotor läuft an, und ein Dutzend Gäste werden zum Volkspolizeikreisamt abtransportiert. Dort erwartet sie ein Spalier weiterer Uniformierter, jeder einen Knüppel drohend in der Hand.

Was war das denn?, fragen sich die Zurückgebliebenen. Das kann doch nicht wahr sein. Was machen wir jetzt?

Wir gehen hinterher!

Sie laufen geschlossen zum Volkspolizeikreisamt, von der Gartenstraße zum Anger, eine Viertelstunde durch die kalte Januarnacht.

Auf dem Bürgersteig vor dem Eingang stoppt die Gruppe, einige setzen sich. Eine Delegation spricht mit der Wache: Wir gehen erst weg, wenn alle unsere Freunde wieder raus sind. Die wurden ohne Grund einfach von unserer Feier abgeholt, das können wir bezeugen!

Der diensthabende Leiter kommt heraus und teilt ihnen mit: Das ist Hausfriedensbruch, was Sie hier machen, denn der Bürgersteig gehört zum Polizeipräsidium!

Gut, dann gehen wir runter vom Bürgersteig und warten auf der Straße!

Einige setzen sich auf den Asphalt. Sie harren gemeinsam in der Kälte aus, bis nach Stunden die ersten Zugeführten wieder freigelassen werden und ihnen berichten, was sie im Gebäude erlebt haben: Wir wurden wie Verbrecher behandelt, durchsucht und fotografiert. Ein Grund für die Festnahme wurde uns nicht gesagt.

Bodo erzählt ihnen, dass ihm alle Sachen weggenommen wurden und er in einer fensterlosen Zelle im Keller eingesperrt war. Um vier Uhr nachts verlässt Tina als Letzte das Volkspolizeikreisamt und wird von den immer noch wartenden Freunden in die Arme geschlossen.

Am nächsten Tag zeigen sie sich gegenseitig die Spuren der Schläge, lassen sich die Verletzungen von Ärzten attestieren und krankschreiben.

Das können wir denen nicht durchgehen lassen. Wir müssen was dagegen tun. Wir feiern eine friedliche Fete, und die kommen und schlagen uns einfach zusammen. Lasst uns von unserem Recht auf Eingaben Gebrauch machen! Wir schreiben Beschwerden an die Leitung der Volkspolizei Jena, den Stadtrat für Innere Angelegenheiten, die SED-Kreisleitung, das Bezirksgericht Gera, an den Staatsrat der DDR!

Damals war Matz 17 Jahre alt. Er konnte sich *bisher nicht vorstellen, daß man einfach so vorgeht in unserem Staat. Wie können die sich das erlauben? Wir wollen, daß die Leute zur Rechenschaft gezogen werden, die uns verprügelt haben.*

Zwei Tage später ein Treffen bei Nobi in der Schloßgasse 3, Empörung und Wut unter den Versammelten. Zwei etwas Ältere, Bernd Markowsky und Gerd Lehmann, genannt Jonny, die nicht auf der Fete waren, diskutieren mit, was zu tun ist. Wie schreibt man Eingaben? Wie kommen wir an die korrekten Anschriften? Was hat jeder erlebt? Was ist genau in Erinnerung von dem Überfall?

Gerd hat sein Tonband und Mikrofon dabei und nimmt Augenzeugenberichte auf, damit nichts von ihren Erinnerungen verloren geht. Was sie erlebt haben, sprechen sie auf Band oder schreiben es auf.

Die Feier war nicht übermäßig laut. Ich zeigte meinen Ausweis und dachte, das genügt. Ein Volkspolizist verlangte dennoch, daß ich mitkommen solle. Als ich meinen Mantel anzog, brüllten sie SCHNELLER! Zwei andere stürmten von draußen rein und prügelten sofort auf mich ein, zerrten mich in den Hof und schleppten mich unter Stößen und Schlägen zum Lkw. Ich setzte mich neben Nobi und wurde Zeuge, wie dieser mit Fausthieben ins Gesicht geschlagen wurde. Ich wurde beschimpft und bedroht. Rinaldo wurde mit dem Gummiknüppel mitten ins Gesicht geschlagen. Er fiel einen Moment bewußtlos um.

Tarzan und Jonny nehmen sich später den kleinen tragbaren Kassettenrekorder von Maria und wollen weitere Beweise sammeln. Mit verdecktem Mikrofon klappern sie die Nachbarn in der Gartenstraße ab und befragen sie, ob es denn ruhestörenden Lärm gegeben habe. Alles in Ordnung, sie hätten keinen Lärm gehört, sagen die Befragten. Nein, niemand von ihnen habe die Polizei gerufen, die Hausbuchführerin in der Nummer 7 nicht, sämtliche Nachbarn links und rechts auch nicht.

Sie verabreden, dass jeder, der auf der Fete war, eine Eingabe schreibt, wer verletzt wurde, eine Anzeige macht. Abend für Abend treffen sich gut zwanzig Leute in der Schloßgasse bei Nobi. Bei einem der Treffen kommt Jürgen Fuchs dazu. Marcella, die Tochter des Schriftstellers Reiner Kunze, erscheint ebenfalls. Und Maria spricht aus, was alle denken: *Wir glauben an Gerechtigkeit.*

Sie diskutieren und formulieren ihre Schreiben zunächst handschriftlich. Jeder versucht, sich genau zu erinnern.

Heraus kommen Gedächtnisprotokolle wie das von Bodo:

Ich wollte für meine Frau bürgen, weil sie keinen Ausweis dabeihatte. Das wurde abgelehnt. Sie sollte zum Lkw und mitkommen. Ich machte darauf aufmerksam, daß wir ein kleines Kind haben und nach Hause müßten.

Das interessiert nicht, wurde gebrüllt. Was ich dann auf dem Hof sah, hat mich sehr schockiert. Die Polizisten schlugen auf einige meiner Freunde mit Gummiknüppeln ein und brachten sie mit Gewalt auf den Wagen, ich blieb stehen und schrie voller Entsetzen, sie sollen aufhören damit und daß sie doch gar keinen Grund dazu haben, auch meine Freunde riefen den Polizisten zu, daß sie aufhören sollen. Doch die Polizisten schlugen weiter auf meine Freunde ein.

Sorgfältig getippt, in Briefumschläge gesteckt und an die offiziellen Stellen korrekt adressiert, werden die Eingaben in der Hauptpost als Einschreiben aufgegeben oder direkt bei der Wache der Volkspolizei abgeliefert.

Ein paar Tage vergehen.

Dann kommt die Antwort auf 17 Eingaben und elf Anzeigen gegen die Volkspolizei.

Bei allen, die von ihrem Recht auf Beschwerde Gebrauch gemacht haben, stehen Volkspolizei und Stasi-Mitarbeiter in Zivil vor der Tür, erscheinen am Arbeitsplatz oder in der Schule. Einer nach dem anderen wird abgeführt, ins Volkspolizeikreisamt in einen großen Raum unter Bewachung und Sprechverbot gebracht.

Verhöre folgen. Währenddessen werden ihre Wohnungen durchsucht, vorhandene Bücher registriert, private Briefe kopiert, die mit Sprüchen, Gedichten oder Plakaten versehenen Wände sowie die gesamten Räume fotografiert, sämtliche Adressen aus Kalendern abgeschrieben, Papierkörbe durchwühlt, verdächtige Notizen und auch die 121 Tonbänder von Ponder beschlagnahmt. Die intensiven Befragungen dauern Stunden.

Waren Sie allein oder zusammen mit anderen, als Sie die Eingabe schrieben? Wie groß war die Gruppe? Wer hatte die Idee zu dieser Aktion? Sind Sie gemeinsam zur Post gegangen? Welche Einstellung zu unserem Staat haben Sie? Welche Personen auf den Fotos sind Ihnen bekannt?

Vor allem werden sie unter Druck gesetzt, ihre Eingaben und Anzeigen zurückzuziehen.

Maria, Achim, Speiche, Schmidtchen aus Suhl und Blase kommen am Ende des Tages nicht nach Hause.

Später, viel später, als sie an einem Sommerabend wieder mal im Hof der Gartenstraße zusammensitzen, erfährt Matz von Maria etwas genauer, was sie in diesem Moment gefühlt hat:

Als sie um Mitternacht zu uns in den Raum kamen und die Ausweise zurückbrachten, dachte ich zuerst, endlich können wir nach Hause. Aber dann hat er fünf Namen vorgelesen, darunter auch meinen. Er sagte nur: Die kommen in Untersuchungshaft! Das war wie ein Hammerschlag auf meinen Kopf. Damit hat doch keiner von uns gerechnet. Sofort wurden wir in dieses alte, eigentlich stillgelegte Gefängnis aus der Nazizeit gefahren. Der Backsteinbau ist ja keine fünf Minuten von uns hier in der Gartenstraße entfernt. Ich wurde von den Männern getrennt, kam in eine eiskalte, düstere Zelle und stand nur noch unter Schock. Ich saß da die ganze Nacht, habe immer wieder geheult und zu mir selbst gesagt: Das kann doch nicht wahr sein! Am nächsten Morgen wurden wir zum Gerichtsgebäude gebracht und dort einem Haftrichter vorgeführt. Wir sahen uns in die Augen und er nuschelte zuerst nur: Es wird Haftbefehl erlassen wegen Staatsverleumdung.

Ich begriff das alles überhaupt noch nicht, aber er las seinen Text immer weiter: Sie werden beschuldigt, die staatliche Ordnung angegriffen zu haben, indem Sie Widerstand gegen staatliche Maßnahmen leisteten und Angehörige der Volkspolizei in der Öffentlichkeit als Schweine beschimpften.

Der eigentliche Vorwurf aber war, daß wir die Eingaben zwar einzeln unterzeichnet, jedoch gemeinschaftlich besprochen und angefertigt hatten. Unser Vergehen war also, daß wir uns gemeinsam zur Wehr gesetzt hatten. Zu Achim sagte der Vernehmer das ganz offen: Sie sind nicht hier, weil Sie eine Beschwerde geschrieben haben. Sie sind hier, weil Sie als staatsfeindliche Gruppe gehandelt haben.

Die enge Zusammenarbeit der MfS-Kreisdienststelle mit den *Partnern des Zusammenwirkens für Sicherheit und Ordnung:* Volkspolizei, Wohnungsamt, Hausbuchführer, Abschnittsbevollmächtigte, Meldestelle, Personalabteilungen in den Betrieben, Volksbildung, Jugendorganisationen und ganz besonders mit den Freiwilligen Helfern der Deutschen Volkspolizei, die mit ihren roten Armbinden täglich in den Straßen patrouillierten, hatte sich gelohnt. Eine feste Instanz war auch die Koordinierungsgruppe beim Rat der Stadt Jena, in der MfS-Mitarbeiter und

SED-Genossen sowie Angestellte im Rathaus regelmäßig zusammenkamen.

Diesem Netzwerk war schon allein das Zusammenziehen von mehreren jungen Leuten zu einer Wohngemeinschaft Anlass zur erhöhten Wachsamkeit gewesen. Wohnungsamt und Freiwillige Helfer machten Meldung, und die Kommissare der K I legten einen Beobachtungsvorgang namens »Wohnung« an. Zur Begründung schrieben sie:

Die Bewohner gehören einer großen noch nicht übersehbaren Gruppe asozialer und arbeitsscheuer Jugendlicher und Jungerwachsener mit ungepflegtem Äußeren an, bei denen sich der dringende Verdacht der staatsfeindlichen Hetze ergibt. Dieser Personenkreis tritt vorwiegend als Diskussionsklub in Erscheinung, entwickelt eigene Vorstellungen zum Begriff »Freiheit« und versucht, dieselben zu verwirklichen.

Wie auch immer die Stasi zu ihrem Urteil kam, arbeitsscheu waren die WG-Bewohner nicht. Tarzan arbeitete seit Jahren als Krankenpfleger im Dreischichtdienst in der Jenaer Nervenklinik, Achim als Dekorateur bei der HO, Ponder in der Batterieladestation für Gabelstapler bei Zeiss, Doris ebenfalls bei Zeiss, und Maria fräste in der Zeiss-Forschungsabteilung Metallteile für medizinische Geräte.

In der MfS-Kreisdienststelle sah man aber nur, was für die *Feindbearbeitung* nützlich war, dafür wurden die Mitarbeiter schließlich bezahlt. Die Bewohner der Gartenstraße 7 und ihre Besucher galten ihnen als *asozial und arbeitsscheu.* Besonders dieser Tarzan mit dem schwarzen Wuschelkopf und Bart, gekleidet im *Guerillalook,* war ihnen in jeder Hinsicht verdächtig: *Er hat Verbindung zu chilenischen Bürgern und enge Kontakte zu unverheirateten Frauen. Er kleidet sich nachlässig, fast immer mit Niethosen, im Sommer läuft er vorwiegend barfuß und mit freiem Oberkörper. Zechgelage und Beatmusik spielen bei seinen Zusammenkünften immer eine Rolle.*

Zur weiteren Erkundung schickte die Stasi andere vor. Bald nach dem Einzug versuchte der *Abschnittsbevollmächtigte* die Wohnung genauer anzuschauen – erfolglos. Auch die Meldestelle in der Stadt war ständig wachsam. Dort gab es eine Liste mit *Kennzeichnung negativer Kräfte.* Wenn einer wie Tarzan vorbeikam, hieß es: Aufpassen! Meldung machen!

So war es, als Tarzan eine Reise mit Freunden für den Sommer plante. Allein wie er aussah, löste in der Volkspolizei-Meldestelle Alarmstimmung aus. Noch während er wartete, rief die Angestellte bei der MfS-Kreisdienststelle an, um sich abzusprechen: Er will als Anführer einer Reisegruppe ans Schwarze Meer trampen …

Sofort folgte sie dem Rat des Geheimdienstes und verweigerte ihm und den anderen die *Anlage für den visafreien Reiseverkehr,* die sie für die Fahrt benötigten.

An anderen Schlüsselpositionen der Stadt, wo es um Arbeitsplätze oder Wohnungen ging, saßen verdeckte *Offiziere im besonderen Einsatz.* Auch Nachbarn wurden von MfS-Ermittlern befragt. Als *Auskunftspersonen* (AKP) registrierte Anwohner berichteten der Stasi alles, was sie aus ihren Fenstern auf der Straße rund um das Wohnhaus Nummer 7 beobachteten. Ein Nachbar aus Nummer 5 meldete: *Eine starke Personenbewegung, Eine Vielzahl Matratzen wurden hineingeschafft, Ladungen auf PKW-Anhänger mit Planen abgedeckt, Fremde Jugendliche finden in der Wohnung einige Tage Unterschlupf.*

Unterschlupf – das wirkt schon ziemlich kriminell in der Akte über die »Wohnung«.

Für die zuständigen Stasi-Mitarbeiter in der Kreisdienststelle war es daher eine glückliche Fügung, als einer der Nachbarn die Volkspolizei anrief. Endlich eine Gelegenheit, *die feindlich-negative Konzentration Jugendlicher in der Gartenstraße* 7 genauer zu betrachten.

Eine willkommene Unterstützung für das harte Vorgehen waren zudem die vorliegenden Aussagen von Nachbarn, die als Zeugen von der Volkspolizei befragt wurden und dabei ganz anderes zu Protokoll gaben, als sie gegenüber Nobi und Tarzan gesagt hatten.

Sie hätten sich nicht nur durch den Lärm gestört gefühlt, sondern bezeichneten *das Handeln der Volkspolizei als richtig und längst überfällig. Wir waren froh darüber, daß endlich einmal Ordnung geschaffen wurde! Wir begrüßen diese Maßnahme. Diese überlaute Beatmusik, das ging über jegliche Grenzen des Anstandes hinaus. Ich sehe es als eine Pflicht der Volkspolizei an, solchen Personen in entsprechender Weise zu begegnen. Anfangs wurde die Wohnung ordentlich renoviert, dann mußte ich feststellen, daß an die Wände Plakate verschiedenster Art befestigt wurden. Es kam öfters vor, daß Besuch kam, weiblich und männlich und alle auf Matratzen kampierten. Von Seiten der Volkspolizei sollte des öfteren auf diese Wohnung geachtet werden.*

Die Identifizierung der *Gruppierung Gartenstraße,* die Befragungen und Verhöre der Festgenommenen brachten den Vernehmern aufschlussreiche neue Erkenntnisse und führten zu einer Kriminalisierung und Einschüchterung der Gruppe.

Blase wird als Einziger entlassen, darf nach Jena zurück. Dort erfährt er den Termin seiner Gerichtsverhandlung nur wenige Stunden vorher. Die ist in Gera, für ihn nicht mehr zu schaffen. So wird er in Abwesenheit verurteilt, auf Bewährung und Geldstrafe in Höhe eines ganzen Monatslohns. Außerdem wird sein Ausweis eingezogen, er bekommt für eine Weile den gefürchteten Ersatzausweis PM 12, der seine Bewegungsfreiheit einschränkt, etwa Reisen nach Berlin oder Polen unmöglich macht, mit dem er bei Kontrollen sofort verdächtig ist und in der Regel erstmal mit aufs Revier muss.

Die vier anderen Verhafteten trifft es wesentlich härter. Sie werden vom Landgericht Gera binnen zehn Tagen im Schnellverfahren zu Gefängnisstrafen bis zu einem Jahr verurteilt. Maria bekommt neun Monate, Speiche ein Jahr, weil er eine Anzeige gegen die Volkspolizei gewagt hat.

Nur zufällig, durch eine Bekannte seiner Mutter, die am Gericht in Gera als Sekretärin arbeitet, erfährt Tarzan von Marias Termin der Gerichtsverhandlung. Daraufhin setzen sich zwei Dutzend Freunde Richtung Gera in Bewegung, doch niemand kommt rein, es heißt, leider seien alle Plätze im Saal bereits besetzt. Die Hoffnung, seine Freundin wenigstens zu sehen, muss Tarzan für längere Zeit begraben.

Maria verbringt ihren 19. Geburtstag im Gefängnis. Mit ihr leben acht Frauen in der mit vier Doppelstockbetten, einem Waschbecken und einer offenen Toilette ausgestatteten Zelle. Zur Arbeit in einer Geraer Wäscherei wird sie in eine Art Sträflingskleidung gesteckt und mit einem Gefängnisbus täglich mit anderen Insassinnen an einer Straßenbaustelle vorbeigefahren. Bauarbeiter und Passanten glotzen nach den

Frauen, einige machen beleidigende oder anzügliche Bemerkungen. Maria empfindet es als erniedrigend, so zur Schau gestellt zu werden.

Eine der Aufseherinnen bekommt das mit und macht sie zu ihrer Helferin, zum Kalfaktor. Die blonde Frau Leutnant lässt Maria eine Schürze nähen mit einem großen roten Herz auf der Brust, zwei Herzen als Taschen und roten Schleifen. Sie möchte, dass sich Maria Zöpfe flicht, sie mit Schleifen versieht. So soll die schlanke junge Frau den ganzen Tag vor aller Augen herumlaufen. In einem speziellen Raum darf Schleifchen-Maria fortan für die Kinder der Republik kleine Gummi-Indianer von Hand bemalen. Selbst beim Freigang im Hof soll sie für Frau Leutnant so herumlaufen.

Maria findet es schrecklich und legt, sooft sie es kann, die Kostümierung ab. Doch Frau Leutnant guckt dann enttäuscht: Wo ist denn die schöne Schürze?

In der Wäsche, sagt Maria, aber Frau Leutnant ist dann nicht mehr gut gelaunt.

Die Frauen in der Zelle munkeln über die lesbische Wärterin und tratschen über einen Leutnant im Männertrakt, der es nachts mit seiner Lieblingsgefangenen treiben soll.

Frau Leutnant versucht es noch einmal mit Maria und holt sie in ihr Dienstzimmer.

So, jetzt erzählen Sie mir doch mal, was damals wirklich gewesen ist.

Das Gerücht, das im Gefängnis kursiert, lautet, Maria habe einen Polizisten verprügelt. Maria erzählt, wie es war.

Frau Leutnant hört zu und schaut sie groß an: *Das stimmt doch alles nicht, Sie lügen, sonst wären Sie nicht hier!*

Ab da ist es aus zwischen ihr und Frau Leutnant. Als Marias Mutter zum *Sprecher* kommt, erfährt Frau Leutnant, dass sie Lehrerin ist.

Was? Sie sind Lehrerin? Wenn meine Kinder bei Ihnen im Unterricht wären, da würde ich ja bis zum Staatsrat gehen, dass Sie nicht mehr unterrichten dürfen.

Maria verliert ihre Sonderrolle und muss in der Küche arbeiten. Vier Uhr morgens aufstehen, Frühstück vorbereiten, Mittagessen, aufräumen. In der Brotkammer entdeckt sie unter dem Brotregal ein Loch zum Nachbarraum, der Schlosserei. Dort arbeitet ein Mitgefangener,

Tarzans ebenfalls inhaftierter Bruder Achim. Fortan stecken sich die beiden Zettel zu, bis sie jemand verpfeift. Maria muss zum Verhör, das Loch wird mit Beton verschlossen.

Wenn die Verhaftungen, Gefängnisstrafen und Gewalt Einschüchterung und Stillhalten bewirken sollten, so erreichten sie das Gegenteil: Der Zusammenhalt und die Vernetzung in der Szene wurden stärker als je zuvor. Von Freunden aus der gesamten DDR kamen Geldspenden für die Inhaftierten aus der Gartenstraße, am Ende mehr als 5000 Mark, auch für die Kosten der Anwälte, die doch nichts bewirkten.

Die Idee, eine gemeinsame Aktion zur finanziellen Unterstützung der Freunde aus Jena zu starten, hat Gudrun. Sie arbeitet als Sekretärin im VEB Forstwirtschaft und organisiert einen sonntäglichen Arbeitseinsatz der vorgeblichen FDJ-Brigade Jahn, bei dem alle Freunde Weidenruten für eine Korbflechterei schneiden sollen. Es wird ein Riesenerfolg. An der Aktion in Dornburg an der Saale beteiligen sich mehrere Dutzend Freunde – viele aus der Jungen Gemeinde Jena-Stadtmitte, auch Matz und Blase. Mit mächtigen Gartenscheren gehen sie ans Werk und schneiden die Ruten. Es macht Spaß und schmiedet die Gruppe zusammen, der Erlös kommt denen zugute, die im Gefängnis sitzen.

Marias Freund Tarzan glaubt derweil immer noch an Gerechtigkeit und versucht ein Letztes. Er will nach Berlin. Sein Gedanke: Wenn wir in Gera und Jena nicht weiterkommen, müssen wir es ganz oben versuchen, in der Hauptstadt. Da gibt es doch Friedrich Karl Kaul, diesen bekannten Anwalt aus dem Fernsehen. Außerdem soll es beim Staatsrat der DDR eine Sprechstunde für Bürger geben. Mit Nobi setzt er sich in den Zug.

Tatsächlich gibt es im Staatsratsgebäude einen Raum für *Bürger mit Anliegen*. Hier müssen sie warten. Ein Sachbearbeiter hört sich alles an und verspricht: Wir werden das alles prüfen, Sie werden von uns hören.

In der Praxis von Kaul dauert das Gespräch über eine Stunde. Der alte Herr ist verwundert, dass so viele Leute bei der Verlobungsfeier waren, zu seinem 50. Geburtstag seien es nur 25 gewesen. Tarzan und Nobi berichten alle Details und verlangen eine Gegenüberstellung zwischen Gästen und Polizisten.

Wir werden das klären. Ich werde mich darum kümmern, verspricht Kaul. Wir wollen, dass es so etwas wie Gerechtigkeit gibt, hoffen die Freunde.

Aber sie hören nie mehr etwas, weder von Kaul noch vom Staatsrat. Das liegt an einem Brief, der ihnen verborgen bleibt. Generalmajor Ewald Eichhorn, Stellvertreter des Innenministers der DDR, macht Kaul darin klar, dass die Schlagstockanwendung absolut gerechtfertigt war. Wegen *grober Mißachtung der gesetzlichen Bestimmungen, aktivem Widerstand und staatsverleumderischen Äußerungen.*

Auch Marcella ist zu ihrem Vater Reiner Kunze gefahren und hat ihm alles geschildert. Der Schriftsteller redet mit Schriftstellerfreunden, SED-Genossen und anderen in Berlin, spricht auch davon, etwas zu veröffentlichen, womöglich in seinem gerade entstehenden Buch »Die wunderbaren Jahre«. Das Manuskript kann er heimlich in den Westen bringen, wo es 1976, ein Jahr nach dem Überfall, veröffentlicht wird. Durch Marcella versteht er, dass all die Leute um die Jenaer Gartenstraße genau die von ihm geschilderten jungen Menschen sind, die mitten in ihren *wunderbaren Jahren* einfach sie selbst sein wollen, ohne ständig gegängelt zu werden.

Achim wird auf Bewährung freigelassen. Auch Maria muss ihre Strafe plötzlich nur zur Hälfte absitzen. Ohne Begründung wird sie nach fünf Monaten *aus übergeordnetem Interesse* entlassen. Weil man niemanden benachrichtigt hat, wird sie nicht abgeholt. Maria fährt allein mit dem Zug nach Jena, und plötzlich steht sie wieder im Hof der Gartenstraße 7.

Überraschung! Das wird gefeiert, auch wenn Speiche und Schmidtchen erst im September freikommen.

Im Juli 1975 ziehen Maria und die Bewohner der Gartenstraße mit Kommunisten-Bernd, Heppe und Familie Leibner in großer Gruppe vorbei an der erstaunten Landbevölkerung der Mecklenburgischen Seenplatte – mit Rucksäcken, Zelten und Campingutensilien auf Handkarren von Dorf zu Dorf. Eine wild aussehende Truppe, Tarzan in Niethosen, oft *barfuß und mit freiem Oberkörper* ... Abends feiern sie ihre zurückgewonnene Freiheit an diesem oder jenem Seeufer, baden nackt und machen Musik am Lagerfeuer.

Matz öffnet die Augen und blickt auf. Wo bin ich? Er hört, wie jemand spricht: *Der lebendige Atem der sozialistischen Revolution ist in unserem Land zu spüren. Unter Führung der Partei setzen wir die Generallinie zum Wohle des Volkes* ...

Erich Honecker in dem Fernseher auf einem Aktenschrank in Jüterbog, in diesem trostlosen Raum der Transportpolizei, wo sie schweigen sollen. Matz könnte schreien.

Plötzlich fliegt die Tür auf, zwei Transportpolizisten stehen im Rahmen: Domaschk! Rösch! Aufstehen, mitkommen!

Freitag, 21.45 Uhr – MfS-Kreisdienststelle Jena

Würbach hat in der vergangenen Stunde ununterbrochen telefoniert und sich mit dem Einsatzstab in Gera, der Führungsgruppe der Deutschen Volkspolizei und mit der Transportpolizei Potsdam verständigt. Der wie überall zur Absicherung des X. SED-Parteitages auch in der MfS-Bezirksverwaltung Potsdam gebildete *Operative Einsatzstab* ist ebenfalls alarmiert. Würbach muss jetzt klären, wie Rösch und Domaschk nach der *Entnahme* aus dem Zug mit anschließender *Festsetzung* in Jüterbog zu behandeln sind.

Für die Staatssicherheit besteht die einmalige Chance, Rösch und Domaschk endlich einmal genauer in Augenschein zu nehmen. Domaschk ist seit der Sache mit Biermann vor fünf Jahren nicht mehr vernommen worden. Inoffizielle Mitarbeiter aus dem Freundeskreis haben zwar regelmäßig über die beiden und ihre Freunde berichtet, aber nun könnte man ganz direkt mit ihnen sprechen. Die vorliegenden inoffiziellen Informationen sind zwar wertvoll, aber sie allein nützen nichts. Für ein Ermittlungsverfahren reichen die nicht. Wenn wir sie verwenden, könnte das unter Umständen unsere Quellen verraten. So ist das eigentlich in allen Fällen. Erst eine Befragung oder Vernehmung macht unsere

Erkenntnisse offiziell und damit auch in einem Strafprozess nutzbar. Rösch, das hat Genosse Köhler im Vorgang »Qualle« auf den Punkt gebracht, ist eine *feindlich eingestellte Person, die legale kirchliche Strukturen unterwandert und unter dem Deckmantel kirchlicher Jugendarbeit die Veränderung der gesellschaftlichen Verhältnisse betreibt, die negativ-dekadente Personen unter Anwendung konspirativer Mittel und Methoden um sich sammelt und Verbindungsstrukturen schafft und somit einen potentiellen feindlichen Machtfaktor darstellt.*

Domaschk sympathisiert mit *anarchistisch-terroristischem Gedankengut.* Das ist in der Bezirksverwaltung wie in der Kreisdienststelle durch Abhörmaßnahmen, seine Kontakte zu RAF-Sympathisanten in West-Berlin und gleichgesinnten Kräften in Leipzig, Karl-Marx-Stadt, Halle, Zeitz und Weimar bekannt. Schon im April des letzten Jahres hatte Oberst Weigelt die Kreisdienststelle Jena und insbesondere Köhler aufgefordert, die Bearbeitung des harten Kerns um die Junge Gemeinde und das Duo Rösch/Domaschk zu intensivieren. Bindeglied zwischen Gera und Jena ist Hauptmann Artur Hermann vom Referat XX/4. Die Ziele dabei sind: *gesellschaftswirksame Zurückdrängung, Einschränkungen und differenzierte Verunsicherung.*

Noch etwas anderes interessiert das MfS. Rösch und Domaschk sind vor einem halben Jahr gemeinsam in Polen gewesen, um dort *die Rückverbindung zu den aus Jena entfernten Freunden zu intensivieren.* Es gab ein großes Treffen in der Nähe von Gdańsk mit den *Rädelsführern der feindlich-negativen Personen* um Thomas Auerbach, den ehemaligen Leiter der Offenen Jugendarbeit in der Jungen Gemeinde Stadtmitte. Fast alle, die 1977 nach knapp einem Jahr Untersuchungshaft ausgereist sind, geben selbst in West-Berlin keine Ruhe. Sie mischen sich trotz Einreiseverbots in die DDR mit Telefonaten, Briefen und Treffen in der ČSSR oder Polen ein, *um den Jenaer Untergrund wiederzubeleben und die Junge Gemeinde Stadtmitte erneut zum Sammelpunkt gegnerischer Kräfte zu machen. Nach der Ausweisung des Konterrevolutionärs Wolf Biermann hatten sie von der Kreisdienststelle aus Maßnahmen zur Verunsicherung und Zersetzung eingeleitet und diesen Personenkreis für einen längeren Zeitraum paralysiert. Jetzt muß einer Konsolidierung der verbliebenen und neu dazustoßenden feindlichen Kräfte in Jena Einhalt geboten werden.*

Damals dachten wir, diesen Untergrund gründlich zerschlagen zu haben, aber jetzt, fünf Jahre später, geht das schon wieder los! In den übergeordneten Dienststellen in Gera und Berlin sind einige stinksauer. Ihr müsst das in Jena endlich in den Griff bekommen, heißt es auf Dienstkonferenzen immer wieder. Diese Entwicklung freut uns doch selbst nicht.

Über das Treffen in Polen liegt bisher nur ein einziger magerer IM-Bericht vor: *Auf einer Halbinsel Richtung Masuren trafen sie sich mit Bürgern der BRD, von einem ist nur der Spitzname Tommy bekannt. Zum Personenkreis um Tommy, der diese Halbinsel angeblich für 200 Mark BRD-Währung gemietet hatte, konnte nichts in Erfahrung gebracht werden, also wer und wieviel Personen aus der BRD ...*

Da lässt sich jetzt bestimmt mehr rausholen. Auf jeden Fall kann die aktuelle Situation für eine Befragung genutzt werden, in der die beiden entweder weitere Informationen preisgeben oder sich selbst oder andere belasten – und vielleicht lässt sich einer von denen sogar auf einen Kontakt zum MfS ein. So oder so – die beiden sind ein guter Fang.

Köhler verfügt über genügend Material in den Akten. Er soll die Befragung vorbereiten, damit die Verhörspezialisten der Abteilung IX die beiden so richtig in die Mangel nehmen können. Gleich morgen früh wollen die Vernehmer aus Gera zu uns kommen, dann werden wir Rösch und Domaschk im Volkspolizeikreisamt oder in unserer Kreisdienststelle befragen, hier in Jena.

Das Telefon klingelt, am Apparat ist Genosse Wrobel von der Untersuchungsabteilung IX in Potsdam. Er verspricht, sich noch in der Nacht um die Personen in Jüterbog zu kümmern und zwei seiner Mitarbeiter von Potsdam aus loszuschicken. Diesen beiden Vernehmern gibt Jena noch eine genaue Anweisung mit auf den Weg:

Konkrete Befragung sichern, erfragen, welches Ziel, wo sind weitere Personen? Rösch hat Köfferchen, genau prüfen. Nicht eher entlassen, bis Aussage, dann Rückführung. Im Volkspolizeikreisamt Jena nicht eher entlassen bis Kreisdienststelle Zustimmung gegeben.

Bis zur Befragung der beiden in Jüterbog bittet Wrobel um etwas Geduld: Ehe wir dort sind, brauchen wir noch ein gutes Stündchen.

Freitag, 22.15 Uhr – Bahnhof Jüterbog, Diensträume der Trapo

Nachdem alle Personalien von Matz und Blase aufgenommen sind, folgt die erste Befragung durch die Trapo.

Na, dann zeigen Sie doch mal Ihre Fahrkarte!

Blase kramt seine hervor: *Hier! Bitte! Sogar mit Reservierung!*

Nach Berlin wollen Sie fahren? Was ist denn dort Ihr Ziel?

Das geht Sie überhaupt nichts an!

Woher kennen Sie denn die beiden Frauen, die hier mit Ihnen sind?

Blase schweigt.

Und Ihr Freund?

Matz schweigt.

Sie verweigern die Aussage?

Blase ist genervt: *Ja, ich verweigere die Aussage.*

Matz schließt sich dem an. Beide verweigern jede weitere Aussage. Wozu auch? Was soll das? Sie haben eine Fahrkarte und wollen nach Berlin. Was ist daran falsch?

Die beiden Transportpolizisten geben auf, sie wissen sowieso nicht, worum es geht, und: Bald kommt Verstärkung vom MfS Potsdam. Matz und Blase sollen weiter warten. Aber sie können es ja mal mit den beiden jungen Frauen versuchen, getrennt von den Männern.

Eva und Sylvi sind beide im ersten Lehrjahr bei Zeiss, sie wohnen im Wohnheim und bekommen jährlich zehn Freifahrkarten für die Heimreise.

Eva denkt schon die ganze Zeit: Hoffentlich merken sie das mit der Fahrkarte nicht …

Sie hat anstelle ihres Elternwohnortes in Thüringen einfach Rostock auf den Abschnitt eingetragen, denn von da will sie mit ihrer Freundin zur Verlobungsfeier nach Kavelstorf. Das mit der gefälschten Fahrkarte machen schließlich alle, etwa wenn es zum Blueskonzert nach Bad Berka oder Mühlhausen geht.

Aber die Fahrkarte interessiert nicht.

Ihren Ausweis!

Eva hat keinen Ausweis, sondern zückt ein Papier, auf dem steht:

Vorläufiger Personalausweis für eingezogenen PA für Bürger der DDR. Ein PM 12.

Na, so eine sind Sie! Da haben wir ja die Richtige mitgenommen!

Eva verzieht das Gesicht und ist stinksauer. Sie äfft den Trapo-Mann nach: *Na, so eine sind Sie … Was für einer sind Sie denn? Mann, ich hab meinen richtigen Ausweis verloren und dieses Ding dafür bekommen.*

Werdensemalnichfrech! Dürfen Sie damit überhaupt Jena verlassen?

Ich bin mit meiner Freundin unterwegs nach Kavelstorf zur Verlobung ihrer Schwester. Wir hatten heute bis 14 Uhr Schule und das Wochenende frei.

Es reicht dem Trapo-Mann. Befragung erledigt.

Inzwischen geht es auf Mitternacht zu. Blase und Matz ist klar, dass sie es vor dem Morgengrauen nicht zur Geburtstagsfete schaffen werden. Warum der Schnellzug gestoppt und sie gezielt herausgeholt wurden, ist ihnen unklar. Was kann gegen sie vorliegen? Beide grübeln und schlürfen am heißen Kaffee, den sie von einem älteren Transportpolizisten bekommen haben.

Vor ein paar Wochen waren sie gemeinsam in Saalfeld, bei der Jungen Gemeinde. Ob es damit zu tun hat? Das Thema hatten sie gründlich vorbereitet: Faschismus in Deutschland. Blase hielt ein richtiges Referat. Der Aufstieg Hitlers, die brutale Unterdrückung politischer Gegner, die Vernichtung der Juden, die Nachkriegszeit, in der es urplötzlich keine Nazis mehr gab.

Matz erzählte von seinem Besuch in Auschwitz während einer Tramptour durch Polen und was daran anders war als beim Besuch in Buchenwald mit der Schule.

In Buchenwald ging es vor allem um die Aufnahme in die FDJ, der sich keiner entziehen sollte. Mit dem Zug von Jena aus hin, alle achten Klassen, Lehrer und Jugendstundenleiter, denn gleichzeitig wurde die Jugendweihe vorbereitet. Am Bahnhof stand ein Bus bereit, damit ging es rauf auf den Ettersberg. Erst wurden die Genickschussanlage und das Krematorium besichtigt, anschließend ausführlich über die Helden des antifaschistischen Widerstandskampfes wie Theodor Neubauer, den Namensgeber seiner Schule, und die Ermordung des Kommunisten Ernst Thälmann referiert. Schließlich kam der Redner auf den wieder entstandenen *Faschismus und Militarismus in der BRD* zu sprechen, *damit euch allen deutlich wird, wie hinterhältig und grausam unsere Feinde, die Herren des Großkapitals und die Henker, waren und sind.* Der FDJ-Referent erwähnte mit keinem Wort den Holocaust. Ermordete Juden waren ihm nur eine Randbemerkung wert. Am Ende ging es um die *Zehn Gebote der sozialistischen Moral.* Fahnen flatterten, ernste Mienen bei den Erwachsenen. Vorn wurde jedes Gebot einzeln vorgelesen, die Schüler, fast alle im blauen FDJ-Hemd, mussten immer wieder sagen: *Ja, das geloben wir.* Schnell gesprochen klang es wie: Das glooben wir.

Du sollst gute Taten für den Sozialismus vollbringen, denn der Sozialismus führt zu einem besseren Leben für alle Werktätigen. Ja, das geloben wir.

Einmal wiederholten sie ihr Gelöbnis ein wenig zu leise oder zu undeutlich, woraufhin der Jugendfreund vor ihnen ungehalten wurde und WIEDERHOLEN! brüllte.

Wie anders war es im Konzentrationslager Auschwitz gewesen, als Matz und Ekki auf ihrer zweiten großen Tramptour durch Polen dort von Krakau aus spät in der Nacht ankamen. Morgens bemerkten sie an den vorbeiziehenden frühen Besuchern, dass sie ihr Zelt im Dunkeln versehentlich auf der Wiese viel zu nahe am Eingangstor aufgestellt hatten.

Sie bauten das Zelt ab, versteckten ihre Sachen, gingen durch das Tor mit dem zynischen Schriftzug »Arbeit macht frei«. Den ganzen Tag liefen Matz und Ekki über das Gelände. Die Stehzellen, die Hungerzellen, der Exekutionshof, die Lagerbaracken von Birkenau, die Rampe zu den Gaskammern, die Leichenkarren, die Koffer, die Haare, die Brillen. Was konnten Menschen anderen Menschen nur antun! Eine Million Tote. So viele Schicksale von Juden, über die er in der DDR kaum etwas erfuhr. Dabei hatten sie schon 1974 in der Jungen Gemeinde über die Verwüstung des Jüdischen Friedhofs in Gotha gesprochen. Umgeschmissene, zerbrochene Grabsteine und Hakenkreuze. Wie konnte so etwas in der DDR passieren?

Aber Matz und Blase wurden vor ein paar Monaten, als sie in Apolda zu Besuch bei Freunden waren, selbst von kurzgeschorenen rechten Jugendlichen abends in der Stadt bedroht. Blase mit seinem Wuschelkopf, Matz mit seinen schulterlangen Haaren. Gammlerpack! Beleidigungen,

Wortwechsel. Sie mussten weglaufen. Die anderen, in der Überzahl, verfolgten sie durch ein paar Straßen. Passanten blieben stehen und glotzten nur.

Nachdem sie Auschwitz besucht hatten, trampten Ekki und Matz weiter Richtung Norden nach Masuren, um dort die Leute aus der Gartenstraße zu treffen. Noch in Jena hatten sie die Wolfsschanze als Treffpunkt ausgemacht, das Lagezentrum des Führungsstabes der deutschen Wehrmacht und eines von Hitlers »Führerhauptquartieren« während des Zweiten Weltkriegs.

Sie stießen dort zu Tarzan, Maria, Heppe, Andreas und Otto. Hier erst erfuhr Matz, dass Hitler sich seit 1941 jahrelang nur noch an diesem Ort aufgehalten hatte, bis er wenige Monate vor Kriegsende nach Berlin zurückkehrte. Was für ein Gegensatz zu Auschwitz!

Von hier aus ergingen die Mordbefehle im Feldzug gegen den Osten. Matz sah sich besonders lange die Überreste der Baracke an, in der am 20. Juli 1944 das Attentat auf Hitler scheiterte. Er kletterte mit den anderen über ungeheuer dicke Betondecken ehemaliger Bunker, die durch die Sprengungen beim Verlassen der riesigen Anlage in sich zusammengesackt waren.

Monströse Monumente der Gewalt. Eine erschreckende Hinterlassenschaft Deutschlands in Polen, die noch lange als unverwüstliche Spur der Geschichte existieren würde.

Abends auf dem Zeltplatz saßen sie zusammen, redeten nur wenig und schwiegen lange.

Im Dienstraum der Trapo Jüterbog wird das Schweigen der Versammelten ab und zu unterbrochen vom Telefonklingeln in einem Nebenzimmer. Was da geredet wird, ist nicht zu verstehen, sosehr sich Matz und Blase auch bemühen. Einzelne Worte vielleicht: *überprüfen ... Fahrtstrecke ... Leitstelle ... Einsatzstab.*

Was braut sich da bloß zusammen?

Freitag, 23.45 Uhr – MfS-Kreisdienststelle Jena

Alles klar. Würbach weiß jetzt Bescheid. Es gab eine Fehlmeldung zwischen Volkspolizei und *Operativem Einsatzstab,* dass in Jüterbog sechs Personen aus dem Zug geholt worden seien.

Die MfS-Kreisdienststelle in Potsdam hat es noch einmal überprüft und Oberleutnant Rössel in Jena darüber verständigt. Chaos beseitigt. Rösch und Domaschk und zwei Frauen. Diese vier sind festgesetzt, mehr nicht.

Rössel wiederum informiert die Bezirksverwaltung über den Einsatzstab in Gera, der sich seinerseits bei der Transportpolizei in Jüterbog und Saalfeld sowie dem Einsatzstab in Potsdam nach dem Stand der Befragung und der Kontrolle der *Behältnisse* erkundigt.

Das Telefon im Dienstraum der Trapo in Jüterbog klingelt in diesen Stunden immer wieder, denn auch VP-Oberleutnant Baumgarten in Jena erkundigt sich mehrfach nach dem Stand der Dinge: *Fragt die Frauen, welche weiteren Fahrgäste sie im Zug gesehen haben und identifizieren können!*

Die Aufregung ist groß. Zwei Staatsfeinde, bereits unterwegs in die Hauptstadt während des X. Parteitages, konnten gerade noch gestoppt werden. Hin und her wird telefoniert, Fernschreiben werden ratternd verschickt, Eilmeldungen abgesetzt, die Entwicklung protokolliert. Zwischen Saalfeld, Jena, Gera, Potsdam, Berlin und Jüterbog will man die Lage wieder in den Griff bekommen.

Würbach blättert in Akten, Köhler blättert in Akten, in Gera und Halle wühlen sie sich durch Akten. In einem Abhörprotokoll ist eine Stelle über Domaschk dick angestrichen.

Vor einem guten halben Jahr war Matz zu Besuch bei Maria und Tarzan. Die Kreisdienststelle und das Wohnungsamt hatten Hand in Hand gearbeitet und den Bewohnern der zunehmend baufälligen Gartenstraße 7 eine Neubauwohnung im elften Stock der Wilhelm-Pieck-Straße 1 vermittelt, nachdem diese zum 1. Mai einen provokanten Zettel in ihr Fenster zur Straße hin geklebt hatten: *Bieten feuchte Altbauwohnung mit Toilette über den Hof. Suchen trockene Dreizimmerwohnung mit Innentoilette.*

Der Einzug verzögerte sich, weil der Geheimdienst vorher noch eine Abhöranlage einbauen wollte. Allein zu diesem Zweck hatten sie die Wohnung mit Bad und Innentoilette angeboten. Monatelang zeichneten sie daraufhin alle Gespräche auf und gaben die wichtigsten Inhalte als Protokolle zu den Akten.

An jenem Sommerabend 1980 erzählte Matz von seinen Besuchen bei Freunden in Zeitz. Mit einer Mischung aus Erstaunen und Begeisterung berichtete *Domaschk von den Dingern, die Fidel und Hubert da abgedrückt haben. Die wollten sich bewaffnen und wollten in Zeitz so ein Bullenrevier, das VPKA stürmen. Das war schon so weit, daß sie Russen-Lkw angehalten haben und denen wollten sie die Knarren entreißen und dann einen Aufstand machen, so haben sie sich das vorgestellt.*

Diese Begeisterung von Matz ist in der Akte markiert.

Fidel und Hubert gehören zu den engsten Freunden von Matz in Zeitz. Mit ihnen verbringt er in letzter Zeit häufig die Wochenenden. Hubert – das weiß die Stasi ebenfalls – arbeitet in der Propangasabfüllung und ist schon bei Saalprügeleien aufgefallen. In den Akten passt das Interesse von Domaschk an solchen Personen und Geschichten zu vielen anderen Erkenntnissen. Etwa zu seinen Kontakten nach Leipzig und Weimar. In Leipzig sind es Peter und dessen *konspirative Gruppe mit staatsfeindlichen Zielen und Beziehungen zu Personen mit gemeinsamen anarchistisch-terroristischen Anschauungen in der DDR und Westberlin.*

Dieser Peter, ein guter Bekannter und häufiger Besucher von Domaschk in Jena, *teilt die Ansichten der RAF (Rote Armee Fraktion)* und hat *in seiner konspirativen Gruppe zum Ausdruck gebracht, daß man zu bewaffneten Aktionen, Sabotage- und Terrorakten schreiten müßte, als legitime Mittel zum Kampf gegen die DDR. Peter fertigte auch eine Schreibmaschinenabschrift des Buches »Stadtguerilla« an, die er verbreitete.*

Im Übrigen ist Peter als brutal einzuschätzen, er bezeichnet sich nicht nur als Sympathisanten der Baader-Meinhof-Gruppe, sondern verbreitet unter seinen Freunden die Auffassung, das System in der DDR würde sich bald ändern, und sei es mit Gewalt. Er habe auch an den Ausschreitungen zum Nationalfeiertag der DDR auf dem Alexanderplatz teilgenommen. Diese Einschätzung ihrer Leipziger Genossen teilen die zuständigen Offiziere in Gera, Leipzig und Jena in ihren

Akten. Daraus entwickeln sie *Annahmen und Versionen möglicher gegen die DDR gerichteter Straftaten,* die von Leuten wie dem Leipziger Peter und seinem Freund Domaschk ausgehen könnten. Einmal haben sich die Mitarbeiter in einer Kneipe an den Tisch von Peter gesetzt, ihn direkt angesprochen und spöttisch gefragt: Na, Sie sind doch der Kurier zu Domaschk. Wie war's denn in Jena?

Nur hatte das nicht die erhoffte Wirkung auf ihn und seine *Viererbande,* wie die Leipziger Bezirksverwaltung Peters Gruppe nennt.

Für die Mitarbeiter des MfS in Gera, Jena, Halle oder Weimar ist Terrorismus in diesen Tagen keine Spekulation oder theoretische Rechtfertigung für ihre hoch bezahlte Arbeit, sondern Realität. Vor ein paar Wochen erst gab es in Gera und Jena deswegen eine Kaderschulung zum Thema *Terrorismus, Geiselnahme, Anschlag.*

Kürzlich wollten Wehrpflichtige einen Panzer unter ihre Kontrolle bringen, um einen *Grenzdurchbruch* zu realisieren. Und vor genau einem Jahr, am 9. März 1980, gab es in Karl-Marx-Stadt einen Bombenanschlag auf einen sowjetischen T34-Panzer, der als *Denkmal für die Befreiungstaten der Roten Armee* auf einem Sockel steht. Einige Glieder aus der Panzerkette wurden fünfzig Meter weit auf ein Grundstück der Volkspolizei geschleudert, Fensterscheiben gingen zu Bruch. Zum Glück erfolgte der Anschlag am späten Sonntagabend im Schneetreiben, als keine Menschen in der Nähe waren. Die beiden Täter konnten gefasst werden, sie besaßen Pistolen, Munition und acht selbstgebaute Handgranaten.

In der MfS-Objektdienststelle von Carl Zeiss haben sie *vier Personen in Haft gebracht wegen des Besitzes von Waffen, Spreng- und Nebelmittel.* Sie waren drauf und dran, *eine Flugzeugentführung mit Geiselnahme im Inlandverkehr zu realisieren und die Finanzierung durch Überfälle auf Banken sicherzustellen.*

Vor vier Wochen erst hatte der Offizier vom Dienst in der Kreisdienststelle einen Anrufer am Apparat, der damit drohte, das Heizkraftwerk in Winzerla in die Luft zu jagen, im Namen der Gruppe *Die Plattform* – dann legte er auf.

In Arnstadt zieht eine Gruppe junger Leute die Aufmerksamkeit des MfS auf sich, die unter dem Namen *Anarchistische Aktion Arnstadt* den

Grundgedanken der Anarchie vertritt: da gibt es kein oben und unten. Sie begrüßen sich bei ihren Treffen mit *Rot Front* und schwärmen *von einem, der zum Friedensforum nach Dresden fahren wollte mit einem Bolzenschußgerät. So muß man drauf sein!*

Sie reden sich die Köpfe über alle möglichen Anschläge heiß und äußern für die Mitarbeiter der Abhörabteilung erschreckende Pläne, ob ernst gemeint oder nicht: *Wir könnten einfach das Trinkwasser der Stasi vergiften, wir könnten mal einen Armeegeneral entführen, man bräuchte eine leise, tödliche Waffe, ich könnte im Regierungskrankenhaus als Pfleger anheuern und dann Funktionäre mit Insulin umbringen, wir brauchen Leute, die Fluchtfahrzeuge fahren können, selbstgemachter Sprengstoff ist erst der Anfang: Kalk, Holzkohle, Schwarzpulver, Schwefel. Ein Feuerlöscher voll damit richtig platziert, und der Palast der Republik fliegt in die Luft …*

Die Kreisdienststelle hört alles mit. Vielleicht nur Jugendliche, die sich ihren Fantasien hingeben, vielleicht schmieden sie aber auch schon Umsetzungspläne? Wer weiß.

In den Köpfen der MfS-Mitarbeiter in Erfurt, Weimar, Jena, Gera und Halle gibt es ein Schreckensszenario, von dem niemand außerhalb etwas ahnt. Kein Wort über die Existenz terroristischer Pläne, Sympathien oder vollendete Aktionen dringt in die Öffentlichkeit, und wenn etwas vor Zeugen passiert, dann wird das Vorkommnis so gut es geht vertuscht.

Dabei gibt es tatsächlich etliche terroristische Vorkommnisse.

Doch mangels offener Information glauben die Einwohner von Weimar noch Jahre später an ein Unglück durch eine Propangasflasche, als beim Zwiebelmarkt 1979 unmittelbar neben einem Marktstand mit starkem Knall und Feuerblitz eine Rohrbombe per Zeitzünder explodierte. Dabei steckte eine konspirativ arbeitende Gruppe junger Leute dahinter, die zahlreiche Bomben herstellten und ausprobierten. Sie hantierten und übten mit selbstgebauten Pistolen, Handgranaten und speziellen Messern. Einer aus der Gruppe schrieb in sein Tagebuch: *Früher wollte ich in den Westen, das will ich jetzt nicht mehr. Heute sage ich mir, daß es auch welche im Hinterland geben muß, die kämpfen werden.*

Der Anschlag während des Zwiebelmarkts, mitten in der Stadt, sollte erst *der Anfang einer Serie von Explosionen sein.* Die Bombenleger *wollten durch Aktionen in vielen Orten der DDR die Bevölkerung aufrütteln, aufmerksam machen, daß es Leute gibt, die etwas gegen die DDR tun.*

Schlimmer noch ist der Zufallsfund im Gepäckschließfach 38 im Hauptbahnhof von Weimar, der bei einer Routinekontrolle durch die Trapo erst unmittelbar vor der Explosion entdeckt worden ist. Die Wirkung wäre in dem belebten Bahnhof verheerend gewesen. In einem Metallrohr befanden sich Schwarzpulver, Patronen sowjetischer Schusswaffen, dazu ein hochexplosives Gemisch aus Natriumchlorat und Zucker. Ausprobiert hatten die jugendlichen Täter ihre selbstgebauten Bomben bereits in Gebäuden und Scheunen, die sie mit ihren Mopeds in der Umgebung von Erfurt ausfindig gemacht hatten. Fast ein Dutzend Objekte zwischen Nohra, Ollendorf, Vieselbach, Eckstedt und Großmölsen brannten vollständig ab, ohne dass man ihnen auf die Spur kam. Zündpulver und Munition stammten aus einer sowjetischen Kaserne in Weimar. Dort hatten sich die 18-jährigen Bombenleger eine Panzerabwehrrakete und Munition organisiert. Für Alkohol und Zigaretten ließen sich ganze Patronengürtel eintauschen. Später fand das MfS bei einer Hausdurchsuchung unter dem Bett eines Beteiligten in Weimar sogar eine kleine Panzerfaust.

Jemand im Weimarer Bekanntenkreis von Domaschk besitzt direkten Kontakt zu einem Mitglied der Sprengstoffgruppe, registriert die Stasi. Matz selbst bekam bei einem Besuch in Weimar mit, dass einer der beteiligten Jugendlichen Selbstmord verübte. Er stürzte sich von der Sechsbogenbrücke im Webicht-Wald 38 Meter in die Tiefe, nachdem er von Kripo und MfS als Bombenleger identifiziert worden war.

Wenn seine Freunde in Zeitz, zu denen er dauernd fährt, sich bewaffnen wollen und er davon schwärmt – was will Domaschk dann in unserer Hauptstadt, ausgerechnet während des X. Parteitages der SED?

Was hat er vor?

Samstag, 11. April 1981

träumen – ich glaube träume sind sehr wichtig für uns,
sie können sehr viel kraft geben.
die gefahr ist allerdings,
daß man sich zu sehr in diese träume hineinlebt,
seine eigene traumwelt baut, die beziehungen verliert.

Matthias Domaschk in
einem Brief an eine Freundin,
7. Februar 1979

Samstag, 1.20 Uhr – Bahnhof Jüterbog, Diensträume der Trapo

Matz und Blase warten und warten. Ein Vernehmer in Polizeiuniform, der sich ihnen nicht vorstellt, tritt ein und versucht es noch mal.

Matz ist restlos sauer und empört sich über die Warterei. Blase legt beschwichtigend seinen Arm auf die Schulter von Matz, um ihn vor einem Gefühlsausbruch zu bewahren. Der Uniformierte sieht die liebevolle Geste, stutzt einen Moment: Sind die etwa …?

Er fordert Blase auf mitzukommen. Er befragt jeden einzeln und will alles über Ziel und Zweck der Reise wissen. Das dauert.

Blase antwortet, dass sie in den Zug gestiegen sind, um zu einer Geburtstagsfeier nach Berlin zu fahren.

Na, das muss überprüft werden, eher kommen Sie hier nicht weg.

Wenn jemand Geburtstag hat und feiern will, ist das nichts Verbotenes, also nennt Blase nach einer Weile Name und Anschrift von Henry in Berlin. Matz gibt dies nach ihm auch zu Protokoll und sagt, dass er Henry vor neun Monaten in Weimar kennengelernt hat.

Und woher kennen Sie die beiden dem Zug entnommenen weiblichen Personen?

Ach, das ist nur eine flüchtige Bekanntschaft. Wir sind uns auf Konzert- oder Discoveranstaltungen in Jena über den Weg gelaufen, das Treffen hier ist reiner Zufall.

Matz sagt dasselbe. Der Vernehmer ist mit der Übereinstimmung der Aussagen zunächst zufrieden. Dann versucht er einen Bluff: *Wir wissen, dass sich weitere mitreisende Personen aus Ihrem Bekanntenkreis im Zug befanden, wen davon kennen Sie?*

Matz schaut ihn an und zögert.

Sagen Sie die Wahrheit!

Ja, da gab es noch welche. Uwe, genannt Behrchen, und seine schwangere Freundin. Aber auch dieses Zusammentreffen im Zug war rein zufällig. Die wollen an die See fahren.

Der Kriminalobermeister ist auch mit dieser Antwort zufrieden und kann nach den Befragungen keinen Straftatbestand erkennen. Es gibt zudem keinen Verdacht auf einen möglicherweise geplanten illegalen Grenzübertritt, was stets routinemäßig überprüft wird.

Die Befragung ist nach einer Weile beendet, der Vernehmer mit der Schreibmaschine allein im Raum und tippt seine Mutmaßung ins Protokoll: *Es wird eingeschätzt, daß Rösch und Domaschk homosexuelle Personen sind, die sich in Berlin mit gleichartigen Personen treffen wollen.*

Samstag, 2.30 Uhr – Berlin, Storkower Straße 72

Laute Musik, Stimmengewirr, überall stehen leere Bierflaschen herum. Aber zwei Leute aus Jena fehlen auf der Geburtstagsfeier. Immer wieder kommt das Gespräch darauf, ob Matz und Blase wohl noch kommen werden.

Gegen Mitternacht ist einer von der Clique aus Zeitz zur Fete dazugestoßen, der eigentlich auch schon früher da sein wollte. Es ist Ohms. Er ist mit Hubert aus Zeitz in Weißenfels zugestiegen und saß ebenfalls im D 506. Hubert dagegen verpasste beim Aufenthalt in Leipzig die Weiterfahrt, weil sein Versuch, Bier zu organisieren, zu lange dauerte. Aber Ohms hat in Jüterbog mitbekommen, wie Blase und Matz von der Trapo aus dem Zug geholt wurden, und erzählt den anderen davon. Sieglinde aus Auerbach ruft ihm zu: Sei mal nicht so pessimistisch, die kommen schon noch! Ganz bestimmt.

Ihr Glas klirrt laut beim Anstoßen mit Ohms.

Wie spät ist es jetzt? Mitten in der Nacht, aber die Fete ist noch lange nicht vorbei.

Fast alle haben so ihre Erfahrungen mit Kontrollen, Zuführungen und stundenlangen Befragungen und erzählen davon. Ein Freund von Henry ist nicht so optimistisch wie Sieglinde und berichtet, wie nicht nur er, sondern gleich vierzig Leute nicht dort ankamen, wo sie hinwollten: *Das war beim Jazz-Jamboree, dem internationalen Jazz-Festival in Warschau mit vielen großen Stars. Wir sind da 1973 hin, wie viele andere alljährlich im Oktober. Auch Matz und Blase waren später dabei. Nach langer Fahrt kamen wir endlich in Warschau an, hatten im Büro der polnischen Jazz-Föderation unsere Eintrittskarten abgeholt und standen schon direkt am Einlass vor dem Veranstaltungsort, der Kongresshalle. Plötzlich wurden wir von Polizisten umzingelt. Lange Haare? Parka? Mitkommen! Andere wurden aus Gaststätten herausgeholt oder auf offener Straße gejagt. Nach stunden-*

langem Warten wurden unsere Daten erfasst, dann folgten Verhöre und die Frage, bei wem man denn übernachten wolle. Wir mussten alle mitgeführten Dinge abgeben, gruppenweise ging es dann in verschiedene Gefängnisse, in dunkle Zellen, manche ohne Fenster. Am nächsten Tag brachte uns ein Bus zurück in die DDR, aber nur bis Frankfurt (Oder). Ankunft um Mitternacht, die ganze Nacht erneute Verhöre. Morgens wurden uns die Personalausweise abgenommen und durch PM 12 ersetzt. Wir mussten dann selbst zusehen, wie wir wieder nach Jena kommen.

So schlimm wird's mit Matz und Blase wohl nicht werden, meint Marina, die sich Matz endlich herbeiwünscht. Henry hat ihr Interesse längst bemerkt und muntert sie auf. Spätestens morgen sind die beiden da, sagt er, und dann gehen die mit uns zur Köhlerhütte.

In der Harzer Köhlerhütte im Volkspark Friedrichshain soll die Doppelgeburtstagsfeier weitergehen. Alle freuen sich schon auf die wahrscheinlich besten Goldbroiler der Hauptstadt, die es dort gibt.

Samstag, 2.30 Uhr – Bahnhof Jüterbog, Diensträume der Trapo

Der Fernseher auf dem Schrank ist seit Stunden abgestellt. Matz und Blase sind von den Befragungen zurück im Dienstraum der Trapo und dösen vor sich hin. Eva und Sylvi werden jedes Mal, wenn sie einnicken, wieder wachgerüttelt. Sie versuchen, ein paar Stühle nebeneinanderzustellen, um darauf schlafen zu können, was sofort unterbunden wird.

Hey, hier wird nicht geschlafen!

Nach dem zweiten Versuch entfernt einer der uniformierten Bewacher die überzähligen Stühle, so dass für jeden nur einer übrig bleibt.

Irgendwas hat sich an der Stimmung verändert, bemerkt Blase. Die Türen wurden vorhin mehrfach auf- und zugeschlagen. Vielleicht ist jemand neu angekommen?

Es ist schwer, eine wirkliche Regung in den Gesichtern zu erkennen. Die schweigsamen Trapo-Leute, die sie bewachen, schauen teilnahmslos drein.

Ein Leutnant, der offenbar Leiter des Jüterboger Gruppenpostens ist, holt ab und zu einen seiner Leute in die Schreibstube nebenan. Er will den Rapport fertig machen, denn heute war viel los. Kurz bevor sie die vier aus dem D 506 holen mussten, war ein drei Jahre altes Kind weinend über den Bahnhof geirrt. Gerade erst hat es der Kommandant der nahe gelegenen Russenkaserne abgeholt.

Der kann bald wiederkommen. Aber aus einem anderen Grund: Morgen, hofft der Leutnant, legen wir uns auf die Lauer: Heute wurden auf dem Güterbahnhof wieder Teile einer Weiche mit einem Schneidbrenner geklaut. Wer macht denn so was? Sowjetische Soldaten. *Die haben auch die Patrone aus einer Kalaschnikow abgefeuert, die heute Mittag an der Rampe neben der Gleisbaubrigade eingeschlagen ist. Ansonsten gab es wie so oft Suizid auf den Gleisen: eine Frau, deren Kopf auf den Gleisen zertrümmert wurde, und ein Rentner, kurz vor neun, der zum Glück zerteilt neben die Gleise geschleudert wurde, so daß der Zugverkehr wenigstens nicht unterbrochen werden mußte.*

Da fliegt die Tür auf. Die Wartenden schrecken hoch. Zwei Männer in Zivil deuten mit dem Finger auf Eva: Mitkommen!

Eva weiß nicht, ob sie entsetzt oder amüsiert sein soll, denn die Befragung mutet an wie in einem Agentenfilm – sie am Tisch vor dem Vernehmer, der kaum zu erkennen ist, weil er ihr die Schreibtischlampe ins Gesicht gedreht hat. Dieser Mann wühlt in ihren Taschen herum, greift ihr Tagebuch heraus, blättert eifrig darin, grinst und liest ihre privatesten Aufzeichnungen.

Ab und zu presst er Fragen zwischen den Zähnen hervor.

Was bedeutet diese Zeichnung hier? Was meinen Sie mit diesem Spruch da? Was ist das für ein Name? Wie stehen Sie eigentlich zu unserem Staat?

Eva protestiert: Dürfen Sie das überhaupt?

Dabei weiß sie doch, auf welcher Seite des Tisches die Macht und auf welcher die Ohnmacht sitzt.

Woher kennen Sie Rösch und Domaschk?

Na, vom Sehen, wie alle in Jena sich vom Sehen kennen. Man läuft sich doch permanent über den Weg. Was weiß ich, von irgendwelchen Konzerten im F-Haus vielleicht. Haben Sie uns bloß mitgenommen, weil ich die beiden auf dem Bahnsteig gegrüßt habe? Ist Grüßen neuerdings verboten?

Die Fragen stelle ich hier!

Mann, die warten doch auf uns da alle im Norden!

Wissen Sie, wohin die beiden fahren wollen?

Nee, weiß ich nicht, woher denn?

Es reicht offenbar. Ein Vernehmer bringt sie zurück in den Warteraum. Als Nächste muss Sylvi mit, dann sind die Jungs dran. Einzeln.

Blase wird als Erster geholt. Zwei Männer in Zivil erwarten ihn am Ende des schmalen Ganges in einem überhitzten kleinen Raum hinter einem Tisch. Er kann sie kaum erkennen, weil die Schreibtischlampe auch ihn blendet. Sie haben seinen Koffer geöffnet und fordern ihn auf, sämtliche Gegenstände aus den Taschen in Jacke und Hose auszupacken und auf den Tisch zu legen.

Alles klar, Stasi-Vernehmer, denkt Blase, aber was bringt das jetzt?

Wieder die Fragen, wie er heißt, wo er arbeitet und wohnt, was er in Berlin will. Während Blase aus dem Koffer Socken, Zahnbürste und Handtuch auspackt, schaut sich einer der beiden sein Notizbuch an.

Was bedeutet hier der Eintrag Sozialdiakonie? Und was Superintendentur? Was JG?

Blase erklärt die kirchlichen Begriffe und andere Eintragungen knapp, aber geduldig. Am Ende fragt er, was denn nun überhaupt vorliege und wann sie nach Berlin weiterfahren könnten. Nun, antwortet einer der Herren, man werde mit der Dienststelle telefonieren und sich bemühen, ihm und seinem Freund die Weiterreise zu ermöglichen.

Dann wird er zurückgebracht und Matz zum Verhör hereingeholt. Die gleichen Fragen. Doch es dauert nicht so lange wie bei Blase.

Er hat kein Notizbuch mit. In seinem Beutel ist nichts Besonderes.

Als beide wieder im Aufenthaltsraum sitzen, ist es halb vier. Doch an Schlaf ist nicht zu denken. Wie soll das auch auf diesem harten Stuhl gehen? Blase gibt das den Aufpassern der Trapo mehrmals zu verstehen. Er ist nach der ganzen Woche Arbeit, aber vor allem wegen der langen Abende mit Freunden völlig übermüdet. Der kurze Schlaf im Zug hat ihm nicht gereicht. Er versucht einen Witz: Die Arbeiterklasse muss doch auch mal schlafen können. Der älteste von den Trapo-Männern sieht ihn an. Was jetzt?

Kommse, sagt der und führt Blase in eine schmale Kammer, einen Arrestraum. Dort darf er sich auf eine Pritsche legen.

Doch Blase ist zu aufgewühlt, kann nicht schlafen, steht bald wieder auf, klopft an die verschlossene Tür und lässt sich zurück zu Matz und den beiden Frauen bringen. Er sieht, wie sein Freund reglos schräg auf dem Stuhl hängt, den Kopf an die Wand gelehnt, die Augen geschlossen. Schlafen kann man das nicht nennen. Er würde gern mit Matz sprechen, ihn aufmuntern: Es sieht doch ganz gut aus. Die wollen unsere Weiterreise ermöglichen – haben sie zumindest gesagt.

Dann hätten wir zwar die Fete gestern Abend verpasst, aber die Wohnungseinweihung bei Kathrin am Samstagabend und der Sonntag in Berlin liegen noch vor uns.

Samstag, 3.50 Uhr – MfS-Bezirksverwaltung Gera

Das Ergebnis der Befragung durch die Mitarbeiter der Bezirksverwaltung Potsdam hat Oberstleutnant Meier, der Leiter des Geraer Stabes, inzwischen auf dem Tisch. Er telefoniert mit Würbach, der in der Kreisdienststelle Jena seit fast zwanzig Stunden im Dienst ist. Es geht darum, wie mit den zugeführten Personen zu verfahren ist. Die *Kontrolle der mitgeführten Behältnisse* hat nichts Bedrohliches ergeben. Kein Transparent, um auf dem Alexanderplatz oder vor dem Palast der Republik zu demonstrieren, keine Flugblätter, kein Sprengstoff.

Die Überprüfung der von den beiden Personen angegebenen Besuchsadresse hat ergeben, dass der Berliner Freund Henry wirklich existiert und tatsächlich erst vor wenigen Tagen Geburtstag hatte.

Es liegt also keine strafbare Handlung vor, das weiß man nun auch in Gera und Jena. Doch die Chance bleibt, zwei als *feindlich-negativ* und *dekadent eingestufte Gegner der DDR* ausführlich zu befragen. In Gera wird deshalb von Weigelt gegen Mitternacht noch ein Offizier der Abteilung XX aus dem Feierabend in die Bezirksverwaltung befohlen: Artur Hermann.

Hermann in Gera und Köhler in Jena arbeiten mit inoffiziellen Mitarbeitern teils auf der gleichen Strecke, zum gleichen Personenkreis. Hermann weiß daher über *Exponenten des politischen Untergrundes in Jena* sehr gut Bescheid, kennt das konterrevolutionäre Treiben in der Jungen Gemeinde Stadtmitte und natürlich solche Leute wie Rösch, Domaschk und dessen frühere Freundin Renate. Hermann hat zudem enge Kontakte zur MfS-Zentrale in Berlin und der dortigen Hauptabteilung XX.

Hermann soll nun mitten in der Nacht dabei helfen, eine zielgerichtete Befragungsstrategie für die beiden DDR-Feinde zu entwickeln.

Würbach und Meier vom Geraer Einsatzstab telefonieren erneut. Sind die beiden jungen Mädchen nicht auch interessant?, will Meier wissen. Aus den Datenspeichern gehe doch hervor, dass sie vor zwei Monaten durch eine Streife der Volkspolizei auf der Transitstrecke aus einem Westauto herausgeholt wurden. Mitgefahren, angeblich nur zum Trampen. Im Archiv ist vermerkt, was ein IM dazu berichtet hat: Eine der beiden ist befreundet mit einem Kerl, der angekündigt hat, die DDR illegal zu verlassen, wenn sein Ausreiseantrag nicht bis Mai genehmigt wird. Vielleicht war die Mitfahrt im West-Pkw schon eine Probe zur versuchten Republikflucht? Möglich. Jedenfalls vermerkte die VP-Streife, die sie aus dem Auto herausholte: *Unsauberer Eindruck bei beiden.*

Also lohnt es sich doch, die beiden Frauen ebenfalls mal in die Mangel zu nehmen.

Würbach trifft mit Meier die Festlegung, dass die Rückführung aller vier zugeführten Personen zum Volkspolizeikreisamt Jena am frühen Samstagmorgen durch Polizisten erfolgen soll. Dann sprechen sie ab, wie die Kreisdienststelle mit ihnen weiter verfahren wird:

Sobald Domaschk und Rösch hier sind, führen wir mit ihnen ein Vorbeugungsgespräch. Sie verpflichten sich, Jena während des Parteitages bis auf weiteres nicht mehr zu verlassen, außerdem entziehen wir beiden den Deutschen Personalausweis und sie bekommen einen PM 12 verpaßt. Und selbstverständlich setzen wir die Beobachtung von Rösch und Domaschk weiter fort.

Nach dem Telefonat bittet Würbach Oberleutnant Baumgarten von der Volkspolizei in Jena, mit dem VP-Stab in Gera und Potsdam die Rückführung konkret zu organisieren. Baumgarten soll Würbach informieren, wann ein Fahrzeug von Gera aus losfährt und wann Domaschk und Rösch in Jena eintreffen werden.

Doch Fahrzeuge nebst Fahrer stehen nur begrenzt zur Verfügung, erst recht in einer Nacht von Freitag auf Samstag.

Es gibt noch etwas, das Würbach Sorgen bereitet. Der Montag wird in Jena Großkampftag für die Kreisdienststelle sein. Bis dahin muss diese Sache hier erledigt werden. Am Montag wird der X. SED-Parteitag seinen Schatten direkt auf Jena werfen, denn aus Berlin kommt eine hochrangige Delegation der sowjetischen Bruderpartei KPdSU zu Besuch. *Die Freunde* werden sich ins Goldene Buch der Stadt eintragen, den Stammbetrieb von Zeiss besichtigen und an einem Freundschaftsessen teilnehmen. Das bedeutet für die Kreisdienststelle jede Menge Arbeit.

Die Vorbereitungen binden schon seit Tagen Kräfte, und bis Montag ist noch einiges zu organisieren. Ein Spalier aus zuverlässigen Genossen und *Gesellschaftlichen Mitarbeitern für Sicherheit* soll für Stimmung auf Straßen und Plätzen sorgen, sie sollen Papierfähnchen schwenken, klatschen und Hurra rufen. Die Sicherheit der Delegation muss an allen Orten zu hundert Prozent gewährleistet sein. Bloß kein Zwischenfall. Da ist noch einiges zu tun. Das schmeckt selbst manchen Mitarbeitern nicht. Nowack, Würbach und alle anderen im Haus stehen deswegen unter Druck. Abstimmungen mit der Volkspolizei, der Objektdienststelle bei Zeiss, mit den Kontaktpersonen im Rathaus, den Genossen der Partei und, und, und.

Der Stress jetzt mit Rösch und Domaschk, damit hat keiner gerechnet. Aber das kriegen wir schon hin, denkt Würbach.

Das Telefon klingelt. Oberleutnant Baumgarten teilt ihm kurz und knapp mit, er habe mit dem Genossen Marth vom Stab der Volkspolizei in Gera alles geklärt. Der habe mit dem Diensthabenden des Rates des Bezirkes, dem Genossen Schönfelder, veranlasst, dass die Abteilung Inneres einen Barkas B 1000 vor die Bezirkszentrale der Volkspolizei zu stellen hat: *Abfahrt des Fahrzeugs um 8 Uhr von Gera, Eintreffen etwa gegen 13.30 in Jena.*

Würbach legt den Hörer auf und ist erstmals in dieser Nacht halbwegs entspannt. Sonnabendmittag sind Rösch und Domaschk zurück in Jena und alles geht seinen Gang.

Samstag, 6.30 Uhr – Bahnhof Jüterbog, Diensträume der Trapo

Die Nacht war hart. Der Morgen ist hart. Keiner der vier Jenaer konnte auch nur halbwegs im Sitzen schlafen. Noch ist es nicht richtig hell, aber auf dem Bahnhof schon Betrieb. Einer der Transportpolizisten bringt für Matz und Blase je einen Becher schwarzen Kaffee, eine heiße Bockwurst mit Senf und Graubrot. Dafür muss jeder 1,17 Mark bezahlen.

Die beiden Frauen wollen so etwas nicht. Ein älterer Trapo-Mann, der seinen Dienst anfängt, bekommt das mit, packt seine Stullen aus und bietet sie an. Erst lehnen sie ab, dann ist der Hunger aber doch so groß, dass sie die Käsebrote annehmen und verschlingen.

Matz beißt im Morgengrauen in die lauwarme Bockwurst.

Einmal hat Matz, damit es beim Kinderfest richtig heiße Würstchen geben konnte, in einem riesigen Einmachtopf heißes Wasser vom Rähmen bis zum Sportplatz an der Hautklinik geschleppt. Das war an einem warmen Sonntag Mitte Juni 1977, ein gutes halbes Jahr nach der Biermann-Ausbürgerung. Nach den Monaten mit Verhören, Verhaftungen, Hausdurchsuchungen wollten sie einfach gemeinsam etwas Schönes, etwas Entspanntes, etwas weniger Politisches machen und vor allem eins: sich wieder öffentlich und zusammengehörig zeigen.

Matz' Tochter Julia war damals erst sechs Monate alt. Viele seiner Freunde hatten schon etwas ältere Kinder. Die meisten von ihnen waren Eltern geworden, als sie gerade so um die zwanzig waren. Jahr für Jahr kamen Kinder auf die Welt: Julia, Lina, Katja, Franziska, Felix, Benjamin, Konrad, Florian, Katharina … Mit dem ersten Kinderfest begann eine alljährliche Tradition.

Es wurde ein wunderbar quirliges Miteinander, Kinder und Eltern hatten Spaß. Sackhüpfen, Eierlaufen, Kreisspiele, sogar ein Kinderwagenrennen hatten sie sich ausgedacht. Die Zuschauer lagerten auf der Wiese und sahen, wie Matz mit Julia im Wagen allen davonlief.

Der Brausestand und ein großer Tisch, auf dem Erwachsene und Kinder mit den Fingern bunte Bilder auf große Papierbögen malen konnten, wurden aus einem Lada heraus von der Stasi misstrauisch beobachtet und fotografiert. Verdächtig war offenbar auch, dass einige befreundete chilenische Familien aus Neulobeda und ein knappes Dutzend algerische Vertragsarbeiter zum Fußball gekommen waren. Das Freundschaftsspiel fand unter großem Hallo und ohne Schiedsrichter statt. Trotz Knieproblemen wuchs Tarzan über sich hinaus und schoss das entscheidende Tor zum Sieg für seine Mannschaft. Kaktus von der Jungen Gemeinde dokumentierte das Spiel und die langhaarigen Zuschauer am Rand mit seiner Schmalfilmkamera.

Matz spielte mit, aber er interessiert sich nicht so sehr für Fußball. Ganz anders sein Freund Gag, wie Roland Jahn von allen gerufen wurde. Der kickte schon seit frühester Jugend. Erst beim SC Motor Jena, dann in der Jugendelf von Zeiss. Gag ging zeitweise fast jeden Tag zum Training und arbeitete sogar als Platzwart.

Natürlich war Matz zumindest als Zuschauer dabei, wenn die Mannschaft von Gag gegen Gera spielte. Dann kamen alle hin, und Blase bediente sie am Bratwurststand.

Nach dem Spiel mit den Chilenen und den Algeriern ging das Kinderfest allmählich dem Ende entgegen. Der letzte Höhepunkt war der Laternenumzug. Die Eltern hatten mit den Kindern bunte Lampions gebastelt. Was für ein schönes Bild, fand Matz, als sich in der Dämmerung ein kleiner Umzug in Gang setzte. Er zückte seinen Fotoapparat. Julia im Kinderwagen mittendrin.

Die kleine Julia war kurz vor dem Kinderfest in der Kirche von Alt-Lobeda getauft worden, beim Sonntagsgottesdienst. Unter den Kirchgängern in den vollbesetzten Bänken waren vier Dutzend Freunde von Renate und Matz. Pfarrer Gottfried Zollmann vollzog die Taufe, erteilte Renate und Matz jedoch keinen Familiensegen, weil die beiden nicht verheiratet waren.

Nach der Kirche zogen sie alle ins Pennickental. Es war ein warmer Junitag mit kleinen weißen Wolken am Himmel. Sie ließen sich ins Gras nieder und entfachten aus trockenem Holz ein Feuer. Darüber rösteten sie auf Zweige gespießtes Brot und Speck und warfen später Kartoffeln in die Glut. Abends blieben einige Am Rähmen noch weiter zusammen. Irgendwann, als alle gegangen waren, schlief Renate beim Stillen ein. Matz saß still daneben und betrachtete seine Tochter lange, bis auch ihr die Augen zufielen.

Wie gerührt war er gewesen, als Renate nach der Geburt im Krankenhaus, am ersten Tag zu Hause, das Baby ganz auswickelte, um es ihm zu zeigen. Schau doch, hatte er überrascht gerufen, ihre Zehen sind genau wie bei mir! Die beiden neben dem großen sind etwas zusammengewachsen. Meine Tochter!

Als Renate schwanger war, sorgte er sich, es könne dem Kind schaden, als sie mit ins Kino wollte, um den Film »Papillon« zu sehen. Ein Drama über Gefängnisinsassen, Strafkolonien, Verbannung, gescheiterte Fluchtversuche und Deportation. Zu dramatisch, zu brutal, zu aufwühlend, fand Matz. Aber es gab nur wenige Vorstellungen des Hollywoodfilms mit Dustin Hoffman und Steve McQueen, Renate wollte ihn unbedingt sehen.

Na gut, ließ er sich überreden, aber wenn dir schlecht wird oder wenn du heulen musst, dann gehst du mit mir raus ... Sie regte sich auf, aber ihr wurde nicht schlecht. Sie freute sich über Matz, der sie und ihr ungeborenes Kind beschützen wollte.

Matz wollte ein anderer Vater sein für Julia, als es sein eigener war. Heiraten gehörte nicht dazu. Das war für sie schon damals klar, als sie in Masuren im Zelt lagen, in diesem verregneten Sommer, als sie so viel über Erziehung gelesen und diskutiert hatten. Immer wieder fragten sie ihre Freunde und Besucher aus dem Westen aus: Was läuft da in den Kinderläden in Kreuzberg? Wie können Kinder in Wohngemeinschaften anders erzogen werden? Wie funktioniert antiautoritäre Erziehung in Summerhill?

Was davon ließe sich in Jena realisieren? *Vielleicht gibt es Chancen in einer Gruppe alternative Lebensformen zu erlernen. Es gibt doch eine ganze Menge Leute, die dazu bereit sind. Wir müssen so viel lernen, um unsere bescheuerte Erziehung verändern zu können ...*

Das ergab genug Stoff für Gespräche auch mit den anderen Eltern, die sie kannten. Für Matz stand fest: Wir erziehen unser Kind selber. Wir geben es nicht in den Kindergarten. Wir schützen es in der Schule.

Renate kannte sich damit aus. Um studieren zu können, machte sie von 1964 bis 1968 Abitur mit Berufsausbildung. Dabei lernte und arbeitete sie als Erzieherin in einer Wochenkrippe. Montagmorgens ab sechs Uhr wurden die Kinder abgeliefert und samstagmittags erst wieder abgeholt. So konnten die Mütter sechs Tage in der Woche auch in Schichtarbeit zum Aufbau des Sozialismus beitragen, denn der bezahlte Mutterschutz endete sechs Wochen nach der Geburt. Renate und einige Kolleginnen bemerkten die Entwicklungsstörungen bei den Babys und Kleinstkindern, aber den Müttern gegenüber durfte darüber nicht gesprochen werden.

Julia und all die anderen um sie herum geborenen Kinder sollten anders aufwachsen. Bloß wie?

Samstag, 9.15 Uhr – MfS-Kreisdienststelle Jena

Kreisdienststellenleiter Nowack ist erschienen und hat sich von seinem Stellvertreter auf den Stand der Dinge bringen lassen. Würbach berichtet, dass ein Fahrzeug der Volkspolizei Gera pünktlich um acht Uhr morgens nach Jüterbog abgefahren ist. Er versichert Nowack, die weitere Rückführung von Domaschk und Rösch zu kontrollieren und Bescheid zu geben, wenn die beiden im Volkspolizeikreisamt Jena eintreffen.

Kaum hat Würbach das Zimmer des Dienststellenleiters verlassen, wird von dessen Sekretariat ein Anruf durchgestellt. Am Apparat ist Oberstleutnant Jürgen Seidel, Chef der Geraer Untersuchungsabteilung IX. Ihm geht es um die Befragung der beiden. Die ist Sache der IX mit ihren eigens geschulten Vernehmern: Zur Befragung der rückgeführten Personen werden meine Leute nach Jena kommen. Gegen Mittag treffen die Genossen bei euch ein. Ihr wisst ja schon viel, könntet aber noch mehr aus der Gelegenheit machen.

Nowack macht ein Angebot: Unser operativer Mitarbeiter kann deine Leute vorher instruieren, damit ihr wisst, was ihr aus den beiden herausholen sollt. Gemeint ist Köhler.

Samstag, 10 Uhr – Bahnhof Jüterbog, Diensträume der Trapo

Matz liegt inzwischen in der schmalen Arrestzelle auf der Pritsche und starrt an die Decke. Er kann aber nicht schlafen.

Diese graugrüne Ölfarbe an den Wänden. Diese stickige Luft. Diese Gardinen und Vorhänge, dieses Gitter vor dem Fenster.

Von einem Moment auf den anderen eingesperrt sein, Befehlen und Anweisungen Folge leisten – wann fing das eigentlich an? Er denkt an seine Kindheit zurück. Dieses Gefühl kindlicher Freiheit, sich grenzenlos austoben zu können und Zeit zu haben, Zeit, die sich an langen Nachmittagen unendlich ausdehnen konnte.

In Görlitz hatte die Familie im ersten Stock einer alten Villa in der Nähe eines verwilderten Parks gewohnt. Zur Neiße war es nicht weit. Der Garten des Hauses endete direkt an der Kante eines kleinen Steinbruchs, die abgezäunt war. An einer Ecke jedoch konnte man abenteuerlich hinunterklettern, zu den Hühnern und Kaninchen der Nachbarin am Fuße der Felswand. Von dort ging es vorbei an Gärten und über kleine Wiesen in den Buchenwald mit Lichtungen, dunklen Höhlen und Wasserläufen, in denen sich große Staudämme bauen ließen.

An der alten Gärtnerei vorbei mit ihren Gewächshäusern, in denen es schon grünte, während draußen noch der Schnee schmolz, ging es bergauf zu stattlichen Hügeln mit weiter Aussicht. Bei einem galt die Spitze als Sperrgebiet. Der war besonders hoch und besonders interessant. Ihn hatte Matz aus der Wohnung täglich in Sichtweite.

Auf der Landeskrone, dem Hausberg von Görlitz, war eine sowjetische Militäreinheit stationiert, mit Funkstation und Sendemast. Da mussten sie sich eines Tages einfach anschleichen. Sie kamen bis zu einem Zaun mit Warnschildern: *Schußwaffengebrauch!* Dazu kyrillische Buchstaben, die sie versuchten zu entziffern.

Aus der Nähe erkannten sie Mannschaftszelte, Militärfahrzeuge und einige Soldaten in Uniformen. Gespannt beobachteten sie, im Gebüsch versteckt, das geheime Treiben, was sie nicht ganz enträtseln konnten. Dennoch kehrten sie als tief zufriedene Abenteurer zurück und wussten mehr, als sie in der Schule hätten erfragen können.

Auf dem Rückweg kletterten sie die Felswand zum Garten hoch, holten Pfeil und Bogen heraus und übten Zielschießen.

Überall gab es lange Wege, die Matz und sein Freund erst auf Rollern, dann mit Fahrrädern erkundeten. Die Hänge waren steil, und der Roller ließ sich nur bremsen, indem man den Fuß vorne zwischen Reifen und Gabel steckte, was manchmal die Sandale zerriss und das Rad blockierte. Dann musste man abspringen, und der Roller überschlug sich.

Zu ihren Lieblingszielen gehörte eine Plantage mit Äpfeln, die schon früh im Sommer reif waren.

Im Winter waren es nur ein paar Schritte bis zum Skilaufen auf den schneebedeckten Wiesen oder einfach um die Ecke der Reuterstraße zur wilden Schlittenabfahrt. Von der Kreuzkirche waren es dreihundert Meter den steilen Abhang hinunter, bis an den zugefrorenen Sonnenlandgraben, dessen Eis manchmal krachend brach, ohne eine ernsthafte Gefahr zu sein.

Ihr Revier war ein Paradies und wurde mit jedem Lebensjahr größer.

Sein bester Freund saß vom ersten Tag an neben ihm in der Schulbank bis zum Abschied nach der sechsten Klasse, und sie hatten denselben Vornamen. So probierten sie Spitznamen zur besseren Unterscheidung: Domi, Wenzi, Matti, Matze, Matz …

Matthias und Matthias waren beide keine Hortkinder, aber eifrige Schüler. Geschichte gefiel ihnen besonders gut, da bauten sie mit Begeisterung ein Limesmodell aus Ton. Anders als sein Freund wurde Matz sofort Pionier. Er wollte bei den Pioniernachmittagen dazugehören. Obendrein gab es die gar nicht so uninteressante Pionierzeitschrift »Fröhlich sein und singen«, die »Frösi«, mit vielen Bildgeschichten und Basteltipps. Wie oft mussten beide den Fahnenappell über sich ergehen lassen: Augen links, Augen rechts, Augen geradeaus!

In der ersten Klasse der 15. POS in der Ossietzkystraße lernten sie Gedichte zum Kampftag der Arbeiterklasse. *Mutter hängt die Fahne raus / Vater schmückt mit Grün das Haus / Und ich helfe mit dabei / Morgen ist der 1. Mai.*

Als sie in der vierten Klasse waren, fanden sie die ersten Plastetüten mit Werbung todschick, die mit den Westpaketen und -besuchern kamen. Matz benutzte eine als Turnbeutel. Der Sportlehrer sah ihn ernst an und fragte: Matthias, hast du das nötig, für den Gegner Reklame zu laufen?

Matz verstand sich bald, wie die meisten anderen auch, auf ein gewisses Doppelleben. In der Schule zeige ich nicht immer alles, was ich habe, und sage nicht alles, was ich denke, mit der Mutter rede ich anders als mit dem Vater, mit Freunden anders als mit Fremden. Er wollte das alles irgendwie verstehen und begann früh, mehr als Schulbücher zu lesen. Ihm gefielen Aphorismen, die Dinge auf den Punkt brachten, und er fing an, Gedichte zu schreiben.

Zu den Geburtstagen lud Matz von seinen dreißig Mitschülern etliche Jungs und Mädchen ein, seine Mutter servierte Berge von Streuselkuchen und Kakao auf dem Balkon. Bei schlechtem Wetter war eine Schaukel die Attraktion, die auf dem Dachboden der Villa an einem Balken angebracht war.

Die Schule ging von Montag bis Sonnabend, die Arbeit der meisten Eltern ebenso. Matz hatte früh einen eigenen Hausschlüssel am Band. Wenn sie nach der Schule bei schlechtem Wetter in die Wohnung seiner Eltern kamen und allein waren, schnappten sie sich die Fechtausrüstung seiner Mutter und duellierten sich mit Maske und Florett quer durch alle Räume – dabei tobten sie selbst durchs eigentlich verbotene Zimmer des Vaters.

Bevor die Mutter nach Hause kam, mussten Ledersessel und Sofa wieder an ihren Platz, die Kissen mit Schlag versehen und die Fransen vom roten Teppich im Wohnzimmer wieder mit dem Kamm gerade ausgerichtet werden. Dann hingen sie erschöpft in den Sesseln und schmökerten in den Micky-Maus-Heften und Karl-May-Büchern, die sie vom Mieter im Erdgeschoss ausliehen, der damit von seiner Westverwandtschaft versorgt wurde.

Außerdem hatte Matz' Vater die »Mosaik«-Hefte mit den Digedags abonniert, die schon seine Schwester Stefanie gelesen und aufgehoben hatte. Matz verschlang ein Heft nach dem anderen, ob »Die Reise nach Venedig«, »Abenteuer am Bosporus«, »Auf dem Weg zur Schatzinsel« oder »Detektive im Weltall«.

An manchen Tagen stiegen sie gern alle Treppen hoch bis unters Dach der Villa, wo Großvater August ein Zimmerchen hatte. Der alte

Mann mit dem weißen Schnurrbart erzählte gern Geschichten und erlaubte ihnen, in seinen Schätzen zu stöbern, die in Regalen und Schubladen lagen: Ferngläser, alte Geldscheine und Münzen, Briefmarken und Bücher. August war der Vater von Gerhard und der Einzige in der Familie, der noch jeden Sonntag zur Kirche ging. Die anderen höchstens zu Weihnachten oder Ostern. Matz kam manchmal mit und ging auch zur Christenlehre.

In der Schule sorgte Matz einmal für großes Aufsehen, als die Klassenlehrerin alle Jungen und Mädchen der sechsten Klasse über Pfingsten zur Teilnahme an einem Arbeitseinsatz verpflichten wollte. Der fand wegen des bevorstehenden Geburtstages von Walter Ulbricht statt.

Matz meldete sich und meinte: Nein, ohne mich, da bin ich mit der Christenlehre-Gruppe unterwegs.

Die Lehrerin war erst sprachlos, dann musste er eine längere Beschimpfung über sich ergehen lassen: Wenn du da hingehst und nicht bei uns mitmachst, dann bist du gegen den Frieden. Du musst dich entscheiden!

Matz erwiderte: Nein, ich bleibe dabei, ich gehe zur Gemeindegruppe, alles andere ist freiwillig, da mache ich nicht mit.

Sein Freund Matthias fand diese trotzige Standhaftigkeit gut. Als sie kurz darauf gemeinsam ins Kino Capitol gingen, fiel ihnen ein etwas älterer Junge mit einem Kofferradio auf der Schulter auf, der mit seinem Kumpel vor dem Eingang stand. Er trug Schlaghosen mit angenähten Glöckchen, eine Jeansweste aus dem Westen, und aus dem Radio kam mit sattem Bass das Beatles-Lied »Lady Madonna«. Das war für die zwölfjährigen Jungs der erste Hippie in Görlitz.

Ab dieser Zeit fand Matz es nicht mehr so spannend, wenn sein Vater sich mit ihm am Wochenende über die Briefmarkensammlung beugen wollte. Jahrelang hatte er von der Arbeit Umschläge mitgebracht, von denen Matz die Marken aus aller Welt ablöste. Selbst die Kartenspiele am Wohnzimmertisch verloren für Matz ihren Reiz, genau wie die Gartenarbeit.

Irgendwann in dieser Zeit ergatterte er ein altes Kofferradio. Matz streichelte über das Holz mit der goldglänzenden Lautsprecherblende. Kurz, Mittel, Lang stand auf der Senderskala, Batteriebetrieb möglich, um es überallhin mitzunehmen. Deutschlandfunk auf Langwelle, die Hitparade vom Saarländischen Rundfunk auf Kurzwelle im 49-Meter-Band, knackend und pfeifend.

Es dauerte nicht lange, und sie ritzten mit dem Zirkel die Namen von Bands in ihre Schulbank ein: Dave Dee, Dozy, Beaky, Mick & Tich. Pro Namen brauchte man mindestens eine Stunde – und man durfte sich nicht ertappen lassen. Beim Einritzen des Namens seiner ersten Lieblingsband war Matz schnell. Fünf Buchstaben nur.

Im Sommer 1970 durfte Matz seinen Schulfreund Matthias zum ersten und letzten Mal mit in die Ferien an die Ostsee nehmen, nach Nonnevitz, wo die Eltern von Matz mit ihrem Hauszelt immer den gleichen Platz belegen konnten, hinter den Dünen, unter krumm gewachsenen Kiefern. Ein Stück weiter lag ein geheimnisvoll urwüchsiger Buchenhain. Matz nannte ihn Märchenwald.

Am 10. Dezember 1970 kam der Abschied von Görlitz.

Ein kalter Tag. Die Wohnung in der Reuterstraße leergeräumt, die Möbel bereits in Jena. Matz war noch einmal ums Haus gegangen, ein letzter Blick zur Landeskrone, zum Steinbruch am Ende des Gartens. Der hatte schon längst seine Größe und das Abenteuerliche verloren. Hinter dem Fenster oben unter dem Dach fehlte der Großvater. Er war im Sommer gestorben.

Matz umklammerte etwas in seiner rechten Hand. Er öffnete sie und betrachtete seinen Talisman, Großvaters Uller.

Er hörte es hupen. Auf der Straße warteten die Eltern mit laufendem Motor im Auto. Matz umarmte seine Schwester an der Gartenpforte. Sie blieb zurück, im Mansardenstübchen. Nach ein paar Monaten verließ auch sie Görlitz und ging zum Studium nach Dresden.

Matz und seine besten Freunde schrieben sich noch lange Zeit Briefe hin und her, zwischen Jena und Görlitz. Sechs Jahre lang bekam er Post *An Matthias Domaschk, 6902 Neulobeda, Block 11/Eingang 1/Wohnung 171,* von seinen Görlitzer Mitschülern Matthias, Torsten und Seifi. Anfangs ging es um Neuigkeiten in der Schule, um Rinderaugen, die im Unterricht seziert wurden, Lehrerschikanen, Mädchen, Bands und die offene Grenze nach Polen, wo es plötzlich ohne Antrag und Visum nach kurzer Kontrolle und Fußmarsch über die Neißebrücke in Zgorzelec, dem polnischen Teil von Görlitz, Westschallplatten zu kaufen und Westfilme zu sehen gab.

Später schrieben sie über ihre ersten Erlebnisse und Konfrontationen mit der Gesellschaft und der Staatsmacht, etwa als Matz 1973 nicht zu den Weltfestspielen der Jugend und Studenten nach Berlin delegiert wurde. FDJ und Lehrer bestimmten in der Jenaer Dr.-Theodor-Neubauer-Schule, wer fuhr und wer nicht.

Sein Freund Matthias in Görlitz hingegen durfte. Der tröstete Matz damit, dass er nicht der Einzige sei, der nicht fahren könne, denn er habe selbst gesehen, wie Jugendliche, die bereits im Zug saßen, von der Trapo aus den Waggons geholt wurden. Er habe dann aber acht Tage lang ein riesiges Treffen erlebt mit viel Freiheit. Überall in Ost-Berlin durften die Jugendlichen übernachten und sich ungezwungen bewegen. Bis zum frühen Morgen des 6. August.

Fünf Tage vorher war Walter Ulbricht gestorben.

Hier erlebte Matthias auf dem Alexanderplatz urplötzlich einen Ausbruch massiver Gewalt: *Der offizielle Zirkus war schon beendet, aber die Leute haben noch getanzt und sich geliebt. Plötzlich kommen 15 Sprengwagen mit 45 km/h auf den Platz geschrotet. Alle hatten vorn eine Düse, etwa auf Brusthöhe eingestellt. Der ganze Platz brüllte im Chor: »Scheiße, Scheiße …« Jeder rannte, um sich in Sicherheit zu bringen. Im Nu flogen die ersten Bierflaschen auf die Wagen. Als die Fahrer anfingen, eine regelrechte Treibjagd auf uns zu veranstalten, wurden kurzerhand die steinernen Papierkörbe zerschlagen und mit den Bruchstücken die Wagen bombardiert. Welche Wirkung so ein 2-Kilo-Stein an einem Autoscheinwerfer hat, kannst Du Dir ausmalen.*

Ein Fahrer wurde von ein paar robusten Kerlen ziemlich angepackt, aber im Nu waren unsere grünen Freunde und Helfer da und stellten mit ein paar wahllosen Verhaftungen Ruhe und Ordnung wieder her. Das war mein beeindruckendstes Erlebnis in Berlin. Übrigens nahm ich an, Du wärst doch noch dort gewesen, denn ich habe auf einer Plakatwand eine Unterschrift gesehen: »Matze aus Lobeda«.

Zwei Jahre später waren beide 18 Jahre alt und immer mehr beschäftigt mit dem, was in ihrem Land geschah. Sie hielten sich gegenseitig auf dem Laufenden über Dinge, die für sie wichtig geworden waren.

Görlitz an Neulobeda: *Am Donnerstag brachte BBC etwas über die Vorgänge um Renft. Pannach war ja schon seit seinem Auftritt im Berliner »Metropolitan« gesperrt. Renft sollte zwecks Neueinstufung im Leipziger Rathaus vorspielen. Pannach wurde gar nicht erst ins Gebäude gelassen und Renft wurde vorgeworfen, sie würden mit ihren Liedern die Arbeiterklasse beleidigen. Daraufhin bot Renft an, auf dem Sachsenplatz, im belebtesten Zentrum von Leipzig, zu spielen. Das hatte den Entzug sowohl der Gruppen- als auch der Einzellizenzen zur Folge. Soviel ich weiß, hat Renft Antrag auf Ausreise gestellt. Bloß, was haben sie dadurch erreicht? Drüben würden sie doch sang- und klanglos untergehen!*

Zum Kotzen ist nur, daß ich hier niemanden habe, mit dem man sich über so etwas unterhalten kann. Ich kenne zwar so viele Leute hier, aber entweder sind sie hoffnungslos verspießert, oder die wenigen, die selbständig denken, haben Angst und resignieren.

Ab und zu kam Matz auch zurück in die Stadt seiner Kindheit, durch deren Straßen er – einem Stadtführer gleich – Gäste der Familie lenkte und sie mit seinen Orts- und Geschichtskenntnissen überraschte.

Doch einmal gab es einen anderen Grund: als 1977 die Luft in Jena brannte, weil Hausdurchsuchungen drohten, Freunde in Berlin, Leipzig und Riesa verhaftet worden waren. Da war es gut, dass er noch einen alten Freund und Vertrauten wie Matthias in Görlitz hatte. Vorsichtshalber brachte Matz einen dicken Stapel zumeist eigenhändig abgetippter Texte zur sicheren Aufbewahrung in seine Geburtsstadt. Brisantes Material, bei dessen Besitz und Verbreitung viele Jahre Gefängnis drohten: das Gründungsmanifest der Charta 77, die Schlussakte der KSZE-Konferenz, Texte von Jürgen Fuchs über dessen Exmatrikulation, viele seiner Gedichte, Kurzgeschichten und Theaterstücke wie »Mustermai«, ein Brief von Fuchs an die FDJ, Gedächtnisprotokolle seiner Aussprachen mit der FDJ, Gedichte von Reiner Kunze, »Unfrisierte Gedanken« – Aphorismen von Stanisław Jerzy Lec, die »2000 Worte« von Ludvík Vaculík, Prag 1968, ein Interview des »Spiegel« mit dem Schriftsteller

Reiner Kunze nach dessen Ausreise im April 1977, in dem er sagt: *Wie weit darf man denn gehen bei Kompromissen – heißt das, daß wir jetzt zu allem schweigen sollen?*

Bevor Matz Anfang November 1977 für eineinhalb Jahre zur Armee musste, war seine Wohnung Am Rähmen »sauber«, auch damit andere sie in dieser Zeit nutzen konnten.

Es ist hell geworden in Jüterbog. Matz ist auf der Pritsche doch noch kurz eingeschlafen. Ein Transportpolizist hat die Tür geöffnet und fordert ihn auf mitzukommen. Offenbar hat es in der Zwischenzeit einen Schichtwechsel gegeben.

Matz muss den Raum verlassen und wird wieder zu den anderen geführt.

Geht es jetzt endlich weiter?

Samstag, 10.20 Uhr – Autobahnabfahrt Dessau-Süd

Unvermittelt ruckelt und stottert der Motor des Barkas B 1000. Die beiden Genossen der Volkspolizei Oberleutnant Hahn und Oberleutnant Meister sehen sich besorgt an. Sie sind nicht mehr weit weg vom Ziel ihrer Fahrt. Vor gut zwei Stunden haben sie in der Bezirksdirektion Gera ihren Dienst angetreten und eine Einweisung in ihre Tagesaufgabe erhalten. Dann noch schnell die Waffenausgabe, zwei Pistolen mit 14 Patronen, und los ging's zur Rückführung *dekadenter Personen* vom Stützpunkt der Transportpolizei Jüterbog zum Volkspolizeikreisamt Jena. Die Personalien wurden ihnen genannt, mehr nicht. Warum, wieso, weshalb, ist ihnen wie immer egal. Sie sind nur ein Begleitkommando, machen nur den Fahrdienst.

Der Fahrer lässt den grün-weißen Barkas am Straßenrand ausrollen. Da stimmt was nicht. Schon die letzten Kilometer reagierte der Motor nicht mehr richtig auf das Gaspedal. Der in Karl-Marx-Stadt produzierte Achtsitzer mit seinen 46 PS ist nicht mehr der Jüngste. Sie öffnen die Klappe zwischen den Vordersitzen neben der Handbremse, um nach den Zündkerzen und dem Vergaser zu sehen. Die Benzinleitung ist nicht verstopft. Nach etlichen Startversuchen mit dem immer gleichen Kurbelgeräusch steht die Diagnose für sie fest: Motorschaden! Vielleicht eine poröse Zylinderkopfdichtung oder ein Defekt der Kolbenringe. Wie auch immer, sie stecken fest. Den Auftrag können sie mit diesem Wagen vergessen!

Aber wie jetzt die Genossen darüber informieren? Das Funkgerät funktioniert hier nicht so, wie es soll. Als Volkspolizisten können sie doch bestimmt einen hilfsbereiten Fahrer stoppen, der sie zum nächsten Telefon bringt. Sie steigen aus. Viel ist auf der Autobahn am Sonnabendvormittag noch nicht los. Mal schauen.

Samstag, 10.30 Uhr – Jena-Neulobeda, Wohnblock 11, Eingang 1, Wohnung 171

Es riecht nach frisch gebrühtem Kaffee, zum zweiten Mal schon an diesem Morgen. Die Eltern von Matz haben längst gefrühstückt, die Wohnung aufgeräumt, und Ruth Domaschk ist mit dem Fahrstuhl vom neunten Stock heruntergefahren, zur Kaufhalle, Besorgungen erledigen fürs Wochenende. Gerhard Domaschk sitzt im Sessel am Wohnzimmertisch. Es ist still in der großen Wohnung. Vor ihm liegen zwei Fotoalben. Sein Blick richtet sich aber zum Fenster. Von hier oben kann er weit über das Saaletal ins Thüringer Land sehen.

Das Wochenende verspricht sonnig und warm zu bleiben. Am liebsten würde er zur Gartenlaube in Dürrengleina fahren, aber ihn plagt sein amputiertes Bein, eine Kriegsverletzung. Eine Granate traf seine Stellung beim Russlandfeldzug im Baltikum. Da war er 23 Jahre alt und das Bein nicht mehr zu retten. Den Kameraden, der vor ihm stand, zerfetzten die Splitter vor seinen Augen. Gerhards linkes Bein musste ganz weit oben abgetrennt werden. Selbst viele Jahre danach schmerzt ihn der verbliebene Stumpf immer wieder. Montag will er deshalb wieder zur Behandlung ins Krankenhaus nach Eisenberg.

Vor zehn Jahren zog Gerhard mit Ruth und dem 13-jährigen Matthias nach Neulobeda. Die Tochter Stefanie, sieben Jahre älter als Matthias, ging nach Dresden und hat an der Ingenieurschule für Elektronik und Informationsverarbeitung studiert.

Die Fünfraumwohnung war schön und komfortabel, zwei Balkone, fließendes Warmwasser, nie wieder Kohlen schleppen und Asche beseitigen. Erstmals ein eigenes Zimmer für Matthias, sogar mit eigener Toilette und Waschbecken, für Ruth eine praktische Küche mit Durchreiche zum Esstisch. Von Gerhards Schreibtisch im Arbeitszimmer ging der Blick weit nach Göschwitz.

Aber Gerhard vermisste seinen Garten in Görlitz. Hier war alles noch Schlammwüste und Baustelle. Die Wohnblöcke standen nackt in der Landschaft, wie abgeworfen. Ihm fehlte ein Rückzugsort, den er selbst gestalten konnte. Durch einen Zufall fand er eine Datsche am Rande des kleinen Dorfes Dürrengleina, eine halbe Autostunde von Jena entfernt.

Gerhard wendet seinen Blick aus der Ferne auf das Album, das vor ihm liegt. Die Fotos erinnern ihn daran, wie sie bald nach dem Einzug in Neulobeda Grundstück und Laube gemeinsam herrichteten: Stefanie und Ruth beim Wegebau mit Spaten und Schaufel, Matz mit Vorschlaghammer und Säge, er selbst mit Spitzhacke oder beim Roden von Bäumen und Büschen.

Auf einer Seite des Fotoalbums faltet Gerhard einen Streifen zusammengeklebter Bilder auseinander. Sie zeigen den einzigartigen Ausblick von seinem Garten, kilometerweit freie Sicht in die Ferne, bis zur Leuchtenburg. Der Blick, in den er sich sofort verliebt hat. Ein Paradies für die Familie.

Die Laube war anfangs nicht bewohnbar, der steile Hang als Garten kaum geeignet. Gerhard zeigte, was man mit nur einem Bein schaffen kann: Alles! Gräben ausheben, Steinmauern setzen, Dach decken, Fenster einbauen, Wegplatten legen, einen Felsenkühlschrank konstruieren, ein Holzhaus fürs Plumpsklo mit Waschbecken und Wasserspeicher bauen. Selbst getischlert sind auch die exakt eingepasste Sitzbank und die Hocker auf der Terrasse, die Einbauten im einzigen, winzigen Innenraum mit Tisch, Couch und Küchenmöbeln.

Sein Junge schleppte anfangs sogar Freunde aus der Schule als Helfer an, solche wie Billy und Moses, die ordentlich mit anpackten.

Gerhard weiß, dass er Menschen einsetzen und motivieren, organisieren und etwas aufbauen kann. So hat er es zum Hauptabteilungsleiter bei Carl Zeiss Jena gebracht, der sogar die Welt bereisen darf, nach Libyen als Bauleiter eines Planetariums, das die DDR dort errichtete, nach Indien, nach Algerien, nach Brasilien.

Gerhard, das Arbeitstier. Als sie noch in Görlitz lebten, machte er Karriere bei Meyer-Optik. Zwei Jahre lang projektierte er Nacht für Nacht als technischer Leiter ein neues Heizhaus für den Betrieb – ein Werk, das er weitgehend selbst gestalten konnte, eine Leistung, auf die er stolz war.

Immer wieder sagte er seinem Sohn, worauf es ankommt im Leben: *Jeder muß lernen und arbeiten! Noch leben wir nicht im Kommunismus. Der, der viel lernt, kann viel und hat damit viel. Der, der nichts kann, hat nichts.*

Trotz des fehlenden Beines ging er mit seiner Familie wandern und lief ihnen auf Krücken ohne Prothese meist davon. Er schnorchelte mit Matthias und Stefanie in der Ostsee, baute Zelte auf und ab, kletterte mit ihnen in der Sächsischen Schweiz, lief steile Wege rauf und runter und fuhr sogar Ski im Winter. Was war stärker? Seine Armmuskeln? Seine Willenskraft? Gerhard war der Bestimmer. In der Familie und im Betrieb.

Nur einmal war er es nicht, als sie ihn wegen seiner beruflichen Laufbahn 1967 zum Eintritt in die Partei drängten. Tagelang diskutierte er mit seiner Frau, wenn er nach Hause kam und ihr erzählte: Heute haben sie mich mal wieder für die Partei bearbeitet.

Er sieht noch immer, wie Ruth die Tränen in den Augen standen, wenn sie am Küchentisch darüber sprachen. Es war eine schlimme Zeit, und der Druck der Genossen wuchs von Tag zu Tag: Du kannst deine Aufgaben im Betrieb nicht mehr erfüllen, wenn du nicht eintrittst!

Am Ende wurde er SED-Mitglied – wie so viele. Was soll's, sagte er sich und steckte sich das Parteiabzeichen ans Revers seines Jacketts. Ich mache meinen Beruf, wenn's sein muss, dann eben als Genosse. Ich muss ja meine Familie weiter ernähren.

Als der Staatsbürgerkundelehrer in der Görlitzer Schule einige Zeit später über die führende Rolle der SED und den Wert der Partei sprach, meldete sich sein 13-jähriger Sohn und äußerte Zweifel: Man müsse doch aus Überzeugung dabei sein, aber seinen Vater habe man in die

Partei gezwungen. Sofort kam es zur Aussprache mit den Eltern. Gerhard musste versprechen, sich mehr um die klassenbewusste Erziehung seines Sohnes zu kümmern.

Als aus Meyer-Optik in Görlitz und anderen Betrieben das Kombinat Pentacon wurde, bekam Gerhard von der Partei einen neuen Chef in Dresden vor die Nase gesetzt. Seine Entscheidungsfreiheit wurde eingeschränkt. Das war Anlass für ihn, nach Jena zu gehen und wieder bei Zeiss anzufangen. Stefanie kam nur ab und zu auf Besuch von Dresden nach Jena. So gelang es ihr, sich der väterlichen Kontrolle und seinem »Was ich sage, wird gemacht!« zu entziehen.

Gerhard wollte stets das Beste für seine Kinder. Wie so viele junge deutsche Männer hatte er sich nach dem Krieg durch harte Jahre gekämpft. Der Aufbau in der DDR war auch sein Erfolg. Viel arbeiten, aber Hauptsache, der Familie geht es gut. Sie machen Urlaub, sie haben ein Auto, eine ordentlich eingerichtete Wohnung, es gibt genug zu essen. Alles ist so viel besser als in seiner Jugendzeit.

Gerhard greift zu den Krücken, steht auf, öffnet die Balkontür und tritt hinaus. Sein Fuß berührt die Metallstange, die jeder hier als Antenne auf dem Balkon liegen hat, um auch westliche Fernsehsender zu empfangen. War das falsch? Vielleicht haben die es in Görlitz besser, wo der Empfang unmöglich ist? Wir hatten auch dort schon einen Fernseher, aber nur mit Fernsehen der DDR. Ist Matthias hier mit zu viel Westfernsehen aufgewachsen? Was hat er gesehen, wenn ich nicht zu Hause war? Was spukte bloß alles in seinem Kopf herum, unter seinen langen Haaren, hinter seinem Hippiestirnband, mit dem er sich in der Schule doch bloß Ärger zuzog, erst recht, wenn er im Unterricht provokative Fragen stellte?

Natürlich sind Westfernsehen und Beatmusik nicht allein daran schuld, das weiß Gerhard. Falsche Freunde haben ihn da reingezogen. Das Abitur war doch zum Greifen nah, der Studienplatz schon sicher! Matthias könnte doch jetzt schon fast fertig sein mit dem Studium … Stattdessen sitzt mein Sohn im Heizungskeller eines renommierten Forschungsinstituts auf dem Beutenberg herum.

Gerhard blinzelt in die Sonne. Vom Balkon aus sieht die Landschaft schon sehr nach Frühling aus.

Zurück im Wohnzimmer betrachtet er in dem von ihm sorgfältig angelegten Fotoalbum seinen Sohn und muss lächeln. Matthias Richard Domaschk. Richard nach dem Vater seiner Frau Ruth.

Es war schön, wenn er seine Familie fast jeden Sommer nach Nonnevitz an der Ostsee fahren konnte, um dort die acht Wochen Schulferien zu verbringen. Er half ihnen beim Aufbau des Zeltes, musste aber manchmal nach ein paar Tagen zurück in seinen Betrieb. Aber er nutzte die Zeit mit seinem Sohn, um Schachtelhalme und Orchideen zu entdecken. In der Abendsonne gab es Feuer am Strand, sie saßen im Kreis, sangen, spielten, und einmal trauten sie sich, verbotenerweise einen Spießbraten zu grillen.

Nicht nur in der Görlitzer Grundschule lief es für Matthias glatt. Mit sieben Jungpionier, mit neun Jahren Erfolge in der Schulsportgruppe Leichtathletik, mit elf wurde er – na klar – Thälmannpionier und zum Gruppenratsvorsitzenden seiner Klasse gewählt.

Der Wechsel vom vertrauten Görlitz nach Jena-Neulobeda warf ihn zwar etwas zurück, aber bald wurden die Schulnoten wieder besser. Seine Aufnahme in die FDJ, die Vorbereitung auf die Jugendweihe 1972. *Jetzt bin ich auf dem Weg zu einem erwachsenen Menschen,* hat Matthias an diesem Tag zu seinem Vater gesagt, *jetzt werde ich nachdenken, welche Aufgaben ich im Leben habe.* Einige Zeit später meinte er: *Aber es hatte sich nichts weiter geändert, als daß ich in der Schule mit Sie angesprochen wurde.*

Mit dem Beginn der Berufsausbildung mit Abitur lief es aus Sicht des Vaters immer noch gut mit Matthias, der das *Abzeichen für Gutes Wissen* ablegte, in die Gewerkschaft und die vormilitärische Sportgruppe GST eintrat und alle Prüfungen mit Gut absolvierte.

Und dann Fotos seines Sohnes mit 16, draußen in Dürrengleina. Da hat er immer mit angepackt, da kommt er ganz nach dem Vater. Nur hier, auf diesem Bild, dieses Hippiestirnband, so fing das doch an …

Damals hatte er gehofft, die Flausen unter den länger und länger wachsenden Haaren würden sich schon legen.

Als Matthias noch jünger war, konnte Gerhard noch zu Kochtopf und Schere greifen und seinem Sohn eine ordentliche Kurzhaarfrisur verpassen, auch wenn der beim Blick in den Spiegel in Tränen ausbrach. Er wollte doch nur Beschwerden der Schule zuvorkommen.

In Gerhards Augen saßen die Verführer von Matz bereits in der Jungen Gemeinde Neulobeda. Außer den Pfarrern Zollmann und Schorch war das ganz besonders die 1974 aus Berlin dazugekommene Theologiestudentin Renate Groß.

Seine Mutter wollte ja unbedingt, dass Matthias konfirmiert wird. Auch Gerhard ist evangelisch getauft worden, aber das waren andere Zeiten. Bei seinem Sohn schadete es. Danach, als Matthias zur Jungen Gemeinde Stadtmitte lief, wurde es nur schlimmer. Dort haben sie ihn ganz verdorben.

Er ließ sich nichts mehr sagen. Wie oft endete es mit Schreierei und Türenschlagen? Manchmal nur, weil der Vater am Tisch sagte: Die Kartoffeln werden nicht mit dem Messer geschnitten, Matthias! Manchmal, weil er nicht wollte, dass Matthias tagelang zu irgendeinem Kirchentreffen fuhr. Einmal hat er ihn da einfach abgeholt, weil er sich in der Schule dafür krankgemeldet hatte.

Schuld sind die falschen Freunde, aber was kann man dagegen tun? Als Vater erreicht er ihn schon lange nicht mehr. Alle anderen sind wichtiger geworden.

Als Matthias 18 war, gab es zwischen Weihnachten und Neujahr einen Riesenkrach. Danach packte er seine Sachen und zog bei der angehenden Pfarrerin in diese unsägliche Bruchbude Am Rähmen, in die Stadt. Wer da alles ein und aus ging! Eine Wohngemeinschaft, vollkommen undurchschaubar. Ein Heim für eine Familie konnte das nie werden.

Fünf Jahre ist das her. Gerhard will und kann das immer noch nicht anders sehen.

Glück und Freude gehen unter, schrieb er in einem Brief an Matthias, von Jena-Neulobeda nach Jena-Stadtmitte, *wenn man aus der Gesellschaft ausgeschlossen lebt und materiell nicht mithalten kann! Denk einmal ganz nüchtern nach. Deine ganze Kraft, Energie, Freude, Liebe, das Lachen richtig eingesetzt. Am Ende soll doch Freude stehen. Nicht Resignation, Mißmut, oder die Feststellung, das Leben ist mir leid.*

Gerhard geht durch den Flur, links das Schlafzimmer, rechts ein kleines Durchgangszimmer, dahinter das Zimmer von Matthias. In der großen, leeren Wohnung lauert die Einsamkeit, wenn Ruth nicht da ist.

Die Tür zu Matthias' Zimmer ist halb geöffnet. Er geht hinein.

Matthias' Zimmer ist unbewohnt, das Bett aber frisch bezogen. An der Wand darüber hängen das Plakat einer Musikgruppe und ein kleines Bild von Che Guevara, das Matthias nach einer Vorlage selbst gefertigt hat.

Die Kakteen auf dem Fensterbrett blühen schon lange nicht mehr.

Im Dezember 1975, als Matz zu Hause auszog, schrieb er ein paar Zeilen an seine Schwester Steffi und erklärte ihr seine Entscheidung: *Ich ziehe nicht aus, weil ich meine Familie nicht mehr sehen kann, sondern weil ich mein Leben von der Familie losgelöst aufbauen will. Es ist das einzige, was mir helfen kann. Ich will nicht im Krach ausziehen, aber ich kann den Vater nicht mehr umerziehen, so daß er meinen Stil und meine Wünsche akzeptieren würde. Er glaubt, ich lande in einem illegalen Bombenlegerverein. Ich glaube, er ist fähig, die gemeinsten Mittel anzuwenden, um mich zum Bleiben zu zwingen. Hier zu Hause gibt es keinen Weg mehr. Tut mir leid, aber es ist auch mein Leben und ich glaube, ich habe ein Recht darauf, es selber einzurichten.*

Als er das schrieb, war Matthias noch Schüler der Berufsschule in Göschwitz. Dort hatte er nach zehn Klassen Polytechnische Oberschule die Chance, das Abitur zu machen und gleichzeitig bei Zeiss ausgebildet zu werden. Drei Tage Schule, zwei Tage Zeiss, jede Woche, drei Jahre lang. Gerhard sorgte mit dafür, dass sein Sohn eine Ausbildung als Feinmechaniker bei Zeiss bekam. Genau das hatte er ja auch selbst nach dem Krieg gelernt, es war der Anfang seiner Karriere.

Sein Sohn wollte nach dem Abi studieren. Geträumt hatte er von Archäologie, doch da gab es nur eine Handvoll Studienplätze in der DDR. In der Bewerbung, die er kurz vor dem Abitur schrieb, gab Matthias als Zweitwunsch Geodäsie an, die Vermessung der Erde. An seinem Traum hielt er dennoch fest: *Archäologie, dieser Wunsch läßt sich wirklich bis in meine Kindheit zurückführen. In der 3. Klasse bekam ich Informationen über die Arbeiten von Heinrich Schliemann zum Beispiel in Troja. Danach wollte ich unbedingt Höhlenforscher oder Archäologe werden. Von dieser Berufsrichtung möchte ich behaupten, daß die Vermessungstechnik doch artverwandt ist.*

Dieses Interesse hatte seine Mutter bei ihm geweckt. Sie war es, die Bücher über Ausgrabungen, Expeditionen und die Erforschung von Kontinenten verschlang und ihren Sohn mit der Begeisterung für ferne Länder, fremde Kulturen, für Afrika, Südamerika und Asien ansteckte. Matthias nutzte schon als Grundschüler die Familienbibliothek mit den prall gefüllten Regalen in der Stube und dem Bücherschrank im Arbeitszimmer.

Im Frühjahr 1976, nur ein paar Monate nach dem Auszug von Matthias, kam ein größerer Schock für die Eltern. Die angehende Pfarrerin war schwanger. Da hatte Matthias sie noch nicht mal als seine Freundin oder Verlobte vorgestellt. Als Ruth nachfragte, druckste Matthias erst herum und stammelte: *Es ist nicht so, wie du denkst!*

Später erkannte er die Vaterschaft offiziell an. Ja, was denn nun? Hatte der 19-jährige Sohn nicht genug Mumm, seinen Eltern zu sagen, dass er Vater wird?

Gerhard musste ihm einfach von dieser Beziehung abraten: *Du hast gesagt, daß ihr nie heiraten werdet. Dies dürfte wohl nur gut sein. Denn eine Frau, die 7 Jahre älter ist, hat andere Interessen, Erfahrungen und Wissen. Sie ist Dir als Jüngerem in jeder Lebenslage überlegen. Und sie wird Dir, unbewußt für Dich, diktieren was zu tun und zu lassen ist. Ja, sie wird Dich beherrschen. Sie lehrt Dich alles so zu sehen wie sie es kennt und weiß. Du bist als unerfahrener Mensch ihr ausgeliefert. Du bist und bleibst abhängig in jeder Hinsicht. Löse Dich aus Deiner jetzigen Situation.*

Doch Matthias löste sich nicht von Renate. Sie waren ein Liebespaar, sie hatten ein Kind, eine Wohnung. Eine Bruchbude, ja, aber selbstbestimmt und offen für viele Freunde und Besucher. Ein Zurück nach Neulobeda gab es nicht.

Gerhard wollte das nicht einsehen. Er wünschte sich den verlorenen Sohn zurück, bat ihn flehentlich, sein Leben zu ändern, machte dauernd Druck. Nachdem er erfahren hatte, dass Matthias etwas gegen die Biermann-Ausbürgerung unterschrieben hatte, deswegen verhört und seine Wohnung Am Rähmen durchsucht worden war, schrieb er ihm im Januar 1977 einen langen Brief:

Ich sehe es so, komm nach Hause zurück. Nicht weil wir damit Recht haben wollen oder Dich unter Kontrolle kriegen wollen. Nein, hier ist noch die

Basis da, um Dein Leben neu aufzubauen. Noch können wir Dir ein Zuhause bieten. Wie lange weiß ich nicht. Du kannst Dein Leben in Deinen eigenen vier Wänden gestalten. Du bist nicht abhängig, auch wenn Du glaubst, das Elternhaus ist ein Joch. Denk nach, noch läßt sich manches retten. Dein Elternhaus ist Dir offen. Nimm es oder vertu es.

Wer sich nicht nach vorn bewegt, wird von jeder Gesellschaft an den Rand gespült, wird überflüssig. Ausweglosigkeit, Selbstmord oder Mord sind das Ende.

Samstag, 11.15 Uhr – MfS-Bezirksverwaltung Potsdam

Wo bleibt denn das versprochene Fahrzeug, um die Personen in Jüterbog abzuholen? Der Genosse vom Leitungsdienst der Abteilung XIX in Potsdam fragt sich, warum der Wagen nicht längst eingetroffen ist. Deshalb ruft er in Jena an. Die Abfahrt von Gera um 8 Uhr wurde doch bestätigt. Die können doch nicht so lange brauchen. Würbach am anderen Ende des Telefons wundert sich auch.

Er hat sich kaum ausruhen können. Doch obwohl sein Bereitschaftsdienst um 8 Uhr morgens nach 24 Stunden eigentlich zu Ende gewesen wäre, will er die Rückführung ordentlich zum Abschluss bringen. Die Anfrage der Potsdamer Genossen überrascht ihn jetzt. Er verspricht dem Leitungsdienst in der Bezirkshauptstadt, sich sofort darum zu kümmern.

Eine Viertelstunde später ruft er in Potsdam zurück und berichtet von einem Dilemma. Die Kreisdienststelle habe von der Volkspolizei Jena erst jetzt erfahren, dass der Wagen kurz vor Jüterbog mit Motorschaden liegen geblieben sei. Die Genossen haben jedoch versprochen, für ein Ersatzfahrzeug zu sorgen. Eine neue Abfahrt sei aber erst um 13 Uhr von Gera möglich.

Aus dem Versprechen wird nichts. Erst später wird einigen Leitungskadern in Jena und Gera bekannt, was an diesem Samstagmorgen bei der Volkspolizei schiefgelaufen ist. Ein Ersatzfahrzeug wurde hektisch gesucht, aber nicht so schnell gefunden, weil der Verantwortliche für den Fuhrpark, der das hätte organisieren können, erst gegen halb zwei nachmittags ausfindig gemacht wurde. Er war in Liebschwitz, im Süden von Gera, auf einer privaten Baustelle. Ein Fahrer seiner Abteilung hatte sich für den Hausbau unter Ausnutzung seiner Stasi-Verbindungen einen großen Lkw vom Typ W 50 organisiert. Dieser Wagen kam mit mehreren Tonnen Sand beladen zur Baustelle. Beim Entladen fuhr der Lastwagen langsam rückwärts Richtung Baugrube. Dabei kam es zu einem Unfall. Der Bauherr geriet unter einen Reifen und wurde von dem tonnenschweren Fahrzeug überrollt.

Darum konnte sich der Verantwortliche für den Kraftverkehr erst am späten Nachmittag um die Anfrage aus Jena kümmern. Doch der einzige Barkas B 1000, den er für die Fahrt nach Jüterbog auftreiben konnte, war wegen seit Wochen fehlender Ersatzteile nicht einsatzfähig. Und eine Kolonne aus mehreren Ladas, als Alternative kurz in Erwägung gezogen, ließ sich auch nicht realisieren.

Würbach, vor dem das alles verheimlicht wurde, telefoniert in diesen Stunden mehrfach mit der Volkspolizei in Jena und Gera hin und her und ärgert sich über die Genossen der VP, die ihm ständig neue Zeiten für den Einsatz des Ersatzfahrzeuges ankündigen, mal 13, dann 14 Uhr, schließlich 15 Uhr. Es wird immer später, dabei sind zwei Vernehmer aus Gera schon kurz nach eins in der Kreisdienststelle eingetroffen, um sich auf die Befragung von Rösch und Domaschk vorzubereiten.

Viel später, erst um halb vier, wird endlich ein Barkas der Volkspolizei aufgetrieben, und der Wagen mit dem Nummernschild VP 10-0522 setzt sich mit zwei Uniformierten von Gera aus in Richtung Jüterbog in Bewegung.

All das sind Gründe für eine folgenschwere Veränderung im Ablauf der Dinge, die am Samstag gegen 14 Uhr in Gera und der Zentrale in Berlin beschlossen wird.

Samstag, 14 Uhr – Bahnhof Jüterbog, Diensträume der Trapo

Blase, Matz, Eva und Sylvi durften sich am Vormittag in getrennten Räumen auf harten Pritschen zwei Stunden hinlegen, fanden aber keinen Schlaf. Nun sitzen sie wieder gemeinsam im Dienstzimmer der Trapo, schweigend wie gestern Abend, ständig bewacht von zwei Transportpolizisten. Der Fernseher läuft und zeigt, *wie 100 000 Mitglieder der FDJ ein Bekenntnis auf dem Marx-Engels-Platz in Berlin zur Politik der Partei der Arbeiterklasse und ihrem sozialistischen Vaterland ablegen.*

Matz hebt kurz den Kopf und hört die Rede eines FDJ-Funktionärs aus Jena:

Mit Leistungen, die weit über bisherige Ziele hinausgehen, wollen die 46 000 Werktätigen in den 18 Betrieben des Kombinats VEB Carl Zeiss Jena, im Forschungszentrum und Außenhandelsbetrieb beitragen zur erfolgreichen Fortsetzung der Politik der Hauptaufgabe, wie Erich Honecker in seiner Rede auf dem X. Parteitag …

Dort hat er mal gearbeitet, im Forschungszentrum von Zeiss, bis er wenige Wochen vor dem Abitur und der Facharbeiterprüfung am 10. März 1977 einen Brief vom Betriebsdirektor Borrmann bekam:

Sie haben in grober Art und Weise die von Ihnen bei Abschluß des Lehrvertrages übernommenen Pflichten verletzt. Damit ist das im Lehrvertrag vereinbarte Lehrziel nicht mehr zu realisieren.

Seine Pflichten? Matz hat nachgeschaut. Im Lehrvertrag steht unter § 2 als Ziel seiner Ausbildung, aus ihm *einen allseitig entwickelten, klassenbewußten Facharbeiter zu machen, der sich durch hohes sozialistisches Bewußtsein und sozialistische Verhaltensweisen auszeichnet, sein Wissen und Können für die Stärkung und Verteidigung der Deutschen Demokratischen Republik einsetzt.*

Ein konkreter Vorwurf stand nicht im Brief, aber Matz weiß, worum es ging. Er hatte im November 1976 gemeinsam mit vielen anderen bei einer Veranstaltung der Jungen Gemeinde Stadtmitte den Appell bekannter DDR-Schriftsteller unterzeichnet mit der Bitte an die Staatsführung, die Ausbürgerung des Sängers Wolf Biermann noch einmal zu überdenken.

Gleich am übernächsten Tag wurden Renate und Matz in der Wohnung Am Rähmen von Stasi-Mitarbeitern abgeholt, seine hochschwangere Freundin nur kurz, Matz jedoch eine ganze Nacht lang vernommen. Zunächst schien alles erledigt zu sein. Aber wenige Wochen später platzte die Bombe in der Berufsschule in Jena-Göschwitz.

Erste Stunde, Mathematik bei Frau Benser, Berechnung des Konkavspiegels, Wirkung der Sonnenblende. Plötzlich fliegt die Tür zum Klassenzimmer auf, der Direktor tritt ein. Er stellt sich vor die Klasse und beginnt ohne große Umschweife mit lauter Stimme zu reden:

Matthias Domaschk ist ab sofort nicht mehr Schüler dieser Klasse und nimmt nicht mehr am Unterricht der F 3/2 teil. Das hat er sich mit seiner gesamten Persönlichkeitsentwicklung selbst zuzuschreiben. Domaschk hat gegen die Grundsätze seines Lehrvertrages verstoßen. Er wechselt unverzüglich zur Berufsausbildung ohne Abitur bis zum Ende seiner Facharbeiterausbildung im April. Diese Entscheidung ist unumkehrbar.

Es ist mucksmäuschenstill. Die Tische, an jedem zwei Schüler, stehen in drei Reihen hintereinander. Matthias sitzt neben Lutz und steht langsam auf.

Haben Sie das verstanden, Herr Domaschk? Domaschk, stehen Sie gerade, wenn ich zu Ihnen spreche! Packen Sie Ihre Sachen und kommen Sie mit!

Alle schauen betreten, keiner sagt etwas. Die Mathelehrerin ist erstarrt, das kommt auch für sie überraschend. Matthias bückt sich, nimmt seinen Beutel vom Boden, klappt das Schulbuch zu, steckt es samt Heft und Stift ein, verharrt noch einen Moment, als warte er auf eine Reaktion seiner zwei Dutzend Mitschüler. Doch niemand wagt etwas zu fragen oder zu kommentieren. Die Mathelehrerin macht einfach mit dem Unterricht weiter.

Sein Banknachbar Lutz gesteht Matz später, was er, vielleicht alle in der Klasse in diesem Moment dachten: Es sind nur noch vier Wochen bis zum Abitur. Wer jetzt redet, riskiert alles. Drei Jahre Schule umsonst. So viel gebüffelt. Partialdivision und Logarithmen in Mathe, Russisch, Elektronik ... Vielleicht kriegen die sich ja wegen dir noch ein.

Matz winkt einfach ab: Ach Lutze, das war's. Kein Studium, keine Landvermessung, keine Archäologie. Alle Berufsträume kaputt.

Was ging der Szene im Klassenzimmer voraus?

Eingefädelt wurde *die Maßnahme gegen den Biermann-Anhänger Domaschk* zwar von der Stasi-Kreisdienststelle in Jena, aber letztlich funktionierte sie nur im Zusammenwirken mit zahlreichen inoffiziellen Mitarbeitern und Kontaktpersonen bei Zeiss, im Rat der Stadt, in der Partei und in der Berufsschule.

Der Vorfall ging von der Kreis- an die Objektdienststelle, die in den Räumen von Zeiss saß. Die setzte sich mit der *Direktion Kader und Bildung* in Verbindung. Hier schrieb der Genosse Eifler an die *Abteilung Berufsbildung und Beratung beim Rat der Stadt Jena* einen Brief: *Das Lehrverhältnis muß wegen grober Verstöße gegen § 2 des Lehrvertrages geändert werden.*

Der Abteilungsleiter im Jenaer Rathaus, Genosse Pankow, gab Genossen Eifler und damit der Personalabteilung von Zeiss grünes Licht. Pankow schrieb: *Meine Entscheidung ist nach Überprüfung des Sachverhaltes und aller Gesetze erfolgt. Auch ich bin der Meinung, Domaschk hat grobe Verstöße begangen.*

Am Ende wurde er in der Berufsschule aus der Klasse geholt. Ein Brief an ihn hätte es auch getan, aber so wurden gleichzeitig die Mitschüler eingeschüchtert.

Matz protestierte gegen die Abschlussbeurteilung der Berufsschule, die ihm mit den besten Wünschen für seinen weiteren Lebensweg in die Hand gedrückt wurde. Schuldirektor Rink schrieb darin über den *Jugendfreund Matthias Domaschk: Sein Bestreben, vom Elternhaus unabhängig zu sein, führte zur Trennung von diesem. Dieser Schritt machte sich in einem Leistungsabfall deutlich spürbar. So unterlag Matthias politisch-ideologischen Einflüssen, die seine Entwicklung negativ beeinflußten. Seine gegenwärtige politische Haltung und seine aktive Tätigkeit auf politisch-ideologischem Gebiet, die eine ernsthafte Gefährdung seiner Persönlichkeitsentwicklung darstellen, führten zur Umsetzung von der Berufsausbildung mit Abitur zu Berufsausbildung ohne Abitur.*

Matthias schrieb empört zurück: *Ich kann nicht verstehen, daß meine Beurteilung im krassen Gegensatz zu vorhergegangenen Einschätzungen steht. Ich kann nicht akzeptieren, daß sowohl meine Trennung vom Elternhaus als auch die Änderungen meiner persönlichen Verhältnisse mit meiner beruflichen Entwicklung zusammengebracht werden. Es fehlt auch, daß ich das »Abzeichen für gutes Wissen« in Silber ablegte.*

Er bat um eine Überarbeitung, die er jedoch nicht bekam.

Zu Ende schreiben und abgeben konnte Matz nur noch seine Hausarbeit zur Facharbeiterprüfung mit mathematischen Formeln und Berechnungen für ein Bauteil zur Steuerung von Werkzeugmaschinen.

Am 30. April 1977 endete seine Ausbildung zum Feinmechaniker bei Carl Zeiss Jena. An diesem Tag packte Matz seine Sachen vom Arbeitsplatz im Werk 2 zusammen und verabschiedete sich von den Ingenieuren, die sich im Bereich Numerik zuletzt um ihn gekümmert hatten.

Noch einmal ging er durch die dunklen Räume im Keller mit den Messgeräten, den Laborbereich. Achim, der Ingenieur, zehn Jahre älter als Matz, der ihm bei der theoretischen Hausarbeit und dem praktischen Bau der Platine für den Schrittmotor geholfen hatte, drückte ihm ungewöhnlich fest die Hand: Na, Matthias, du wolltest doch gar kein Ingenieur werden, bloß dein Abitur machen und studieren. Feinmechaniker bist du ja jetzt, aber das ist doch nicht wirklich deine Sache? Ich hatte ja nie ein Problem mit dir, und weißt du, was besonders schade ist? Jetzt gibt es hier keinen mehr, der mir von Büchern und Gedichten erzählt.

Bei Zeiss gab es keine Arbeit mehr für Matz. Sein Vater konnte ihm auch nicht helfen.

Junge, sagte er, das hast du dir selbst eingebrockt. Da musst du allein wieder rausfinden.

Die anderen Mitschüler begannen zu studieren, Matz verschickte Bewerbungen, um nicht unter den Asozialen-Paragrafen zu fallen. Niemand durfte ohne Arbeit sein, sonst drohte Gefängnis *als arbeitsscheuer Parasit, da er ja doch irgendwie auf Kosten anderer lebt, sich letztlich permanenter Entwendung von Volksvermögen schuldig mache,* wie es einem seiner Freunde mal im Rat der Stadt erklärt wurde.

Meist kam es nicht einmal zu Vorstellungsgesprächen. Auf seine Briefe folgten wenige Tage später die Absagen. In seiner Bewerbung an die Uniklinik wies er auf seine Erfahrungen in der Pflege hin, da er während der Schulzeit an vielen Wochenenden in einem Pflegeheim für geistig behinderte Kinder gearbeitet hatte. Am Ende des Vorstellungsgespräches durfte er sogar das Formular auf Einstellung ausfüllen, er machte sich Hoffnungen. Doch nach zwei Wochen folgte wieder eine Absage – ohne Begründung. Er zerknüllte den Brief. Sie wollten ihn nicht – oder durften ihn nicht einstellen, nicht einmal als Hilfspfleger.

Unverdrossen bewarb Matz sich weiter, als Hausmeister im Zeiss-Planetarium, als Mechaniker in einer Institutswerkstatt – immer das Gleiche. Erst nach Monaten der Arbeitslosigkeit bot ihm das ZIMET, ein mikrobiologisches Forschungsinstitut der Akademie der Wissenschaften im Jenaer Stadtteil Beutenberg, einen Job als Maschinist für die Lüftungsanlagen – im Heizungskeller. Im Arbeitsvertrag unterschrieb er, *die Bestimmungen über Geheimhaltung und Schweigepflicht einzuhalten, insbesondere treu zur Deutschen Demokratischen Republik zu stehen und unablässig für die Festigung ihrer politischen und ökonomischen Grundlagen zu wirken.*

Hätte er das Abi gehabt und studiert, wäre er durch den imposanten Vordereingang mit den großen Reliefs zukunftszugewandter Forscher zur Arbeit gegangen. Aber so saß er meist im Keller, wenn es nicht irgendwo im Gebäude etwas zu reparieren gab.

Vielleicht, überlegte er, kann ich das Abi an der Abendschule nachholen?

Anfangs fand er die Arbeit furchtbar, Vierschichtdienst und im Halbdunkel Kohlen schaufeln. Bald konnte er der stupiden Tätigkeit aber auch etwas Positives abgewinnen, nicht nur, weil sie mit 650 Mark monatlich gut bezahlt war – meist gab es wenig zu tun, und er konnte in Ruhe Bücher lesen.

Da kann ich einen Lenz schieben, erzählte er grinsend seinen Freunden in der Gartenstraße.

Während der Nachtschichten nutzte Matz aus, dass es ein Telefon gab. Wenn sein Freund Heppe in einem Jenaer Heizkraftwerk ebenfalls nachts arbeitete, rief er ihn an. Sie quatschten über die Bücher, die sie bei der Arbeit lasen, und spielten stundenlang Schach – am Telefon.

Matz ist halb wach, halb im Schlaf. Es poltert an der Tür. Was kommt denn jetzt? Vier Volkspolizisten treten ein. Rösch und Domaschk sollen aufstehen, ihre Sachen mitnehmen und den Raum verlassen.

Der Ton ist barsch. Sie sollen keinen Widerstand leisten, sich ordentlich benehmen, nicht reden und die rechte Hand hochhalten. Warum, brauchen sie gar nicht erst zu fragen, mit geübten Griffen werden ihnen Handschellen angelegt.

So führen die Uniformierten die beiden wie Straftäter aus dem Bahnhof heraus. Matz und Blase blinzeln in die Sonne. Auf der Rückseite des Gebäudes stehen zwei Streifenwagen. Einsteigen, hinsetzen. Im

Wagen werden die Handschellen wieder abgenommen. Eine Familie, die zum Zug will, ist erschrocken über die Szene und sieht den abfahrenden Autos lange hinterher.

Samstag, 14.10 Uhr – Volkspolizeikreisamt Jüterbog

Die Fahrt ist kurz. Nach wenigen Minuten passieren die beiden Wagen ein graues Eisentor und halten vor dem Hinterausgang des Volkspolizeikreisamtes Jüterbog. Ein paar Stufen geht es hoch. Im Flur sitzen bereits die beiden Frauen.

Ohne weitere Erklärung wird Blase allein in einen Raum mit Holzpritsche geführt. Ein Bewacher bleibt bei ihm, die Tür zu seinem Erstaunen offen. Matz wird in der Zelle daneben platziert, ebenfalls mit offener Tür.

Eine der beiden Frauen verlangt nach einem Toilettengang. Am anderen Ende des Flurs muss, während Eva auf dem Klo sitzt, auch diese Tür offen bleiben. Die Volkspolizistin sieht ihr beim Pinkeln zu. Das macht Eva richtig sauer. Sie schimpft laut und ziemlich frech. Matz und Blase können es hören.

Na, brüllt sie, macht dich das etwa geil? Schämt ihr euch denn gar nicht?

Sie hört, wie Blase laut lacht. Ihre Freundin im Flur schmiert Popel an die Wand. Sie wird schließlich von einer dicklichen Volkspolizistin mit hochrotem Kopf zur erneuten Durchsuchung und Befragung in einen separaten Raum geführt.

Jetzt schimpft auch Sylvi: Muss das schon wieder sein? Ihr wisst doch längst alles! Wir haben doch alles schon erklärt! Unsere Eltern und Geschwister machen sich Sorgen, warum wir nicht zur Familienfeier kommen. Wann können wir denn endlich weiterfahren?

Die Polizistin presst die Lippen zusammen, blickt stur geradeaus und reagiert nicht. Die Abgeführte bleibt widerstrebend vor der Tür stehen, brüllt die Polizistin und die anderen Uniformierten im Flur an: Was ist, könnt ihr nicht antworten? Hä? Könnt ihr nicht reden?

Sie wird in den Raum mehr geschubst als geschoben.

Widersetzen Sie sich nicht der Maßnahme!

Auch Matz und Blase werden erneut durchsucht. Jetzt wird ihnen alles abgenommen, was sie in den Taschen ihrer Kleidung haben. Koffer und Beutel gibt es auch nicht zurück.

Am Ende der Prozedur bekommen sie Tee – und erneut eine lauwarme Bockwurst mit Senf nebst einer Scheibe trockenen Graubrotes.

Samstag, 14.10 Uhr – MfS-Bezirksverwaltung Gera

Oberst Weigelt ist vom Mittagessen in sein Büro zurückgekehrt. Er saß mit Oberstleutnant Jürgen Seidel, dem Leiter der Untersuchungsabteilung IX, noch etwas länger zusammen. Beide hatten Schweinemedaillons mit Champignons und Kroketten gewählt. Beim Magenbitter wurden sie sich einig, wie mit den vier in Jüterbog festgesetzten Personen weiter zu verfahren sei.

Generalmajor Dieter Lehmann, der Leiter der Bezirksverwaltung, weilt in diesen Stunden auf einem Empfang zu Ehren des X. Parteitages in Berlin. Mit ihm und der Berliner MfS-Zentrale ist Weigelt dennoch in ständiger Verbindung.

Von Lehmann hat er eine Weisung erhalten und von der Zentrale soeben ein Fernschreiben auf den Tisch bekommen, in dem es um die Sicherheitserfordernisse im Bezirk kommende Woche geht. Aber jetzt will er sich erstmal um die Liquidierung des Problems kümmern, das ihnen die KD Jena eingebrockt hat. Was hat Lehmann ihm erzählt? Es gab *einen anonymen Telefonanruf mit Bombendrohung im VPKA Jüterbog.* Ob da ein Zusammenhang mit unseren Zugeführten besteht?

Auf seinem Schreibtisch liegen Protokolle, Maßnahmepläne, Zwischenberichte, Einschätzungen und anderes operatives Material zum politischen Untergrund in Jena. In den vergangenen Jahren mussten die Geraer sich immer häufiger mit den Leitern der Hauptabteilungen XX und IX in Berlin über Aktivitäten und Vorhaben von Feindpersonen in Jena austauschen. Das war auf Kreis- und Bezirksebene allein gar nicht zu schaffen.

Erst haben wir diesen sogenannten Arbeitskreis Literatur von Jürgen Fuchs, Lutz Rathenow, Bernd Markowsky, Siegfried Reiprich und Wolfgang Hinkeldey zerschlagen. Wegen einer Fehleinschätzung eines für

Kultur zuständigen Genossen im Rat der Stadt Jena konnten die im Kulturzentrum Neulobeda viel zu lange ihre Hetze betreiben. Konterrevolutionäre, getarnt als Liebhaber von Gedichten, alles nur pessimistische Machwerke. Handlanger des Imperialismus. Der Prager Frühling 68 war ihr Vorbild. Wir haben aber keinen Jenaer Frühling zugelassen! Vorladungen, Auftrittsverbote, vorbeugende Aussprachen, Auflösung.

Kaum war das erledigt, wurde die Junge Gemeinde Jena-Stadtmitte für eine illegale Unterschriftensammlung von Biermann-Anhängern missbraucht.

Und jetzt wollen die sicher den Parteitag stören.

Die Strategie des Gegners hat sich gewandelt. Er will über die Jugend unser sozialistisches Vaterland schwächen. Der Angriff westlicher Ideologie geht in alle Lebensbereiche, er zielt bevorzugt auf die Köpfe unserer jungen Menschen. Wir müssen den Gegner noch wirksamer bekämpfen!

Weigelt kommt ins Grübeln. Er ist Jahrgang 1918 und schon mehr als drei Jahrzehnte dabei.

Nächstes Jahr werde ich wohl in den Ruhestand gehen müssen. Vor drei Jahren haben wir meinen 60. Geburtstag groß gefeiert. Die *Freunde* vom KGB hatten richtig gute Sachen besorgt: Krimsekt, Wodka und Kognak aus der SU, sogar russisches Bier. Die Bezirksverwaltung hat sich auch nicht lumpen lassen. Kaltes und warmes Buffet. Ob das wieder so groß gefeiert wird, wenn ich etwas eher aufhöre? Aber ich muss. Richtig gesund bin ich schon lange nicht mehr, die Kraft hat nachgelassen, dabei gibt es immer mehr zu tun. Die Feinde unserer Gesellschaft wachsen ständig nach. Kaum sind wir die einen los, fängt der Ärger mit den anderen an. Ich möchte mal wissen, wann das aufhört. Je weniger Sozialismus, desto mehr Barbarei. Das muss doch endlich in den Köpfen ankommen.

Wir Tschekisten der ersten Stunde haben unsere Erfahrungen: Der Gegner gibt niemals auf und bedroht uns ständig. Nie hab ich vergessen, wie das damals war, am 17. Juni 1953. Aufgehetzt durch Rädelsführer im Hintergrund, gelang es tausend Leuten in Gera, das erste Tor zum Gefängnis Amthordurchgang aufzustoßen. Sie standen bereits im Vorhof unserer Haftanstalt. Nur dank der heldenhaften Standhaftigkeit der Genossen gelangten sie nicht ins Hauptgebäude.

Aber ohne die uneigennützige Hilfe sowjetischer Tschekisten und der auf unserem Territorium stationierten Sowjetsoldaten hätten wir den konterrevolutionären Putschversuch nicht zerschlagen können. Die Abstimmung und das Kampfbündnis mit den sowjetischen Genossen sind bis heute wichtig, als Garant unserer Macht.

Ein Trauerspiel, wie der Laden in Jena unter Nowack heruntergekommen ist. Das liegt nicht nur an seiner Sauferei. Ich war ja selbst lange Zeit Leiter der Kreisdienststelle Jena. Da haben wir noch viele Saboteure des sozialistischen Aufbaus in den Betrieben dingfest gemacht. Sie hatten großen Schaden angerichtet, Agenten und Spione bei Zeiss, Verräter in hohen Positionen, die ihren eigenen Vorteil suchten und abhauen wollten. Nur so konnte der Aufbau unserer Republik gelingen: den Feindangriff schon in der Phase der Vorbereitung und Planung erkennen, wachsam sein, dem geringsten Verdacht nachgehen.

Diese jungen, dekadenten Leute heute in Jena verstehen überhaupt nicht, warum es uns so gut geht. Sie wollen nur zerstören, was wir aufgebaut haben.

Der Bande um Fuchs haben wir es gezeigt. Aber schlagen wir einen Kopf ab, wachsen andere nach. Ich kenne doch den OV »Kanzel« mit Domaschks Ex-Freundin, dieser Pfarrerin. Einige sind wie sie verhärtete Feinde, andere lassen sich vom Gegner missbrauchen. Wir reichen prinzipiell jedem die Hand. Wenn er will. Für uns – oder gegen uns? Man muss sich entscheiden.

Die Genossen in der Zentrale wollen immer nur was von Erfolgen hören. Das können sie heute haben im Fall Domaschk und Rösch. Wir wissen alles über die beiden, aber wir können ihnen heute vielleicht strafbare Handlungen nachweisen, die sie in einer langen Befragung bestätigen. Und hinterher lassen wir sie ihre belastenden Aussagen unterschreiben. Na, dann haben wir sie doch in der Hand!

Was haben wir denn alles?

Ein Hauptpunkt: ihre gemeinsame Fahrt nach Polen, ein Treffen ausgewiesener DDR-Feinde! Der Auerbach arbeitet doch klar im Auftrag des Gegners, sicher vom Geheimdienst gesteuert, was denn sonst? Domaschk wollte sich neulich auch noch mit seinem Idol Fuchs konspirativ in Polen treffen, und vor ein paar Wochen war er sogar erneut mit seinen maoistischen Freunden aus Karlsruhe und West-Berlin zusammen, natürlich auch in Polen. Der glaubt wohl, das entgeht uns? Solche Informationen liefern uns die polnischen Tschekisten immerhin noch zuverlässig, auch wenn sonst bei denen alles drunter und drüber geht.

Dieser Kerl und seine Kontakte haben eindeutig eine anarchistisch-terroristische Tendenz. Das geht klar aus dem Material hervor, das wir zusammengetragen haben. Da gibt es sicher auch eine Verbindung zu dieser angehenden Terrorgruppe in Halle. Rote Brigaden will Domaschk jetzt aufbauen oder ist schon dabei. Na, mit seinen Freunden Ali und Peter in Leipzig wird das nichts mehr werden. Denen haben wir Waffen und Munition längst abgenommen, die sind inhaftiert. Bei Ali waren es ein Revolver Kaliber 10,55 und ein Tesching-Gewehr, 9 mm, nebst 500 Schuss und bei dem anderen Kerl ein Magazin nebst Patronen für eine Makarow-Pistole. Die haben regelrechte Schießübungen gemacht.

Na, den Domaschk und den Rösch, die nehmen wir uns mal richtig zur Brust. Wie sagt unser General Lehmann immer? *Mit einem gesunden Maß an Härte!*

Machen wir natürlich nicht in Jena, sondern hier bei uns in Gera. So war die Weisung des Generals. Das wird unser Ding, die Lorbeeren holen wir uns. Jena hat sowieso keine Ahnung, was wirklich los ist, besonders jetzt in Polen – da ist es doch fast wieder so weit wie damals in Prag 68. In Warschau und Danzig klopft die Konterrevolution frech an die Tür. So weit wollen wir es bei uns nicht mal im Ansatz kommen lassen. Rösch und Domaschk waren vor einem halben Jahr zusammen in Polen, bestimmt nicht zum Pilzesammeln. Da kriegen wir schon was raus!

Ich besprech mit Major Seidel jetzt die genaue Einsatzplanung und unser Vorgehen, dann erfährt es Jena, Nowack muss das schlucken, Würbach sowieso.

Das Klingeln seines Telefons reißt Weigelt aus den Gedanken.

Wer ist dran? Die Hauptabteilung in Berlin? Die kann ich beruhigen. Er lässt sich vom Sekretariat den Anruf durchstellen.

Wir haben sie bald hier, Genossen!

Samstag, 14.15 Uhr – Volkspolizeikreisamt Jüterbog

Was ist bloß los? Warum sitzen wir jetzt bei der Volkspolizei? Matz hält es schwer aus, so viele Gedanken in seinem Kopf.

Blase hängt apathisch auf der Holzpritsche. Die Befragungen in der Nacht boten wenigstens noch eine Abwechslung. Aber was wollen sie denn jetzt noch? Die Ungewissheit ist unerträglich.

Wissen ist ihre Macht, Ungewissheit unsere Ohnmacht. Nicht zu wissen, wie es bei Zuführungen endet, ist quälend, erniedrigend, lähmend. Wir sollen uns immer nur fürchten, sollen Angst haben. Angst, die uns fertigmacht.

Matz widern diese uniformierten Typen einfach nur an, die immer, überall, zu jeder Zeit stur ihren Dienst tun, ihre Pflicht erfüllen. Die sich in Jena einen Sport daraus machen, langhaarige Leute wie ihn jederzeit auf der Straße anzuhalten: Na, Herr Domaschk, haben wir unsere Ausweisdokumente dabei?

Natürlich hat man sie nicht immer dabei, dann muss man mit ins Volkspolizeikreisamt. Das kann Stunden dauern.

Menschen, die sich anmaßen, andere Menschen herumzukommandieren, hat Matz eineinhalb Jahre bei der Armee ertragen müssen. Dort wurde er auch öfter in eine Zelle eingesperrt. Eine Zeit, die sich nur mit viel Bier und Rotwein durchhalten ließ. Und mit Büchern, Musik – oder Briefen, den letzten, dünnen emotionalen Fäden zu den Freunden daheim.

Der Einberufungsbefehl kam am 14. Oktober 1977. Für Matz war es *wie ein Schlag ins Gesicht, der einen ernüchtert* – mitten in einer Zeit intensiver politischer Aktivitäten. Matz war überrascht, er hatte gehofft, es treffe ihn erst ein halbes Jahr später. Dann hätte er vielleicht den Dienst mit der Waffe verweigert und sich zu den Bausoldaten gemeldet, was die Sache vielleicht noch weiter hinausgezögert hätte.

Na ja, was soll's. Die Spatentruppe wäre auch keine Alternative gewesen. Und ein wenig Rücksicht auf seine Eltern war wohl auch mit im Spiel.

So fügte er sich in sein Schicksal – und das traf ihn hart, härter als die meisten anderen Einberufenen aus Jena. Er musste nach Torgelow, ganz hoch im Norden, fast am Oderhaff, zu den Panzergrenadieren, in eine gefürchtete Schleiferkaserne. Fast einen Tag Bahnfahrt entfernt von Jena. Einmal im Winter brauchte er sogar mehr als 24 Stunden für die Rückreise. Vor allem: kaum Urlaub, nur ein paar Tage in eineinhalb Jahren – bei guter Führung.

An jenem Oktobertag öffnete er den alten Holzbriefkasten im Eingang des Hauses Am Rähmen und starrte ungläubig auf den grünen Schein in seiner Hand. Er ging Schritt für Schritt nach oben in den dritten Stock, öffnete die Fenster und ließ bei voller Lautstärke Pete Seegers »We shall overcome« laufen. Dazu trank Matz eine Flasche Rotwein, rauchte eine Karo nach der anderen und schaute nach draußen in die Herbstsonne. Nach einer ganzen Weile setzte er sich an den Schreibtisch und begann einen Brief an seine Schwester Steffi zu schreiben. Er gesteht ihr und sich selbst darin ein, *daß ich Angst habe, Angst kaputt gemacht zu werden und Angst davor, daß hier in Jena alles kaputt ist, wenn ich wiederkomme.*

Kaputtgegangen war in den vergangenen Monaten vieles. Sieben Freunde kamen nach neun Monaten Gefängnis wegen des Biermann-Solidaritätsabends in der Jungen Gemeinde nicht mehr nach Jena zurück. Sie wurden in den Westen abgeschoben. Andere sind irgendwie im Kofferraum auf der Transitstrecke oder über Ungarn abgehauen, wieder andere stellten einen Ausreiseantrag oder hatten es bald vor. So viele, die fehlten, die ihm fehlten – und kein Ende abzusehen. Die Stimmung war nicht gut. Es gab Misstrauen untereinander, Resignation, bestenfalls Sarkasmus und zynische Bemerkungen über die Lage. Zu Verhaftungen kam es auch in anderen Städten, von Freunden, die solidarisch Geld gesammelt hatten für Rechtsanwälte und Familien von Inhaftierten, die sich lediglich gegen die Ausbürgerung Biermanns gewandt hatten.

Zerbrochen war auch die Beziehung zwischen Matz und Renate, die Ende August 1977 mit der neun Monate alten Julia Am Rähmen auszog – ins 60 Kilometer entfernte Nöbdenitz, einen kleinen Ort östlich von Gera, wo Renate ihr Vikariat zu Ende bringen musste, um als Pfarrerin ordiniert zu werden. Freunde waren sie noch, aber Matz konnte und wollte nicht mehr, bei allem, was ihn als 20-Jährigen unter Stress setzte: Verhöre, Hausdurchsuchung, der Rauswurf aus der Berufsausbildung mit Abitur, keine Studienmöglichkeit, die Eltern, die elende Wohnung, aber auch der Spagat zwischen der 27-jährigen politisch umtriebigen Renate und seinen jugendlichen Freunden, die eher Spaß mit der Band oder auf Feten in den WGs suchten.

In dieser Situation musste Matz nun Jena für lange Zeit verlassen. Steffi hatte ein paar Tage zuvor eine Tochter zur Welt gebracht. Matz konnte wegen der unmittelbar bevorstehenden Einberufung die beiden nicht mehr in Dresden besuchen und wünschte seiner Nichte in einem Gedicht:

geborgenheit und liebe ...
in einer zeit, in der haß gelehrt wird.
du wirst lernen müssen,
um deine liebe zu kämpfen.

In den wenigen verbleibenden Tagen bis zur Abfahrt in die Kaserne musste er sich in Jena überall abmelden und klapperte tagelang die Ämter ab. In den Wartezeiten schrieb er darüber ein paar Zeilen:

der grüne schein ist da, und damit auch die angst
die angst vor der ungewißheit, vor der persönlichkeitszerstörung
du läufst von amt zu amt, durch die maschine der bürokratie ...
und du mußt dich abmelden.
man könnte meinen, es wäre jemand gestorben.

Am Wochenende vor Antritt des Armeedienstes besorgen sie einen Kasten Bier, etliche Flaschen Rotwein, Kämme und Scheren, um sich gegenseitig die langen Haare abzuschneiden.

Eine Handvoll Jungs und Mädchen, darunter ein paar Leute von Uller, treffen sich bei Matz zu Hause. Matz, Jochen, der Gitarrist, Behrchen und Achim verschwinden in der Küche. Jeder setzt sich der Reihe nach auf einen Stuhl, als wär's ein Schafott. Dann feixen und albern sie, um nicht in Tränen auszubrechen, wenn die Locken, die sie jahrelang getragen haben, herunterfallen. Bloß nicht heulen. Sie machen mehr als vierzig Fotos an diesem Tag, lachen viel und trinken, verkneifen sich das Grauen vor dem, was kommt. Später notiert Matz auf der Rückseite eines dieser Fotos:

woher nehmen sich die leute eigentlich das recht, einen menschen gegen seinen willen derart zu verunstalten?

Jochen wird von einer der Frauen geschoren. Achim aus der Gartenstraße ist es, der Matz die Haare radikal herunterholt. Er hat noch nie zuvor jemanden derart frisiert, und das Geräusch der Schere im dichten Haar ist für ihn und alle in der Küche schwer zu ertragen. Aber sie wollen dem Fassonschnitt bei der Armee unbedingt zuvorkommen. Achim hat diese allgemein übliche Erniedrigung bei seiner eigenen Einberufung vor mehr als zwei Jahren erlebt und ihnen deshalb den Rat gegeben, es sei ein wesentlich besseres Gefühl, wenn sie es selbst sind, die ihre Haarpracht abschneiden.

Macht ihnen nicht die Freude, euch das antun zu können!

Als Matz und Jochen mit den kahlgeschorenen Köpfen ins Wohnzimmer zu den anderen zurückkehren, schallt ihnen von den Frauen trotzdem entgegen: Uuuh, wie seht ihr denn aus?

Matz grinst nur und erwidert: Haare hin, Haare her. *Wir bleiben die, die wir sind. Wir lassen uns nicht brechen.*

Am 2. November 1977 steigt er am Saalbahnhof in den Zug, der ihn in eine andere Welt befördert.

Ankunft im Schneetreiben auf dem Sondergleis des Panzerregiments Torgelow-Spechtberg. Aus einem schnarrenden Lautsprecher wird jeder Name einzeln aufgerufen und einer Einheit zugeteilt. Die *Entlassungskandidaten* verhöhnen die *Sprutze,* die Neulinge, gleich bei der Ankunft. Dann Stube belegen. Von nun an jeden Abend Schrankkontrolle. Päckchenbauen vor dem Bett. Sechs Uhr aufstehen. Frühsport. Grundausbildung. Gleichschritt üben. Marschieren mit Sturmgepäck. Stundenlang im Schlamm und Schneematsch. Die Sturmbahn bewältigen. Angebrüllt werden. Bestrafungen. Spätabends keulen, mit dem Bohnerbesen das Linoleum in Flur und Stuben polieren …

Ein Tag leerer als der andere, grau und verloren, Sand, Wald. Graugrüne Endlosigkeit, die endet wo – in Verzweiflung. Man muß die Kraft haben, gegen die Verzweiflung.

Matz erinnert sich, dass er vor ein paar Monaten etwas abgetippt hat, mit sechs Durchschlägen auf der Schreibmaschine, in seiner Wohnung, einen Text von Jürgen Fuchs über die Einberufung und Ankunft bei der Armee. Vervielfältigt, um ihn an Freunde weiterzugeben. Am zweiten Tag in der Truppe habe ein Vorgesetzter so ganz nebenbei gesagt: *Damit wir uns gleich richtig verstehen, wer hier durchdreht und Faxen machen will, der muß sich schon etwas Besonderes einfallen lassen, hier gab's schon alles: aufhängen, Fenstersturz, Tabletten, auf Wache abknallen, alles schon dagewesen.*

In den ersten Briefen von Matz an seine Freunde in Jena fallen oft Worte wie *geistiges Vakuum, Schuld, Sorge, Angst* – und immer wieder *Verzweiflung.* Willkommen im Land der drei Meere, witzelt einer auf seiner Stube: Sandmeer, Waldmeer, Nichtsmehr.

Matz schreibt, er möchte *seinen eigenen gefühlen freien lauf lassen, wenn man andere menschen aber in diese gefühlswelt einbeziehen will, kriecht die angst in einem hoch, diesen anderen menschen durch die eigenen gefühle zu zerstören oder unglücklich zu machen.*

Es ist kompliziert.

Matz hört auf der Viererstube seine Musik von Pink Floyd oder Muddy Waters so laut, *daß hier fast alle sauer sind. private musik ist verboten.*

Ihn wundert bald kaum noch etwas. Nur, dass der russische Lkw namens Ural auf 100 Kilometer an die 140 Liter Benzin verbraucht hat.

Sein erster Kurzurlaub in Jena ist ein Reinfall. Er streitet sich mit Renate.

wir haben uns nur wieder brocken an den kopf geworfen, vorwürfe gemacht und uns wieder mal hervorragend verkracht (meine unfähigkeit renates stil zu akzeptieren oder zu verstehen). julchen ist am wochenende viel zu kurz gekommen, das ist ganz schön traurig, zumal die kluft zwischen uns immer größer wird, es ist jedenfalls ganz schön beschissen! mich macht ganz traurig, daß renate nicht mehr schreibt. wir hatten die ersten zwei monate einen unheimlich guten briefwechsel.

Dann sitzt er mitten im Winter im Feldlager. Bei den *Panzerluden,* den *Offiziersbullen* und *Uralfahrern.* Am Tag üben sie, schwere Militärfahrzeuge zu bergen oder gefrorenen Boden aufzuhacken, unter Vollschutz simulierter Gasangriff. Nachts sind es 15 Grad minus, keine Betten, nur Matratzen auf dem eiskalten Boden, keine Tische, ein Kanonenofen, der immerzu ausgeht, kein elektrisches Licht am Abend. Das gibt es nur in den Zelten der Offiziere, die jeden Tag feiern – ohne die *Landser,* wie die einfachen Soldaten hier schamlos genannt werden.

du sitzt im zelt und bist damit beschäftigt, laufend den ofen zu heizen, positiv ist nur, daß fast jeden abend einer etwas aus dem nächsten dorf zu trinken besorgt. um in die nächste kneipe zu kommen, muß man quer durch den wald, um der streife zu entgehen. das ist ganz schön – ruhe, sterne und schnee.

ich weiß, daß ich mir etwa in einer halben stunde eine flasche rotwein inden schädel schütten werde, um wieder ein bißchen »träumen« zu können. na ja, was soll's, ich will nicht heulen. ich rauche eine karo nach der anderen.

Matz wird hart rangenommen von den Vorgesetzten. Jeden zweiten Tag 24 Stunden Wache stehen. Sogar am Wochenende. Er ist bald völlig übermüdet. Wenn er an Jena denkt, macht er sich Sorgen um die Entwicklung unter seinen Freunden. Er kann aus der Ferne schwer nachvollziehen, was sich dort alles verändert.

wenn man zwischen zwei mühlsteinen sitzt, muß man sich entscheiden, entweder man läßt sich auch zu mehl verarbeiten und kommt in die großen säcke, oder man sucht nach einem ausweg, und diesen weg habe ich noch lange nicht gefunden, mein traumbild ist so ein hesse-kafka-gemisch mit dem auftreten von einer wallrafftype in einheitsfront mit ulrike meinhof, das einzige, was auf keinen fall zutrifft, ist ein show-intellektueller.

irgendwie befinden wir uns alle irgendwo auf der suche.

ach, ich bin zu kaputt heute. ich möchte mal wieder wandern gehen können, einfach laufen durch den wald, blumen sehen und vögel hören können (unbeengt durch eine kluft mit einer knarre auf dem kreuz).

Er unterzeichnet seine Briefe mit *matz (der auch matz bleiben will),* und ausgerechnet am Tag des Frühlingsanfangs erlebt er etwas besonders Schockierendes. Während einer Übung, die bis in die Nacht ging, verschwand ein Soldat mit voller Ausrüstung. Zwei Tage später: Verdacht auf Fahnenflucht. Großfahndung. Mehrere Hundertschaften ziehen durch den Wald. Jeder mit fünf Metern Abstand zum Nächsten.

das ganze hinterließ den eindruck einer treibjagd in mir und nach zahlreichen äußerungen von vorgesetzten war das, was wir da jagten, »freiwild geringer menschlicher qualität«. mir läuft es eiskalt den rücken herunter, wenn ich daran denke, was für tolle äußerungen die leute machten. es gab keinen, mit dem ich geredet habe, der sich fragte, wieso und warum einer auf einmal mitten in der nacht türmt.

gefunden hat man ihn dann nach knapp einer woche – an einem baum hängend. irgendwie ist mir die sache dermaßen unter die haut gefahren, daß ich mich frage, ob ich das ganze nicht mal irgendwie aufschreibe – um es nicht zu vergessen und um es zu verarbeiten. was man hier erlebt ist ungeheuerlich – gruslig und da man so gut wie nichts machen kann, verzweifelt man dann immer mehr. ich habe zur zeit ein ziemliches tief, möchte mich am liebsten zurückziehen. ich möchte manchmal ein maschinengewehr nehmen und voll reinhalten.

Immer wieder erlebt Matz sinnlose Schikane. Willkürlich müssen junge Wehrdienstleistende in den Knast, weil sie in ihren Stuben die Regeln nicht eingehalten haben. Häufig auch wegen übermäßigen Alkoholkonsums. An einem Wochenende hat es über ein Dutzend Leute gleichzeitig getroffen. Die singen dann in den Arrestzellen bis tief in die Nacht »Glory, glory, hallelujah«. Am nächsten Morgen bekommen sie deshalb den Befehl, zweihundert Zentner Kohlen umzusetzen, mit den Händen wegzuschaufeln. Natürlich weigern sie sich. Zwei Wachposten mit Maschinengewehr bedrohen sie, doch sie machen nicht so richtig mit. Schließlich zieht ein Offizier die Pistole und schießt in die Luft, um seinem Befehl Nachdruck zu verleihen. Einer der Verweigerer muss vor ihm durch den Dreck robben.

Matz wird bei anderer Gelegenheit bestraft, *weil ihm die boshaftigkeit und unlust aus den augen quellen* würden. Was ihm hilft, ist ein Buchladen im nächsten Ort, zu dessen Verkäuferin er versucht, einen Draht zu bekommen – und der Job in der Kompaniebücherei: *ein großer, heller raum. freundlich.* Dort darf er die Ausleihe machen, für ein paar Stunden in der Woche. Er kann dort Vivaldi hören, schön und traurig zugleich, findet er. Sechshundert Schallplatten, viel Schrott in seinen Augen, aber auch Ravel, Mussorgski, Beethoven, Bach. Er kann Reden und Ereignisse auf dem Schriftstellerkongress verfolgen (Hermann Kant findet er *skrupellos*), und er entdeckt kleine Schätze, etwa einen Gedichtband von Reiner Kunze.

An einem dieser wenigen guten Tage von Torgelow, umgeben von

Büchern, schreibt er kurz vor seinem 21. Geburtstag im Juni 1978 ein Gedicht und schickt es nach Jena:

nach liebe fragen kann ich nicht
nach schönheit fragen will ich nicht
aber nach unserem leben
denn es ist liebe und schönheit

Immer wieder Feldlager, Hitze, Sand, Dreck und Regen. Jemand bringt Gauloises aus Polen mit, *der blanke hochgenuß!*

Manchmal packt Matz die Nostalgie an die Zeit »davor«. Besonders, wenn er wieder auf Kurzbesuch in Jena war. Dann ist seine Stimmung besser, mal etwas weiter vom Nullpunkt entfernt. Wegen seiner »schiefen« Diskussionsbeiträge zum Thema Wehrerziehung muss er zur Aussprache mit dem Vorgesetzten und am Wochenende gleich 48 Stunden Wache schieben. Weil er bei einer Kontrolle um 4.30 Uhr selig schlummernd quer über seinem Postenweg erwischt wird, muss er tagelang Kartoffeln lesen und am Entlassungstag der anderen am Tor der Kaserne Posten stehen. Da wird Matz von achthundert Leuten beschimpft, bemitleidet, vollgenölt, so dass er am nächsten Morgen schon um 10 Uhr zu saufen anfängt. Den ganzen Tag über betrunken, versucht er Gedichte zu schreiben, die er – wieder nüchtern – am Ende verbrennt.

Im Dorfbuchladen ergattert er eines Tages das Buch »Der kleine Prinz« und findet alles darin *sagenhaft wahr! manchmal liege ich auf dem bett und träume auch mal wieder die möglichkeit durch, vielleicht doch irgendwie mal ein mädchen zu finden, etwas aufzubauen und glückliche kinder zu spielen.*

Aber: *ich habe auch irgendwie angst davor: flucht in ein neues gefängnis (klingt viel zu hart), vielleicht ist es auch die angst davor, daß die ansprüche, die ich jetzt stellen würde, nicht mehr die sind, die es vielleicht in einem jahr sind ... ich höre gerade shine on your crazy diamond ... könnte nach hinten umfallen, die augen schließen, schweben auf wogen von musik in irgend eine traumwelt – ich spinne! oder ganz allein auf einen berg stapfen, rennen und brüllen, die ganze verklemmtheit herausschreien. und dann liege ich wieder in meinem bett, habe einen haufen wilder ideen, die ich hier niemals verwirk-*

lichen kann. vielleicht ist es ein sagenhafter lebenshunger, ich könnte stunden damit zubringen zu träumen. träumen – ich glaube träume sind sehr wichtig für uns, sie können sehr viel kraft geben. die gefahr ist allerdings, daß man sich zu sehr in diese träume hineinlebt, seine eigene traumwelt baut, die beziehungen verliert. es müßte viel mehr und tiefer geredet werden.

Matz hofft, dieses Reden, diese tiefen Beziehungen in den wenigen Tagen und Stunden beim Wochenendurlaub in Jena spüren zu können. In der Panzerkaserne, in seiner Stube, findet er keine Gesprächspartner. Dort spielt er mit, um nicht dauernd aufzufallen.

immer schön lächeln, immer schön freundlich sein zu den leuten um einen herum. diese netten leute mit ihrem sehr breiten desinteresse, ihren so schönen zukunftsplänen mit frau, auto, ehekredit, schrankwand und totaler blindheit … ich habe die schnauze voll vom theaterspielen! woher kommen meine ganzen depressionen und frustrationen? ich will endlich etwas tun, um aus meiner persönlichen misere herauszukommen. warum sind wir nicht in der lage vorwärtszukommen? ich habe meine hoffnung und auch die gewißheit, daß es etwas besser wird, daran klammere ich mich …

Von seinem Vater erhielt Matz bunte Postkarten in die Kaserne. Aus Algier, aus Libyen, mit Fotos von Stränden und Sehenswürdigkeiten, mit Grüßen, stets in großen Druckbuchstaben verfasst, über *Basare mit einem Überangebot an Obst, Datteln, Feigen und Bergen von Orangen. Jedes Wochenende waren wir im Mittelmeer baden, das Wasser 23, die Luft 30 Grad, doch immer erfrischender Wind. Dir noch eine gute flotte Endrunde. Dann einen guten Start in das neue Leben und viele solche Reisen, wie ich sie habe.*

Anfang 1979 rückt das Ende von Torgelow näher. Das Bandmaß zeigt bald nur noch eine zweistellige Zahl der Tage bis zur Entlassung Ende April. Mitte Februar frohlockt er: *meinen scheißpanzer brauche ich nur noch einmal zu besteigen.*

Ladeschütze, Richtschütze, Panzerfahrer, Kommandant. Vier Leute eng eingeschlossen in einem Stahlkoloss. Im Inneren des russischen T 55 war es am schlimmsten bei der gefürchteten Unterwasserfahrt. Das Wasser drang ein und stieg höher und höher in der Fahrkanzel. Todesangst.

Die bevorstehende Entlassung lässt Matz aber nicht in Jubel ausbrechen, weil er daran denkt, dass im Mai die nächsten Leute eingezogen werden.

Und dann seine Rückkehr nach Jena. Der Ort *für die hoffnungen, die ich brauche. es ist für mich immer noch die quelle (der hoffnung), aber auch eine quelle der resignation, des sich zurückziehens und träumen von der »schönen alten zeit«. im großen und ganzen bin ich doch irgendwie ganz schön traurig darüber. das schlimmste ist, daß sich diese resignation so ziemlich überall breitmacht, daß man auf einmal feststellt, wie inaktiv man geworden ist, nicht mehr bereit, weiter als über den eigenen zaun zu sehen. darum sehe ich meine »wiedereingliederung« als arg problematisch und ein bißchen als quelle meiner angst. angst vor dem danach, angst vor dem nicht packen der neuen situation. was in drei wochen auf mich zukommt, kreist alles in meinem kopf, ohne daß mir bis jetzt gelungen wäre, dieses kreisen aufzuhalten. mir wird nicht gerade wohl bei dem gedanken an das alles. ich höre gerade wieder die DOORS, vielleicht bezeichnend für meine gemütsverfassung, ich habe noch einige andere kassetten hier, aber trotzdem höre ich in letzter zeit nur noch diese eine – vielleicht finde ich mich gerade darin wieder, in diesen dumpfen, sensiblen kompositionen.*

Der Nachmittag im Volkspolizeiamt Jüterbog zieht sich hin, Matz und Blase haben noch etwas zu trinken bekommen.

Wenn sie uns doch wenigstens zusammen warten ließen! Und miteinander reden.

Matz schreckt hoch. Die Tür wird aufgeriegelt, kurz geöffnet, ein Polizist blickt herein, dann schließt er die Tür wieder.

Was war das jetzt? Was haben die mit uns vor?

Samstag, 14.30 Uhr – MfS-Kreisdienststelle Jena

Würbach hat inzwischen geschluckt, dass die Sache nun nicht mehr in Jena laufen wird. Die beiden angereisten Vernehmungsspezialisten aus Gera sind schon wieder aus dem Haus und auf der Rückfahrt. Wenigstens die können ins Wochenende. Weigelt wird neue Leute für die Nacht bestellen müssen. Wenn Gera das so will, bitte. Sollen die doch machen.

Ich muss die Volkspolizei in Jena, die Genossen der KD Jüterbog und den Operativstab in Potsdam informieren, dass Rösch und Domaschk nun nach Gera transportiert werden. Aber ich warte mal ab, ob die Tour mit dem neuen Fahrzeug wirklich klappt.

Im letzten Zimmer am Ende des Flurs, im ersten Stock der Kreisdienststelle, sitzen ein paar Mitarbeiter aus verschiedenen Abteilungen zusammen. Einer hat Mandarinenschnittchen mitgebracht. Die Kaffeerunde trifft sich hier öfter, sie kennen sich gut untereinander und lästern am liebsten über Kollegen. Heute haben sie anfangs kurz darüber gestritten, ob Honecker einen Ausverkauf Richtung Westen betreibt. *Der verschachert doch selbst das Letzte, was wir haben, um uns über Wasser zu halten. Die Läden werden hier immer leerer.*

Ein anderer aus der Runde meint dazu: *Genosse Fiedler hat viele Berichte zur Lage in der Landwirtschaft geschrieben, alle Mängel und Mißstände benannt. Es hat sich aber überhaupt nichts getan.*

Ein Genosse ist ziemlich sauer über den scheinheiligen Sparkassendirektor in Jena: *Der ist auch so einer, der hat Geld schwarz getauscht, um im Intershop einzukaufen, und regelrechte Freß-Ex-Orgien gefeiert. Und stellt euch mal vor: Genosse Stefan, einer mit ganz gutem Überblick, hat sich neulich in der HOG »Satellit« in Neulobeda inkognito mit Antragstellern unterhalten. Die haben sich regelrecht ausgeheult. Stefan hat mir hinterher gesagt, er könne sie teils verstehen. Naja, soweit ist es also schon gekommen ...*

Eine Zeit lang witzeln sie über die neuen Folgen von »Dallas« und »Denver Clan«, und einer freut sich, dass die *Wohnraumbeschaffung* durch die Leitung für ihn und seine Frau schneller geklappt hat als gedacht, da wirft ein anderer grinsend die Frage in die Runde: *Hat der Neue im Referat XX eigentlich schon die Majorsprüfung hinter sich gebracht?*

Die Runde lacht lauthals, einer haut mit der Faust auf den Tisch, legt dann den Finger zum Schweigezeichen auf die Lippen. Sein Sitznachbar will auch witzig sein: *Wer mit der Rosi noch nichts hatte, ist doch kein Tschekist!* Das Lachen der Männerrunde steigert sich ins Grölen, als er nachlegt: *Wer Bedarf hat geht eben zu Rosi! Na, ist doch so.*

Jeder hier weiß, was es mit der Majorsprüfung auf sich hat: Wahlweise eine Stunde reglos aus dem Fenster starren – oder mit Rosi ins Bett. Unter den 95 Mitarbeitern der Kreisdienststelle sind nur zwölf Frauen.

Wer hier mit wem was hat, gehört zu ihren Lieblingsthemen bei der Kaffeerunde, genauso wie Klagen über die immer länger werdenden Arbeitszeiten.

Unser Leiter ist komplett ein moralischer Ausfall, der hat schon richtig lange ein Verhältnis mit Rosi. Nach jedem Saufen oben im Saal sind die beiden in seinem Zimmer verschwunden. Die haben sich sogar direkt vor den Wachleuten abgeknutscht. Ist doch klar, daß sowas Diskussionen hervorruft.

Holger will auch was loswerden: *Naja, gesoffen wird ja nun bei jeder Gelegenheit hier im Haus, kein Thema. Aber selbst Nowack und sein Kumpan Stenzi gehen tagsüber regelmäßig runter in den »Schwarzen Bären« an die Bierbar, kommen dann zurück und arbeiten weiter. Stenzi hat ein Verhältnis mit einer Kellnerin vom »Bären«, dabei soll ja sogar ein Kind entstanden sein. Jeder normale Mitarbeiter wäre längst rausgeflogen, aber er ist ja Leitung. Stenzi und Nowack sind nun mal zwei verschworene Kumpel, die glauben, keiner kann ihnen was. Im »Bären« haben sie einmal die Taschen mit Pistolen liegengelassen. Morgens sind sie dann wieder rüber, um die Pistolen einfach abzuholen.*

Nun mischt sich ein etwas schweigsamerer Genosse ein: *Jeder kann hier offenbar Dienststellenleiter werden, egal, was er für Zicken macht. Stenzi verlor doch auch mal seinen Terminkalender, mit sämtlichen Baumterminen – ohne Verweis!*

Holger ist gerade in Schwung: *Wie ist es denn bei Feierlichkeiten, Geburtstagen oder Dienstversammlungen? Gesoffen wird doch bei jedem Anlaß, jede Feier wird reichlich ausgedehnt. Die ersten, die besoffen sind, das sind doch unsere Leitungen. Hat ja auch was Positives: Dann werden sie plötzlich Mensch und man kann sich mit ihnen wenigstens mal unterhalten.*

Letztens hatte ich OvD-Dienst. Es war die Geburtstagsfeier vom Genossen Referatsleiter. Naja, ihr wißt, bei solchen Gelegenheiten hängt sich die Rosi immer schwer mit rein. Ihr Favorit ist eigentlich Gerd, aber egal. Um neun Uhr waren alle stark besoffen, tranken aber weiter. Drei Leute fehlten: Gerd, Rosi und – na? Ratet mal ... Lippi! Der war auch scharf auf die Frau.

Gerd war da schon eine dreiviertel Stunde mit Rosi in seinem Dienstzimmer, und Lippi lief vor der Tür immer auf und ab. Das berichtete mir der Wachmann, den ich hochgeschickt hatte, um zu kontrollieren, was da los ist. Gerd und Rosi sind nicht zu sehen, meldete er mir. Lippi hat aber immer wei-

ter gewartet, bis Rosi rauskam. Dann sind die beiden tatsächlich auch noch zusammen raus aus dem Haus, gemeinsam zu ihr, während seine eigene Frau zu Hause wohl auf ihn gewartet hat. Gerd lag oben stockbesoffen mit offener Hose auf der Couch, hatte einen kompletten Filmriß den ganzen nächsten Tag. Die Geschichte ging ja wie ein Lauffeuer durchs Haus.

Der gegenübersitzende Genosse aus dem Referat XIX winkt ab: *Was soll das denn alles, Holger? Die Kraftfahrer haben Verhältnisse mit den beiden Küchenmädchen, der Beauftragte des Leiters mit der Chefsekretärin. Mein Referatsleiter mit der Reinigungskraft. Auch einer von den Freunden hat es im Sommer schon mit Rosi getrieben, im Hof hinter den Garagen. Es gehört hier doch zum positiven Image, obwohl die eigentlich aus dem Haus müßte, denn die bricht sonst noch jemandem das Genick.*

Zustimmendes Nicken in der Runde, dann platzen alle los vor Lachen, denn hinter Frauen sind sie fast alle her. Es kam schon vor, dass jemand eine Dame abends in der Kneipe kennenlernte und sich am nächsten Morgen verbotenerweise eine Karteiauskunft geholt hat, um zu sehen, mit wem er die Nacht verbracht hat.

Bert will auch noch eine Geschichte loswerden. Sie haben schon öfter so gelästert und fürchten sich nicht davor, dass einer aus der Runde sie an Vorgesetzte verpfeift: *Im Referat 2 gibt es zwei Alkis, die fangen früh an und hören abends erst auf. Der Schnaps steht bei denen im Panzerschrank. Der eine ist dieser verklemmte Freßsack, der andere ein absoluter Materialist. Das faulste und trägste Schwein, das bei uns rumläuft, der sieht nur zu, wie er bei uns über die Runden kommt. Der geht sogar in der Dienstzeit angeln am Vormittag, dann fast täglich Mittagessen in Gaststätten. Und er macht auch irgendwelche Geschichten mit jedem seiner IM. Läßt sich immer etwas besorgen, was es sonst nicht gibt. Der telefoniert den ganzen Tag und man hört immer nur: weißt du, kannst du, ich brauche dies, ich brauche das. Dann geht er mit dem großen Beutel raus und es heißt: der ist wieder auf Besorgungsstrecke. Er verbindet jede dienstliche Aufgabe damit, irgend etwas zu besorgen. Neulich meinte die Küchenkraft zu mir: wenn sie gewußt hätte, was sie hier erwartet, hätte sie gar nicht angefangen.*

In Holger nagt dieses Gefühl auch schon länger. Er denkt, es sind viele, die keine Lust mehr zur Arbeit haben. Sein Zimmernachbar Tröbs hat ihm neulich gesagt, wenn es nicht wegen des Geldes wäre, schmecke ihm das gar nicht so weiter bis zur Rente. Er würde gern wissen, was er bei Zeiss verdienen könnte. Wenn man sich nicht so ans Geld gewöhnt hätte, dann wäre es besser, lieber heute als morgen aufzuhören. Auch ihm selbst geht es so, aber wie soll man aus dem Laden rauskommen?

Einer am Tisch mault über die ständigen Sondereinsätze, die mit ihrer eigentlichen Arbeit nichts zu tun haben: *Jetzt geht uns schon wieder ein Wochenende flöten, ständig sind alle möglichen Einsätze, dauernd sind wir nachts unterwegs auf Streifengang. Von einem Potsdamer Genossen hab ich gehört, die mußten wegen Kampfkurs X einen Wahnsinnsaufwand betreiben entlang der Strecke, die von der KPdSU-Delegation bei ihrem Besuch in der Stadt gefahren wird. Die mußten gigantische Namenslisten sämtlicher Bewohner fertigen. Alle Nichtwähler, alle Alkoholiker, alle Antragsteller sowieso, wer Westverbindungen hat, wer aus der SED ausgeschlossen wurde, alles, alles, 600 Leute, die da wohnen! Das einfachste war noch, die Schlaglöcher in der Fahrbahn komplett zu beseitigen. Und am Montag kommt also die Delegation der Freunde in die Stadt, da schieben auch wir wieder Stunden bis tief in die Nacht. Ich will doch nicht, daß meine Frau genauso rebelliert wie die von unserem Parteisekretär.*

Einwurf seines Gegenübers: *Der ist sowieso fehl am Platz, dieser üble Karrierist! Dieser Kommunist ist doch keine Vertrauensperson, zu dem geht doch niemand mit einem Problem hin.*

Alle nicken zustimmend und wollen hören, was noch kommt: *Der hat doch große Probleme mit seiner Familie. Weil er so viel unterwegs war, hat sie geklaut, in irgendeinem Laden, ein paar Schuhe. Als sie erwischt wurde, hat sie gesagt, daß sie es gemacht hat, um ihren Mann auf sich aufmerksam zu machen, daß sie auch noch da ist. Das hat ihm nicht geschadet. Er ist Parteisekretär geblieben. Mir soll keiner kommen, hat er gesagt, die haben alle selbst genug Dreck am Stecken, die sollen erst mal mit sich selbst ins reine kommen.*

Der Kaffee ist ausgetrunken, die Mandarinenschnittchen restlos weg. Holger erhebt sich und bläst zum Aufbruch: *Genossen, für die Geraer sind wir eine echte Problemdienststelle, aber wir können die ganze Belastung nicht einfach abstellen, weil die Arbeit gemacht werden muß. Also ran!*

Samstag, 15.45 Uhr – Volkspolizeikreisamt Jüterbog

Dieses zermürbende Warten. Worauf bloß? Keiner hat ihnen irgendetwas erklärt. Wir telefonieren, hieß es lediglich. Zwischendurch kam ein neuer Herr in Zivil zu den vieren und fragte jeden, wie er heißt, und nach der Arbeitsstelle. Seltsam. Wer war denn das jetzt? Das wissen sie doch schon alles. Weiß da die linke Hand nicht, was die rechte tut?

Die Geburtstagsfeier können wir endgültig vergessen. Aber vielleicht klappt es ja noch heute Abend mit der Wohnungseinweihungsfete bei Kathrin. Und der Sonntag bleibt uns dann auch noch in Berlin.

Bei Kathrin sind sicherlich Leute, die wir aus Braunsdorf kennen. Matz wird ganz wehmütig, wenn er an die Treffen zurückdenkt, die Kathrins Vater, Walter Schilling, auf die Beine gestellt hat. Der freundliche Jugendpfarrer sieht mit seinen langen Haaren aus wie seine jungen Besucher, ein Vater, ein Freund, ein Außenseiter in seiner Kirche, einer, der hilft, aber auch fordert.

Aus einem ehemaligen Stallgebäude hatte Walter in dem abgelegenen thüringischen Dorf einen großen, offenen Treffpunkt geschaffen. Mit Übernachtungshaus, einem weitläufigen Wiesengelände drum herum, wo jeder sein Zelt aufschlagen konnte, wenn die Doppelstockbetten in den Schlafsälen schon belegt waren. Seit 1968 war das umgebaute Stallgebäude jeden Sommer Versammlungsort für Hippies, Tramper, Blueser und Pazifisten – weit über Thüringen hinaus.

Allein das Zusammensein. Die wunderbar langen Abende am Kamin oder draußen ums offene Feuer, Musik und Gespräche, bei denen alle Themen behandelt werden konnten, die unter den Nägeln brannten. Obwohl die meisten kein großes Interesse an Kirche hatten, hörten sie zu, wenn Schilling beim offenen Gottesdienst ein Gleichnis aus der Bibel vortrug und es mit ihrer Welt und ihren Problemen verband.

Blase hat von Walter sogar gelernt, wie man Kartoffeln richtig schält – jedenfalls nicht viereckig, wie er das bisher machte. Was haben wir gelacht! Für Blase waren Schilling und dessen Frau Eva ein bisschen Familienersatz. Einmal nähte sie ihm einen abgerissenen Knopf wieder an und faltete sein Hemd ordentlich zusammen, da war er total gerührt.

Die Besucher kamen aus allen möglichen Orten, in denen man sie demnächst wiedertreffen könnte, nach einem Konzert oder als Zwischenstopp beim Trampen. Gut für die Vernetzung. Gut für das Gefühl: Es gibt so viele Verbündete im ganzen Land, ich bin nicht allein, wir sind viele und wir werden von Treffen zu Treffen immer mehr.

Im Juni 78 und 79 gab es besondere Höhepunkte. Da kamen weit über tausend Besucher zur Stadtkirche nach Rudolstadt. Das hatte Walter durchgekämpft, gegen den Willen seiner Kirchenleitung und gegen Schikanen und Auflagen der Behörden.

June wurde ein unvergessliches Festival mit Rockmusik und Diskussionen über Ausländerfeindlichkeit, Rassismus und Schikanen gegen langhaarige Jeansträger – über vieles, was sonst kein öffentliches Thema sein durfte. Was war das für ein Gänsehautmoment, als in der Kirche »I am free« von The Who erklang und alle, alle mitschrien.

Vorbei. Aus und vorbei. Im Dezember haben sie Braunsdorf geschlossen, Räume gesperrt, den großen Treffpunkt vernichtet. Angeblich erneute Hygiene- und Baumängel. Wieder ist eine Sache weggebrochen, die wir alle geliebt haben. Und Protest dagegen gab es kaum.

Niemand weiß, ob unser kleines Woodstock bei Walter je wiederkehrt. Ist es Wut oder Resignation, die Matz beim Gedanken daran spürt? Vielleicht gibt es auf der Fete von Kathrin Neuigkeiten. Dann müsste hier bloß langsam was passieren. Wie es Blase wohl geht?

Sein Freund wollte ihm gestern nichts von der Beerdigung seines Vaters in Rostock erzählen. Matz wundert sich nicht besonders darüber. Nur einmal, bei einer der vielen Wanderungen, als sie beide allein hinter den anderen den schmalen Weg Richtung Kernberge hochstiegen, ließ Blase ein wenig von seiner Geschichte blicken.

Weißt du eigentlich, dass ich im Kindergarten oft Bratwurst essen musste und sie überhaupt nicht ausstehen konnte? Ich wollte als Thüringer, in Jena geboren, überhaupt kein Fleisch essen und war ein richtiger Mickerling. Darum bekam ich Lebertran, ein superekliges Zeug. Um mein Essen selbst zu bestimmen, wollte ich eigentlich Koch werden, in Weimar, im Spitzenhotel »Elephant«. Aber jedes Wochenende arbeiten, wenn meine Freunde frei haben, nee, deshalb bin ich lieber Feinmechaniker bei Zeiss geworden, genau wie du.

Matz sagte erst mal nichts und hoffte, dass sein Freund weitererzählte. Sie blieben stehen, traten an die Felskante und schauten hinunter auf ihre Stadt. Von hier oben sah alles ganz friedlich aus.

Umgeben von Bergen und Wald, hat sich die Stadt im Tal entlang der Saale ausgebreitet. Vom Berg aus betrachtet ein Mosaik von Dächern. Im Zentrum die Altstadt mit den kleinen und engen Gässchen, Wohnhäusern und Kneipen – all unsere Treffpunkte.

Im Neubaugebiet von Lobeda, leicht zu erkennen, die Blöcke der Arbeiter- und Lehrlingswohnheime. Tausende leben da in Zweier-, Dreier-, Viererzimmern. Abends gehen sie gern ins KZ, wie sie das Kulturzentrum nennen. Dort gibt es Livekonzerte von Bands, Disco, Tanz und eine Grillbar, wo man für ein paar Mark Steak mit Letscho essen kann. Jeden Abend belebt sich aber vor allem der riesige Speisesaal. Dort entstehen Bekanntschaften von ganz allein.

Die Leute sind von überall hergekommen, aus der ganzen Republik, und ständig rücken Neue nach. Die Werber von Zeiss gehen zum Ende der neunten Klasse in die Schulen: Kommt nach Jena! Werdet Ingenieure, Konstrukteure, technische Zeichner, Feinmechaniker! Gehört mit zu den Besten!

Es sind abenteuerlustige 16-Jährige, die ihre Elternhäuser verlassen und in ihr eigenes Leben aufbrechen. Sie treffen in Jena auf die *Stehkragenproletarier:* Söhne und Töchter von Professoren der Friedrich-Schiller-Universität, auf den Nachwuchs stolzer Zeissianer aus dem traditionsreichen Vorzeigekombinat. Ein Schmelztiegel der Jugend.

So hat sich eine bunte Mischung in Jena zusammengefunden. Dennoch ist die Stadt überschaubar. Man läuft sich über den Weg, besucht sich, tauscht sich aus, sucht nach Sinn und Orientierung, nach Spaß auf Feten und beim Tanzen.

Matz wendete seinen Blick von der Stadt wieder den Freunden zu und dachte an die, die er vermisste. Seit seiner Armeezeit war Gehen oder Bleiben ein dominierendes Thema. Matz redete immer wieder dagegen an. Bleibt bei uns, bleibt bei mir!

Aus Jena geht man doch nicht einfach weg!

Blase, der neben Matz stand, stieß einen Seufzer aus und sagte: Ich liebe diese Landschaft!

Ja, sagte Matz, aber was nützt mir die schöne Landschaft, die ganze Stadt da unten, wenn ich hier eines Tages allein wandern muss?

Blase verstand seinen Freund.

Diesmal waren sie weniger als sonst, aber immer noch ein paar Dutzend Leute, die sich Samstagmittag auf dem Markt verabredet hatten. Eine Weile saßen sie noch unter dem Hanfried auf den Stufen, schauten zu, wie der Wochenmarkt abgebaut wurde, und warteten, wer noch kommt. Dann ging's los. Ein kleines Stück durch das Zentrum, die Berge ringsum zum Greifen nah. Der Fuchsturm, der Hausberg, der Jenzig, die Lobdeburg, den Steiger rauf zum Landgrafen.

Steile Wege, ganz oben der freie Blick, weiterwandern, picknicken oder einkehren, diskutieren mal in dieser, mal in jener Gruppe. Der Weg gehörte nur ihnen, entlang steiler Felsen, vorbei an Ruinen und einstigen Schlachtfeldern, durch tiefen Wald und über weite Wiesen, bei Sonne, Regen, Schnee, vertrauliche Gespräche, neue Beziehungen knüpfen oder vertiefen.

Auf den Stufen am Hanfried-Sockel, als Matz neben Blase saß, erwähnte er nur ganz nebenbei, dass er mal wieder Stress mit seinem Vater habe, ohne konkret zu werden. Blase erinnerte es wohl an seine Eltern, über die er sonst kaum sprach. Beide waren überzeugte SED-Genossen, seine Mutter sogar zeitweilig in der SED-Kreisleitung Jena.

Nun sprudelte Blase, Matz hörte zu.

Bei uns zu Hause durfte kein Westfernsehen geguckt werden. Um den Beat-Club zu sehen, musste ich zu Freunden gehen. Mutter ist Wirtschaftsleiterin in der Uniklinik, dort in der Parteileitung, in der Konfliktkommission tyrannisiert sie ständig Leute. Wenn jemand fremdgegangen ist, muss er oder sie das ganze Privatleben in der Parteiversammlung breitlegen und Selbstkritik üben. Dabei ist meine Mutter selbst nicht besser. Das ist so widersprüchlich! Naja, und mein Vater, auch Genosse der SED, den hab ich in meiner ganzen Jugend nur drei Mal gesehen. Einmal durfte ich ihn in Rostock besuchen, da hat er mir den Hafen mit den großen Schiffen gezeigt. Das hat mich schwer beeindruckt. Das war's dann auch.

Alle hatten inzwischen den Weg verlassen und liefen querfeldein weiter, wie sie das gern bei ihren Wanderungen machten. Bloß nicht immer die gleichen Wege!

Vor ihnen fiel einer etwas zurück und lief jetzt neben den beiden: Es war Gag. Den Spitznamen hatte er wegen seiner satirischen Protestaktionen bekommen. So hatte er sich bei der 1.-Mai-Demo 1977 einfach mit einem leeren Plakat eingereiht. Eine weiß bemalte Pappe, festgenagelt an einer Holzlatte aus dem HO-Heimwerkerladen, auf der nichts stand. Wie schon bei der Aktion der WG Jahnstraße ein Jahr zuvor: eine Persiflage auf das alljährliche Ritual der Partei, bei dem die Bürger Jenas vorgegebene Losungen an der Ehrentribüne mit den Funktionären am Ernst-Thälmann-Ring vorbeitrugen, deren Inhalt sie kaum interessierte. Statt leerer Parolen gleich ein unbeschriebenes Plakat. Damit ging Gag zum Block der Studenten und Professoren am Universitäts-Hochhaus, darunter auch jene, die zwei Monate zuvor für seinen Rausschmiss von der Uni gestimmt hatten, weil er im Seminar über die ungerechtfertigte Ausbürgerung von Wolf Biermann diskutiert hatte. Ihnen wollte er mit dem leeren Schild zeigen, dass sie sich an der Unterdrückung seiner Meinungsfreiheit beteiligt hatten.

Die Studenten mit ihren vorgefertigten Transparenten und Plakaten schauten verunsichert, redeten aber kein Wort mit ihm.

Weiter passiert ist ihm nichts.

Gags Vater hatte mit dem von Matz einiges gemeinsam. Beide verloren in jungen Jahren im Krieg ein Bein. Beide erlebten, wohin Politik führen kann, beide predigten ihren Kindern: Halte dich aus der Politik heraus! Pass auf, was du sagst! Mach keinen Ärger, das fällt sonst auf mich und die ganze Familie zurück!

Matz und Gag hatten schon öfter darüber geredet und sind sich einig, dass ihre Väter im Krieg etwas erlebt hatten, was den Söhnen leidtut. Beiden war klar: Bei der Suche nach unserem eigenen Leben, über das wir selbst bestimmen wollen, ohne diese allgemeine Anpassung und Unterwerfung, müssen wir dennoch auf unsere Väter und Familien Rücksicht nehmen. Was allerdings mit der Zeit und jedem neuen Konflikt zunehmend schwieriger wurde.

Ein wenig beneideten sie Blase. Den kümmerten solche Fragen nicht, sein Vater war von klein auf ein Totalausfall. Blase brauchte auf niemanden Rücksicht zu nehmen.

Gag und Matz dagegen hatten zwar ihre Väter, doch so oft nun auch wieder nicht, denn Arbeit und Karriere gingen stets vor.

Beide Väter hatten leitende Posten bei Zeiss. Gags Vater war an der

Entwicklung einer Weltraumkamera beteiligt, Matz' Vater konnte die Welt bereisen. Sie waren stolz auf ihre Arbeit. Beide hatten auch ihren Traum von einem Gartengrundstück verwirklicht. Die Domaschks in Dürrengleina, der Garten von Gags Vater lag unterhalb des Fuchsturms. Immer wieder lagen sie ihren Söhnen mit denselben Sprüchen in den Ohren: Seht her, was man erreichen kann, auch in der DDR, es gibt einen Weg, bei dem die Familie glücklich bleiben kann. Seht zu, dass ihr im Beruf Erfüllung findet, versaut euch nicht die Zukunft! Und denkt daran, es gibt immer noch Sippenhaft. Wir kennen das. Wenn ihr was anstellt, geht es nicht nur um euch, sondern auch um unser Leben.

Das machte ganz schön Druck, solange man mit ihnen am Tisch zusammensaß. Zurück in der Stadt, bei den Freunden und an den langen Abenden in den offenen Wohnungen verflog all das zwar wieder, doch ganz verschwand es aus ihren Köpfen nie.

Matz und Gag fanden es nicht leicht, die eigenen Interessen und die der Eltern in Einklang zu bringen. Sie wollten sich nicht gefangen nehmen lassen von den Ängsten und Zwängen der Väter, von ihrem Streben nach Unauffälligkeit. Aber die Folgen? Ihre Väter wurden wegen ihnen zum Schuldirektor bestellt, im Betrieb in die Kaderabteilung oder von ihren Genossen zur Rede gestellt. Zur Sippenverfolgung gehörte sogar, dass sich einige Bekannte und Arbeitskollegen von den Eltern wegen der Kinder fernhielten.

Das mitzubekommen konnte die Söhne ganz schön zerreißen.

Mein liebes Väterchen, begann Matz mitunter einen Brief, im nächsten Moment aber verfluchte er ihn wieder und schleuderte ihm *Du lebst ein verlogenes Leben!* entgegen.

Gag ging um des lieben Friedens willen jeden Sonntag brav zum gemeinsamen Familienessen, aber was er dann zu hören bekam, war wie eine Platte mit Sprung: Du hast die falschen Freunde, überleg dir, was du im Leben erreichen willst. Es geht nicht immer nur um dich. Merk dir eins: Aufbegehren lohnt sich am Ende nicht.

Väter und Söhne lebten in verschiedenen Welten. Wie sollte Matz denn mit seinem Vater über die Drogenprobleme von Blase reden?

Als dieser 1976 zu einer Entziehungskur in Weimar war und erstmals am Wochenende nach Jena durfte, war er nach der kurzen Zugfahrt völlig fertig, stieg am Westbahnhof aus, wankte bis zum Rähmen, schleppte sich die drei Treppen hoch und gestand Matz, dass er sich nicht allein zurück in seine Wohnung traue. Er habe Angstfantasien. Eine Panikattacke. Matz nahm ihn auf, wie jeden, der bei ihm übernachten wollte. Am Rähmen 3 war eine offene Wohnung und Blase sein bester Freund: Na, schlaf erst mal hier!

Über polnische Hippies war der Stoff nach Sangerhausen gekommen. Dort hatte sich Blase aus Neugier und Abenteuerlust seinen ersten Schuss setzen lassen. Ein irgendwie hergestelltes Opiat in zu starker Dosierung. Blase fiel ohnmächtig vom Stuhl, die Spritze noch im Arm. Wieder wach, genoss er den ganzen Tag seinen Rausch.

Wenn es dir nicht gut geht und du willst fliehen, ist es ideal … So vertraute er es Matz an, so redete er es sich selbst ein.

Wenn es in Sangerhausen kein Opiat aus Polen gab, wichen sie auf Parkopan aus. Die 5-Milligramm-Pillen besorgten Leute aus dem Krankenhaus. Davon schluckte man in der Thüringer Drogenszene drei bis fünf Stück, das reichte für heftige Halluzinationen. Blase sah einmal zu, *wie ein Freund aus Sangerhausen vor dem Ofen sitzt und in Briketts beißt, weil er denkt, es sind belegte Brötchen.* Blase experimentierte auch selbst und wurde abhängig. Thomas Auerbach verschaffte ihm den Therapieplatz in Weimar. Es ging Blase zunächst schlecht, der Entzug löste bei ihm schwere Depressionen aus, aber am Ende schaffte er es, sich aus dem Drogensumpf herauszuziehen. Und dass er das geschafft hatte, war ein ungeheurer Schub für sein Selbstbewusstsein. Besser als jeder Rausch.

Matz war einer der wenigen, die davon wussten, es blieb ihre ganz besondere Verbindung in all den Jahren ihrer Freundschaft.

Beide kannten Drogen auch seit ihren frühesten Fahrten nach Polen. »Mohn«, Heroin oder »polnisches Kompott«. Jugendliche in Krakau warfen sogar LSD-Trips ein, hergestellt in irgendwelchen Untergrundlaboratorien. Angeblich durfte man in Polen Drogen besitzen, erzählten sie den Jenaern, bloß nicht mit ihnen handeln.

Matz und Renate hatten sich im Sommer 1976 – nach ihrer Masuren-Reise – mit Blase im Wallfahrtsort Tschenstochau verabredet. Dorthin zieht es alljährlich im August Millionen polnischer Katholiken zum Bild der Schwarzen Madonna. Interessant, das Treiben anzuschauen, aber nicht ihr Ziel.

Hinter dem riesigen Klostergelände lag eine große Wiese, auf der zeitgleich das größte polnische Hippietreffen stattfand. Da es Kirchengelände war, durfte die Polizei nicht hinein. Wenn Braunsdorf ein Mini-Woodstock in der DDR war, dann war dies das eigentliche Woodstock des Ostens. Ein Treffen der besonderen Art: Mystiker, Junkies, Aussteiger, Krishna-Anhänger, Weltverbesserer, Verrückte aller Art – eben jene Leute aus »On the road«, die zu verglühen drohen und sich vorher noch einmal umarmen wollen.

Matz und Blase waren fasziniert von der Welt, die sich da auftat. Fünftausend oder mehr Menschen in bunten Klamotten, zottelig, behängt mit allerlei Ketten, Federn und Schnüren. Sogar Hippies aus Schottland und Italien, in Lederkluft bemalt mit Peace-Zeichen. Überall der Klang von Gitarren, Flöten, Trommeln. Als ungeschriebenes Gesetz galt, dass während der Tage des Treffens keine harten Drogen konsumiert wurden, der süße Duft von Marihuana lag aber reichlich in der Luft. Richtig eingehalten wurde dieses Gesetz nicht von allen.

Angereist waren Kommunen aus Breslau, Krakauer Hippies und eine sagenumwobene Gruppe, die sich in die Waldkarpaten, ins Bieszczady-Gebirge, zurückgezogen hatte. Sie lebten dort vor dem Staat versteckt in Armeezelten, welche die Bausoldaten unter ihnen besorgt hatten. An Lebensmittel kamen sie, indem sie den Bauern beim Schafehüten auf den baumlosen Bergweiden halfen. Um Brote für die Gruppe zu holen, erfuhren Matz und Blase, müssten sie zwei Tage laufen. Zu diesem Treffen waren sie aus ihrem Versteck in den Bergen heruntergekommen ins Kloster, um ihre Freunde und Verwandten wiederzusehen. Matz und Blase träumten jahrelang davon, einmal zu diesen Leuten ins Gebirge zu fahren und wenigstens eine Zeit lang mit ihnen dort zu leben.

Jetzt scheint es, als könnten sie nicht einmal mehr nach Berlin fahren.

Matz würde sich gern mit seinem Freund gemeinsam erinnern, doch sie sitzen hier und heute fest, in verschiedenen Zellen – im Gebäude der Volkspolizei Jüterbog.

Da. Geräusche auf dem Gang. Geht's weiter?

Samstag, 15.50 Uhr – MfS-Bezirksverwaltung Gera

Oberst Weigelt hat mehrere Akten auf den Tisch bekommen, in denen er blättert. Aha, hier ist es!

Er hat das Protokoll einer Beratung gesucht, die es vor einem Jahr zwischen der Berliner Zentrale, der Bezirksverwaltung Gera und der Kreisdienststelle Jena gab. Gegenstand des Treffens waren die Zusammenhänge zwischen mehreren Vorgängen – »Kanzel«, »Mühle«, »Ultra«, »Parasit«, »Spinne« und dem übergeordneten Vorgang »Transit«. Bei der Beratung ging es darum, den Versuch der Internationalisierung der feindlichen Aktivitäten zu verhindern.

Die *Vorgangspersonen* aus Jena suchen seit Jahren Kontakte außerhalb der DDR, zu *maoistisch-linksradikalen und anarchistisch-terroristischen Kreisen in Westberlin und der BRD und zu konterrevolutionären Kräften in der Volksrepublik Polen und der ČSSR.* Dazu führen sie Treffen durch, beantragen Einreisen und schleusen illegale Druckerzeugnisse ein, um sie – gegebenenfalls übersetzt – zu verbreiten.

Renate Groß, ehemalige Freundin des Domaschk, war in dieser Hinsicht besonders aktiv beim *Aufbau einer Gruppe in Jena, um den politischen Untergrund in der DDR stabsmäßig zu organisieren/formieren und eine mit geheimdienstlichen Mitteln arbeitende Residentur in Jena arbeitsfähig zu gestalten. Sie nahm bei den konterrevolutionären Aktivitäten aus Anlaß der Ausweisung Biermanns eine Schlüsselstellung ein.*

Weigelt blättert weiter. Die Groß trat in den staatsfeindlichen Kreisen oft als Wortführerin und Initiatorin auf. Ihr Freund Domaschk gibt sich schweigsamer, agiert mehr im Verborgenen. Er trennte sich von seinen Eltern und schloss sich unter dem Einfluss der Groß dem feindlichen Treiben an. Wir wollten ihn nach der Biermann-Ausweisung auf Kontakt nehmen, darum wurde er auch nicht verhaftet, obwohl er als Kurier mit Unterschriftenlisten unterwegs war und einen negativen Pfarrer zu staatsfeindlichem Handeln animiert hat. Die Einberufung zur Armee von 1977 bis 1979 ist ihm dann gut bekommen. In dieser Zeit haben wir negativ-feindliche Personengruppierungen in Jena zerschlagen und seine ehemalige Freundin Renate durch *gezielte Verunsicherungs- und Zersetzungsmaßnahmen* so weit gebracht, dass sie Mitte 1980 freiwillig die DDR verließ. Einer unserer Spitzen-IM in der Kirche hat sie zur Familienzusammenführung überredet. Die Groß unterliegt an ihrem neuen Wohnort Frankfurt am Main *im Operationsgebiet* und bei Einreisen in die ČSSR weiterhin der Kontrolle.

Der harte Kern um die Groß und das direkte Umfeld von Domaschk konnten in Jena auch in der Zeit danach erheblich reduziert werden.

In den zurückliegenden Monaten wurden aber weitere Reisen und Kontaktaufnahmen des Domaschk in Polen, teils gemeinsam mit Rösch, verzeichnet.

Das muss unterbunden und unter Kontrolle genommen werden. Wir haben von der Zentrale die Anweisung: Nicht der geringste konterrevolutionäre Funken aus Polen darf in die DDR überspringen!

Samstag, 17 Uhr – Volkspolizeikreisamt Jüterbog

Jetzt ist es schon später Nachmittag. Ein Tag und eine Nacht, sinnlos verbracht. Seit Stunden passiert nichts, kein weiteres Verhör. Matz döst in der Zelle des Polizeireviers vor sich hin. In unregelmäßigen Abständen kratzt es an der Tür, und ein Auge schaut durch das Guckloch nach ihm.

An was Schönes denken.

Als er seine erste große Tramptour machte, im Sommer 75, war er frisch verliebt in Renate. Doch sie hatte ihre Ferien mit ihrer Freundin Peggy und deren Kindern an der Ostsee schon fest verabredet.

So bricht er mit Ekki, dem Uller-Schlagzeuger, Anfang August einfach Richtung Hohe Tatra auf, zum höchsten Gipfel. Wenig Geld dabei, nur einen selbstgenähten Rucksack mit Schlafsack, Hängematte und einer Regenplane, die man wie einen Poncho umhängen kann. Ein Notizblock, um Tagebuch zu schreiben.

Samstag, 12 Uhr, Arbeitsschluss bei Zeiss. Um 19 Uhr haben sie es mit nur zwei Autos, die sie mitgenommen haben, über Karl-Marx-Stadt bis nach Dresden geschafft. Die erste Nacht verbringen sie dort bei Steffi, der Schwester von Matz. Weiter nach Prag, entlang der Europastraße 12 nach Pilsen. Ihr Gepäck lassen sie in Bahnhöfen, laufen durch Altstädte, besuchen Kneipen, trinken reichlich Bier, lernen Leute kennen, tauschen Adressen aus, schlafen am Stadtrand einfach im Gebüsch.

Weiter, immer weiter. Brno, Bratislava, Budapest. Kreuz und quer, reisen, wohin es einen treibt. Je nachdem, welches Auto sie mitnimmt, werden Route und Ziel auch spontan geändert.

Wenn sie irgendwo auf einem zentralen Platz an einem Brunnen sitzen, dauert es nicht lange, bis Polizisten vor ihnen stehen und sie kontrollieren. Tagsüber ziehen sie mit ihren Jesuslatschen durch die Straßen der Städte, abends saufen sie Bier und noch mehr Bier, treffen ab und zu noch Jugendliche aus Thüringen, lernen aber lieber Einheimische kennen, alte Männer, junge Mädchen – im besten Falle ergibt sich eine Schlafgelegenheit. Aber die finden sie auch neben einer Tankstelle, auf Strohballen, im hohen Gras am Straßenrand, auf einem Feld inmitten aufgestellter Korngarben, an einem Wasserfall und natürlich in der Hängematte, aufgespannt am Fluss zwischen den Bäumen. Mücken sind egal.

Matz verknipst ganze Filme in Museen, die sie besichtigen, er lernt türkischen Kaffee kennen und lieben, sie müssen mit bedrohlichen Wildschweinen klarkommen, und schließlich stehen sie oben auf dem Berg Rysy, den einst Lenin erklomm.

In 2473 Metern Höhe notiert Matz in sein Tagebuch: *herrliche sicht, hat mich urisch beeindruckt, aber fies viele menschen hier. zurück in die kneipe getobt und sechs kartoffelpuffer mit 2 fliegen drin gefressen. dann unter einer komischen brücke gepennt. um sieben uhr aufgewacht. siehe da, es lagen drei mann mehr unter der brücke. wir haben uns alle fünf komisch angeguckt …*

Mit Gitarrengeklimper zieht die Unter-der-Brücke-Gesellschaft in die nächste Kneipe.

Als Matz ein Lenin-Denkmal aus Beton am Fuße des Berges erblickt, meint er zu Ekki: *Jetzt sind wir so weit gegangen und gefahren, tausend Kilometer von der DDR entfernt, und dann ist da doch wieder nur so ein grauer Lenin im Gebirge.*

Ihre Reise ist noch nicht zu Ende, sie wollen weiter nach Polen. In Ružomberok stehen sie drei Stunden vergeblich an der Straße, sie haben Hunger, aber finden nichts zu essen, noch ein paar Kilometer Fußmarsch und die Laune ist auf dem Nullpunkt. In der Stadt rumlaufen.

das nest verwahrlost, alt und trostlos. es war den ganzen tag bewölkt.

Abends suchen sie Trost beim Bier.

ein alter besoffener mann an unserem tisch, wollte ekki mit seiner tochter verheiraten und wollte unbedingt, daß wir bei ihm schlafen. haben ihm einen spendiert und uns dann verdrückt und neben der straße am hang gepennt. um 5 uhr aufgestanden, in einer lorche von bach gewaschen. dann wieder an die straße gestellt. ekki ist nach einer weile einfach losgelaufen, ohne mich. er meinte nur: raus aus dem nest. erst zwei stunden später hielt ein skoda mit 'nem jungen kerl aus zwickau, unterwegs haben wir ekki aufgesammelt. kurz vor žilina erste panne, benzinpumpe ausgeblasen. nach 20 km wieder panne, benzinpumpe ausgebaut. ekki ist allein weiter nach prag.

ich allein mit einem shiguli bis kurz vor brno gekommen.

Matz liebt es, im Freien zu schlafen, eine Kuhle in einen Strohhaufen zu machen, dabei den Duft von einem langen Sommer, zugleich die Vorahnung des kommenden Herbstes tief in sich einzuatmen. Ein letzter Blick über das weite Feld, bevor ihm die Augen vor Erschöpfung zufallen.

Um sechs Uhr morgens wird er wach, ein leichter, warmer Regen fällt. Es riecht nach Staub und immer noch nach Sommer. Im Rucksack findet sich ein kärgliches Restefrühstück, dann geht er fast zwei Stunden zu Fuß, bis er in Brno ankommt. Er sucht Schutz unter einem Baum, denn der Regen ist stärker geworden und ein kräftiger Wind aufgekommen.

so, jetzt fange ich noch mal an, mir hat es gerade den vollen zettel weggeweht.

brno gefällt mir ganz gut. allerdings habe ich nun, da es dennoch regnet, die größte lust, sofort nach prag zu trampen. außerdem habe ich mir überlegt, daß ich in der CSSR entweder mit igelschnitt oder mit 'nem mädchen trampe. die gestik der autofahrer (haare abschneiden) kann einem auf den zahn gehen. im übrigen war es heute früh schon ein bißchen komisch, da ich die zwei wochen immer jemanden zum vollkoffern hatte, aber ich meine, es ist so vielleicht besser, man muß nicht immer rücksicht nehmen.

die zeit bis jetzt kommt mir vor wie monate. langsam kommt mir zum ferienende doch noch das heulen. ich will nicht zu ZEISS. die vorletzte schachtel karo geht auch gerade zur neige.

Es kratzt wieder an der Tür. Matz hatte die Augen geschlossen. Jetzt schaut er auf das Loch in der Tür.

Samstag, 18 Uhr – MfS-Kreisdienststelle Jena

Würbach packt seine Sachen zusammen. Sein Dienst ist beendet. Die Rückführung der beiden potenziellen Störer des X. Parteitages läuft. Ab nach Hause, noch etwas Wochenende mit der Familie. Zu seiner Frau, die er beim Landwirtschaftsstudium kennengelernt hat, und zu den beiden Söhnen. Wenigstens noch ein gemütlicher Samstagabend, der auf ihn wartet. Schließlich hat er seit seinem Dienstantritt am Freitagmorgen zwei Tage durchgearbeitet. Am Sonntag wird dann der Montag weiter vorbereitet. Mit der sowjetischen Delegation, die Jena besucht, darf nichts schiefgehen. Aber für seine Einsatzbereitschaft ist er ja vom Leiter der KD gerade ausdrücklich gelobt worden. Erst zum Jahresbeginn gab es eine Sonderprämie. Begründung: *Er bewältigt die vielseitigen operativen Aufgaben ohne Schonung seiner Person und unter Zurückstellung persönlicher Interessen. Stets ein Vorbild an Einsatzbereitschaft, Arbeitswilligkeit und Zuverlässigkeit.*

Oberstleutnant Nowack, dessen Stellvertreter Würbach inzwischen geworden ist, hatte ihn 1966, als er mit dem Studium gerade fertig war, als Erster angesprochen.

Würbach erinnert sich noch gut an das Gespräch. Fachleute würden sie brauchen. Landwirte wie ihn. Er komme doch vom Dorf, sein Vater hätte nach dem Krieg in einer Mühle und auf ein paar Morgen eigenem Land mit harter Arbeit die Familie durchgebracht. Er selbst habe schon als kleiner Junge fleißig mit angepackt und sei in den fünfziger Jahren begeistert für den Sozialismus mit der FDJ-Singegruppe auf einem Lkw mit wehenden roten Fahnen und Flugblättern über die Dörfer gezogen, um die Bauern für die Kollektivierung zu gewinnen.

Nowack hatte sich überlegt, mit welchem Argument die Werbung Würbachs klappen könnte: Dein Vater hat doch kürzlich zwei Kühe verloren. Nowack wartete einen Moment, dann spielte er seinen Trumpf aus: Wir wissen, wer es war! Saboteure, die in der Gegend offene Ställe anzünden und durch Brandstiftungen und andere Terrorakte dem Aufbau des Sozialismus schaden wollen ...

Würbach hat gleich Ja gesagt. Doch als Fachmann wurde der diplomierte Landwirt nie eingesetzt.

Seine Eltern hatten ihn 1940 evangelisch taufen lassen, aber nach seiner Verpflichtung musste er aus der Kirche austreten und seinen vierjährigen Sohn aus dem kirchlichen Kindergarten nehmen, damit *dieser negative kaderpolitische Punkt* für die Genossen als bereinigt gelten konnte. Der Landwirt durfte die *Bearbeitung* der evangelischen und katholischen Studentengemeinde im Referat Universität der Kreisdienststelle übernehmen. Das führte ihn damals zu Horst Köhler.

Der muss jetzt bald mal Richtung Gera aufbrechen, denkt Würbach, um dort den Genossen der Untersuchungsabteilung IX mit dem *Fragespiegel* die Bearbeitung von Rösch und Domaschk zu ermöglichen.

Bevor er die Kreisdienststelle verlässt, ruft Würbach vorsichtshalber noch einmal beim Verbindungsoffizier der Volkspolizei in Jena an. *Der Wagen ist erst um 15.30 losgefahren,* lautet die Auskunft, die er bekommt.

Dann ist er vielleicht noch nicht mal in Jüterbog angekommen. Aber ich bin mit der Sache fertig, jetzt muss Gera ran.

Samstag, 18 Uhr – Volkspolizeikreisamt Jüterbog

Matz zuckt zusammen. Er ist auf der Holzpritsche eingeschlafen, und sofort hat ihn jemand wachgerüttelt.

Hier wird nicht geschlafen. Abendbrotzeit!

Vor ihm steht ein Volkspolizist. Auf dem kleinen Tisch des Verwahrraums erkennt Matz einen Teller mit Knacker, Senf und einer Scheibe Brot. Daneben ein Kännchen Tee mit Becher.

Nach ein paar Minuten kommt ein anderer Polizist und räumt ab. Bevor er die schwere Tür mit Spion schließt, dreht er sich noch einmal um.

Halten Sie sich bereit, Bürger! Sie werden in Kürze abgeholt.

Na endlich! Nebenan hat Blase schon alles verzehrt. Der Polizist verlangt von ihm, sämtliche Sachen aus den Taschen seiner Kleidung auf die Pritsche zu legen.

Stehen Sie auf!

Blase erhebt sich und wird von oben bis unten abgetastet. Die Gegenstände packt der Polizist in Blases Koffer. Dann führt er ihn raus in den Flur, wo er sich auf einen Stuhl setzen und schweigen soll. Die beiden jungen Frauen sind schon da, schließlich wird Matz gebracht.

Links und rechts an den Flurenden werden sie von zwei stummen Uniformierten bewacht.

Worum es hier geht, weiß keiner von ihnen.

Plötzlich brüllt jemand ohne weiteren Kommentar: Antreten zum Transport!

Jetzt kommt Bewegung in die Sache, denkt die Wartegemeinschaft im Polizeiflur. Eine der beiden Frauen fragt: Werden wir jetzt nach Hause gebracht?

Blase denkt: Mädchen, hast du Illusionen ...

Sie müssen die Treppe hinunter in den Hof. Dort steht ein ganz normaler grauer Barkas B 1000 mit Sitzreihen hintereinander, kein Gefangenentransporter mit Einschluss in separate Miniaturzellen, in denen man, vom Blech eng umhüllt, kaum Luft bekommt, wie Blase es von Freunden gehört hat.

Er ist etwas erleichtert. Doch bevor sie alle einsteigen, werden sie von einem schneidigen Volkspolizisten belehrt: *Beim geringsten Fluchtversuch wird geschossen. Ich bin der beste Schütze, meine Waffe ist in vier Sekunden schussbereit. Merkt euch das – beim geringsten Fluchtversuch! Hinsetzen mit Abstand! Hände unter die Oberschenkel! Und kein Wort!*

Eines der beiden Mädchen schluchzt. Es ist Eva.

Los rein!

Matz und Blase müssen ganz hinten auf der letzten Sitzbank Platz nehmen, die Frauen vor ihnen.

Über Evas Gesicht fließen Tränen. Abwechselnd drückt sie ihren Körper gegen die Sitzlehne, als wolle sie sich aufbäumen, und krampft sich vornübergebeugt so klein wie möglich zusammen. Sie hat zum ersten Mal in ihrem Leben Todesangst.

Die wollen uns erschießen, die wollen uns erschießen ... Er hat gesagt, es wird geschossen!

Bis eben war für die 18-Jährige noch alles zu verkraften gewesen, sie hatte ihnen die Zunge rausgestreckt und sich über sie lustig gemacht. Doch als der Polizist auf seine Pistole zeigte, sie streng verwarnte, war es mit einem Schlag aus.

Blase sieht, dass auch Matz am ganzen Körper zittert. Er schaut erst zu den Uniformierten vor ihnen, dann zieht er seine Hand unter dem

Oberschenkel weg und legt sie auf die Hand von Matz, um ihn zu beruhigen.

Matz schaut zu Boden. Der Uniformierte dreht sich um.

Auseinander! Und Flossen unter die Oberschenkel, hab ich gesagt!

Samstag, 20.15 Uhr – MfS-Bezirksverwaltung Potsdam

Für den Operativen Einsatzstab in der MfS-Bezirksverwaltung Potsdam ist die Sache erledigt. Die Mitarbeiter in Gera und Jena mit ihren dauernden Nachfragen haben sich beruhigt, die Abteilung XIX und der Offizier vom Dienst alles korrekt bestätigt. Um 19.50 Uhr hat in Jüterbog die Abfahrt der zugeführten Personen im Barkas begonnen.

Bleibt nur noch, diese letzte Information durchzustellen, damit sich die Genossen der Untersuchungsabteilung IX in Gera auf die Ankunft der zugeführten Personen gegen 23 Uhr einrichten können.

Verantwortlich für die beiden sind ab nun Gera und die Zentrale in Berlin.

Samstag, 20.30 Uhr – Jena, Bar im Hotel Schwarzer Bär

Die beiden Männer sitzen seit Einbruch der Dunkelheit in der Bierbar des Hotels Schwarzer Bär. Oberleutnant Mettner vom Kommissariat I der Kriminalpolizei und der MfS-Mitarbeiter Rumpelmann von der Kreisdienststelle Jena kennen sich seit Jahren. Der Schwarze Bär ist für Volkspolizei und Stasi ein angenehmer Umschlagplatz für Informationen aller Art. Viele Angestellte sind angeworbene Zuträger. Kellner, Zimmermädchen und sonstige Bedienstete bis hin zu manchen der hier verkehrenden Taxifahrer berichten der K I über die dunkle Seite von Jena. Ob es um den Schwarzverkauf von Jeanskleidung aus Polen geht oder um Aktbilder minderjähriger Mädchen, um die Schwulenszene der Saalestadt, Geschäfte mit Autoersatzteilen oder Goldschmuck – die K I lässt nichts anbrennen. Dank ihres eigenen Netzes inoffizieller Mitarbeiter, unabhängig vom MfS. Dazu gehören auch etliche Frauen, die Anschluss an männliche Hotelgäste suchen, besonders solche aus dem westlichen Ausland. Taxifahrer Wolfram schleppt sie im K I-Auftrag sogar nach Hause zu seiner Frau, die mit ihnen ins Bett geht und sie aushorcht.

Einige Betriebsdirektoren und Chefs von Institutionen der Stadt sind hier Stammgäste, sie feiern Partys mit den Kellnerinnen – manche lieber mit den Kellnern.

Mettner und Rumpelmann haben schon ein paar Bier und einige Schnäpse getrunken und ausgiebig über Wochenendeinsätze geklagt, als Mettner auf die inoffizielle Mitarbeiterin »Kruja« zurückkommt, die von der K I vor zwei Jahren ans MfS übergeben wurde. Eines unserer vielversprechenden Pferde im Stall, so hatte die K I sie damals den operativen Mitarbeitern im Referat Universität der Kreisdienststelle angepriesen. Die Studentin sollte in den Kreis der Leute von der Gartenstraße eingeschleust werden – und sich ganz gezielt an Blase ranmachen.

»Kruja« ist von uns in der K I geschickt angeworben worden, weil sie sich nicht so ganz an die Gesetze der sozialistischen Ethik und Moral gehalten hat. Sie und ihre Freundin haben sich von einem unserer Leute nackt fotografieren lassen.

Da hatten wir gleich mehrere in der Falle. Ihr Vater sitzt auf einem Leitungsposten im Rat der Stadt und hat die Bilder in ihrem Zimmer gefunden. Da war was los! Klar wurden wir eingeschaltet und haben dem Genossen einen großen Gefallen getan, als wir ihm versicherten, alle Fotos und den Fotografen aus dem Verkehr gezogen zu haben. Und »Kruja«? Die machte natürlich sofort mit, als sie erfuhr, dass wir die Fotos hatten. Viel Druck war gar nicht nötig. Sie hat das auch so verstanden. Den Decknamen Kruja hat sie sich dann selbst gewählt, nach ihrer Lieblingszigarettensorte. Du weißt schon, dieses süßliche albanische Kraut.

Wir wussten noch etwas: Sie hatte ein Paar teure Damenschuhe geklaut, da haben wir ihr gegenüber alle Augen zugedrückt. *Dafür muss sie uns ewig dankbar sein, da alles kompromittierende Material, Akt- und Pornoaufnahmen eingezogen werden konnten. Es liegt jetzt bei uns in der Dienststelle.*

Übrigens: Dieser Pornofotograf, der ist Parteisekretär eines Wohnbezirks in Jena, der hat sie, ihre Freundin und noch ein paar andere hübsche Mädels teils in seiner zum Fotostudio umgebauten Garage und einer unbewohnten Wohnung geknipst und ihnen jeweils 50 Mark versprochen. Die Bilder kursierten schon in einem Tauschring, den es in der Stadt gibt. Den Parteisekretär lassen wir mal weitermachen, aber wir haben ihn und seine Kunden jederzeit in der Hand.

»Kruja« hat im IM-Netz der Volkspolizei bereitwillig alle Aufträge erfüllt, doch zu Blase konnte sie bislang keinen stabilen Kontakt aufbauen.

Das nervt Mettner, denn nichts wünschen sich die MfS-Kollegen sehnlicher als einen IM nahe dran an Rösch. Er wehrt sich jetzt am Bartresen gegen den unterschwelligen Vorwurf, es nicht gut genug hinbekommen zu haben: Wir haben sie doch immer wieder in sein Blickfeld geschoben, da hätte der Dicke ruhig mal anbeißen können. Im Roten Hirsch, in der Gaststätte Satellit, in den Studentenklubs Rose, Schmiede, Club V oder Allende, in der Milchbar am Johannistor, wo Rösch nach der Arbeit oft mit Domaschk und anderen zusammenhockt. Sie ist sogar zur Kommune in der Schloßgasse gegangen. Was kann sie dafür, dass der Kerl sich den ganzen Abend nicht sehen lässt? Na ja, immerhin hat sie dort festgestellt, dass die Bewohner nachgemachte Stempel haben, mit denen sie Eintrittskarten und Reichsbahnfahrkarten fälschen. Gut zu wissen, darauf kommen wir bestimmt bei einer Befragung zurück.

Einmal haben wir für das Mädchen extra ein Tonbandgerät als defekt präpariert. Damit ist sie in eine Werkstatt gegangen, in der Rösch tätig ist. Tatsächlich erschien er auch, hat sich das Gerät angeschaut und mit ihr über das Autorennen in Schleiz geredet. Wir hatten ihr eingebleut, sie soll ihm sagen, dass sie da hinfahren will, aber nicht so recht weiß, wie. Er gab ihr auch Tipps und fragte sie sogar, ob sie allein hinfahren würde. Zwar sind sie leider nicht gemeinsam hingefahren, aber in Schleiz hätte sich die Beziehung sicher intensiviert. »Kruja« war da, doch wer kam nicht?

Ich musste sie hinterher etwas aufbauen, denn da an der Rennstrecke ging es für ihren Geschmack zu heftig zu, da will sie nie wieder hin. Da waren Rocker, die die Zelte von anderen abgebrannt haben, und auch sonst viele Rowdys und reichlich Trubel. Sie musste in einer Scheune auf dem Stroh schlafen, zusammen mit gut hundert Jungerwachsenen. Es soll regelrecht zu Gruppen- und Massensex gekommen sein.

Was sagt denn Würbach zum Einsatz von »Kruja«? Das könnte doch noch was werden mit Rösch und seinem Umfeld ... Die kennen sich schon seit Jahren.

Sein Gegenüber schaut ihn skeptisch an und schüttelt den Kopf: Die kennen sich nur flüchtig!

Mettner versteht: Ihr braucht wirklich einen guten IM ganz nah dran an den Kommuneleuten und an diesem Blase!

Samstag, 20.45 Uhr – Autobahn A 9, Barkas B 1000 der Deutschen Volkspolizei

Es ist dunkel geworden seit ihrer Abfahrt in Jüterbog. Aber wohin es geht, wissen die vier Jenaer immer noch nicht. Das Begleitkommando schweigt.

Matz und Blase können zumindest erkennen, dass sie mit etwa Tempo 80 Richtung Süden fahren, gen Thüringen. Zurück nach Jena?

Der schneidige Volkspolizist, der mit seinen Schießkünsten geprahlt hat, blickt stur nach vorn, als ob es da was zu sehen gäbe. Er hat sich nicht einmal nach der jungen Frau umgedreht, die hinter ihm immer noch ab und zu schluchzt. Was für ein Arschloch, denkt Blase.

Er selbst hält die ganze Zeit Ausschau nach Wegweisern. Coswig, Dessau, Bitterfeld, Schkeuditzer Kreuz, Weißenfels ... Die Richtung stimmt!

Der Barkas ist schlecht gefedert. Bei jedem Übergang zwischen den Betonplatten gibt es einen kleinen Schlag gegen die Reifen. Das Fahrgefühl kennen sie. Beim Trampen kann das viel schlimmer sein, besonders auf der Strecke nach Dresden.

Blase ist sauer, aber gelassen. Sein Blick streift Matz. Er sieht, seinem Freund geht es nicht gut. Matz bebt offenbar innerlich. Seine Hände sind wieder stramm eingeklemmt unter den Oberschenkeln, seine ohnehin schmalen Lippen wie ein Strich zusammengepresst.

Angst, Wut oder Ohnmacht?

Der Platz auf der Sitzbank zwischen ihnen ist leer, Blase streckt seine Hand weit aus nach Matz, um ihn zu beruhigen. Legt sie auf seine Schulter.

Es wirkt. Matz zieht seine Hände unter den Beinen hervor, und beide sitzen für den Rest der Fahrt lockerer auf ihren Plätzen.

Matz hasst dieses Gefühl der kompletten Entmündigung. Wenn uniformierte Leute bestimmen, was er zu tun und zu lassen hat, wohin er fahren darf, wohin nicht. Wenn sie ihn ihre Macht spüren lassen, wenn sie wollen, dass er kuscht, ihren Kommandos gehorcht, klein beigibt – wenn er sich nicht wehren kann.

Wie im vergangenen Juni, als er mit Blase, Kaktus, Kiste und anderen Freunden in Erfurt war, beim Pressefest der SED-Bezirkszeitung »Das Volk«. Eine große öffentliche Veranstaltung im Park, mit Musikgruppen auf Freiluftbühnen, Bier- und Bratwurstständen und vielen Jugendlichen von überall her. Sie wollten sich vergnügen, doch der Zugang zum Gelände wurde ihnen verwehrt, weil *ihr Äußeres nicht den Anforderungen eines solchen Festes Rechnung tragen würde,* wie es die kontrollierenden Volkspolizisten begründeten. Sie wurden umzingelt, bis ein Lkw kam, auf den sie zu ähnlich Aussehenden verladen wurden.

In einem Keller hieß es dann: Mit dem Gesicht zur Wand, Sprechverbot. Einzeln zum Verhör geholt, erkennungsdienstlich fotografiert, dann zurück in den Keller – und dort die üblichen Sprüche ertragen: Ihr heruntergekommenen Gestalten! Euch werden wir Feuer unterm Arsch machen!

Schließlich gab es für einige von ihnen Ordnungsstrafverfahren.

Noch schlimmer war es zwei Sommer zuvor.

Am ersten Abend des damaligen Pressefestes in Erfurt sollten beliebte Rockgruppen spielen, doch der Auftritt wurde abgebrochen, angeblich aus technischen Gründen. Wut und Ärger darüber stauten sich unter den jugendlichen Besuchern über Nacht auf und wurden in Alkohol ertränkt. Morgens verhaftete die Volkspolizei anscheinend wahllos Jugendliche, die schlaftrunken auf Parkbänken lagen, weil sie keine Unterkunft gefunden hatten und es eine schöne, laue Sommernacht war.

Mit jeder Schikane, Kontrolle, Platzverweis oder Festnahme wuchs die Empörung über die Uniformierten im Laufe des Tages. Am Abend sollte dann Bluesparty sein mit Stefan Diestelmann. Doch dessen Auftritt verzögerte sich. Darum ließen sich die Zuhörer auf einer Rasenfläche im Park nahe der Bühne nieder, tranken Bier und steckten sich Blumen, von den Rabatten gepflückt, ins Haar. Plötzlich waren sie von Polizei umzingelt.

Bürger, verlassen Sie unverzüglich die Rasenfläche!

Doch *die Bürger* kümmerten sich nicht um die Durchsagen der Deutschen Volkspolizei.

Als die Uniformierten mit Hunden vorrückten, flogen Flaschen und Steine. Aggressionen entluden sich auf beiden Seiten. Hundebisse, Gummiknüppel. Die empörten Bluesfans zertrümmerten Parkbänke und rissen SED-Mitgliedern die Parteiabzeichen vom Jackett. Große Fensterscheiben gingen zu Bruch, und selbst ein Lastwagen der NVA wurde ramponiert.

Warnschüsse fielen, mit Polizeiknüppeln wurden Zähne ausgeschlagen. Nach einer mehr als einstündigen Massenschlägerei: blutende Jugendliche mit klaffenden Biss- und Schnittwunden.

Ob Pressefest in Erfurt, Fasching in Wasungen oder Stadtfest in Altenburg. Immer das Gleiche: Zurückweisungen, Knüppeleien, Verhaftungen, Ordnungsstrafen, Inhaftierungen.

In Altenburg eckten sie bei der 1000-Jahr-Feier der Stadt 1976 an wegen ihrer *verwahrlosten Kleidung, ihres abstoßenden Aussehens und Verhaltens.* Viele Bewohner Altenburgs standen den uniformierten Kräften mit ihren Beschimpfungen gegen die *Gammler* kaum nach: *Ihr seht doch aus wie Affen! Eine Schande für unser Land! Ihr müsstet alle ins Arbeitslager! Euch hat man wohl vergessen zu vergasen!*

Sie klatschten sogar Beifall, als die Volkspolizei gewaltsam vorging und mehr als hundert Jugendliche verhaftete.

Matz und seine Freunde können ein Lied davon singen. Er will nicht mehr an all diese Vorkommnisse denken. Nun sitzt er aber wieder in einem Barkas der Volkspolizei, und die Uniformierten können mit ihnen machen, was sie wollen. *Auf Weisung höherer Dienststellen.*

Manchmal war es allerdings schlicht absurd, was sie mit Dienststellen oder Institutionen erlebten – und einfach nur zum Lachen.

Wie bei der Hochzeit von Micha und Andrea in Meerane.

Viele Gäste sind gekommen. Matz kennt den langhaarigen Pfarrer von politisch-geselligen Ostertreffen, als Gleichgesinnten und Vertrauten. Sie wollen feiern, vorher noch rasch zum Standesamt. Doch der Leiter des Standesamtes will die Trauung verweigern:

Ihr äußerliches Auftreten wirkt auf mich provozierend! Sie kommen in ausgefranster Jeanshose, Herr Wagner, im Rollkragenpullover und verwaschener Manchesterjacke! Und Sie als künftige Ehefrau in einem verwaschenen Kittel mit Kapuze, ohne Strümpfe, mit bis an die Waden hochgeschnürten Sandaletten, einer Halskette aus Schnürsenkeln mit zehn bunten Holzperlen und einem Sträußchen Blumen, das Sie wahrscheinlich schnell noch im Hausgarten gepflückt haben. Kennen Sie überhaupt den entsprechenden Paragrafen unseres Familiengesetzes? Der verlangt, dass die Trauung in einer würdigen Form zu geschehen hat. Sie müssen sich schon an die gesellschaftlichen Normen halten.

Die Gäste halten die Luft an. Micha weiß als Pfarrer, wie er zu reagieren hat, und erwidert dem Standesbeamten: Jesus hat gepredigt, Euer Schmuck soll nicht äußerlich sein!

Nach einigem Hin und Her gibt es am Ende doch noch den Trauschein. Schließlich verschicken Micha und Andrea eine selbstgemachte Hochzeitsgrußkarte. Das Foto des Brautpaares in ihrem »Aufzug« mit dem doppeldeutigen Gruß: *Wir haben uns getraut.*

Trotz all dieser Erfahrungen haben sie in den zurückliegenden Jahren versucht, ihren Staat zu verstehen und beim Wort zu nehmen. Gibt es nicht doch Möglichkeiten, Dinge und Zustände in der DDR zum Positiven zu verändern? Man wurde ja ständig aufgefordert, mitzuwirken und mitzugestalten. Warum es nicht wenigstens probieren?

Aber erstmal alles besser verstehen, das Wissen vertiefen, bevor man die Klappe aufreißt. Darum wird es nach dem Polizeiüberfall auf die Feier in der Gartenstraße in den Jenaer Wohngemeinschaften wesentlich ernster und – politischer.

Neue Lesekreise werden gegründet, auch als Nachfolge des aufgelösten Lyrikzirkels. In kleinen Gruppen treffen sich die Interessierten reihum in den Wohnungen. In der Maxim-Gorki-Straße bei Thomas

Auerbach und Bernd Markowsky, im Steinweg bei Achim Dömel, in der Lutherstraße bei Klaus-Dieter Siegel, bei Christine und Siegfried Reiprich am Pfaffenstieg, in der Jahnstraße bei Marian Kirstein und Marita, in der Gartenstraße bei Maria und Tarzan, Am Rähmen bei Renate und Matz.

Alle studieren eifrig selbst die dicksten Bücher und diskutieren darüber: Wolfgang Leonhards »Die Revolution entläßt ihre Kinder«, Trotzkis »Verratene Revolution« oder Victor Klemperers »LTI« über die Propagandasprache der Nazis. Gut, dass es die geheime Bibliothek von Matz und Walli gibt. Tommy hegt und pflegt auch schon lange einen Bücherschatz, mit der Hilfe seines West-Berliner Freundes Manfred Kappeler. Durch Kappeler, der im Verlag Roter Stern in Frankfurt am Main die Zeitschrift »Erziehung und Klassenkampf« herausgibt, existiert eine besondere Verbindung zwischen der linksradikalen Szene in West-Berlin und Jena. Der junge Sozialpädagoge ist in dem von Lehrlingen besetzten Georg-von-Rauch-Haus am Mariannenplatz aktiv, verhandelt zwischen Besetzern und Senat und reist im Auftrag der evangelischen Kirche seit Beginn der siebziger Jahre kreuz und quer durch die DDR, um Jugendpfarrer in Gruppenpädagogik und Gruppendynamik zu schulen.

Matz erinnert sich, wie angeregt und euphorisch Tommy nach einem Treffen mit Kappeler einmal in den Lesekreis kam und darüber diskutieren wollte, wie man eine kritische, politisch engagierte, offene Jugendarbeit entwickeln kann.

Kappeler, Anfang dreißig, bringt alles über die Grenze, was mit dem besetzten und selbstverwalteten Haus zu tun hat. So dreht sich nicht nur der Rauch-Haus-Song »Der Mariannenplatz war blau …« von Ton Steine Scherben auf den Plattentellern der Jugendwohngemeinschaften in Jena. Es gibt auch linksradikale Kreuzberger Flugblätter und Broschüren zur Lektüre. Matz verschlingt die mit dem Titel »Leben, Lernen, Kämpfen«.

1975 und 1976 sind in Jena besonders intensive Jahre der Bücher, eine Zeit des gemeinsamen Studierens, eine Zeit der Aufklärung. Sie lesen und lesen und lesen, über Anarchie und Trotzkismus, über die Streiks der polnischen Arbeiter 1970 in Stettin, über die Liquidierung jüdischer Kommunisten in Ungarn 1956.

Einige unter ihnen sind fasziniert von einer neuen Idee, die vor allem aus Frankreich und Italien kommt: Eurokommunismus. Die kommunistischen Parteien dort wollen einen demokratischeren Weg zum Sozialismus anstelle der Diktatur des Proletariats, sie lehnen die Vorherrschaft der Kommunisten in der Sowjetunion ab, kritisieren deren Einmarsch mit Panzern gegen die Reformen in Prag 1968. Vieles davon klingt hoffnungsvoll, wie ein Ausweg auch für die DDR.

Auf der Suche nach Alternativen zum bestehenden System, zum real existierenden Sozialismus, wollen sie sich ernsthaft mit ihm auseinandersetzen. Auch mit den Grundlagen, dem Marxismus-Leninismus. Tommy und Achim bringen Lesestoff von westlichen maoistischen Gruppen mit und stellen ihn zur Diskussion. Achims Freund Gunter aus Karl-Marx-Stadt berichtet im Lesekreis beim Wandern von einer geheimnisvollen Sektion DDR westdeutscher Maoisten, die es im Untergrund in Magdeburg und anderen Städten bereits gibt, und von dem Plan, eine weitere konspirativ arbeitende Zelle in Jena aufzubauen.

Das stößt auf Interesse. Die Leute aus der Gartenstraße kennen Gunter schon länger, sie waren bei ihm in Karl-Marx-Stadt, haben Milchreis-Feten in seiner Wohnung gefeiert. Gunter hat sich schon als Schüler mit Philosophie beschäftigt, einmal war er so in Platon vertieft, dass der Topf mit Milchreis ungeheuer anbrannte und die Nachbarn beinahe die Feuerwehr alarmiert hätten. Gunter besitzt einen direkten Draht zu einem leitenden Kader der KPD/ML, der die Sektion DDR aufbaut, ihn aus West-Berlin besuchen kommt und mit Material versorgt.

Matz kennt einige Leute in Jena, die Radio Tirana hören, das hat er auch schon getan. Eine Untergrundzelle in der DDR? Reden kann man ja darüber. Und lesen.

In seiner Wohnung liegen Zeitungen von K-Gruppen im Westen herum: »Arbeiterkampf«, »Rote Presse Korrespondenz« und »Kommunistische Volkszeitung«. Eines Tages bekommt er den »Roten Morgen/Ausgabe DDR« der KPD/ML in die Hand und staunt, wie viele konkrete Informationen aus Leipzig, Dresden oder Halle sich in der auf dünnem Seidenpapier gedruckten Zeitung finden – viele Details, sogar aus volkseigenen Betrieben. Da scheinen im Untergrund schon einige Strukturen zu bestehen.

Doch in einer anderen, etwas älteren Ausgabe entdeckt er einen Artikel überschrieben mit: *Sind lange Haare fortschrittlich?* Es geht darin um die Haltung der westdeutschen Maoisten-Gruppe zu Hippiekleidung, Beat und Pop. Das interessiert ihn: *Wir wollen auf die Frage eingehen, welche Haltung wir Kommunisten zu schädlichen Einflüssen der bürgerlichen Ideologie in der Jugend einnehmen müssen.*

Matz liest den Artikel so weit, bis er nach einer umständlichen Einleitung über *proletarische Moral und Klassenbewußtsein* zu Sätzen kommt, bei denen er erst breit grinsen, dann schallend lachen muss: *Lange Haare sind Ausdruck eines falschen, kleinbürgerlichen Bewußtseins. Sie sollen die Jugend in die Sackgasse des individuellen Protests treiben! Lange Haare sind bewußt gesteuerter moralischer und kultureller Zerfall durch die Imperialisten.*

Er fühlt sich zurückversetzt in seine Schulzeit und erinnert sich an die wetternden Lehrer im Staatsbürgerkundeunterricht.

Tommy, der die Kritik der westdeutschen K-Gruppe an DDR und Sowjetunion interessant findet, hat ebenfalls Bauchschmerzen – denn im Emblem der Zeitung ist neben Marx, Engels, Mao und dem albanischen Parteichef Enver Hoxha sogar Josef Stalin abgebildet. Stalin, findet er, geht gar nicht.

Wir haben doch Solschenizyn gelesen, meint Tommy zu Matz.

Und Wolfgang Leonhard, erwidert Matz. Für ihn ist die Sache abgehakt.

Die Treffen der Lesekreise werden ab Januar 1976 häufiger und intensiver. Es ist die Zeit, in der Matz sich mit seinem Vater überwirft und zu Hause auszieht.

Tut mir leid, es ist mein Leben, und ich glaube, ich habe ein Recht darauf, es selber einzurichten.

Am Rähmen 3, seine Wohnung mit Renate, wird zum lebendigen Studien- und Diskussionsort. Hier kommen abends oft kleinere Gruppen, aber auch schon mal 14, 18 oder 21 Leute zusammen, die sich stundenlang bis Mitternacht die Köpfe heißreden, über Rätesysteme, Arbeiterdemokratie, Anarchie, über die eine Frage, die über allem schwebt: Wie wollen wir leben?

Und wie könnte der ideale Staat aussehen? Renate, die Freundin von Matz, verfasst nach dem Studium vieler Quellen ein 30-Seiten-Papier mit Exzerpten über Staatsbegriff und -formen, vom frühen griechischen bis zum leninistischen Staatsmodell. Sie vervielfältigt ihre Ausarbeitung für die anderen mit Kohlepapier auf der Schreibmaschine.

In den Lesekreisen werden anspruchsvollste Aufgaben bearbeitet. Irgendwann wird Zuspätkommen kritisiert, als sei man eine straffe Organisation.

Hey Leute, sagt Tarzan. Muss sein, erwidert Tommy. Achim und Bernd nicken.

Gemeinsam wollen sie sich Wissen aneignen – und es irgendwann auch anwenden. Nicht irgendwann. Im Januar 1976 nehmen sie sich die Entwürfe der Dokumente zum IX. SED-Parteitag vor, um sich auf ihre Weise an der Parteitagsdiskussion zu beteiligen. Achim stellt im Lesekreis den SED-Programmentwurf vor, und Bibe referiert über die darin enthaltenen Verfälschungen der ursprünglichen Prinzipien Lenins. Sie beschließen, in Untergruppen weiter zu tagen. Bernd leitet die Arbeitsgemeinschaft zum Programm, Tarzan die AG Direktive Volkswirtschaftsplan, und Bibes Gruppe setzt sich mit dem neuen Statut der SED auseinander.

Schließlich gibt es im »Neuen Deutschland« einen Aufruf an die Werktätigen im ganzen Land, sich an der Debatte konstruktiv zu beteiligen. Nun fiebern sie der Aussprache entgegen, die im *Konsultationsstützpunkt* der SED-Kreisleitung in der Grietgasse stattfinden soll. Bernd und seine Truppe beschäftigen sich mit marxistisch-leninistischer Literatur, mit Lenins Lehre von der Partei, um sich noch besser mit dem Programmentwurf auseinandersetzen zu können. Welche Rolle soll eine Partei im Staat spielen? Hat die SED das alleinige Recht zur Führung? Was bedeutet es, wenn sie Staatspartei ist? Vereint sie die bewusstesten Kräfte?

Bernd entwirft Ansätze zu einem Programm für eine zu erneuernde SED, Bibe aus der Jahnstraße versucht, ein neues Parteistatut auszuarbeiten. Auch Blase, dem dicke Bücher nicht so vertraut sind, quält sich durch »Die deutsche Ideologie« von Marx und Engels und referiert seine Erkenntnisse.

Seitenweise wird jeder Satz des neuen Statuts der Partei mit dem bisherigen verglichen und in einer tabellarischen Übersicht mit kritischen Anmerkungen versehen.

Sie wollen nicht den Eindruck einer Gruppe erwecken. Die Erfahrung mit den Eingaben nach dem Überfall auf die Gartenstraße ist noch frisch. Deshalb sollen nur Bibe, Achim und Tarzan die Ausarbeitungen öffentlich vortragen. Probeweise legt Doris sie ihrem Meister bei Zeiss ein paar Tage vor dem Termin vor und bittet den Genossen um Antworten. Daraufhin werden die Fragen bei einem weiteren Treffen ein letztes Mal überarbeitet – auch Matz ist dabei.

Am Mittwochnachmittag, dem 25. Februar 1976, ist es so weit. Grietgasse 18, SED-Kreisleitung Jena.

Bibe, Tarzan und Achim betreten das Gebäude, vor dem beim Volksaufstand am 17. Juni 1953 Tausende Demonstranten standen, während drinnen die Funktionäre bangten. Der Saal ist nur zur Hälfte mit Besuchern der *Konsultation* gefüllt. Die drei müssen ihre Betriebsausweise zeigen, ihre Namen werden aufgeschrieben. Sie behaupten, delegiert worden zu sein, und dürfen Platz nehmen. Der abgelesene Monolog des Genossen auf dem Podium dauert und dauert, bis der Satz endlich fällt: Dazu noch Fragen?

Einer der drei meldet sich. Bibe steht auf, nennt seinen Namen und Arbeitsplatz, dann fragt er: *Zu Punkt 29.2 des Statuts. Was bedeutet konkret der Ausdruck Staatsdisziplin?*

Alle Köpfe fliegen herum. Die meisten sind von ihren Betrieben hierher delegiert worden und wollen möglichst schnell in den Feierabend. Sie sind es nicht gewohnt, dass noch Fragen gestellt werden. Wer sind denn diese drei?

Tarzan stellt die nächste Frage: *Zum Punkt 29.4: Warum ist im neuen Statut die Kritik von unten nicht mehr gefragt?*

Insgesamt zehn konkrete Fragen, ein überrumpelter Genosse auf dem Podium, verstörte SED-Mitglieder und Delegierte im Saal. Alle sind überrascht, dass sich jemand so genau vorbereitet hat, vielleicht erstaunt, dass jemand überhaupt das neue Statut gelesen hat und Fragen dazu formuliert.

Der leitende Genosse weiß nicht auf jede zu antworten, flüchtet sich erst in Phrasen und verfällt dann in Vorwürfe: *So hingedreht ist das doch alles destruktiv, WIR müssen doch die Vorzüge des neuen Statuts hervorheben. WIR müssen doch das Programm der SED zu unserer Richtschnur machen. Aber so geht das nicht. SIE stehen damit in Widerspruch zu UNSERER Entwicklung. Die Stoßrichtung Ihrer Fragestellung richtet sich, wenn auch verdeckt, so doch eindeutig gegen die führende Rolle der Partei.*

Na gut, sie haben es probiert. Die drei berichten später den anderen über ihren Besuch bei der Kreisleitung. Sie freuen sich, dass sie ihre Fragen überhaupt stellen konnten, und gehen in diesem Frühjahr auch zu den Wahlveranstaltungen. Dort werden die Kandidaten der Nationalen Front vorgestellt, bislang meist ohne eine einzige Frage beantworten zu müssen.

Wir versuchen weiter, ob ein Dialog möglich ist.

Der 1. Mai kommt – Tribüne, Schalmeienkapelle, Demonstrationsblöcke, Fähnchen, Transparente und anschließend Bier und Bratwurst. Matz sieht die Arbeiterkampfgruppen der Betriebe in ihren grünen Uniformen und schwarz glänzenden Stiefeln zum Stellplatz durch die Stadt marschieren. Ihre Mützen erinnern ihn an die Wehrmachtsmützen auf den kleinen quadratischen Schwarzweißfotos der Väter. Auf dem Weg zur Gartenstraße kommt er an der Jahnstraße vorbei. Dort wohnen Bibe, Marita, Behrchen und der Kleine Otto. Und wie jedes Jahr zum Arbeiterkampftag veröffentlichen alle Zeitungen die vom Zentralkomitee der SED vorgegebene Liste mit den Parolen für die Demonstrationen im ganzen Land auf der ersten Seite, durchgehend nummeriert von eins bis weit über 50.

Andere, eigene Losungen mitzuführen ist praktisch nicht möglich. Wenn die Menschen mit den vorgegebenen Sprüchen am 1. Mai herumlaufen, dann vertreten sie nicht wirklich ihre eigene, freie Meinung. Deshalb hat sich die WG Jahnstraße 10 etwas einfallen lassen.

Vor unserem Haus ist doch ein Stellplatz für die Demo. Wir machen diesmal selbst ein Transparent und hängen es über die Brüstung unseres Balkons! Wenn die Jenaer vor unserem Haus zusammenströmen, sehen es alle.

Matz sieht es im Vorbeigehen auch, da oben im ersten Stock – und muss grinsen. Auf rotem Stoff haben sie geschrieben:

Wie jedes Jahr zum 1. Mai sind wir für Losung Nr. 2!

Dazu erschallt, bis auf die Straße laut hörbar, der »Gefangenenchor« aus der Oper »Nabucco« von Guiseppe Verdi.

Die beiden Herren in Zivil, die eine Viertelstunde später an die Wohnungstür klopfen und die sofortige Entfernung des Transparents verlangen, fragen sie, wo denn das Problem sei, Losung Nummer 2 laute doch: *Proletarier aller Länder, vereinigt euch!*

Egal, keine fünf Minuten später müssen sie den »Gefangenenchor« verstummen lassen und das Transparent abnehmen. Aber Tommy und Tarzan haben es fotografiert, das Haus mit dem Transparent und breit grinsenden WG-Bewohnern an den Fenstern, die sich diebisch über diesen Coup freuen. Wieder eine schöne Postkarte zum Verschicken an Freunde – vorsichtshalber im Briefumschlag.

In den Lesekreisen entstehen immer wieder neue Ideen. Einfach mal machen. Ausprobieren, was geht. Ein Jugendklub, vielleicht unter eigener Regie? Der fehlt in Jena, und bei einer Wanderung zum Jenzig entsteht der Gedanke: weg von den Theorien, etwas Praktisches auf die Beine stellen.

Im Westen, wissen sie, wird um unabhängige und selbstverwaltete Jugendzentren gekämpft. Und in Bad Köstritz hat auch einer versucht, etwas Vernünftiges im Rahmen des Kulturbundes zu betreiben. Dort in der »Glucke« konnte am 7. Februar 1975 sogar eine legendäre Veranstaltung mit Liedern von Gerulf Pannach und Bettina Wegner und einer ersten öffentlichen Lesung von Jürgen Fuchs stattfinden. Danach allerdings wurde die zweite Veranstaltung abgesetzt. Sechzig Leute aus Jena kamen umsonst und standen vor verschlossener Tür.

Wir brauchen etwas Eigenes in Jena!

Bei einem Treffen in der Wohnung von Matz sprudelt die Gruppe nur so vor Ideen für eine Konzeption und einen möglichen Raum. Vielleicht in der seit Jahren geschlossenen Kneipe im Steinweg? Im Keller vom Griesbachschen Gartenhaus? Oder in den aufgegebenen Geschäften in der Zwätzengasse, der PGH Hertz oder Elektro-Vollus? Achim hat den, wie sie finden, besten Vorschlag für einen Ort. Er weiß von leerstehenden Kellerräumen unter einem Laden in der Greifgasse, im Stadtzentrum, gleich am Markt. Sein Betrieb, in dem er Dekorateur gelernt hat, nutzt die Räume nicht mehr.

Nachdem sie ein Konzept entwickelt haben, bekommen sie für Ende Mai einen Termin bei der FDJ-Kreisleitung. Schon allein das ist ein Erfolg. Vielleicht auch, weil sie als Streiter für ihr Vorhaben noch nicht so bekannte Gesichter ausgewählt haben, Leute ohne Zuführung, ohne Verhör. Matz gehört mit 18 Jahren als FDJ-Mitglied im Frühjahr 1976 noch dazu, während andere Freunde und Bekannte aus dem Lyrikkreis und der JG schon öfter beschattet oder *zwecks Klärung eines Sachverhalts* vorgeladen wurden.

Im ersten kurzen Gespräch mit der FDJ wird von ihnen verlangt, beim nächsten Treffen zehn Mitglieder der künftigen Klubleitung zu benennen. Als Leiter des Jugendklubs wird daraufhin Lutz Leibner erkoren, da er Erfahrungen als Erzieher besitzt. Auch einen FDJ-Sekretär für den neuen Klub sollen sie auswählen. Dafür schlagen sie Dietrich Große vor, einen Mitschüler von Achim und SED-Mitglied. Bloß ihr Wunschort, Jena-Stadtmitte, der gehe nicht, sagt FDJ-Sekretär Lutz Utecht: In Ammerbach könntet ihr euch dem bestehenden FDJ-Klub anschließen!

Sie machen große Augen. Ammerbach? Das liegt recht weit weg vom Jenaer Zentrum, im Südwesten.

Matz merkte natürlich, genau wie die anderen, dass es nicht leicht werden würde. Aber: Immerhin gab es eine neue Verabredung mit der FDJ Anfang Juni.

Bei diesem Treffen saßen die beiden Vertreter der FDJ-Kreisleitung mit verschränkten Armen vor ihnen und hörten sich an, wie sich das Dutzend junger Leute am Tisch seinen Klub vorstellte. Die hatten ein genaues Programm ausgearbeitet – gleich für ein ganzes Jahr – und trugen es vor. Das reichte von Tischtennis über gemeinsames Musikhören, Fotografiekurse, Volkskunst- oder Gemäldeausstellungen bis zu Bildungs- und Literaturabenden. Sogar an Arbeitseinsätze der Klubbesucher für die Volkssolidarität hatten sie gedacht.

Die Vertreter der FDJ-Kreisleitung wehrten ab.

Warum ist denn überhaupt ein eigener Jugendklub nötig? Ist das Programmniveau nicht viel zu hoch?

Es ging eine Stunde hin und her. Lutz argumentierte, die Jugendlichen müssten doch von der Straße und vom Alkohol weg, es gehe um sinnvolle Freizeitbeschäftigung und Bildung. Außerdem solle das Klima in solch einem Klub von den Jugendlichen mitbestimmt werden.

Na, mit solchen Jugendlichen läßt sich bestimmt kein Treffen mit Komsomolzen organisieren! Wir als FDJ sind nicht gegen die Jugendlichen, wie sie teilweise in der Stadtmitte anzutreffen sind, wir bewerten nicht nach der Haarlänge, aber wir wollen nicht einen Klub mit unklarem Programm unter der Fahne der FDJ laufen lassen. Daher werden wir gut überlegen, ob wir dem Rat der Stadt die Gründung vorschlagen. Die endgültige Entscheidung steht zu unserer 3. Beratung am 2. Juli fest.

An diesem Tag saß eine Sekretärin mit am Tisch und protokollierte das Gespräch, und es dauerte auch nicht lange, bis der 1. Sekretär rasch seine Einwände gegen einen neuen Jugendklub herunterspulte.

Nur weil man eine Gruppe ist, muß man noch keinen Klub gründen. Die Jugendlichen sollen sich den bestehenden Klubs anschließen und diese entsprechend unterstützen. Der Rat der Stadt lehnt eine Klubbildung ab. Die vorgeschlagenen Objekte sind übrigens bautechnisch nicht zugelassen.

Aus der Traum. Aber sie hatten es versucht.

Zwei Jahre später eröffnete in den angeblich ungeeigneten Räumen in der Greifgasse, die Achim vorgeschlagen hatte, ein Klub der Freien Deutschen Jugend.

Die Sehnsucht nach einem selbstbestimmten Raum, in dem man etwas Eigenes gestalten könnte, blieb bei Matz und seinen Freunden bestehen. Als eines Tages Kerstin eine Anzeige in der Zeitung entdeckte, dass eine alte Frau für wenig Geld ein Haus im Jenaer Stadtteil Burgau verkaufen wollte, fand er die Vorstellung, dort mit mehreren Leuten einzuziehen, ziemlich aufregend. Sie schrieben auf die Annonce und bekamen tatsächlich einen Besichtigungstermin angeboten.

In Burgau, Geraer Straße, angekommen, staunten Matz, Kerstin, Tarzan, Heppe, Behrchen und Maria schon von außen über die Größe des

Gebäudes. Marlene, die Besitzerin, öffnete ihnen und führte sie herum. Sie kamen aus dem Staunen gar nicht mehr heraus. Nicht nur, dass es anscheinend unendlich viele Zimmer gab, es existierten auch eine komplett eingerichtete Werkstatt und eine alte Schmiede mit allerlei Gerätschaften und Maschinen. Sie waren begeistert. Und das Beste war: Marlene wollte den ohnehin schon niedrigen Preis weiter senken, wenn sie im Tausch die Neubauwohnung in Neulobeda bekäme, die Maria und Tarzan inzwischen als Ersatz für die Gartenstraße in Aussicht hatten. Das müsste doch klappen.

Die 15 000 Mark würden sie schon irgendwie zusammengeliehen bekommen. Marlene freute sich über die jungen Leute, die einziehen wollten und sich für ihr Haus begeisterten. Wochenlang beschäftigte Matz und seine Freunde der Plan. Es folgten weitere Gespräche mit Marlene, und die Sache sah gut aus.

An einem Sommertag waren sie in den Bergen um Drackendorf unterwegs und gingen in der Abendsonne zu sechst nebeneinander die Dorfstraße herunter. Sie rechneten inzwischen fest damit, dass es klappen würde. Jeder machte Vorschläge, wie man das Haus nutzen könnte. Wir leben da zusammen, es wird wieder ein Treffpunkt für alle. Klar, wir müssen erstmal gründlich renovieren, aber dann wird es vielen Besuchern und Gästen Platz bieten. Was können wir da alles machen! Einen Übungsraum für Musik vielleicht. In der Werkstatt tolle Sachen herstellen. Was lässt sich mit dem Schmiedefeuer alles anstellen? Tarzan träumte von einem riesigen Badezuber, in dem sie gemeinsam baden. Gemeinsam baden? Wollen wir dann auch einen gemeinsamen Schlafraum, oder wechseln wir die Zimmer regelmäßig?, fragte Maria. Wir essen auf jeden Fall immer an einem langen Tisch ...

Das Haus steht doch mit der Rückseite direkt an einem Felsen, dann lagern wir unseren Wein im Felsenkeller! Sie lachten viel, waren guter Dinge und sprudelten nur so vor lauter ernst- und weniger ernstgemeinten Ideen.

Kurz darauf klingelte es an der Tür von Marlene. Davor stand ein Mann, der sich als freischaffender Übersetzer und Kaufinteressent ausgab. Es war der 28-jährige Oberleutnant Steffen Lippolt von der Vorgangsgruppe der Kreisdienststelle, einer Spezialeinheit zur Bekämpfung des politischen Untergrunds in Jena, der schon die Gartenstraßen-WG bearbeitet hatte.

Aus der Traum. Als Matz und seine Freunde Marlene das nächste Mal aufsuchten, das Geld und alles andere beinahe geklärt war, da wies Marlene sie gleich an der Tür ab. Nein, sie habe kein Interesse mehr, das Haus an sie zu verkaufen.

Im Barkas der Volkspolizei sind alle nach stundenlanger Fahrt auf der holprigen Autobahn ordentlich durchgerüttelt. Aber jetzt hat der Fahrer die Geschwindigkeit gedrosselt, den Blinker gesetzt, es geht ab von der Autobahn.

Zu früh, denkt Blase und wundert sich. Er nimmt im Scheinwerferlicht gerade noch den Wegweiser wahr: Gera! Das bedeutet, es ist noch längst nicht vorbei.

Aber wo bringen die uns hin?

Samstag, 22 Uhr – Berlin, Metzer Straße 25

Die Stimmung in Kathrins kleiner Wohnung ist richtig gut. 34 Freunde sind zur Wohnungseinweihung gekommen. Sie haben es gemütlich, sind aufgeregt und neugierig auf ihr neues Leben in der Hauptstadt der DDR. Die Gäste sind aus Saalfeld, Rudolstadt, Leipzig, Karl-Marx-Stadt, Quedlinburg und Jena angereist – dazu einige ihrer neuesten Bekanntschaften aus dem Prenzlauer Berg.

Nun lagern sie auf ausgebreiteten Matratzen, reden, essen, trinken, quatschen, ein Tonband liefert die vertraute Rockmusik. Matz und Blase wollten auch vorbeischauen, aber das wissen die meisten Besucher nicht. Die ersten Gäste kamen schon am Donnerstag. Von denen hat die Gastgeberin erfahren, dass fünf Leute aus Saalfeld nicht anreisen dürfen, weil ihnen wegen des X. Parteitages in *vorbeugenden Aussprachen* mit Volkspolizei und Stasi Berlinverbot erteilt wurde. Einer aus Rudolstadt, der auf der Straße als Tramper schon weit gekommen war und bei Dessau den Daumen erneut Richtung Berlin hochhielt, wurde kontrolliert und umgehend zurückgeschickt.

Die Gäste haben ein paar Flaschen Wein mitgebracht und im Metzer Eck einen 6-Liter-Krug Bier geholt, in der kleinen Küche steht etwas zu essen.

Kathrin ist erst vor wenigen Wochen in die Zweiraumwohnung im vierten Stock eingezogen – schwarz versteht sich, wie so viele junge Leute, die keine Zuzugserlaubnis nach Berlin bekommen, aber nahe dem Zentrum viele leerstehende, dem Verfall überlassene Altbauwohnungen entdecken. Nun ist sie glückliche Bewohnerin, renovierte alles und richtete sich gemütlich mit gut erhaltenen Möbeln, Lampen und Matratzen vom Sperrmüll ein.

Im selben Haus jedoch denunzierte sie ein Bürger als *Schwarzbewohner* bei der Volkspolizei. Die wiederum verständigte den Abschnittsbevollmächtigten, die Kommunale Wohnungsverwaltung und andere Stellen beim Rat des Stadtbezirks.

Heute Abend nun fühlt sich dieser Mieter im dritten Stock, direkt unter Kathrin, durch die Feier erheblich gestört, traut sich aber nicht, hochzugehen und sich zu beschweren. Stattdessen ruft er das Revier am Senefelderplatz an. Die Volkspolizei schickt umgehend den Funkstreifenwagen 273 zur Wohnungsüberprüfung. Dessen Besatzung schaut sich den Seitenflügel vom Hof aus an, trifft ebendort den *mitteilenden Bürger,* um zu erfahren, dass sich da oben *sehr viele dekadente Personen zusammengerottet haben, die schon den ganzen Nachmittag Matratzen hereingeschleppt hätten.*

Die beiden Volkspolizisten trauen sich nun ebenfalls nicht an Kathrins Wohnungstür, sie fordern Verstärkung an. Ihr Alarm setzt einen größeren Apparat in Gang. Die mobile Reserve, diensthabende Offiziere, mehrere Vorgesetzte, die Berliner MfS-Bezirksverwaltung, den Operativen Einsatzstab zum X. Parteitag. Am Ende stehen ein Lkw vom Typ Robur LO, mehrere Funkstreifenwagen, Motorräder und vierzig Polizisten vor dem Haus.

Vier Gäste, die gerade gehen wollen, werden noch im Treppenhaus festgehalten – *Kommt ihr von der Schilling?* – und ohne Begründung auf den Lkw verfrachtet. Eine junge Frau zögert mit der Antwort, zieht an ihrer Zigarette, sie wird ihr aus der Hand geschlagen: *Antworten gefälligst!*

Dann steigen 15 Polizisten die Treppe hoch, mit Gummiknüppeln in den Händen. Sie dringen sofort in die Wohnung ein, der Schlüssel steckt ja außen. Knappe Frage nach der Wohnungsinhaberin. Kathrin kommt.

Wo ist Ihre Zuweisung? Ihr Mietvertrag?

Sie gibt zu, beides nicht zu haben.

Dann ist diese Versammlung eine illegale Wohnungsbesetzung! Alle Personalausweise her und im Laufschritt nach unten begeben!

Die Leute sind verstört, verstehen nicht sofort, was los ist. Da reißt ein Volkspolizist einen Gast am Arm vom Boden hoch, gleichzeitig schlägt ein anderer mit dem Knüppel zu. Blitzschnell bricht sich die Gewalt Bahn. Drei Dutzend Leute werden aus der Wohnung geknüppelt – Los mitkommen, im Laufschritt! –, einige die Treppe hinuntergestoßen – Geht es nicht schneller? –, alle auf den Lkw geprügelt, die Plane heruntergelassen.

Schnauze! Maul halten!

Nach längerem Warten fürchten 34 Fetengäste, unter der dichtsitzenden Plane des Lkw zu ersticken. Es kommt ein zweiter LO, sie müssen umsteigen, die kurze Fahrt endet im Innenhof des Reviers am Senefelderplatz. An den Armen heruntergezerrt vom Lkw. Gebrüllte Kommandos: Absitzen! Los, runter! Im Laufschritt in den Keller! Zieht die doch an den Haaren, das geht schneller!

Los, los! Zack! Zack! Gesicht zur Wand! Schnauze! Beine breit! Schräg hinstellen! Mit den Händen abstemmen! In einer Reihe alle an die Wand!

Mehrfach gehen Volkspolizisten kontrollierend auf und ab, treten mit voller Wucht gegen die Füße: Weiter auseinander!

Immer wieder Schläge in die Kniekehlen, Tritte in die Waden.

Vorn, hinten und in der Mitte des langen Kellerganges mit dem trüben Licht stehen Wachposten.

Einige der Abtransportierten wollen wissen, warum sie hier sind.

Hier werden keine Fragen gestellt! Hier sind wir die Herren!

Es ist inzwischen kurz vor Mitternacht. Eine Frau sagt, sie müsse längst bei ihrem Kind in der Wohnung sein.

Das geht uns nichts an. Das hätten Sie sich vorher überlegen sollen! Was sind Sie überhaupt für eine Mutter?

Einer aus Leipzig bekommt durch die 45-Grad-Haltung immer schlechter Luft, nach Stunden werden seine Finger gefühllos. Er hält es nicht mehr aus, lässt sich langsam zu Boden sinken und ruft: *Ihr könnt mich ruhig schlagen, ich gebe auf, ich kann nicht mehr ... Schlagt mich ruhig kaputt.*

Zwei Polizisten ziehen ihn hoch, bringen ihn in die Wachstube. Ein anderer kommt dazu und raunzt sie an: Solchen Leuten das Sitzen zu erlauben, kommt überhaupt nicht infrage!

Fünf Stunden vergehen. Frauen, die stundenlang gerade vor der Wand stehen müssen und sich hinsetzen, werden konsequent wieder aufgerichtet, vor die Wand gestellt und weiter beschimpft:

Was habt ihr überhaupt an? Ihr seht ja aus wie Nutten in DEFA-Filmen.

Schließlich einzelne Befragungen in Abstimmung mit der MfS-Hauptabteilung IX.

Ihre Personalien. Arbeiten Sie überhaupt?

Wie denken Sie denn über unseren Staat und über das wichtigste politische Ereignis, was hier zurzeit in Berlin läuft? Können Sie sich nicht wenigstens dafür anständig kleiden? Das ist doch keine Repräsentation der Jugend in unserem Staat.

Bleiben Sie einfach dort, wo Sie hergekommen sind! Wir haben hier schon genug von Ihrer Sorte!

Sie werden festgehalten wegen Störung des sozialistischen Zusammenlebens und haben die Stadt sofort zu verlassen! Sofort! Wir können Sie in hohem Bogen aus der Hauptstadt weisen.

Unterschreiben Sie das Protokoll! Wenn Sie sich weigern ... wir sitzen hier am längeren Hebel!

Wenn wir Sie nochmal in der Wohnung der Schilling antreffen, haben Sie nichts mehr zu lachen!

Ein Herr in Zivil meint zu einem der Befragten aus Leipzig, der gerade als Montagearbeiter in der Hauptstadt ist: *Die Volkspolizei duldet nicht, daß sich in Berlin Absteigen herausbilden, wo sich derart verschlampte, dekadente und arbeitsscheue Elemente treffen. Darum haben Leute wie Sie nichts in der Hauptstadt zu suchen!*

Samstag, 22.15 Uhr – MfS-Untersuchungshaftanstalt Gera

Der Barkas mit Matz, Blase und den beiden Frauen erreicht nach langer Fahrt die Innenstadt von Gera. Blase hat versucht, die Straßennamen zu erkennen. Wilhelm Pieck, Clara Zetkin, Straße des 7. Oktober, Rudolf Diener.

Jetzt steht der Wagen mit laufendem Motor im Amthordurchgang vor einem großen grauen Eisentor, das sich langsam knarzend zur Seite schiebt.

Sie fahren wenige Meter in einen kleinen Hof hinein. Der Wagen bleibt stehen. Hinter ihnen schließt sich das Tor wieder. Im Licht der Peitschenlampe erkennen sie ein dunkles Backsteingebäude, vergitterte Fenster und ein zweites schweres Eisentor direkt vor ihnen, das sich aber nicht öffnet.

Ein Posten tritt an das Seitenfenster des Barkas und kontrolliert die Ausweise von Fahrer und Beifahrer. Er scheint Bescheid zu wissen, nickt und verschwindet wieder in der Torwache.

Jetzt erst erkennen die Transportierten eine geöffnete Tür im Gebäude links vom Barkas, aus der mehrere Wachleute herauskommen und eine Art Spalier bis zu ihrem Fahrzeug bilden.

Mit einem Ruck reißt jemand die Seitentür auf: *Raustreten!*

Zuerst steigen die beiden Frauen aus dem Barkas und verschwinden hinter der Tür, dann sind Blase und Matz dran.

Raus! Raus! Geht es nicht ein bisschen schneller?

Blase hatte sich vor gar nicht so langer Zeit, als er Bausoldat war, das Bein gebrochen und ist noch immer etwas langsam.

Bewegung! Los!

Er will Widerworte geben, aber die Uniformierten haben sich links und rechts aufgestellt, Gummiknüppel in ihren Händen. Er begreift, dass seine Erklärung sinnlos wäre. Den Schlagstockeinsatz bei der Auflösung der Feier in der Gartenstraße hat er nicht vergessen.

Beeilung! Oder sollen wir euch Beine machen? Im Laufschritt Marsch!

Blase spürt einen Fußtritt und beeilt sich, durch das Spalier bis zur Tür zu kommen. Matz läuft im Laufschritt vor ihm her, hinein ins Gebäude.

Um die Ecke, vorbei an einer Losung, die zu lesen keine Zeit ist.

Weiter, weiter!

Durch eine Tür geht es zu einem vergitterten Gang im Erdgeschoss. Zwei Zellentüren sind bereits weit geöffnet.

Matz dreht sich noch einmal nach seinem Freund um. Ihre Blicke treffen sich. Hinter beiden werden die schweren Türen zugeworfen, mit einem Knall, der noch lange nachhallt. Dann das Geräusch von Zuschließen und Verriegeln.

Matz sieht sich um, es ist mehr als ernüchternd. Die Decke seiner Zelle ist gewölbt, wie in einem Keller, kein Fenster, nicht einmal Glasbausteine, nichts, nur ein schwarzes Luftloch in der Mitte der Decke, kaum handtellergroß. Eine grelle Neonröhre, ein Wasch- und ein Toilettenbecken, ein Hocker – aber keine Liege.

Durchatmen, ankommen. Was wird das jetzt? Stehen bleiben oder auf den Hocker setzen?

Es ist still im Gang vor den Zellen. Die beiden jungen Frauen haben sie offensichtlich nicht in ihre Nachbarschaft gebracht, sondern gleich woanders hin.

Zehn Minuten vergehen. Da! Schritte im Gang, Schlüsselklirren. Die Tür der Zelle von Blase wird geöffnet. *Her mit dem Koffer!*

Blase hatte ihn in einer Ecke des Raums abgestellt und sich schon darüber gewundert, dass er alles behalten durfte. Er ist – genau wie Matz – das erste Mal in einer solchen Zelle, kennt die Regeln nicht, aber das scheinen sie in ihrem Eifer vergessen zu haben.

Der Koffer wird ihm weggenommen, kurz darauf muss er in den Gang hinaustreten und alles Mögliche abgeben: Schnürsenkel, Hosenträger, die Jacke, den Inhalt sämtlicher Taschen.

Zurück in die Zelle. Warten.

Bei Matz dasselbe, Blase kann es hören.

Nach etwa einer Stunde wird Blase als Erster von einem Wachmann zum Verhör aus der Zelle geholt und über ein Treppenhaus in den dritten Stock des Gebäudes der Untersuchungsabteilung IX geführt.

In dem Büroraum wartet ein Vernehmer hinter seinem Schreibtisch, auf dem ein Tonbandgerät mit Mikrofon steht. Blase setzt sich auf den Stuhl davor, der Herr, der sich ihm nicht vorstellt, drückt die Aufnahmetaste. Die beiden großen Spulen auf dem Tonbandgerät beginnen sich langsam zu drehen.

Hallo Blase!

Der Vernehmer ist so freundlich, *als ob wir uns schon jahrelang kennen,* denkt Blase.

Na, weißt du, wo du bist?

Blase blickt ihn an: *Es sieht so aus wie in einem Gefängnis …*

Du bist in der Untersuchungshaftanstalt des Ministeriums für Staatssicherheit in Gera.

Aha.

Und wenn man einmal hier ist, dann liegt schon einiges vor!

Blase muss schlucken, will sich aber nichts anmerken lassen. Ab jetzt rechnet er fest damit, dass er hier so schnell nicht wieder herauskommt.

Der Mann hinter dem Schreibtisch wartet einen Moment die Wirkung seiner Worte ab, dann zeigt er auf ein Bild, das an der Wand hängt. Eine Intarsienarbeit aus verschiedenfarbigem Holz. Das Porträt eines Mannes.

Weißt du, wer das ist?

Blase ist unwillig und murmelt, es sei ihm egal, wer das ist.

Das ist Feliks Dzierzynski, der große sowjetische Tschekist, unser Vorbild. Der hätte nicht so viel Federlesen mit euch gemacht, der hätte euch gleich auf dem Hof erschossen!

Oh, denkt Blase, das wird ja ziemlich herb hier.

Samstag, 22.45 Uhr – MfS-Untersuchungshaftanstalt Gera

Matz geht in der Zelle langsam hin und her, setzt sich auf den Hocker, steht wieder auf. Verriegelte Tür, grelles Licht, grüngraue Wände. Ab und zu schaut jemand durch den Spion.

Die zweite Nacht in Gewahrsam hat begonnen. Schlafen ist nicht.

Ende November 1976, als sie ihn zum ersten Mal in seinem Leben abholten, erfolgte seine Befragung in einem Büroraum der Kreisdienststelle Jena, und er machte keine Bekanntschaft mit so einem fensterlosen Loch.

Damals war es ein kalter Wintersamstag. Sie führten ihn gemeinsam mit der hochschwangeren Renate am frühen Nachmittag die Treppen von ihrer Wohnung hinunter. Der Staatsanwalt und ein paar Mitarbeiter des MfS waren oben geblieben, um in ihrer Abwesenheit alles zu durchsuchen. Vor dem Haus standen zwei Ladas mit laufenden Motoren, wohl aus Sorge, die Wagen könnten bei der Kälte nicht wieder anspringen. In diesem Moment begann es zu schneien. Matz verlangsamte seine Schritte und pfiff leise eine Melodie: *Du, lass dich nicht verhärten in dieser harten Zeit ...*

Ein paar Tage zuvor hatte es sich wie ein Lauffeuer verbreitet: Wolf Biermann darf nach seinem Konzert am 13. November in Köln nicht in die DDR zurückkehren. Sie konnten es nicht fassen.

Biermann war ihnen so nahe. Nicht nur wegen der kopierten Tonbänder mit seinen Liedern, nicht nur wegen seiner vielfach abgeschriebenen und unter der Hand verbreiteten Texte. Bei Wanderungen in die Jenaer Berge oder wenn sie abends zusammensaßen, redeten, rauchten und tranken, griff irgendwann Bernd oder Siegfried zur Gitarre und trug die beliebten Biermann-Songs vor.

Wolf Biermann war Mitte der siebziger Jahre immer wieder in Jena gewesen. Vor allem, um Sibylle zu sehen, die dort studierte, die Tochter von Robert Havemann, dem bekanntesten Kritiker des DDR-Sozialismus. Einige von ihnen hatten Havemann schon in Grünheide bei Berlin besucht und waren voller Glauben an eine reformierbare DDR nach Jena zurückgekommen. Havemann und ganz besonders Biermann mit seinen Liedern und Texten nährten unter ihnen diese Hoffnung.

Biermann gab Matz und seinen Freunden die Zuversicht, irgendwann werde sich alles zum Besseren wenden. Mehr Freiheiten, mehr Toleranz, mehr Menschlichkeit. Er drückte aus, was sie fühlten.

Er konnte formulieren, was sie niemals gelernt hatten auszusprechen, denn es gab keine Diskussionskultur. Als Schüler und Jugendliche hatten sie sich darin geübt, zwischen den Zeilen zu lesen, Doppeldeutigkeiten zu erkennen. Von den Erwachsenen sollten sie die Spaltung im Kopf, das Drumherumreden übernehmen. Von den Lehrern das Auswendiglernen und Nachbeten ewiggleicher, leerer Phrasen. Der tschechische Autor Václav Havel, dessen Buch Matz verschlungen hat, nannte es das Leben in der Lüge, wenn man nicht wirklich frei ist, das Richtige zu sagen, zu tun und den geraden Weg zu gehen. Am Ende bringt es den Menschen für immer um die Wahrheit.

Seine Lieblingsstelle im Buch hatte Matz dick angestrichen:

Ein Leiter eines Gemüseladens platziert im Schaufenster zwischen Möhren und Zwiebeln das Spruchband »Proletarier aller Länder vereinigt euch!«. Warum hat er das getan? Was wollte er damit der Welt mitteilen? Dieses Spruchband wurde unserem Gemüsehändler zusammen mit Zwiebeln und Möhren vom Betrieb angeliefert und er hängte es einfach in das Schaufenster, weil er das schon seit Jahren so tut, weil das alle tun, weil es so sein muß. Er hatte es deshalb getan, weil es »dazugehört«, wenn man im Leben durchkommen will, weil das eine von tausenden Kleinigkeiten ist, die ihm ein relativ ruhiges Leben »im Einklang mit der Gesellschaft« sichern.

Das war das Leben in der Lüge, das Matz überall um sich herum wahrnahm. Dieser Eiertanz zwischen Anpassung und innerem Dagegen-Sein, dank dem das System letztlich auch funktionierte.

Biermanns sprachgewaltige Lieder und Texte hingegen waren brutal offen und direkt, er sagte laut und deutlich, wie die Wirklichkeit war. Das brachte Klarheit, sorgte für Öffentlichkeit, obwohl er nicht auftreten durfte. Allein wenn sie Titel nannten oder Zeilen aus seinen Texten zitierten, stellte das eine magische Verbindung untereinander her. Er gab ihnen die Sprache, mit der sie endlich ausdrücken konnten, was sie bewegte.

Wenn Biermann nach Jena kam, wurde er nicht, wie in Berlin, von ein oder zwei Wagen der Stasi begleitet, sondern von mindestens vier oder fünf. *Die spielen hier verrückt,* fand er. Dabei wollte er oft nur seinen im Mai 1975 geborenen Sohn Felix sehen. Er besuchte ihn und Sibylle in der Lutherstraße 25, in der winzigen Einraumwohnung von Lilo und Jürgen Fuchs, der 1975 kurz vor dem Psychologie-Examen von der Uni geschmissen und aus der SED ausgeschlossen wurde. Darüber verfasste Fuchs Gedächtnisprotokolle und Prosatexte, die Matz – so wie andere auch – noch vor der Veröffentlichung im Westen abschrieb, Freunden zu lesen gab und mit ihnen diskutierte.

Biermann besuchte auch den Dichter und Maler Gerd Sonntag in seinem Atelier und den Bildhauer Lutz Leibner in der Käthe-Kollwitz-Straße 14, der mit seiner Frau Petra in einer großen Wohnung lebte. Sibylle zog später dort mit ihrem Baby für eine Zeit lang zur Untermiete ein. Über dem Wickelplatz im Wohnzimmer montierte Vater Wolf einen Heizstrahler, den er in Berlin aufgetrieben hatte. Abends erzählte er witzige Geschichten aus der Hauptstadt, Anekdoten über die Partei, es wurde viel gelacht. Sie diskutierten über Lyrik. Biermann sah sich ihre Gedichte an, kommentierte sie und ermutigte zum Weiterschreiben. Und er gab Einblicke, wie seine eigenen Melodien und Texte zustande kamen.

Mit nichts anfangen, sagte er einmal zu ihnen. Das funktioniere. Dann zog er ein Blatt hervor und hielt es hoch. *Nein!Nein!Nein!* stand darauf.

Die Worte füllten nahezu die ganze Seite.

Mit nichts anfangen, wiederholte Wolf.

Die erste Zeile! *Genossen, nun sagt was!*

Die zweite, die dritte*: Erinnert sich keiner? Mensch, wenigstens einer!*

Schritt für Schritt die weiteren Zeilen. Wolf erklärte ihnen seine Arbeitsweise anhand der mitgebrachten Urschrift seiner »Ballade vom Kameramann«, der den eigenen Tod durch eine Kugel aus dem Gewehr eines Soldaten filmte:

Ach, Macht kommt aus den Fäusten
Und nicht aus dem guten Gesicht
Ach, aus Mündungen kommt die Macht
Und kommt aus den Mündern nicht
Genossen, das ist klar
Das ist und bleibt auch wahr
Das ist die bittere Wahrheit

Jemand, der sie inspirierte. Wo gab es das sonst?

Irgendwann an solchen Abenden griff Biermann dann zur Gitarre und trug die Lieblingslieder der Jenaer vor: von der »Soldatenmelodie« über »Warte nicht auf bess're Zeiten« bis hin zu Matz' Favoriten »Comandante Che Guevara«. Einmal probierte er ein gerade erst geschriebenes Lied aus: »Es gibt ein Leben vor dem Tod«.

Die Verbindung war eng. Bernd Markowsky reiste mit Freunden aus Jena nach Grünheide, um bei Havemann Biermanns Geburtstag mitzufeiern.

Mitte September 1976 drang die Kunde von einem Auftritt Biermanns in der Uckermark nach Jena. Im Rahmen einer kirchlichen Jugendveranstaltung in der Prenzlauer Nikolaikirche hatte er trotz des mehr als elf Jahre bestehenden Auftrittsverbotes einige Lieder singen können. Eine Sensation für alle Fans in der DDR. Zu Beginn des Konzertes hatte er gesagt, dies sei sein erster Auftritt in einer Kirche, obwohl er Kommunist sei, aber er könne die Einladungen der Kirche nicht ständig ablehnen.

Die Nachricht darüber stimmte Tommy optimistisch, ob Biermann nicht dergleichen auch in Jena machen könnte. Er machte sich deshalb am 29. Oktober nach Berlin auf den Weg zu Biermanns Wohnung Chausseestraße 131, um den Liedermacher für einen Auftritt in der Stadtkirche von Jena zu gewinnen.

Tommy kam enttäuscht zurück, weil er abgeblitzt war. Wolf wusste da wohl schon, dass sein Kölner Konzert am 13. November bevorstand, und wollte mit einem Auftritt in Jena die Reise in den Westen nicht in Gefahr bringen.

Aber dann war Biermann kurz vor seinem Kölner Konzert doch noch einmal in der Jahnstraße 10. Lutz hatte ihn mitgebracht wegen des großen zweimanualigen Harmoniums, das im Wohnzimmer stand. Bibe war da, Marita, Tarzan, Gerdchen, der Kleine Otto – die Leute mit dem Transparent *Wie jedes Jahr zum 1. Mai sind wir für Losung Nr. 2 …*

Wolf, der großen Gefallen an Bibes altem Harmonium fand, haute in die übereinanderliegenden Tastenreihen, während die WG-Bewohner abwechselnd Luft in das Instrument pumpten.

Biermann war nicht allein gekommen: Eva-Maria Hagen und die 21-jährige Tochter Nina waren dabei. Und als er genug von der polnischen Arbeiterbewegung erzählt hatte, sangen die drei Gäste inbrünstig russische Volkslieder und anderes. Es wurde ein sehr langer Abend.

Angeregt von der übertriebenen, aber durchaus abschreckenden Überwachung, schrieb Biermann in dieser Zeit ein Jena-Lied, in dem er 20 Nummernschilder von Stasi-Autos aufzählt, die ihm in der Stadt aufgefallen waren.

Der Einfachheit halber klebte er einen zusammengerollten Zettel mit den Original-Autonummern in den Bauch seiner Gitarre, um sie beim Vortrag fließend herunterschnarren zu können:

Mann, hab ich 'ne Masse Fans! Allein
In Jena verehrt mich ein ganzer Verein.
Kaum mache ich 'ne Biege im Auto, dann
Lassen die Fans ihre Motoren an.
Sie scheuen die Kosten nicht, keine Mühn,
Verkutschen für mich das Super-Benzin. (...)
Doch niemals haut mich einer an
Um Starfoto oder Autogramm.
Die stille Liebe hat mich gerührt,
Ich hab ihre Autonummern notiert.
Jetzt sing ich den Freunden in Jena zum Gruß
– den Jenaer Memfis-fan-club-blues:
ND 73-66, SX 32-54, NC 42-33, NW 61-10 ...

Matz hatte Spaß an diesem Lied: das MfS verspotten und es einfach Memfis nennen! Er machte sich selbst oft lustig über die Stasi und spann Szenarien aus, wie man Verfolger abhängen oder auflaufen lassen könnte. Um eine Hausecke gehen und in einer leeren Mülltonne verschwinden. In eine Kneipe rein, Bier zum Mitnehmen kaufen und sofort wieder raus, wenn die Verfolger zur Tarnung Platz genommen und bestellt haben. Bei einer nächtlichen Verfolgung hinter einer Straßenecke Farbe auf den Bürgersteig kippen, um die Fußspuren der Überwacher sichtbar zu machen ... Er hätte gern mal so einen Film gedreht.

Jetzt soll es nach dem Willen der Regierung keinen Biermann mehr im Lande geben. So sitzen sie in Jena zusammen, lassen Biermann-Lieder laufen und reden sich in Rage.

Manche hören unentwegt Nachrichten der Westsender und empören sich über die Polemik gegen Biermann im »Neuen Deutschland«, im DDR-Fernsehen und -Radio:

Was er dort, in einem kapitalistischen Land, an Haß, an Verleumdungen gegen unseren sozialistischen Staat und seine Bürger losgelassen hat, macht das Maß voll. Schon jahrelang hat er unter dem Beifall unserer Feinde sein Gift gegen die DDR verspritzt ... das waren massive Angriffe ... in einer Front derer, die ihre Hetzkampagne, ihre psychologische Kriegsführung gegen die DDR wieder auf eine Höhe getrieben haben ...

In der Gartenstraße, wo im Fernseher nacheinander »Aktuelle Kamera« und »Tagesschau« laufen, finden sich am Abend des 16. November 1976 fast dreißig Leute ein, um über mögliche Aktionen zu sprechen. Protestbriefe, Unterschriftensammlungen ... Alles Denkbare wird erwogen und wieder verworfen. *Wir müssen etwas tun!*

Die Emotionen verlangen Radikales.

Jagger schlägt vor, sich im Berufsverkehr mit Plakaten unter die Zeiss-Arbeiter zu mischen. Doris und Maria sind höchst erregt und wollen eine Demo auf dem Zentralen Platz machen, andere, haben sie gehört, würden am liebsten in der Stadt Protestparolen auf Hauswände pinseln oder nachts alle Scheiben der SED-Kreisleitung mit Steinen einwerfen. Renate und Matz bieten ihre Wohnung sofort als zentralen, offenen Anlaufpunkt an.

Bernd findet die Stimmung zu aufgeheizt und chaotisch, er schlägt vor, bei Jürgen Fuchs und Robert Havemann in Berlin Rat einzuholen, den neuesten Stand der Dinge zu erkunden und den Protest zu koordinieren. Damit sind alle einverstanden, sammeln für sein Fahrgeld, und er verabschiedet sich aus der Runde, um mit dem nächsten Nachtzug Richtung Hauptstadt zu fahren.

Matz und Renate haben kurz zuvor einen Brief Biermanns an seine Oma Meume aus dem »Spiegel« abgetippt und zum Lesekreis in die Gartenstraße mitgebracht. Darin schildert er seinen Auftritt in der Prenzlauer Nikolaikirche. Biermann sang und sprach dort viel *über das Abhauen aus der DDR ... Was soll aus der DDR werden, wenn immer diejenigen davonlaufen, die endlich in Widerspruch zu den Verhältnissen geraten sind?*

Genau so sah Matz es auch. Er las weiter in Biermanns Brief, dass es noch zwei andere Arten des Abhauens gebe: *Nämlich das Abhauen nach innen, die Republikflucht in der Republik, die Flucht in die private Idylle, oder in die offizielle Karriere.*

Das kannte Matz von seinen eigenen Eltern.

Und die dritte Art des Abhauens? *Die Flucht in den Tod.*

Dieser Satz wirkte wie ein Schock, beschrieb Biermann die Reaktion der Konzertbesucher in Prenzlau. *Alle dachten an den Zeitzer Pfarrer Oskar Brüsewitz, der sich erst im August öffentlich selbst verbrannt hatte.*

Matz kannte den Fall des evangelischen Geistlichen und dessen *Flucht in den Tod,* wie Biermann das nannte, recht gut.

Der Pfarrer, hieß es, habe mitten am Tag in Zeitz auf einem Platz vor der Michaeliskirche geparkt und rund um sein Auto Protestplakate aufgestellt: *Die Kirche in der D.D.R. klagt den Kommunismus an, wegen Unterdrückung in Schulen an Kindern und Jugendlichen.*

Dann habe er sich mit Benzin überschüttet und angezündet. Im »Neuen Deutschland« wurde er allerdings geradezu als Psychopath dargestellt, als *ein abnormaler und krankhaft veranlagter Mensch, der oft unter Wahnvorstellungen litt.*

Andere DDR-Zeitungen – wie etwa das CDU-Blatt »Neue Zeit« – übernahmen den verächtlichen Kommentar, was viele Christen im Land empörte. Und nicht nur die. Für Ingo, einen Krankenpfleger in der HNO-Abteilung der Uniklinik Jena, war damit eine rote Linie überschritten. Er befürchtete, dass künftig Oppositionelle in der DDR, genau wie in der Sowjetunion, als geistesgestört bezeichnet und vielleicht sogar in der Psychiatrie eingesperrt werden könnten. Ingo diskutierte mit Tommy über den Fall Brüsewitz und bat ihn um Informationsmaterial aus der Kirche. Daraufhin verfasste er einen vier Seiten langen Brief an den Chefredakteur des »Neuen Deutschlands«, für den er Unterstützer und Unterzeichner suchte, bewusst datiert mit *Am Vorabend des 7. Oktober 1976* – zum Nationalfeiertag der DDR.

Als er mehrere Exemplare seines Schreibens fertig hatte, traf er Tommy zufällig am Johannistor und fragte ihn, wo er mit der Unterschriftensammlung beginnen könnte.

Die erste Unterschrift bekommst du gleich von mir, meinte Tommy.

Nein, lass mal, wehrte Ingo ab, als kirchlicher Mitarbeiter gibt es sicher Probleme mit deiner Kirche.

Na gut, antwortete Tommy, *dann fang in der Gartenstraße an!*

Und weil sich viele täglich mehrmals im Zentrum der Stadt über den Weg liefen, kam genau in diesem Moment Tarzan vorbei und nahm Ingo mit in die *Kommune-Wohnung*. Neun Leute waren gerade anwesend.

Ingo meinte: Ich will weder wissen, warum ihr unterschreibt, noch warum nicht.

Ponder, Doris, Tarzan, Maria, Achim unterschrieben sofort den vier Seiten langen Text, der sich auf die DDR-Verfassung berief, in der stand: *Jeder hat das Recht auf Meinungsfreiheit.* Und: *Allen Menschen wird gleicher und wirksamer Schutz vor Diskriminierung aufgrund der politischen oder sonstigen Anschauungen gewährt.*

Zitiert sind auch Aussagen des Zivilgesetzbuches: *Jeder Bürger hat das Recht auf Achtung der Persönlichkeit* – was gegenüber Brüsewitz seitens der DDR-Medien nicht eingehalten worden sei. An anderer Stelle wird der Chefredakteur immerhin höflich gefragt, ob sich vielleicht das Zentralorgan der Partei nur in der Berichterstattung geirrt habe. Doch am Ende des Protestbriefes steht eine klare Forderung: Spätestens zum Termin der Volkskammerwahl wird *in der Wochenendausgabe 16./17. Oktober auf Seite 1 des Neuen Deutschlands eine eindeutige und klare Berichtigung* verlangt, dazu der Abdruck einer kritischen Stellungnahme der Kirche.

Die Unterschriftenliste kursierte von der Gartenstraße ausgehend mehrere Tage in Jena. Matz und etliche seiner Freunde und Freundinnen kamen als Unterzeichner hinzu, darunter Faustus, Stockel, Ria, Jagger, Bibe, Marita, Rinaldo, Heike, Kaktus, Behrchen, Joachim, Sonja, Bodo. Per Einschreiben mit Rückschein ging mit den letzten Sätzen des Textes sogar ein Ultimatum ans »Neue Deutschland«: *Wir, die Unterzeichner, machen darauf aufmerksam, daß falls die Berichtigung nicht geschehen sollte, wir uns gezwungen sehen, diese Angelegenheit wegen gröblichster Verletzung der Charta der UNO über die Menschenrechte der Weltöffentlichkeit zu übergeben und Anklage wegen Verleumdung erheben werden.*

Fast fünfzig Unterschriften bekam Ingo in Jena, Rudolstadt, Erfurt und Weimar zusammen, bevor er den Brief abschickte. Mitte Oktober, vier Wochen vor der Ausbürgerung Biermanns, wurde Ingo in seinem Wohnort Rudolstadt verhaftet. Doch das drang nicht nach Jena durch.

Die Empörung über die Reaktion des Staates und seiner Medien auf die Selbstverbrennung von Oskar Brüsewitz wirkte sich noch immer aus. Tommy, der nicht unterschrieben hatte, wusste, dass Renate Mitglied der DDR-CDU war. Er selbst war als angehender Diakon in die Blockpartei eingetreten und hatte gehofft, vielleicht über diese etwas Einfluss nehmen zu können. Renate hatte im Theologiestudium dem Druck ihres Dozenten Heiner Fink an der Berliner Humboldt-Uni nachgegeben, als er mehr *gesellschaftliches Engagement* von ihr verlangte. Nun gingen beide zum CDU-Büro in Jena und warfen ihre Mitgliedsausweise auf den Tisch.

Matz fuhr sogar nach Zeitz, um mehr über den politisch motivierten Suizid von Brüsewitz zu erfahren. Das Thema beschäftigte ihn, denn auch unter den Jugendlichen in Jena gab es einige Selbstmorde, die viele Fragen aufwarfen. Welchen Anteil hatten persönliche Probleme, welchen das Leben in dieser Gesellschaft? Als sich vor zwei Jahren Hans-Joachim, genannt Geige, das Leben genommen hatte, fragten sie selbstkritisch, *ob wir nicht mehr und tiefer hätten bei ihm hinhören müssen. Wir haben keinen wirklichen inneren Zusammenhalt.*

Matz beschäftigte auch der überraschende Tod von Ulrike Meinhof und anderen RAF-Mitgliedern im Gefängnis Stuttgart-Stammheim. Darüber las er in den eingeschmuggelten linksradikalen Zeitungen, Broschüren und Flugblättern alles. Demnach war Mord wahrscheinlicher als der offiziell verlautbarte *angebliche Selbstmord.* Daran glaubten viele seiner Besucher aus der linken Szene im Westen nicht. Von Peter in Leipzig bekam er das Blatt »Arbeiterkampf« mit den Fotos der RAF-Leute und der Schlagzeile: *Wir glauben nicht an Selbstmord!* Dieser Tod war ein politisches Ereignis, erzählten Matz' Freunde aus dem Westen, *das die Szene mächtig aufrüttelte.*

Drei Monate nach dem Brüsewitz-Fanal kennen sie in Jena jedoch nur noch ein Thema, das heißt Biermann. Darum ist eine schon seit Wochen für Mittwochabend, den 17. November, angekündigte Lesung von Jurek Becker aus seinem Buch »Der Boxer« im Jenaer Klub der Intelligenz restlos überfüllt. Viele SED-Genossen sitzen unter den hundert Leuten im Publikum. Erst wollen die Türsteher die Gruppe um die Gartenstraße nicht hineinlassen, doch Jurek Becker besteht darauf. Er will nicht beginnen, bevor alle drin sind. Die Genossen am Eingang geben nach. Es geht los. Becker informiert zuerst darüber, dass es einen offenen Brief von DDR-Schriftstellern und Künstlern gegen Biermanns Ausbürgerung gibt, den auch er unterstützt, gemeinsam mit einer beeindruckenden Reihe von Prominenten, darunter Christa Wolf, Stefan Heym, Sarah Kirsch, Günter Kunert, Franz Fühmann und Volker Braun. Weil Becker über deren Protest offen spricht, wird es unruhig im Saal. Doch ohne weitere Diskussion beginnt die Lesung.

Kaum ist sie beendet, meldet sich Tarzan, ganz hinten zwischen Tür und Treppenhaus stehend, zu Wort und fragt nach dem Rauswurf Reiner Kunzes aus dem Schriftstellerverband. Erneuter Tumult unter den SED-Genossen. Keine Antwort mehr für Becker möglich. Stattdessen wird die Veranstaltung von einem Mitglied der Klubleitung schnell zum Abschluss gebracht.

Bibe und Jonny haben erfahren, dass Jurek Becker im Hotel International am Holzmarkt untergebracht ist, und ihn bereits nachmittags vor der Lesung abgepasst. Schon dort haben sie von der Protesterklärung der prominenten Schriftsteller gehört. Becker hat ihnen versprochen, ihnen nach seiner Rückkehr in Berlin den Text über Sibylle Havemann oder Jürgen Fuchs zukommen zu lassen.

Nach der Lesung großes Treffen in der Jahnstraße 10 bei Bibe und Behrchen. Sie beraten bis spät in die Nacht, wie sie sich dem Protest der Schriftsteller anschließen. Niemand von ihnen ist so prominent, dass sie ihre Namen einfach unter das Schreiben der Künstler und Schriftsteller setzen könnten. Das hat ihnen Becker klargemacht. Aber wie wäre es mit einer eigenen Initiative?

Schließlich gehen sie auseinander in der Hoffnung, am nächsten Tag mehr zu erfahren, wenn Bernd von seiner Reise zu Fuchs und Havemann zurück ist.

Am Donnerstag, dem 18. November, trifft Bernd aus Grünheide ein und geht vom Saalbahnhof direkt zur Jahnstraße, um zu berichten. Havemann und Fuchs rechnen mit Festnahmen. Deshalb hat Bernd mit Fuchs vereinbart, alle zwölf Stunden miteinander zu telefonieren.

Den Text der Künstler hatten sie in Grünheide leider noch nicht. Aber Bernd hat etwas Neues mitgebracht: Havemanns offenen Brief an Erich Honecker. Der wird sofort reihum gelesen. Er trägt eine Überschrift, der sie vollständig zustimmen: *Wolf Biermann muß Bürger der DDR bleiben!*

Dieser Text muss in Jena bekannt werden! Wir schreiben den ab, wir lesen ihn überall vor! Alle sind sich einig: Der angesetzte Spieleabend um 19.30 Uhr in der Jungen Gemeinde Stadtmitte fällt aus, stattdessen soll es einen Biermann-Solidaritätsabend geben, eine gut vorbereitete Informationsveranstaltung!

Fuchs und Havemann haben Bernd den Rat an Jena mitgegeben, keine Unterschriftensammlung mit eigenem Text zu machen, sondern sich dem Appell der Schriftsteller anzuschließen, so sei die Chance größer, dass ihnen nichts passiere.

Das finden alle vernünftig. Der Text muss nur noch irgendwie bei ihnen ankommen, und dann geht es darum, ihn mit so vielen Unterschriften wie möglich nach Berlin zurückzubringen – zu Havemann, zu den Schriftstellern, zu Honecker.

Der Rest des Tages wird mit den Vorbereitungen auf den Abend verbracht. Auch Pfarrer Walter Schilling ist inzwischen mit seiner Tochter Kathrin in Jena angekommen. Er war ursprünglich mit Kaktus in der Melanchthonstraße 6 zu einem Routinegespräch über die offene Arbeit der JG verabredet.

Jetzt erkundigt sich Walter nach der Lage. Tommy schaut kurz rein, als sie dabei sind, Lautsprecher, Verstärker, Plattenspieler und einen Kassettenrekorder in einen von Beini geliehenen Wartburg zu verladen. Kaktus ist meist für die Technik bei JG-Veranstaltungen zuständig.

Bei Hauser, in der Gaststätte Weintanne, das nächste Treffen. Dort gibt es in einer Nische eine Art Stammtisch, den ihnen der Hauser-Wirt überlässt. Walter, Tommy, Bernd, Bibe und Tarzan besprechen den genauen Ablauf des Abends. Dietrich Große ist auch dabei, wie fast überall an diesem Tag. Was immer noch fehlt, ist der Text aus Berlin für die Unterschriftensammlung in Jena.

Während Tommy in den Räumen der Jungen Gemeinde die Öfen mit Holz und Kohlen anheizt, verlässt seine Freundin Doris ihre Wohnung am Markt 8. Sie geht nur ein paar Haustüren weiter zu Bodo und Tine. Dort existiert ein nicht angemeldetes Telefon, mit dem schon öfter bei Fuchs, Biermann oder Havemann angerufen wurde. Es ist ein Glücksfall und tausendmal besser, als von der Post oder der Zelle am Magdelstieg zu telefonieren. Als Bodo nach dem Einzug am Markt 24 eine Anschlussdose an der Wand entdeckt hatte, dauerte es nicht lange, bis sein Kumpel Hanne, der bei der Post arbeitete, einen Apparat organisieren konnte. Reingesteckt – funktioniert!

Bibe ist schon da, als Doris eintrifft. Auf der Drehscheibe des Apparates wird gegen 17 Uhr die Nummer in Grünheide gewählt.

Klackern, Kratzen, ein Rufton. Jürgen Fuchs meldet sich nur mit: *Ja?* Er hat im Sommer Jena verlassen und bewohnt ein Gartenhaus auf Havemanns Grundstück, weil Aussprachen, Vorladungen und die Observation seiner Familie nach Exmatrikulation und Parteiausschluss immer bedrohlicher wurden.

Doris fragt nach dem Protestschreiben der Schriftsteller. Das hat Jürgen kurz zuvor von Jurek Becker bekommen.

Schreibst du?, fordert er sie auf und diktiert den Wortlaut der Erklärung. Als *ausgebildeter Handelskaufmann* – so steht es in ihrem Zeugnis – kann sie stenografieren.

Es ist nicht mehr viel Zeit bis zum Beginn des Junge-Gemeinde-Abends. Eine gute Stunde noch.

Doris eilt zurück in ihre Wohnung, tippt mit Kohlepapier mehrere Durchschläge. Bibes Frau Marita vervielfältigt die Resolution in der Jahnstraße nach der gleichen Methode.

Der offene Brief ist nicht sehr lang, eher vorsichtig formuliert. Er provoziert nicht, fordert nicht einmal die Rücknahme der Ausbürgerung, sondern bittet lediglich darum, die Maßnahme zu *überdenken:*

Wolf Biermann war und ist ein unbequemer Dichter. Das hat er mit vielen Dichtern der Vergangenheit gemein. Der sozialistische Staat, eingedenk des Wortes aus Marxens 18. »Brumaire«, demzufolge die proletarische Revolution sich unablässig selbst kritisiert, müßte im Gegensatz zu anachronistischen Gesellschaftsformen eine solche Unbequemlichkeit gelassen nachdenklich ertragen können. Wir identifizieren uns nicht mit jedem Wort und jeder Handlung Wolf Biermanns und distanzieren uns von den Versuchen, die Vorgänge um Biermann gegen die DDR zu mißbrauchen. Biermann selbst hat nie, auch nicht in Köln, Zweifel darüber gelassen, für welchen der beiden Staaten er bei aller Kritik eintritt. Wir protestieren gegen seine Ausbürgerung und bitten darum, die beschlossene Maßnahme zu überdenken.

Die Durchschläge steckt Doris ein, das Kohlepapier mit dem durchgedrückten Text wirft sie in den Papierkorb unter ihrem Schreibtisch.

Wenig später strömen größere und kleinere Gruppen junger Leute in den Durchgang zum Hinterhaus der Johannisstraße 14a. Der erste Stock ist hell erleuchtet, die Öfen haben den großen Raum gut durchgeheizt. Beim Vorderhaus, gleich neben dem Studentenklub Rosenkeller mitten im Zentrum der Stadt, ist keine besondere Überwachung zu erkennen. Gegen 20 Uhr ist der große Raum der Jungen Gemeinde komplett überfüllt. Sechzig Leute? Siebzig? Aufgeregtes Stimmengewirr. Die Protestresolutionen liegen zunächst unbeachtet auf einem Tisch in der Ecke. Renate mit ihrem dicken Bauch darf in einem Sessel Platz nehmen, Bernd sitzt auf der Lehne, Matz karorauchend auf der anderen Seite.

Der Abend beginnt mit einem Biermann-Lied. Bernd hat seine Platten mitgebracht, Kaktus legt sie auf. Es wird ruhiger, als es aus den Lautsprechern knistert, und dann setzt die Stimme Biermanns ein:

So oder so, die Erde wird rot. ... So soll es sein, so wird es sein ...

Tommy begrüßt die vielen Leute: *Guten Abend! Warum wir hier sind, wißt ihr sicher alle. Wir sind ja alle aus demselben Grund hier.*

Dann übergibt er das Wort an Bernd. Der berichtet von seiner Fahrt nach Berlin, grüßt von Eva-Maria Hagen, Robert Havemann, Jürgen Fuchs, den Renft-Musikern Gerulf Pannach und Christian Kunert – alle hat er getroffen und den ganzen Tag mit ihnen reden können. Er liest den mitgebrachten Brief von Havemann an Honecker vor:

Mit diesem Brief wende ich mich an Dich ... um Schmach und Schaden abzuwenden, die uns allen und dem Ansehen unseres Staates drohen ... Wer die kommunistische Kritik Biermanns nicht ertragen kann, anerkennt damit schon, daß er ihr nichts entgegenzusetzen hat, außer Gewalt. ... Kannst Du Dir vorstellen, daß Ihr ihn schon jetzt zum Idealbild von Millionen junger Menschen in der DDR gemacht habt? Er verkörpert heute, in zwiespältiger Weise, eine Art letzte große Hoffnung, auf einen Sozialismus, von dem sie schon aufgehört hatten, zu träumen. Vernichtet diese Hoffnung nicht!

Dann ist Tommy dran. Er faltet das »Neue Deutschland« auf, vom sichtlich erregten Publikum mit Zwischenrufen begleitet. Darin der Kommentar von *Dr. K.* mit Verdrehungen und Vorwürfen gegenüber Biermann. Bernd ruft ihm zu: *Dazu kann ich was sagen. An den Stellen, wo ich genau weiß, daß die Beschuldigungen nicht stimmen, werde ich dich gleich unterbrechen.*

Vier Mal unterbricht Bernd das Vorlesen aus dem »Neuen Deutschland«, um etwa das aus dem Zusammenhang gerissene Biermann-Zitat *Ich bin zu jeder Schandtat bereit* richtig einzuordnen.

Tommy ist fertig, Bernd geht zum Plattenspieler und legt »Die Herren Generale« auf, ein Lied von Biermanns Spanienplatte. Anschließend zitiert er ein kurzes Gedicht, »Lob des Revolutionärs« von Bertolt Brecht: *Wo immer geschwiegen wird / Dort wird er sprechen ...*

Bibe übernimmt und trägt Erich Fried vor: »Die Abnehmer«: *Einer nimmt uns das Denken ab ...*

Von Kaktus' Kassettenrekorder werden kurze Mitschnitte von West- und DDR-Radiosendungen zum Biermann-Konzert abwechselnd vorgespielt. Darunter Stellungnahmen von Heinrich Böll und Günter Wallraff. Schließlich liest Bibe die Resolution der Schriftsteller vor und sagt: *Wer will und sich das gut überlegt hat, kann sich mit Vor- und Nachnamen in diese Liste eintragen.*

Er hält ein Blatt hoch, auf dem nur wenige Zeilen stehen: *Wir erklären uns mit dem Protest der Berliner Schriftsteller vom 17. November 1976 gegen die Ausbürgerung von Wolf Biermann solidarisch.*

So hat es Bernd mit Havemann und Fuchs abgesprochen, so hat es Doris auf ihrer Schreibmaschine vervielfältigt.

Hier ist also noch Platz frei!, ruft Bibe in die Runde.

Was soll damit geschehen?, fragt jemand von den Versammelten.

Bernd antwortet: *Alle Unterschriftenlisten werden an das Politbüro, also an Erich Honecker höchstselbst, an das Neue Deutschland und an den Schriftstellerverband geschickt.*

Es müsse jedem klar sein, betont Bibe, dass dies Repressionen zur Folge haben kann. Bernd ermuntert die Anwesenden: *Aber diese Aktion ist die einzige legale Möglichkeit, unseren Willen zur Veränderung zu bekunden.*

Auch Walter Schilling warnt vor strafrechtlichen Folgen. Ihm ist noch etwas anderes wichtig: *Wer einen Ausreiseantrag gestellt hat, sollte da nicht unterschreiben! Denn ich will meine Unterschrift nicht neben einem stehen haben, der einen Antrag laufen hat. Ich finde, daß Leute, die abhauen wollen, nicht das Recht haben, für die Rückkehr Wolf Biermanns einzutreten. Es kommt heute Abend darauf an, daß wir jetzt unsere Meinung sagen, einen langen Atem behalten und immer wieder unsere Meinung sagen.*

Matz nimmt Renate an die Hand und geht mit ihr kurz raus auf den Hof. Sie besprechen, ob es angesichts der möglichen Folgen gut ist zu unterschreiben. Bis zur Geburt ihres Kindes sind es nur noch wenige Tage. Was dann? Sie beschließen, die Resolution gerade deshalb zu unterschreiben. Sie sind sich einig: *Wenn unser Kind eines Tages fragt, wie habt ihr euch verhalten, dann wollen wir ihm in die Augen schauen können und sagen: Nein, wir haben uns nicht alles gefallen lassen.*

Am Ende des Abends geht es wegen der Unterschreiberei quirlig und unübersichtlich zu. In kleinen Grüppchen wird intensiv diskutiert. Die Sorge greift um sich: Was ist, wenn jetzt Polizei erscheint? Bernd meint: *Dann fordern wir sie auf, ebenfalls zu unterschreiben!*

Die Veranstaltung bleibt ungestört von Stasi und Volkspolizei. Die spontane Änderung des JG-Abends scheint dort nicht angekommen zu sein.

41 Personen schließen sich mit ihren Unterschriften der Protesterklärung der Künstler und Schriftsteller sofort an. Sie schreiben ihre Namen mit dem Stift auf das oberste der dünnen Blätter mit Kohlepapier dazwischen, so ergeben sich drei Durchschläge der Liste inklusive Unterschriften.

Einige Leute nehmen sich die abgetippten Blanko-Solidaritätserklärungen zum Weitersammeln mit. Achim will es am nächsten Tag unter seinen Arbeitskollegen in Apolda versuchen, Doris bei den Theologiestudenten an der Uni, Bernd unter Zeiss-Arbeitern vor dem Werkstor, Petra in ihrer Abteilung bei Zeiss.

Bibe und Bernd machen sich noch am selben Abend auf den Weg durch die Stadt und bekommen weitere Unterschriften in Wohngemeinschaften oder von denen, die wie Lutz Leibner nicht dabei sein konnten. Leibner unterschreibt und mokiert sich über einen Freund, der ihm gesagt habe: Ich stelle mich nicht mit der JG auf eine Stufe. Er kenne auch nicht alle Leute, die da unterschrieben haben, er aber wolle sich solidarisieren. Insgesamt 58 Unterzeichner werden es noch vor Mitternacht.

Die Organisatoren der Solidaritätsveranstaltung treffen sich nach der Versammlung in der JG bei Bibe, Marita und Behrchen in der Jahnstraße. Bis Mitternacht hört die Gruppe im RIAS-Radio eine Übertragung von Ausschnitten des Kölner Konzertes. Bibe hat eine ausgetüftelte Antennenkonstruktion. Seine gute Stereoanlage macht ein Biermann-Konzert in feinster Qualität möglich. Sie sind in Hochstimmung. Was für ein Abschluss dieses Tages!

Dietrich Große verlässt die Runde als Erster von allen, verabschiedet sich in die Nacht und lenkt seine Schritte zu einer Telefonzelle.

Wenige Stunden später, am Freitagmorgen, folgt die Reaktion der Staatsmacht. Ab sechs Uhr wird gegen Türen gehämmert, in Wohnungen gestürmt. Vollbesetzte Stasi-Ladas rasen durch die Stadt, stoppen vor den Häusern, in denen sie die Rädelsführer – und vor allem die Unterschriftenlisten vermuten.

Herein, die Tür ist doch offen!, ruft Bernd in der Gorki 1 vom Bett aus und weiß sofort, was jetzt kommt. Er steht splitternackt auf, macht ein paar Schritte in den Flur und muss grinsen, weil sich der Erste übereifrig im Vorhang hinter der Tür verheddert hat und eine Weile mit dem schweren Stoff kämpft, um sich endlich vor ihm aufzubauen und ihn anzubrüllen: *Sind Sie Markowsky, Bernd?*

Bernd erwidert: *Haben Sie einen Haftbefehl?*

Der Stasi-Mann zeigt kein Papier, sondern greift mit dem Arm nach einem Herrn hinter sich, zieht diesen heran und meint mit einem Ausdruck von Überlegenheit im Gesicht: *Der Haftbefehl ist … hier!*

Ach, erwidert Bernd, *DAS ist der Haftbefehl, der Staatsanwalt persönlich?*

Er muss sich anziehen, während drei Männer beginnen, sein Zimmer zu durchwühlen. Sie schütten den Papierkorb aus, reißen Sachen aus den Regalen und schauen unter die Matratze.

Im Nebenzimmer geht der Staatsanwalt leer aus. Tommy finden sie nicht in der Gorki-Straße, er hat die Nacht bei Doris am Markt verbracht, nicht an seiner Meldeadresse. Etwas verwirrend für die Staatsmacht.

Im Hinterhaus der Nummer 1 sind neben Tommy, Bernd und Marcella mehr als ein Dutzend Leute aus Jena, Berlin und anderen Orten gemeldet. Trotz aller Kontrolle und Überwachung – so ganz durchschauen die *staatlichen Organe* diese *Kommunen* nicht.

Bei Doris trifft nicht die Stasi, sondern zuerst Walter Schilling ein. Er rät ihm, sich zu stellen, was Tommy auch befolgt. Doris begleitet ihren Freund. Der kauft sich zwei Schachteln Karo, schaut erst noch mit ihr Am Rähmen vorbei, wo sie niemanden antreffen. Die beiden laufen quer durch die Stadt zur Gorki-Straße und dort dem Durchsuchungs- und Festnahmetrupp direkt in die Arme. Doris beachten sie nicht weiter, sie muss mit ansehen, wie Tommy von einem der Uniformierten hasserfüllt die Treppe hinuntergestoßen wird.

Die Atmosphäre in Jena am 19. November 1976 ist gespenstisch und bedrohlich. Wie im Ausnahmezustand. Überall grün-weiße Autos der Volkspolizei, manche mit Blaulicht und Sirene. Überall Uniformierte, die Ausweise kontrollieren, zivile Beobachter, die lauernd durch die Straßen der Stadt streifen. Auf den Bahnhöfen verstärkte Einsatzgruppen der Trapo. Es läuft ein Großeinsatz in der ganzen Stadt – wie nirgendwo sonst in der DDR.

Auch Bibe in der Jahnstraße steht zur gleichen Zeit – wie Bernd nackt – fünf, sechs Männern mit langen Mänteln gegenüber. Spontan wirft er die Wohnungstür einfach wieder zu und ruft in den Flur: *Ey Leute, zieht euch an, Stasi ist da!*

Die klopft wie verrückt von außen an die Tür. Doch sie bleibt einen Moment lang noch zu. Bibe und Marita haben in der Nacht kaum geschlafen, ziehen sich schnell an. Beide werden recht ruppig mitgenommen. Die Stasi-Leute beginnen auch hier sofort, Schränke und Schubladen zu durchwühlen. Biermann-Schallplatten und -Tonbänder werden als Erstes eingepackt, aber auch zwei Fotos mit dem Balkontransparent zum 1. Mai.

Was sie angestrengt suchen, sind die Unterschriftenlisten. Die finden sie jedoch nicht. Denn bevor Bibe sich um Mitternacht mit Marita ins Bett zurückzog, hat er mit Behrchen noch schnell den roten Staubsauger aufgeschraubt, der im Wohnzimmer neben dem Harmonium steht, und darin die unterschriebenen Listen versteckt.

Die Männer haben einen Zettel dabei, auf dem die Festzunehmenden notiert sind. Weil Behrchen nicht auf der Liste steht, bleibt er in seinem Zimmer unbehelligt. Ein weiterer junger Mann hat ebenfalls in der Wohnung geschlafen. Sie fragen ihn nach seinem Namen.

Er sagt: *Ich bin der Jonny.*

Ein Jonny steht nicht auf ihrer Liste. Es ist Uwes Freund Gerd, genannt *Jonny, das rote Aas* (wegen seines rothaarigen Lockenkopfes). Auch ihn lassen sie in Ruhe. So können die beiden in einem unbeobachteten Moment die Listen aus dem Staubsauger nehmen, Behrchen schnappt sich den langen bunten Mantel von Marita, um anders als üblich auszusehen, wenn er die Wohnung verlässt und durch die Straßen läuft.

Auf dem Weg zum Saalbahnhof erst noch in der Psychiatrie der Uniklinik vorbei, seiner Arbeitsstelle. Dort gibt er vor, zwei Tage Urlaub zu benötigen, weil sein Großvater schwer erkrankt sei.

Kurz vorbei auch in der Gartenstraße, Bescheid geben, Informationen austauschen, Absprachen. Jonny und er haben Glück. Keiner hält sie auf. Schließlich sitzen sie im Zug nach Berlin. Vielleicht lag es an Maritas buntem Zaubermantel.

Die mutmaßlichen Rädelsführer werden währenddessen im Laufe des Freitags abtransportiert, zuerst in die Kreisdienststelle des MfS, kurz darauf weiter in die Haftanstalt Karl-Marx-Stadt.

In Abwesenheit der Verhafteten oder der als Zeugen Zugeführten wird kistenweise alles mitgenommen, was als Beweismittel dienen könnte: Bücher, Tonbänder, Briefe, Fotos, persönliche Notizen – und das Kohlepapier aus dem Papierkorb von Doris.

An diesem schwarzen Freitag herrscht unter den zurückgebliebenen Jenaer Freunden Aufregung, Fassungslosigkeit, Verwirrung, zugleich der Gedanke: Jetzt erst recht! Trotz aller Befürchtungen sind sie der Meinung, es sei ein guter Zeitpunkt, sich zur Wehr zu setzen. Auch im Westen protestieren linke Intellektuelle, Eurokommunisten, gegen die Biermann-Ausbürgerung. Und sicher würden sich auch Menschen in anderen DDR-Städten dem Protest anschließen.

In einer ersten Stellungnahme sagt Biermann, *der Beschluß zur Ausbürgerung lasse auf eine enorme Schwäche der SED-Führung schließen, sie sei als eine Angstreaktion der Partei auf die erfreulichen Veränderungen der letzten Jahre in der DDR zu werten.*

So wird die von der Stasi noch nicht heimgesuchte Wohnung von Matz und Renate am Freitagnachmittag zum Zentrum der Solidaritätsaktionen für Wolf Biermann in Jena. Die beiden geben Unterschriftenlisten weiter an Freunde und Bekannte. Wenn sie keinen antreffen, stecken sie diese in den Briefkasten, wie bei Uta, der Theologiestudentin, die im Vorderhaus der Maxim-Gorki-Straße 1 bei ihren Eltern wohnt und die ersten Unterschriften am folgenden Tag auf der Geburtstagsfeier ihres Vaters sammelt, weitere Listen abtippt – bis die Stasi auch an ihre Tür klopft. Ihren Großvater erinnert das an frühere Zeiten, und er ruft den Eindringlingen zu: *Müsst ihr mit fünf Männern kommen, um ein junges Mädchen mitzunehmen?*

Am Rähmen 3 geht es zu wie in einem Taubenschlag. Etwa zwei Dutzend aufgebrachte Leute wollen trotz der bekannt gewordenen Verhaftungen weitermachen, dazu gehören Walter Schilling, Blase, Achim, Doris, Walli, Jagger, Jesus, Matz, Renate …

Alles dreht sich darum, die Ereignisse bekannt zu machen, Briefe an Einzelpersonen und Gruppen in der ganzen DDR zu verschicken – aber vor allem weiter Unterschriften zu sammeln, nicht nur in Jena. Doris hat dafür einige neu abgetippte, noch leere Listen mitgebracht und auf den Schreibtisch gelegt.

Schilling greift sich eine für Braunsdorf, Walli nimmt zwei mit nach Weimar und Erfurt. Achim kommt von der Arbeit in Apolda zurück und erzählt in einem Moment, als er mit Matz und Renate allein ist, dass er dort weiter sammeln will. Übers Wochenende hat er seine Listen nicht wieder nach Jena mitgenommen, sondern sie, nachdem er durch einen Anruf von den Verhaftungen erfuhr, bei einer Arbeitskollegin zurückgelassen.

Matz schnappt sich die Resolution der Schriftsteller und eine Sammelliste, schwingt sich auf Renates Motorrad, eine weiß-grüne MZ 150, trotzt dem eisigen Fahrtwind und rast Richtung Osten, so schnell es die Feldwege und kleinen Landstraßen erlauben, die er wählt, um nicht in eine Kontrolle zu geraten. Er kennt die Leute um Michael Wagner, den jungen Pfarrer in Meerane. Dort existiert zudem die Kommune von Lutz

Ohl, dessen Gruppe gerade dabei ist, ein altes Bauernhaus auszubauen. Auf Micha und die Leute um ihn herum ist Verlass. Der Pfarrer wird dort sicher ebenfalls Unterschriften zusammenbekommen, die Listen abtippen und an andere weitergeben.

So könnten immer mehr Protestschreiben Berlin erreichen. Sollen die doch sehen, wie viele überall dagegen sind! Es muss in der ganzen DDR etwas passieren. Irgendwo bei Rudolstadt, ist zu hören, sollen sogar schon Parolen gegen Biermanns Ausbürgerung auf dem Asphalt gestanden haben.

Gegen 17 Uhr trifft Matz von der fast zweistündigen Motorradfahrt durchgerüttelt und aufgewühlt in Meerane am Kirchplatz 1 ein. Er informiert Wagner rasch über die Lage in Jena, den JG-Abend, die Hausdurchsuchungen, die Verhaftungen. Den Pfarrer erschreckt das nicht. Er verspricht, sofort aktiv zu werden. Nun rollt der Stein des Protestes auch in Meerane.

Matz ist tief zufrieden und eilt zurück nach Jena. Als er ankommt, sieht er, dass die MfS-Beobachter vor seinem Wohnhaus mehr geworden sind.

Oben im dritten Stock trifft er noch immer etliche Besucher an. Später am Abend wollen sie gemeinsam im Westfernsehen die Ausstrahlung des Konzertes in Köln sehen. In seiner Wohnung gibt es keinen Fernseher, jedoch in der Gartenstraße.

Aber werden sie angesichts der Meute vor dem Haus überhaupt dorthin durchkommen? Da hat eine von Renates Freundinnen die Idee, den Männern da unten vorzuspielen, dass bei ihr die Wehen einsetzen und sie zur Uniklinik muss. Die Wohnung von Tarzan, Maria, Achim, Ponder und Doris liegt direkt am Hinterausgang des Krankenhauses. Die Freundin ist Krankenschwester und erklärt Renate rasch, wie sie sich bei Wehen verhalten muss.

Zuerst alle Frauen die Treppe runter, raus auf die Straße – unter großem Gestöhne von Renate. Alle Beobachter folgen ihnen.

Stehen bleiben, schwer atmen, erneut stöhnen, besorgte Gesichter der Freundinnen. Plötzlich sehen sie Doris, die zufällig auf der anderen Straßenseite vorbeiläuft, und rufen ihr übertrieben laut zu: *Es geht los bei Renate, wir müssen in die Klinik!*

Das Beobachterkollektiv schaut verwirrt. Drei Frauen, die Renate stützen, acht Stasi-Männer mit Dederonbeuteln hinterdrein, ganz langsam, mitten durch Jena, ein surrealer Umzug, wie in einem der nicht gedrehten Filme von Matz.

Da sind sie schon im Haupteingang des Krankenhauses, weiter durch Kellergänge, vorbei an hell erleuchteten Laboren, in denen noch gearbeitet wird, endlich der Hinterausgang, nur noch wenige Schritte über die schmale Gartenstraße, großes Hallo in der Wohngemeinschaft – und Erleichterung bei Matz und seinen Freunden, die unbemerkt einen anderen Weg genommen haben. Einer geht später vorsichtig nachschauen: Die Verfolger warten noch immer vor dem Haupteingang der Klinik.

So kann die große Runde vor dem Fernseher die vollständige Aufzeichnung des Kölner Biermann-Konzertes ungestört verfolgen.

Am nächsten Morgen, Samstag, dem 20. November, wachen Matz und Renate in ihrem Bett auf und schmieden Pläne, wie sie die Aktion in andere Städte tragen können. Vorsichtshalber packt Matz schon mal seinen Beutel mit Zahnbürste, Streichhölzern, Karo und Sachen zum Übernachten für den Fall einer Zuführung oder Festnahme. Renate hat das ohnehin schon erledigt, falls ihre Wehen wirklich einsetzen.

Am frühen Nachmittag pocht es an ihre Tür. *Mitkommen!*

Renate wird gegen 15 Uhr in der MfS-Kreisdienststelle fast eine Stunde lang befragt. Wie bei allen Verhören und Befragungen in diesen Tagen geht es um den Ablauf des Biermann-Abends in der Jungen Gemeinde und dann darum, was sich am nächsten Tag in ihrer Wohnung abgespielt habe.

Wir waren uns einig, daß die Sache mit Biermann weitergehen muß, dazu sollten in sämtlichen Städten, wo die Personen Bekannte haben, ebenfalls Unterschriften gesammelt werden, gibt Renate offen zu.

Der Vernehmer, ein Leutnant der Abteilung IX aus Gera, wirft ihr Namen von Leuten an den Kopf, die gestern bei ihnen gewesen sind. Acht Anwesende bestätigt oder nennt sie, da sie denkt, die haben sie auf jeden Fall rein- und rausgehen sehen. Auf die Frage, wer von denen weiter Unterschriften sammeln will, antwortet sie: *Ich bin nicht bereit, diese Personen zu nennen.*

Als sich einmal die Tür ihres Vernehmungszimmers öffnet, traut sie ihren Augen kaum. Was ist das?

Renate sieht Dietrich Große, genüsslich Zigarette rauchend, mit einem Stasi-Mann. Das kann doch nicht sein. Ist er einer von denen? Na klar ist er einer von denen, ein Verräter, dem wir das hier wohl zu verdanken haben!

Wie es verlangt wird, unterschreibt sie das kurze Protokoll und darf sich mit ihrem dicken Bauch nach Hause schleppen. Dort bemerkt sie etwas Schockierendes: Ihr Tagebuch ist weg. Sie haben es bei der Hausdurchsuchung mitgenommen. Ihre intimsten Gedanken, aufgeschrieben, seitdem sie 14 war.

Stundenlang sitzt sie fast reglos im Sessel und starrt vor sich hin.

Gegen Abend wird sie ein zweites Mal abgeholt, aber nicht mehr ernsthaft vernommen, sie hat das Gefühl, es diene nur dazu, bei einer zweiten Durchsuchung noch mehr zu finden.

In diesen Stunden kehren Gerd und Behrchen aus Berlin zurück. Gerd wird am Saalbahnhof kontrolliert und sofort abgeführt. Behrchen wundert sich, warum sie ihn immer noch nicht beachten. Er will besser nicht zurück in die Jahnstraße, sondern übernachtet bei den Freunden in der Gartenstraße, wo es bisher weder Verhaftungen noch eine Hausdurchsuchung gab. Doch Montag früh um sechs holen sie auch ihn dort ab.

Behrchen hatte auf der Fahrt nach Berlin die Listen vom JG-Abend halb zerknüllt – immer noch mit dem leicht verschmierenden Kohlepapier dazwischen – in der Jeans am Oberschenkel versteckt. Nach stundenlanger Fahrt, mit Umsteigen am Bahnhof Berlin-Lichtenberg in die S-Bahn und dann noch mal am Ostkreuz, am Ende zu Fuß durch den Wald, kamen Jonny und Behrchen endlich spätabends bis Grünheide und klingelten am Haus in der Burgwallstraße. Katja Havemann öffnete ihnen.

Als sie Robert Havemann stolz die Jenaer Listen zeigten, wollte er sie nicht haben, riet ihnen, zur Sicherheit eine davon an den »Spiegel« zu schicken, und drückte ihnen einen Zettel mit der Anschrift des Ost-Berliner Korrespondenten Ulrich Schwarz in die Hand.

Über Havemanns Telefon konnte Jürgen Fuchs von Westmedien wie dpa und Deutschlandfunk zur Ausbürgerung Biermanns interviewt werden. Dazwischen rief aus Jena Lutz Leibner an, erzählte kurz, wie die Lage ist, und fragte: *Was is'n jetzt zu tun?*

Fuchs antwortete: *Jetzt ist so ein Punkt gekommen, wo man handeln muß.*

Schließlich verfolgten auch Behrchen und Jonny in großer Runde – gemeinsam mit Katja und Robert Havemann, Gerulf Pannach, Günter Kunert, Lilo und Jürgen Fuchs – das Biermann-Konzert im Westfernsehen. Danach verließen die beiden Besucher aus Jena Grünheide und machten sich auf nach Hessenwinkel am Rande Berlins, zum Elternhaus von Behrchen. Dessen Vater und Mutter waren Angestellte der DDR-Botschaft in Moskau und somit weit weg, das Haus verschlossen. Doch Behrchen wusste einen Weg hinein durch eine Luke im Kohlenkeller. Zwei Briefumschläge mit Marken waren schnell gefunden und korrekt adressiert an Honecker und den »Spiegel«. Das Kohlepapier warf er weg, ohne weiteren Kommentar oder Gruß steckte Behrchen nur die Durchschläge aus Seidenpapier in die beiden Briefumschläge.

Was die dritte und damit letzte Liste anging, hatten sie sich inzwischen anders entschieden. Sie ahnten schon, dass die beiden Briefe, die sie in den Kasten gegenüber dem Haus einwarfen, womöglich nie ankommen würden.

Diese Liste wollten sie nicht mehr an den Schriftstellerverband schicken, sondern vorerst im Garten verstecken. Behrchen erinnerte sich an sein altes Aquarium, suchte und fand unter dem Zubehör ein kleines Glasröhrchen. Er rollte das dünne Papier zusammen und schob es hinein. Draußen, in der hintersten Ecke des Grundstücks, steckte er das Röhrchen in eine Ritze eines Stapels Hohlblocksteine.

Wenigstens eine Liste sollte überleben.

Wie in Jena eskaliert am Tag darauf auch in Grünheide die Situation. Jürgen Fuchs wird gemeinsam mit Pannach und Kunert verhaftet, als er zu einem »Spiegel«-Interview fahren will. Robert Havemann, der mit Honecker einst gemeinsam im Nazi-Zuchthaus gesessen hatte, in Grünheide unter Hausarrest gestellt.

In Jena gibt es bis in den Dezember hinein Zuführungen und Vernehmungen, mehr als ein Dutzend Wohnungen werden durchsucht und gegen acht angebliche Rädelsführer, wie Bernd, Tommy, Bibe, Behrchen Jonny und Wolfgang Hinkeldey, Strafermittlungsverfahren und Untersuchungshaft eingeleitet. Walli, der wie Matz Unterschriftenlisten weitergab, wird nach seiner Rückkehr aus Erfurt ebenfalls verhaftet, und Kerstin Graf kommt allein deswegen in Haft, weil sie in einem Brief an ihre Freundin Sibylle Havemann über die Vorgänge in Jena informiert hat. Sie alle werden von November bis Juni immer wieder verhört und ohne Prozess nach neun Monaten in den Westen abgeschoben – bis auf Behrchen, der zurück nach Jena darf und deswegen bei Freunden und Bekannten in Verdacht gerät, sich an die Stasi verkauft zu haben.

Matz hat nichts davon vergessen. Vor allem seine eigene Befragung nicht, die am 19. November 1976 nachmittags begann und erst am Sonntag gegen sechs Uhr morgens endete. 15 Stunden in der Kreisdienststelle der Stasi.

Es war eine kurze Fahrt durch den sanft fallenden Schnee damals, zu einer langen Nacht des Verhörs. Von seiner hochschwangeren Freundin getrennt, musste er zunächst noch eine Stunde warten. Eine Stunde Zermürbung, grübeln, was kommt – ständig kontrolliert durch einen stumm-starrenden Wachhabenden.

Durchs Fenster sah er, wie an diesem Wintertag die blaue Stunde begann, als endlich die Tür aufflog. Der Vernehmer trat ein, verschanzte sich mit seinen Papieren hinter dem Tisch. Ein Mann mit Anzug und Schlips. Aufnahme der Personalien.

Sie sind doch Herr Domaschk? Matthias? Genannt Matz? Wir wollen doch nur wissen, ob wir den Richtigen haben.

Name. Geboren. Wohnung. Beruf …

Matz dachte an Jürgen Fuchs. Was hatte er ihnen für den Fall der Fälle gesagt?

Ruhe bewahren, wenn sie Tempo machen, nichts fragen, beobachten, sich dumm stellen, Ausreden benutzen, nichts sagen.

Matz war 19 Jahre alt und sein Gegenüber ein geschulter Vernehmer. Es lief nicht so, wie Matz es sich vorgenommen hatte. Die Stasi wusste doch sowieso alles, oder taten sie nur so? Fragen über Fragen prasselten auf ihn ein.

An welchen Veranstaltungen in Jena nahmen sie vom 17. bis 18. November teil? Auf welche Art und Weise wurde die Veranstaltung der Jungen Gemeinde vorbereitet? Sagen Sie über deren Verlauf aus! Was unternahmen Sie in der Folgezeit?

Die Jurek-Becker-Veranstaltung war doch öffentlich, hundert Leute vielleicht, darunter ganz sicher ihre Informanten, jede Menge SED-Genossen. Sie wollen doch nur wissen ... Das kann ich doch sagen, wie es ablief.

Der JG-Abend? Dasselbe. Wie er ablief, das wissen sie doch schon, wer das Wort führte ebenso. Wir haben uns ja nicht versteckt, wir wollen ihnen unsere Meinung zu Biermann doch offen sagen ...

Woher kennen Sie den Pfarrer Wagner?

Na, dass er ein Studienkollege von Renate war, kann ich ruhig sagen. Das ist nichts Verbotenes.

Was war denn das auf einmal?

Im Flur des ersten Stocks der Kreisdienststelle ertönte Musik. Laute Musik. Was Klassisches: *Tschaikowsky, Klavierkonzert Nr. 1 in B-Moll Opus 23.*

So bekannt. Ta-Ta-Ta-Taaa ... Tamm. Wahrscheinlich Radio DDR. Absurd. Mit Tschaikowsky verhört werden. Hätte ich mir für meinen Stasi-Film kaum ausdenken können.

Der Vernehmer grinste. Es war hellhörig, die Türen dünn. Wahrscheinlich sind in den Nachbarzimmern noch andere von uns, die zugeführt worden sind, und wir sollen sie nicht hören. Haben sie nicht auch Achim aus dem Steinweg abgeholt? Und Doris?

Der Vernehmer brüllte: Sagen Sie endlich die Wahrheit! Sagen Sie alles, was Sie wissen, sonst kommen Sie hier nicht mehr raus!

Tschaikowsky. Ta-Ta-Ta-Taaa ... Tamm, Tamm, Tamm.

Was machen sie mit Renate? Soll ich sie nicht hören? Ruft sie nach mir? Ich will hier raus, zu ihr, zurück in unsere Wohnung.

Was wollen Sie wissen? Es ist 23 Uhr. Los jetzt. Wer gestern alles in unserer Wohnung war? Sie standen doch vor unserem Haus ... Wir wollen ihnen unseren Protest sowieso mit Namen und Unterschriften zeigen.

Ab 14 Uhr hielten sich meiner Erinnerung nach folgende Personen zu unterschiedlichen Zeitpunkten in unserer Wohnung in Jena auf ... Kerstin,

Achim, Peter, Renate, Rainer, Michael, Doris, Walter, Carola, Dorothea, Willi, Jagger, Uwe, Toralf … Wir waren alle mehr oder minder schockiert und durcheinander. Letztendlich gelangten wir zu der Auffassung, daß wir weitere Unterschriften sammeln müßten. Weil wir der Meinung waren, je mehr Personen sich solidarisieren, desto weniger kann dem Einzelnen passieren.

Die Doris hatte Vervielfältigungen dieser Erklärung und Listen für Unterschriften mit in unsere Wohnung gebracht. Ich erklärte mich bereit, ein Exemplar zu Pfarrer Wagner in Meerane zu schaffen, da ich seine Einstellung zu solchen Problemen kannte. Meine Freundin Renate übergab mir daraufhin ein Exemplar. Ich traf gegen 17 Uhr in Meerane ein und informierte Wagner über die Ereignisse in Jena und legte ihm unsere Absichten dar. Außerdem übergab ich ihm die Unterlagen, wobei ich ihm erklärte, daß er nach Abschluß der Unterschriftensammlung ein Exemplar an das Politbüro der SED, eins an den Schriftstellerverband und eins zur Sicherheit in die BRD schicken solle, wobei er für die Vervielfältigung der ihm übergebenen Unterlagen selbst verantwortlich sei. Wagner erklärte sich einverstanden, eine solche Unterschriftensammlung in Meerane zu organisieren und sich auch deswegen nach Leipzig zu begeben.

Zurück in Jena erfuhr ich in meiner Wohnung, daß eine gleiche Aktion der Achim in Apolda und der Walli in Erfurt durchführen wollen. Zum anderen teilte mir meine Freundin Renate mit, daß vorgesehen sei, dem Bürger von Berlin-West, Auerbach, Axel (dem Bruder von Tommy, der zufällig zu Besuch war), *Unterlagen zu übergeben. Zum anderen erzählte mir meine Freundin, daß weiterhin in Güstrow, Leipzig und Dresden derartige Aktionen, wie ich sie mit Pfarrer Wagner aus Meerane durchführte, beabsichtigt sind.*

Matz sagte ihnen auch, dass er von Achim wusste, wer nach Berlin unterwegs war und wer die Unterschriftenliste mit sich führte, um sie Robert Havemann zu übergeben. Matz gestand dem Vernehmer, alle geschilderten Aktivitäten *aus innerer Unsicherheit und Angst vor Inhaftierung getan zu haben. Ich bin aufgeregt und durcheinander gewesen.*

Aber er weiß, er hat zu viele Namen und Zusammenhänge genannt in dieser Nacht. Viel zu viele. Er hätte schweigen sollen.

Matz grübelt, es fühlt sich nicht gut an. Er hatte es nicht geschafft, sich zu verweigern, was Pfarrer Schilling in Braunsdorf, was Jürgen Fuchs in Jena ihnen geraten hatten. Aber wie soll das auch gehen?

Bin ich nicht wie alle von Kindesbeinen an gewohnt, Bewertungen abzugeben? Andere und mich selbst ständig einzuschätzen? Wenn ich gefragt werde, Auskunft zu geben, im Glauben, es diene *der gemeinsamen Sache, dem Aufbau des Sozialismus?* Wie bei der Lehrerin, die den Jungpionier sich erst setzen lässt, nachdem er ihr die Namen der Störer oder Zuspätgekommenen genannt hat. Wie in der Brigade, die eine Stellungnahme über einen Kollegen abgeben muss. Wer hat eine Auszeichnung oder Prämie verdient, wer nicht und warum nicht?

Wo beginnt zu viel verraten? Ich will ja auch nicht verstecken, was ich gemacht habe. Ich will gehört werden, sie sollen wissen, dass wir nicht alles hinnehmen, nicht alles mitmachen und dass es anders werden muss.

Schließlich ließen sie ihn laufen. Auf dem Weg nach Hause durch die verschneiten Straßen der Stadt stand er plötzlich Renate gegenüber. Sie war auf der Suche nach ihm. Matz war vollkommen überrascht, Renate in Freiheit und unversehrt anzutreffen. Er gestand ihr, unter dem Druck des Verhörs zusammengebrochen zu sein, viel zu viel verraten zu haben, denn er habe gedacht, so würde man ihr und dem ungeborenen Kind nichts antun.

Auch sie war froh, ihn wiederzuhaben. Die Stasi hatte ihn nicht dabehalten, andere dagegen waren immer noch nicht zurück.

Sie gingen an diesem Morgen erst nach Hause, dann noch einmal raus und ins Paradies. Dort im Park konnte niemand mithören, was sie redeten.

Renate wusste nicht, *ob er ihr alles erzählt hatte.* Schließlich war Matz, wie sie alle, in einem emotionalen Ausnahmezustand. Aber Matz fühlte sich schlecht, weil er dem moralischen Anspruch an sich selbst nicht gerecht geworden war. Sie hatten ihn gebrochen.

Achim wurde morgens in der Kreisdienststelle nach 18 Stunden Verhör unsanft aus dem Schlaf gerissen, den sie ihm auf einer Pritsche gewährt hatten.

Mehrere Stasi-Mitarbeiter gleichzeitig standen ihm gegenüber und brüllten ihn an.

Jetzt aber raus mit der Sprache! Nennen Sie uns endlich den Namen Ihrer Kollegin in Apolda! Wir wissen nun, dass Sie die Listen dort hingebracht haben …

Noch am selben Tag klingelte das MfS bei seiner Arbeitskollegin Bärbel und verlangte von ihr die Herausgabe der Listen, was sie überrascht befolgte.

Zur gleichen Zeit am Sonntag bekam Pfarrer Wagner in Meerane Besuch von einem Staatsvertreter, der ihn viele Stunden unter Druck setzte, keinerlei weitere Unterschriften zu sammeln:

Lassen Sie von solchen Dingen! Machen Sie nicht noch mehr Unannehmlichkeiten, als es bereits gibt. Sie wissen, in der DDR gibt es keinen Gesinnungsterror. Aber in dem Moment, wo der Staat zu dem Eindruck kommt, wenn Sie hier so weitermachen, dann ist das keine Geschichte mehr, über die man sich so balla-balla unterhalten kann. Der Staat hat zu Biermann die Entscheidung getroffen und hat sein Volk hinter sich. Es gibt Kreise, Leute, Einzelpersonen, die bemüht sind, diese staatliche Entscheidung schmutzig zu machen – die gegen die Interessen des Staates tätig werden. Uns ist bekannt, daß Sie am vergangenen Freitag in solche Handlungen einbezogen worden sind. Wir möchten Sie davon abhalten und Ihnen Unannehmlichkeiten ersparen. Es geht um die Interessen der Staatsmacht. Das ist bitterer Ernst! Unser Staat denkt nicht daran, sich von irgendwelchen Leuten unter Druck setzen zu lassen. Wer sich in diese Hetzkampagne Biermann eingliedert, bewußt, vorsätzlich, mit dem muß man sich beschäftigen. In solchen Dingen läßt der Arbeiter-und-Bauern-Staat nicht mit sich spaßen. Wir wollen das, was von Jena aus über Sie entwickelt worden ist, aufhalten. Ich weiß, daß jemand bei Ihnen war und Ihnen Aktivitäten suggeriert hat, und Sie bereit waren, Aktivitäten zu unternehmen.

Pfarrer Wagner erwiderte auf die Vorhaltungen, das sei ja wohl kein Gespräch, sondern ein Verhör: *Ich muß Ihnen deutlich sagen, wenn weitere Personen verhaftet werden, dann muß auch ich mich verhaften lassen. Aus Solidarität.*

Auf die Frage, wer ihm die Unterschriftenliste gebracht habe, antwortete Wagner: *Darüber möchte ich nichts sagen. Mir hat das keiner zu-*

geschickt. Das hat mir am Freitag auch keiner ins Haus gebracht. Ich bin nicht bereit zu sagen, wie ich zu diesem Schriftstück gekommen bin. Das müssen Sie zur Kenntnis nehmen. Wenn da Konsequenzen kommen, dann bin ich bereit, sie zu tragen.

Matz wurde wenige Tage später, am 25. November 1976, durch Hans-Jürgen Putz von der Untersuchungsabteilung IX der Kreisdienststelle Jena ein zweites Mal verhört. Diesmal ging es ausschließlich um seine Fahrt zu Pfarrer Wagner. Woher er ihn kenne, wie er ihn einschätze, ob er von ihm über den Erfolg der Unterschriftensammlung in Meerane informiert worden sei.

Matz reagierte anders als bei seiner Befragung fünf Tage zuvor. Er habe dem von ihm unterschriebenen Protokoll nichts Neues hinzuzufügen. Der Pfarrer habe ihn nicht darüber informiert, ob er in Meerane Unterschriften sammeln konnte. Wagner kenne nicht mal seinen Vor- und Nachnamen, nur seinen Spitznamen Matz. Ihm seien auch keine weiteren staatsfeindlichen Aktivitäten des Pfarrers bekannt. Manchmal sei er nur *etwas zerstreut und neige zu voreiligen Handlungen oder Äußerungen*, aber *er nimmt seine Tätigkeit als Pfarrer sehr ernst und hält niveauvolle Gottesdienste ab.* Nach Kontakten und Verbindungen von Wagner befragt, nannte Matz nur zwei Namen und sprach diffus von Wagners *Beziehungen nach Leipzig, Berlin und in den Norden.* Nach zweieinhalb Stunden durfte Matz die Kreisdienststelle wieder verlassen.

Doch die Initiative von Matz, nach Meerane zu fahren, und die Bereitschaft Wagners zur Fortführung der Aktion mit den Listen aus Jena lösten eine starke Gegenreaktion aus. MfS-Bezirksverwaltung und SED-Kreisleitung organisierten eine große Beratung in Meerane, an der ein Dutzend *Kräfte des gesellschaftlichen Zusammenwirkens* aus dem Ort teilnahmen, um die Folgen der von Matz gebrachten Sammelliste einzudämmen. Alle machten mit: vom Kader- und Betriebsleiter über den Schuldirektor, den Bürgermeister, den Referenten für Kirchenfragen bis zum Kreisarzt und dem Leiter des Amtes für Arbeit.

Eine Folge dieser Besprechung war eine Kampagne, die quer durch die Stadt ging: Zwei Wochen lang wurden Bekannte und Freunde Wagners in Meerane aufgesucht und gedrängt, eine schlichte Verpflichtungserklärung abzugeben. Sie sollten sich darin von Biermann distanzieren und nichts gegen seine Ausbürgerung unternehmen. Die Staatsmacht sammelte vorbeugend von vielen Meeranern handgeschriebene Zettel ein wie diesen: *Hiermit verpflichte ich mich, ab dem heutigen Tage keine Weiterverbreitung bzw. Publikmachung der Ideologie Biermanns zu tätigen. 29.11.1976 Unterschrift.*

Durch seine Aktion als Unterschriftensammler landet der Name Matthias Domaschk auf der Topliste der Feinde von MfS-Chef Erich Mielke, im selben Aktenblatt genannt mit Eva-Maria Hagen, Manfred Krug, Jurek Becker und Nina Hagen.

Matz schreckt aus seinen Gedanken hoch, da es an der Zellentür rasselt. Sie öffnet sich: Heraustreten!

Zwei Wachleute führen ihn durch den kurzen Flur. Vor ihm werden Türen geöffnet, Gitter auf- und erneut abgeschlossen.

Plötzlich liegt ein Treppenhaus vor ihm. Er soll hochgehen. Stufe für Stufe, ein Stockwerk nach dem anderen. Was erwartet ihn oben?

Samstag, 22.50 Uhr – MfS-Untersuchungsabteilung Gera, Raum 519

Genossen, was haben wir? Was können wir denen um die Ohren krachen lassen? Welche strafbaren Handlungen, die zu einem Ermittlungsverfahren mit Haft führen könnten?

Kurze Einweisung im Leitungsbüro: Als Vernehmer der Abteilung IX sind für die Nacht eingesetzt: Ronald Peißker für Domaschk, Hans-Joachim Seidel für Rösch, Klaus Weber und Dieter Strakerjahn nehmen sich die beiden Frauen vor. Strakerjahn ist der Untersuchungsführer und hält die Verbindung zur Leitung und den beiden operativen Mitarbeitern der Linie XX Artur Hermann und Horst Köhler. Ranghöchster ist Jürgen Seidel, der den gleichen Nachnamen wie der Vernehmer Hans-Joachim Seidel trägt – aber nicht verwandt ist. Jürgen Seidel ist Leiter der Untersuchungsabteilung IX in Gera und spekuliert schon länger darauf, Oberst Weigelt, der bald in den Ruhestand gehen wird, auf dessen Posten *Stellvertreter Operativ* abzulösen. Damit wäre Seidel nach Oberst Lehmann die Nummer zwei in Gera.

Es wird festgelegt, dass Strakerjahn sofort eines der beiden Mädchen befragen wird. Hans-Joachim Seidel weiß über Rösch bereits einiges, deshalb soll er den übernehmen. Domaschk ist seinem zugeteilten Vernehmer Peißker persönlich unbekannt. Jürgen Seidel und die Genossen Hermann und Köhler müssen ihn deshalb einweisen, was er fragen soll.

Ordentlich Druck machen!, weist Jürgen Seidel seine Vernehmer an.

Gegen Domaschk und Rösch gibt es einen ganz besonderen Trumpf, den er und Hermann in der Hand haben. Hermann ist seit Februar Koordinator aller Informationen zur *staatsfeindlichen Fünfergruppe in Halle,* die von überregionaler Bedeutung ist. Nützlich wäre für ihn als Referatsleiter der XX/4, alles über die Beziehungen der beiden zu den Staatsfeinden und potenziellen Terroristen in Erfahrung zu bringen. Die in Halle sprachen kürzlich auf ihrem Treffen mit viel Sympathie über die RAF und – wie Domaschk – von den Roten Brigaden. Seit drei Wochen sind zwei Mitglieder der Hallenser Gruppe in Haft, die anderen könnten folgen. Unten in den Aufnahmezellen sitzen zwei gute Freunde von ihnen, die wohl eine Untergruppe in Jena gründen sollen, wahrscheinlich mit unserem IM »Matthias« und Pfarrer Schilling.

Da lässt sich doch bestimmt heute Nacht mehr rausholen, vielleicht auch etwas Belastendes gegen die fünf in Halle, vor allem gegen Rochau, den wir als Kirchenmann immer noch frei herumlaufen lassen müssen.

Köhler, der aus Jena gekommen ist und den Bericht über den Rote-Brigaden-Sympathisanten Domaschk mitgebracht hat, konnte bereits in den vorhergehenden Beratungen seine Ideen einbringen und Wünsche äußern. Über den wahren Grund für die Fahrt nach Berlin hinaus soll es um die jüngsten *Verbindungsaufnahmen* von Rösch und Domaschk nach Polen und in die ČSSR gehen.

Genossen, wir müssen ihre Rückverbindungen zu den aus der DDR entlassenen Personen in Berlin-West und ihre Verbindungen zu konterrevolutionären Kräften in Polen aufklären.

Vor wenigen Monaten erst hatten die das große Treffen in Masuren. Was war da los? Die gesamte Gruppe ist zu identifizieren. Wer mit wem? Welche Pläne wurden geschmiedet? Woher kam das Geld zur Finanzierung des Treffens? Welche Stellen des Gegners stecken dahinter? Gibt es Hinweise auf geheimdienstliche Steuerung?

Von Jürgen Seidel kommt der *Plan zum Erstangriff im Verhör:* Was treiben Rösch und Domaschk da mit Halle? Was in Weimar, Leipzig und Zeitz bei ihren *anarchistisch-terroristisch gesinnten Freunden*?

Rösch behauptet gegenüber unseren Quellen, es gehe ihm in Halle nur um den Besuch von Museen. Natürlich besucht der in Wahrheit seine Freunde von der Fünfergruppe um Rochau. Was gibt es für Absprachen? Wie weit sind sie eingeweiht in die Pläne des im Vorgang »Konventikel« bearbeiteten Kreises?

Was bedeutet eigentlich Konventikel?, traut sich ein Mitarbeiter zu fragen. Die Antwort lautet: So was wie ... Klub weniger Gleichgesinnter! Kurzes Gelächter. Jürgen Seidel erinnert noch mal daran, was Oberst Weigelt ihnen heute aufgetragen hat: Seht zu, was daraus zu machen! Mit einem gesunden Maß an Härte!

Samstag, 23.15 Uhr – MfS-Untersuchungsabteilung Gera, Raum 525

Blase ist allein mit seinem Vernehmer. Das Tonband dreht sich langsam und nimmt alles auf. Sein Gegenüber zeigt mit dem Finger auf das Gerät.

Damit nicht wieder solche Sachen passieren wie mit deinem Freund Tommy!

Welcher Tommy? Da kenne ich viele.

Na, was hat dir dein Freund Tommy über die Staatssicherheit erzählt?

Der hat nicht viel erzählt, nur, dass er da nie wieder hinmöchte.

Mehr nicht? Das glaubst du ja selbst nicht!

Der Vernehmer streckt seinen Arm aus und hält Blase eine Schachtel Karo hin: *Zigarette? Du kannst auch Kaffee haben oder belegte Brote. Damit du siehst, dass die Schauermärchen nicht stimmen!*

Blase will nur eine Karo und ein Glas Wasser. Dann geht die Fragerei los. Mal du, mal Sie als Anrede, je nach Laune des Vernehmers. Blase wechselt ebenso zwischen Sie und du.

Erstangriff: Der Vernehmer überfällt ihn mit Fragen nach seinen Bekannten in Halle. Er hält Blase die Namen der Fünfergruppe um Lothar Rochau vor – dieser angehenden Terrorgruppe. Blase soll deren Stützpunkt in Jena sein. Damit hat Blase nicht gerechnet. Er muss schlucken und versucht, unbeschadet durch diese heikle Fragerunde zu kommen. Denn natürlich plante er mit seinen Freunden in Halle keine Terroranschläge, sondern wollte politische Papiere austauschen und irgendwann Flugblätter oder Broschüren unter die Leute bringen. In Blases Augen will die Gruppe in Halle Rudolf Bahros Buch »Die Alternative« in politisches Handeln umsetzen. Deswegen ist ein Netzwerk im Aufbau, in möglichst vielen Städten. Aber das sagt er nicht, denn der Vernehmer hält ihm was anderes vor: *Stell dich nicht dumm! Wir wissen, da sind Anarchisten dabei und was das für dich bedeutet, Blase, die Jahre im Gefängnis kannst du dir nicht an zwei Händen abzählen!*

Blase erwidert nichts.

Hast du denn schon mal darüber nachgedacht, woanders zu leben?

Blase versteht nicht sofort, was sein Gegenüber damit sagen will. Er ist doch in Jena ganz zufrieden.

Woanders heißt, richtig woanders!

Na, in Polen gefällt es mir auch noch ganz gut!

Ach ja? Wie waren denn so die Besuche bei der Konterrevolution? In Gdańsk ... bei Solidarność? Hat Ihnen gefallen, ja? Wer hat denn euren Zeltplatz auf der Halbinsel bezahlt? War es Tommy? Erzähl doch mal!

Immer wieder Fragen nach Tommy, weil der nach seiner Haft wegen der Unterschriftensammlung 1976 und dann der Zwangsübersiedlung 1977 nach West-Berlin immer noch Kontakt zu seinen Jenaer Freunden hält und in den Augen der Stasi offensichtlich dabei ist, *vom Gebiet des Gegners aus* erneut eine Oppositionsgruppe aus der Jungen Gemeinde zu machen.

Du reist ja überhaupt viel nach Polen und in die ČSSR. Mit deinem Freund Domaschk. Walter Schilling war neulich mit von der Partie, bei eurem Treffen mit Tommy in Karlovy Vary ... wissen wir doch!

Der Offizier lotet verschiedene *vorliegende inoffizielle Erkenntnisse* aus, die er als strafbar einordnet. Selbst dass Blase für Kaktus Schallplatten mitbringen soll, gilt hier im Vernehmungsraum der Untersuchungsabteilung IX mindestens als Beihilfe zu einer Straftat.

Kaktus handelt doch damit in Jena. Weiß doch jeder. 100 bis 150 Mark für eine Westscheibe! Findest du das in Ordnung?

Blase gibt zu, dass er sich in Ost-Berlin mit der vor kurzem nach West-Berlin übergesiedelten Ria treffen wollte, um Kaktus von ihr Schallplatten mitzubringen, und diskutiert mit dem Offizier, ob das verwerflich sei.

Er ist müde, und manchmal, wenn sein Gegenüber sich Notizen macht, nickt er auf dem Stuhl ein.

Aufwachen!, brüllt der dann und schlägt mit dem Lineal auf den Schreibtisch.

Nach einer Stunde hin und her fragt Blase, ob er ein Glas Wasser bekommen könnte. Kaffee und die angebotenen Zigaretten lehnt er ab. Da es kein Wasser im Vernehmerzimmer gibt, wird Blase hinausgeführt auf den Gang. Dort soll er warten und lehnt sich an die Wand. Blase schaut sich die Lichtsignalanlage an der Decke an, die genau anzeigt, in welchem Stock gerade jemand durch den Gang geführt wird, damit sich die Befragten nicht begegnen. Er spielt ein bisschen mit den Kabeln, die er unter seinen Fingern fühlt. Kreischend geht eine Alarmsirene los, denn er hat zwei Bananenstecker der Reißleine für Notfälle getrennt, die hier in Bauchhöhe entlang der Wand verläuft.

Sofort kommen zwei Posten mit Maschinenpistolen herbeigerannt.

Samstag, 23.40 Uhr – MfS-Untersuchungsabteilung Gera, Raum 520

Eva und Sylvi sind nach ihrer Ankunft mit dem Auto in Gera nicht in die Aufnahmezellen, sondern gleich nach oben in den Vernehmertrakt geführt worden. Dort werden sie getrennt, jede für sich in eines der Zimmer, die aussehen wie ein normales Büro mit Auslegware, Schreibtisch, zwei Stühlen, einem leeren Regal, weißem Neonlicht, das Fenster von außen vergittert.

Eva hat sich seit der Ankunft etwas beruhigt, der schießbereite Uniformierte ist zurückgeblieben. Aber empört ist sie immer noch darüber, was sich aus ihrem kurzen Gruß an Blase und Matz ergeben hat. Ihr gegenüber sitzt ein Stasi-Mann der Untersuchungsabteilung, den sie als schmierig empfindet. Er fragt erneut, was sie in Jüterbog mehrfach gefragt wurde.

Was wollten Sie in Rostock, was wollten Sie in Berlin?

Eva wiederholt genervt alles, was sie schon gesagt hat. Berlin sei nicht ihr Ziel gewesen, sondern Rostock. Die Verlobungsfeier. Sie könnten doch bei Sylvias Eltern anrufen, das einfach überprüfen und der Familie zugleich Bescheid geben, warum sie noch nicht da sind. Die machen sich bestimmt große Sorgen!

Doch der Vernehmer sagt nichts, schnäuzt nur in sein Taschentuch, faltet es sorgfältig zusammen und steckt es wieder in seine Hosentasche.

Was wissen Sie über diesen Blase und diesen Matz?

Eva ist kurz vor seiner Frage vor Müdigkeit fast vom Stuhl gefallen.

Ich kenne die beiden nur mit ihren Spitznamen. Man läuft sich in Jena halt ständig über den Weg, ob im Kulturzentrum Lobeda, im F-Haus oder bei Blueskonzerten. Blase fällt wegen seiner Frisur ja sogar in der Straßenbahn auf. Ich weiß aber nicht, welchen Beruf er hat und in welchem Betrieb er arbeitet und wo er wohnt. Als ich mit meiner Freundin auf die Abfahrt des Zuges wartete und ein Bier trank, hab ich ihn in der Mitropa am Saalbahnhof gesehen und er hat kurz gegrüßt, weiter nichts. Dann sah ich ihn erst wieder auf dem Bahnsteig in Jüterbog, wo ich ihn grüßte ... Da nahmen die Transportpolizisten wohl an, daß ich dazugehöre, und führten mich und meine Freundin mit ab. Das fand ich eine ziemliche Frechheit!

Der Mann blickt auf: Was eine Frechheit ist, wird sich noch herausstellen! Wir müssen jedem Verdacht nachgehen. Verstehen Sie doch: Zu manchen Leuten haben wir Vertrauen, das sie als Bürger unseres Landes auch verdienen. Doch es gibt auch Gegner unseres Staates. Sie wollen doch nicht zu denen gehören? Nein? Das ist gut. Sehen Sie, ich vertraue Ihnen, da erwarte ich auch, dass Sie uns vertrauen. Manchmal muss man Leute davor bewahren, dass sie Dummheiten machen. Blase und Matz zum Beispiel. Die kennen Sie ja schon, die könnten Sie aber noch etwas besser kennenlernen. Ruhig Kontakt halten. Und dann könnten wir Sie doch mal wieder treffen, wir müssen doch wissen, was die so machen, um die beiden vor Handlungsweisen zu schützen, die sie ins Gefängnis bringen könnten. Es würde Ihren Freunden und uns sehr helfen, wenn Sie ... Eva weiß, worauf das hinausläuft. Nein! Der Kerl will sie für die Mitarbeit gewinnen. Blase bespitzeln. Nicht mit mir, hämmert es in ihrem Kopf. Sie wird wütend.

Was soll das jetzt?, brüllt sie ihn an. Es ist nicht einfach, sich da rauszuwinden. Sie erklärt ihm, dass sie in Jena überhaupt nicht zur politischen Szene gehört. Sie ist jung, sie geht jeden Tag arbeiten und fast jeden Abend aus, tanzen oder zu Feten, besonders am Wochenende.

Sie haben mir das ganze Wochenende versaut!, wirft sie ihm an den Kopf. *Was wollen Sie von mir, wenn Sie mich so scheiße behandeln? Mich hier einsperren? Sie dürfen uns nur 24 Stunden festhalten, wir sind ja fast noch minderjährig. Glauben Sie wirklich, ich freu mich, jemand von Ihnen nächste Woche wiederzusehen?*

Sie hört nicht mehr hin, als er etwas von Geld erzählt und von Auslagen ersetzen – es ist ihr egal.

Irgendwann steht der Vernehmer auf, wohl um sich mit seinen Kollegen zu besprechen. Sie soll kurz im Zimmer bleiben und warten. Eva staunt, dass sie einen Moment lang allein gelassen wird. Sie steht auf und sieht sich neugierig um, aber nichts liegt herum. Ein toter Raum. Sie wird müde und will endlich schlafen, legt sich auf den Teppichboden.

Es dauert nicht lange, da wird die Tür aufgerissen, ein Wachmann in Uniform kommt herein, tritt ihr mit dem Fuß in die Seite. Es schmerzt.

Hier wird nicht geschlafen! Hinsetzen!

Kaum ist er gegangen, steht sie auf, geht zur Tür, stellt fest, dass sie verschlossen ist. Sie will ihre Angst, ihre Wut, ihre Aggressionen loswerden. Sie trommelt mit den Fäusten gegen die Tür und schreit.

Samstag, 23.55 Uhr – MfS-Untersuchungsabteilung Gera, Raum 523

Der Erstangriff mit Matz läuft auf die harte Tour.

Es gibt da Ermittlungen in Halle, in die könnten Sie hineingeraten, Herr Domaschk. Terrorismusverdacht. Wissen Sie, was das bedeutet? Zehn, zwölf Jahre vielleicht, Herr Domaschk! Sie hegen doch schon lange Sympathien für Maoisten, Trotzkisten oder Anarchisten? Und jetzt wollen Sie in der DDR Rote Brigaden aufbauen? Wie groß ist denn Ihr Interesse an der Stadtguerrilla? Das Buch haben Sie doch gelesen, genauso wie Ihre Freunde in Halle. Welche Verbindungen haben Sie denn eigentlich zu diesen RAF-Sympathisanten?

Wissen Sie überhaupt, was für Freunde Sie in Zeitz und Weimar haben? Dieser Ulf, der unter euch Fidel genannt wird, oder Hubert, der sich am liebsten Waffen von *den Freunden* besorgen würde, um ein Revier der Deutschen Volkspolizei zu überfallen? Davon haben Sie doch so geschwärmt, Herr Domaschk! Uns entgeht nichts, wie Sie merken. Aber wir wollen das alles jetzt mal von Ihnen hören! Vielleicht denken Sie am Ende mal darüber nach, ob Sie die falschen Freunde haben?

Derart massive Vorwürfe hat Matz nicht erwartet.

Nach einer Stunde löst ein beinahe kumpelhafter jüngerer Kerl die beiden Erstvernehmer ab. Der probiert es jetzt anders.

Sie sind nicht der Erste, der hier sitzt! Wir unterhalten uns so lange, bis alles klar ist. Je besser Sie mitmachen, desto kürzer dauert es. Verstanden?

Peißker bekommt nicht sofort eine Antwort. Er sieht, der junge Mann ihm gegenüber ist verängstigt und eingeschüchtert.

Na, ich bestell wohl erst mal ein Kännchen Kaffee?

Der Kaffee kommt, Peißker schenkt Matz ein, und es geht los.

Woher kennen Sie denn die beiden Berliner Geburtstagskinder?

Das kann ich ihm ruhig sagen: Aus Zeitz und Weimar kenne ich sie, von Geburtstags-, Silvester- und anderen Feten. Henry lernte ich durch Sylvia kennen, Sylvia wiederum durch Behrchen. Günter, der gestern mit Henry zusammen gefeiert hat, trägt den Spitznamen Ede, der ist gut befreundet mit Henry.

Was wissen Sie noch über Ede?

Der ist öfter in Zeitz und in Weimar bei Menzi in der Jahnstraße. Da sind auch öfter Fidel aus Zeitz, Marion und Assi aus Plauen. Fidel teilt sich in Zeitz die Wohnung mit Hubert. Assi hat mich übrigens aus Plauen angerufen – wegen der Feier in Berlin.

Wo wollten Sie während Ihres Berlin-Aufenthaltes übernachten?

Ich habe Bekannte und Freunde in Berlin, bei denen ich mich bereits in der Vergangenheit aufgehalten habe. Dabei handelt es sich um Faustus, Marina und Peggy.

Peißker kann sich drei Namen notieren.

Sagen Sie jetzt endlich ehrlich, was Sie in Berlin noch wollten!

Eventuell wollte ich noch den Andreas in der Oderberger Straße 29 besuchen, mich über Kunstausstellungen in Berlin informieren und mir die

Barlach-Ausstellung ansehen. Blase wollte sich mit der Ria am Bahnhof Friedrichstraße treffen, warum, hab ich ihn nicht gefragt.

Die Situation hat sich etwas entspannt. Themenwechsel.

Im vergangenen August haben Sie sich zwei Wochen in Polen aufgehalten.

Das stimmt, es war ein Treffen mit alten Freunden aus Jena, auf einem Zeltplatz in den Masuren.

Schildern Sie doch mal den Ablauf jenes Treffens!

Matz sieht für einen Moment am Vernehmer vorbei zum Fenster hinaus. Doch da ist nichts als tiefschwarze Nacht. Er schweigt.

Der Mann ihm gegenüber wird niemals verstehen, was damals abgelaufen ist.

Matz denkt gern an die beiden Sommerwochen in Polen zurück. Der Zeltplatz auf einer Halbinsel bei Zełwągi, mitten in Masuren, an einem See. Zwei Dutzend Leute voller Freude über ihr Wiedersehen. Tommy wollte nach drei Jahren in West-Berlin wissen, wie es seiner früheren Jungen Gemeinde geht. Einige hatten ihre Kinder mitgebracht. Wie groß sie geworden waren! Sogar ein Kindergeburtstag wurde gefeiert. Der lange Tisch reichte für alle gleichzeitig zum Frühstück, zum Abendessen, zum Quatschen den ganzen Tag – wenn sie nicht mit den Kindern badeten oder durch den Eichenwald oder über weite Wiesen zogen.

Die Feuerstelle, um die sie im Kreis saßen, brannte bis tief in die Nacht. An einem dieser unbeschwerten Sommertage kaufte Blase in Mikołajki an einem Marktstand alle gerupften Hähnchen auf. Er strich sie sorgfältig mit Gewürzen ein, setzte sie auf einen riesigen Spieß und brutzelte sie über dem Feuer knusprig. Während seiner Zeit als Bausoldat hatte er genügend Küchenerfahrungen gesammelt.

Ihre Versuche zu angeln scheiterten allerdings.

Ein polnischer Bauer hatte ihnen die Wiese für 200 Westmark zum Zelten überlassen. Die D-Mark tauschte er gegen eine trächtige Kuh, die kurz darauf kalbte. Von seinem Hof bekamen sie jeden Morgen frische Milch, Hühnereier und manchmal geräucherten Aal. Sie konnten sogar mit seinem Pferd und dem Panjewagen die Gegend erkunden.

Matz war glücklich über diese paradiesischen Tage. Sie erinnerten ihn ein wenig an seinen ersten Masurensommer mit Renate.

Das Treffen sollte die auseinandergerissene Junge Gemeinde zusammenbringen, wenigstens für zwei Wochen ein Austausch sein zwischen den Jüngeren in Jena und den nach der Haft unfreiwillig nach West-Berlin übergesiedelten Älteren. Es ging Tommy um den Zusammenhalt und um eine Politisierung der JG. Er redete mit Thea, Rosti, Hopser, Käse, Hilli, Matz, Blase und Kaktus über die Möglichkeiten und Grenzen der JG-Arbeit, über die vielen Ausreiseanträge und das Dableiben in der DDR. Tommy schilderte das Leben in West-Berlin, wie er damit zurechtkam, und berichtete von Jugendlichen, die anders drauf seien, denen seiner Meinung nach alles Politische am Arsch vorbeigehe.

Eines Abends wollten Hanne und Bodo in die Disco und luden Ines, Blase und Matz in Bodos West-Berliner Golf ein. Fetzige polnische Rockmusik im Autoradio. Bodo war nicht mehr ganz nüchtern. Er fuhr mit hohem Tempo eine Allee entlang. Der Wagen kam ins Schleudern, rutschte genau zwischen zwei Bäumen hindurch, überschlug sich und blieb im Straßengraben liegen. Einen Moment lang brauchte Matz, um wieder zur Besinnung zu kommen.

Das Radio spielte noch Musik. Sie hatten Glück. Ein bisschen weiter links oder rechts ... Das Leben hängt von verdammt vielen Zufällen ab, meinte Matz später zu Blase. Nur Bodo hatte einen Arm gebrochen. Polizei, Krankenwagen, Krankenhaus. Als Matz und Blase zum Zeltplatz zurückkehrten, trafen sie auf Walli. Der hatte sich aus Kreuzberg was zum Kiffen mitgebracht und war zugedröhnt. Matz setzte sich lieber zu den anderen ans Feuer, redete jedoch kaum.

Das Klima in Polen hatte sich 1980 verändert, Arbeiter an der Ostseeküste streikten schon seit Monaten. Matz war mit Blase vor dem Treffen in Masuren ein paar Tage in Warschau gewesen. Er sprach mit Studenten, die er schon lange kannte. Sie waren voller Euphorie, dass sich in Polen bald etwas ändern würde. Anders als in der DDR. Eine freie Gewerkschaft hieß deren neue Hoffnung. Matz kam es zugute, dass er seit zwei Jahren Polnisch lernte. Jede Woche hatte er, seitdem er von der Armee zurückgekommen war, an der Volkshochschule »Pablo Neruda« in der Paradiesstraße einen Kurs besucht und mithilfe des Buches »Kurze polnische Sprachlehre« selbst gebüffelt.

Als sie im polnischen Radio hörten, dass in den Werften bei Gdańsk *freie Gewerkschaften* zum Streik aufgerufen hatten, gab es kein Halten mehr für sie. Blase und Matz beschlossen, sofort dort hinzutrampen. Sie packten ihre Sachen zusammen, fanden bei Sopot einen Zeltplatz und liefen zu Fuß bis vor die Tore der besetzten Werft, die von streikenden Arbeitern mit Ketten verschlossen worden waren.

Stocznia Gdańsk imenia Lenina, Fahnen, Transparente, dicht an dicht gedrängte Unterstützer und Angehörige der Werftarbeiter, aber auch Miliz und Polizei.

Der Anlass war, erfuhren sie, die Entlassung der politisch aktiven Kranführerin Anna Walentynowicz wenige Tage zuvor. Die Werftarbeiter forderten ihre Wiedereinstellung. Inzwischen gab es ein Streikkomitee, das die Zulassung freier Gewerkschaften im ganzen Land forderte, dazu Presse- und Versammlungsfreiheit. Die benachbarten Werften in Gdynia und Sopot schlossen sich dem Kampf an, Busse und Bahnen rund um Gdańsk wurden bestreikt. Es brodelte in ganz Polen, weil überall die Fleischpreise angehoben worden waren, erklärte ihnen eine junge Arbeiterin. Es freute sie, dass sie sich mit Matz auf Polnisch verständigen konnte.

Die beiden Jenaer waren plötzlich mittendrin, mischten sich unter die Streikenden, und Matz redete so gut es ging mit ihnen, übersetzte für Blase.

Was sie erlebten, versetzte sie in Hochstimmung. Sie hatten das Gefühl, die Geburtsstunde einer Bewegung mitzuerleben, die sie in der DDR schmerzlich vermissten. Aber vielleicht, so hofften sie, springt der Funke zu uns über. Sie nahmen sich vor, ihre Begeisterung und was sie in Polen erlebt hatten, mit allen in Jena zu teilen.

Wochenlang redete Matz mit seinen Freunden daheim über nichts anderes. Gag kaufte sich daraufhin in einem Schreibwarenladen Dutzende polnische Papierfähnchen. Die steckte er an sein Fahrrad, seinen Spind im Betrieb und dort auch an etliche Gabelstapler. Die *Winkelelemente* zur Begrüßung von *Delegationen aus dem sozialistischen Bruderland* hatten plötzlich eine andere Bedeutung bekommen. Sie standen für die Hoffnung auf Veränderung auch in der DDR. Darüber waren sie sich einig.

Nur ein paar Wochen nach dem Besuch von Matz und Blase in Gdańsk, am 31. Oktober 1980, schaffte die DDR das Reisen ohne Visum einseitig ab. Damit war die Grenze zum Nachbarland praktisch abgeriegelt. Matz war entsetzt. Ein Glück, dass Barbara aus der Wagnergasse polnische Texte und Briefe übersetzen konnte.

Matz hatte lange schon viele Kontakte in Warschau, Poznań und Kraków und war regelmäßig in all den Jahren nach Polen gefahren, nicht nur zum Jazz Jamboree oder zum Hippietreffen von Tschenstochau. In seinem Taschenkalender hatte Matz einige polnische Adressen versteckt, darunter zwei ganz besondere: Jerzy Andrzejewski und Halina Mikołajska.

Andrzejewski war als Schriftsteller schon eine Legende, mehrfach für den Literaturnobelpreis vorgeschlagen, ein Vordenker der polnischen Opposition. Mikołajska war eine der berühmtesten Theaterschauspielerinnen Polens, ihr Ehemann Marian Brandys und dessen Bruder Kazimierz Brandys geniale Autoren aus einer assimilierten jüdischen Familie. Andrzejewski und Mikołajska hatten den Krieg und den Stalinismus erlebt – unschätzbar wertvoll für junge Leute aus der DDR. Ikonen, die sich gegen das System wandten, noch dazu Künstler.

Matz hatte also Kontakt zu den vielleicht wichtigsten Autoritäten der polnischen Opposition – sie gehörten zu den ärgsten Feinden der Partei, wurden massiv vom Geheimdienst beschattet und bekämpft.

Aber danach fragt sein Vernehmer zum Glück nicht. Oder noch nicht?

Sein Gegenüber will von ihm erstmal wissen, wer denn nun alles im vergangenen Sommer in Masuren dabei war.

Jetzt reden Sie einfach, sagen Sie mir die Namen, die Ihnen noch einfallen! Ich vergleiche das mit meiner Liste hier und weiß dann, ob Sie ehrlich sind oder nicht!

Wir sind ja alle an den Grenzen kontrolliert worden. Lohnt es sich, die Namen zu verschweigen, die sie ohnehin kennen?

Peißker staunt über den jungen Mann, der ihn plötzlich, nach einem Moment des Grübelns, ernsthaft fragt, ob es möglich wäre, nicht alle

Namen ins Protokoll aufzunehmen – obwohl er doch sieht, dass es eine *Schallaufzeichnung* gibt.

Matz nennt 18 Personen, die dabei waren. Peißker notiert sie nicht. Sie sind ja auf dem Band, das er später abhören kann.

Es wurde viel über JG-Probleme diskutiert. Unter anderem stellte man Vergleiche an zwischen der JG-Arbeit unter Auerbach und der jetzigen JG-Arbeit unter Leitung von Kaktus. Auerbach trat bei diesem Treffen in gewisser Weise anleitend in Erscheinung, indem er die Anwesenden über seine Jugendarbeit in Berlin (West) unterrichtete. Dabei nahm er eine konkret ablehnende Haltung gegenüber der DDR ein …

Wer finanzierte das Treffen?

Auerbach bezahlte pauschal den Zeltplatz mit 200 DM. Mir ist auch bekannt, daß er die JG Jena-Mitte materiell unterstützt.

Der Vernehmer notiert sich handschriftlich die Aussagen von Matz und macht einen zufriedenen Eindruck. Läuft doch – für ihn.

Wollen Sie noch einen Kaffee?

Es ist drei Uhr nachts. Zeit für eine halbe Stunde Pause, findet der Stasi-Mann. Er will sich mit dem Untersuchungsführer und den anderen Vernehmern absprechen.

Matz wird vom Wachleiter der Abteilung XIV zurück in die Aufnahmezelle im Erdgeschoss geleitet.

Dreißig Minuten Zeit zum Nachdenken. Auf dem Hocker sitzen oder hin und her gehen, schlafen auf dem kalten Steinfußboden – das sind hier die einzigen Möglichkeiten. Matz starrt die Wand an.

Dreißig Stunden bin ich nun schon in ihrer Gewalt.

Sonntag, 12. April 1981

wenn man selbst nicht mehr weiß, wie weiter
eigentlich jemanden bräuchte
der einem luft oder kraft gibt
ist man plötzlich allein
trotz der vielen leute um einen herum

Matthias Domaschk in
einem Brief an eine Freundin,
21. Januar 1979

Sonntag, 3.30 Uhr – MfS-Untersuchungsabteilung Gera, Raum 523

Die Befragung von Matz ist seit vier Stunden im Gange. Über die Reise nach Polen hat Vernehmer Ronald Peißker genug gehört, jetzt fragt er nach der Jungen Gemeinde Jena-Stadtmitte. Welche Themen Matz da interessieren, wer die Aktivitäten plant.

Wir wissen im Prinzip, was da abläuft, aber ich möchte, daß Sie mir alles aus Ihrer Sicht erzählen, nur Ihre persönliche Sicht der Dinge interessiert mich. Ich möchte Sie schließlich besser kennenlernen. Aber sagen Sie die Wahrheit, ich hab keine Lust, hier was Falsches ins Protokoll zu schreiben, früher oder später gleichen wir das mit den Aussagen Ihres Kumpels ab ... Wenn Ihr Freund was anderes sagt, stehen Sie dumm da.

Matz redet. Das Tonband nimmt jedes Wort auf. Wenn er geantwortet hat, schweigt der Vernehmer lange. Worauf wartet er? Das verunsichert, löst den Reflex aus, weiterzureden. Bevor Peißker eine neue Frage stellt, macht er sich Notizen in seine Kladde.

Nennt Matz Namen, will der Vernehmer jedes Mal mehr über die Personen wissen.

Erzählen Sie mal von Anfang an! Wie heißt der? Und mit Spitznamen? Woher kennen Sie den? Wie würden Sie ihn beschreiben? Welche Ansichten hat er? Welche Kontakte sind Ihnen bekannt?

Was auch immer Matz erzählt, nicht alles ist wichtig für die Akte. Peißkers Notizen enthalten allein die operativ verwertbare Essenz, wie üblich nicht in den Worten des Befragten, sondern in der Sprache und den Begriffen von Partei und MfS. Es geht um Erkenntnisse, Zusammenhänge, mögliche strafbare Handlungen – und um Namen, Beziehungen, Strukturen.

Zugleich prüft Peißker, wie alle Vernehmer der Untersuchungsabteilung, ob sich der Befragte zur Kooperation, zur *Anwerbung* eignet. Manchmal schweift die Befragung ab, gerät zur Diskussion oder wird persönlich. Mal verläuft sie im Plauder-, dann wieder im Drohton. Das alles dient dem Herauslocken weiterer Informationen.

Im Protokoll spiegelt sich weder der versöhnliche noch der aggressive Ton wider. Die Vernehmer der IX sind geschult, sie können variieren, von unterschwelligen bis zu offenen Drohungen:

Wir können uns auch anders unterhalten, aber ich weiß nicht, ob Sie das wollen! Wir erwarten von Ihnen, daß Sie keine weiteren strafbaren Handlungen unternehmen. Es geht doch nicht nur um Sie. Mit dem, was Sie tun, schaden Sie doch gleichzeitig Ihrer ganzen Familie! Wenn Ihr Vater nicht mehr im Ausland arbeiten kann oder seinen Leitungsposten verliert, dann tragen Sie dafür allein die Verantwortung ... Wissen Sie, wir können jederzeit die Beweise liefern für Ihre Straftaten, unsere Beweiskraft ist erheblich, wir sind nach Erlassen und Gesetzen unserer Regierung dazu befugt. Wollen Sie wirklich Ihre Eltern erst auf dem Friedhof wiedersehen, nach zehn Jahren Haft? Sie haben doch gerade gesehen, wie es in einer Gefängniszelle ist ...

Andere Variante, die Hand reichen: *Sie sind doch sehr vernünftig. Entscheiden Sie sich, welche Schlußfolgerungen für Ihren künftigen Weg die richtigen sind. Unser Staat hat kein Interesse, die Dinge eskalieren zu lassen. Wir erkennen an, wenn Sie sich korrigieren wollen. Sie sind doch ein logisch denkender Mensch. Daß uns der eine oder andere am liebsten von der Landkarte weghätte, das wissen Sie ja auch. Wir in der DDR sind ständig in unserer Existenz bedroht. Sie brennen doch auch nicht für den Kapitalismus, warum sollten Sie sich dann weiterhin an den Angriffen des Gegners im Inneren unseres Landes beteiligen?*

Peißker ist nicht einmal vier Jahre älter als Matz. Er ist noch nicht lange Vernehmer, erst seit zwei Jahren. Seine Karriere hat er sich einmal anders vorgestellt. Eigentlich wollte er ein richtiger Kriminalist werden, Studium an der Humboldt-Uni in Berlin, knifflige Fälle lösen. Aber irgendwann wurde er dort vom MfS angesprochen, dann lief es nicht wie erhofft. Er hat eine Arbeit über *Vernehmungstaktik zum Nachweis strafbarer Handlungen* geschrieben. Jetzt soll er sich bei der Befragung bewähren, jemanden ausquetschen und überführen, den er nicht kennt. Eine zufällige Begegnung, weil er an diesem Wochenende Bereitschaft hat. Er gilt als Anfänger in der Abteilung, Seidel und Strakerjahn dagegen sind die alten Hasen. Peißker und erst recht der noch weniger erfahrene Hauptmann Klaus Weber, der auf eine der beiden Frauen angesetzt ist, stehen weiter unten in der Rangordnung.

Peißker wollte das Wochenende in seinem Garten verbringen, und nun versucht er, bei seinem Gegenüber irgendwie anzudocken, er will seinem Vorgesetzten schließlich einen Erfolg servieren.

Wissen Sie, ich verstehe Sie ja, glauben Sie bloß nicht, mir würde es manchmal nicht genauso gehen ... Wir vom MfS sind auch nicht mit allem einverstanden ... Ich hab übrigens genau wie Sie keine Lust, mir die ganze Nacht um die Ohren zu schlagen ...

Matz ist müde, die zweite Nacht ohne richtigen Schlaf, und ja, er will es auch hinter sich bringen. Er redet, nennt Namen und Zusammenhänge. Ist doch eh alles bekannt, was soll's.

Zum Vorbereitungskreis der JG gehören unter anderem Blase, Kaktus, Thea, Rosti. Alle besitzen in gewissen Teilbereichen eine ablehnende Haltung zur DDR, außer Thea, und sind der Auffassung, daß die kirchliche Tätigkeit in der DDR durch den Staat eingeschränkt wird. ... mir ist bekannt, daß in diesem Jahr auch Blase in der JG eine Diskussion Wehrdienst versus Ersatzdienst organisiert und durchgeführt hat, wobei es Blase meiner Auffassung nach darum ging aufzuklären und Einblick zu geben.

Peißker fragt interessiert nach, lässt ihn ausreden, wirkt verständnisvoll. Streckenweise gerät die Befragung zu einer Erklärung der Junge-Gemeinde-Arbeit.

Matz verliert den Überblick, wie damals bei der Befragung nach dem Biermann-Abend. So gibt er preis, was er über die heimlichen Ost-West-Treffen von Tommy weiß, wann, wo und mit wem er sich in Karlovy Vary verabredet hat, bald sind 20 Namen gefallen, bald 25, 30 ...

Ja, und Rösch?, fragt Peißker. Was ist mit Ihrem Freund? Was läuft da mit euch und der Gruppe um Rochau in Halle?

Als Antwort notiert er: *Dessen politisch motivierte Verbindungen erstrecken sich in Halle auf Rochau ... in Weimar und Zeitz haben wir den gleichen Bekanntenkreis. Etwa vor zweieinhalb Wochen teilte mir Blase mit, daß in Halle mehrere Personen inhaftiert wurden und er die Befürchtung hat, ganz mörderisch reinrasseln zu können. Die hätten irgendwelche wilden Aktionen vorgehabt und wollten unter die Leute gehen.*

Ach, da wissen Sie ja doch eine ganze Menge! Wilde Aktionen?

Peißker geht zur nächsten Frage über, zu einem Punkt, der seinem Chef Jürgen Seidel und den operativen Mitarbeitern in der Befragung besonders wichtig ist.

Wilde Aktionen haben Sie, Herr Domaschk, doch auch schon selbst gemacht, oder?

Matz sieht ihn fragend an.

Womit befaßten Sie sich denn so in den Jahren 1976 und 1977? Da wurden Sie ja schon mal vernommen. Damals hat man Sie nach der Befragung laufen lassen, im Vertrauen darauf, dass Sie Ihre feindlichen Aktivitäten nicht fortsetzen. Aber was haben Sie dann weiter gemacht?

Die Erinnerung an sein Versagen im Verhör damals trifft Matz wie ein Schlag in die Magengrube. Er weiß genau, womit er sich danach *befasst* hat. Er stürzte sich mit Renate in eine politisch extrem aktive Zeit, permanent gefährlich nah an Festnahme und Inhaftierung. Er ahnt, worauf diese Frage hinausläuft. Matz versucht, Zeit zu gewinnen, bevor er antwortet.

Kann ich einen Schluck Wasser bekommen?

Aber natürlich, antwortet Peißker. Auch Kaffee. Kännchen kommt gleich!

In diesem Moment öffnet sich die Tür. Untersuchungsführer Strakerjahn steht im Rahmen. Er bittet Peißker mit einer Kopfbewegung hinaus – Lagebesprechung.

Dreißig Minuten Pause.

Matz bleibt nicht allein im Zimmer, ein Bewacher nimmt Platz. Vor ihm dampft starker Bohnenkaffee in einer Tasse.

Matz dehnt und streckt sich auf seinem Stuhl, schließt die Augen.

Wenn er zurückblickt auf 1977, war es vielleicht sein bestes Jahr, eine aufregende Zeit politischer Untergrundarbeit, weit über Jena hinaus. Renate und er waren nach den Protesten gegen die Biermann-Ausbürgerung zwar verschont geblieben, doch andere saßen im Gefängnis. Von acht Freunden und Freundinnen wussten sie in den ersten Monaten nicht einmal, wo sie überhaupt waren.

Ob seine Aussagen jener Nacht in der Kreisdienststelle dazu beigetragen hatten? Oder die Aussagen der anderen Befragten? Richtig besprochen haben sie es nie untereinander. Aber es gab Vorwürfe und Verdächtigungen, gegen Renate und auch gegen ihn. So oder so, Matz sah damals seine Aufgabe darin, sofort etwas für seine inhaftierten Freunde zu tun. Er wollte endlich praktisch politisch handeln, für Gerechtigkeit und Solidarität kämpfen.

Damit *befasste* er sich im Jahr 1977!

Nach der Geburt von Julia Anfang Dezember 1976 und den ersten Wochen gemeinsamen Glücks in einer harten Zeit folgte für Matz der Ausschluss von der Berufsausbildung mit Abitur. Das endgültige Aus. Die Hoffnung auf ein Studium dahin. Statt eines Berufes, für den er hätte brennen können, ein trostloser Job im Heizungskeller.

Auch andere traf es heftig, so wie Gag: Exmatrikulation vom Studium – für immer, an allen Universitäten im ganzen Land. Oder Lutz Leibner, der sich nicht, wie der Stadtschulrat es verlangt hatte, klar von Biermann distanzierte und auf einen Anwerbungsversuch der Stasi nicht einging. Lutz verlor seine Anstellung als Erzieher und flog aus dem Fernstudium der Pädagogik. Einige Väter von Inhaftierten wurden sogar gedrängt, sich schriftlich von ihren Söhnen zu distanzieren, und manche taten es, wie der Vater von Bibe. Arbeitskollegen in Brigaden und Kollektiven mussten ebensolche Distanzierungsschreiben verfassen. Matz' Eltern wurde ein einjähriger gemeinsamer Arbeitsaufenthalt in Libyen nicht genehmigt. Darauf hatten sie sich gefreut, doch Ruth musste in Jena bleiben, und Gerhard durfte nur kurz ins Ausland. Es wurde nicht ausgesprochen, doch es war klar, dass Matz daran Schuld trug. Dies hatte das Verhältnis zu seinen Eltern nicht gerade verbessert.

Von den 1000 Mark, die sie zur Geburt ihrer Tochter Julia vom Staat bekommen hatten, kauften sich Matz und Renate kurzentschlossen in Tschechien die Ausrüstung für eine Dunkelkammer. Sie fotografierten Texte von Jürgen Fuchs und Wolf Biermann, Übersetzungen aus Polen oder Prag, gar Teile von in der DDR nicht erhältlichen Büchern, um sie zu vervielfältigen, an Freunde weiterzugeben, auch außerhalb Jenas – in Leipzig, Halle, Naumburg, Schwerin.

So trockneten in der Küche auf einer kreuz und quer gespannten Wäscheleine neben den in einem großen Topf gewaschenen Stoffwindeln die Foto-Kopien mit verbotenen Texten.

Jetzt erst recht! Das war ihre Stimmung, die sich nach dem ersten Schock wieder einstellte.

Nach dem Überfall auf die Gartenstraße im Januar 1975 bewirkte die Zeit nach der Biermann-Ausbürgerung im November 1976 eine zweite, wesentlich stärkere Zäsur. Es ging nicht mehr um jugendliches

Anderssein und muntere Widerständigkeit – es wurde ernst. Sie wurden ernst.

Durch die Zugriffe des MfS und der Volkspolizei waren viele Freunde und Bekannte in der Stadt verängstigt, einige zogen sich zurück. Für Matz und Renate ging es in dieser Situation darum, sich neu zu sammeln, sich überhaupt wieder mit anderen zu treffen. Einfach den Zwei-Monats-Geburtstag von Julia feiern. Abends wieder Am Rähmen zusammensitzen. Oder zu Fußballspielen gehen, wenn die Mannschaft von Gag spielte. Wieder ein Kinderfest planen.

Am 15. März 1977 bekamen sie unerwarteten Besuch, der Folgen haben sollte. Vor der Tür stand nachmittags Michael Deicke, ein junger Mann aus Ost-Berlin. Der bat um ein vertrauliches Gespräch, denn es war noch eine Freundin von Renate in der Wohnung. Sie saßen eine Stunde in der Küche zusammen, bis Julia aufwachte und versorgt werden musste. Dem Unbekannten gegenüber war Renate zunächst misstrauisch, was aber schnell verflog, als er erzählte, worum es ging. Er berichtete vom *Schutzkomitee Freiheit und Sozialismus* in West-Berlin, zu dem er engen Kontakt habe. Die Gruppe hatte sich nach der Biermann-Ausbürgerung im Westen gegründet, um Verhaftungen und Repressionen im Osten öffentlich zu machen – überall dort, wo empörte Menschen Briefe an Partei und Staat gerichtet, Parolen an die Wände geschrieben oder gar Flugblätter hergestellt hatten.

Das Biermann-Komitee hatte mit seinem Namen *Freiheit und Sozialismus* den damals bekannten CDU-Wahlkampfslogan *Freiheit statt Sozialismus* auf den Kopf gestellt. Komiteegründer Hannes Schwenger und seine Mitstreiter glaubten daran, so wie Renate, Matz und die meisten ihrer Freunde, dass Freiheit und Sozialismus sich eines Tages auch in der DDR verbinden lassen.

Zahlreiche Prominente unterstützten das West-Berliner Komitee: Ingeborg Drewitz, Heinrich Albertz, Heinrich Böll, Friedrich Dürrenmatt, Hans Magnus Enzensberger, Max Frisch, Robert Jungk, Otto Schily und Romy Schneider. Über Kontakte des Komitees in der DDR sollten Inhaftierte in den Westmedien namentlich publik gemacht und deren Familien und Rechtsanwälte durch Spenden unterstützt werden.

Der Mann in der Küche meinte, er sei zu Renate gekommen, weil ihm gesagt wurde, dass sie in Jena alle Fäden in der Hand halte. Mit ihr könne es gelingen, Solidarität mit politisch Verfolgten herzustellen.

Eine heikle Sache. Im Radio hatten Renate und Matz Berichte über das Komitee gehört. Bevor es zu einem weiteren Gespräch kam, rief sie die West-Berliner Nummer an, die ihr Deicke gegeben hatte. Schwenger war tatsächlich am Apparat. Er sagte, dass er Mitglied im Schriftstellerverband und für das linke West-Berliner Blatt »Berliner Extra-Dienst« tätig sei. Renate war beruhigt. Sie besprach sich sofort mit Matz: *Das bedeutet Unterstützung von außen, durch starke Menschen, dann sind wir in Jena nicht mehr allein auf uns gestellt.*

Von den Ost-Berliner Schriftstellern und Künstlern, mit deren Protest sie sich solidarisch erklärt hatten, war wenig Unterstützung für die Jenaer gekommen. Vielleicht, meinte Renate zu Matz, weil von Berlin aus gesehen der Rest der DDR Provinz ist. Den zwölf Erstunterzeichnern hatten sich zwar Hunderte angeschlossen, doch die meisten verstrickten sich in einen Kampf mit der Partei im Schriftstellerverband, und für viele Musiker, Schauspieler oder Schriftsteller wie Manfred Krug oder Jurek Becker stand bald nur noch die persönliche Frage: Gehen oder Bleiben? Sie verließen die DDR, während die acht verhafteten Jenaer noch immer ohne Prozess im Gefängnis saßen. Das fand Matz enttäuschend. Mit dem Solidaritätskomitee im Westen schöpfte er nun neue Hoffnung.

So fuhren Matz und Renate zu einem heimlichen Treffen mit Schwenger in Deickes Ost-Berliner Wohnung. Das lange Gespräch öffnete Matz die Tür zu einer größeren politischen Welt. In der Runde in der Anklamer Straße schwirrten bei dem stundenlangen Treffen bedeutende Namen durch den Raum: Christa Wolf, Sarah Kirsch, Ulrich Plenzdorf, Stefan Heym …

Die Rede war auch vom polnischen Komitee zur Verteidigung der Arbeiter (KOR) und von der Charta 77, einer neuen Oppositionsgruppe in Prag, die vielleicht Vorbild für eine ähnliche noch zu gründende Bewegung in der DDR sein könnte.

Polen ist wichtig, meinte Schwenger, gut, dass ihr dort schon Leute kennt. Haltet eure Kontakte und baut sie aus. Lutz aus Pirna kann euch den Kontakt zu Petr Uhl in Prag vermitteln …

Renate und Matz wurden nach diesem und weiteren Treffen zu einem wichtigen Stützpunkt des Schutzkomitees im Süden der DDR. Sie bekamen und erfüllten Aufträge des Komitees: Namen von Festgenommenen ermitteln, biografische Informationen zusammenstellen, Familien besuchen, die Hilfe benötigen. Sie organisierten mit anderen die gezielte Verteilung erheblicher Beträge aus den Spendengeldern der Prominenten oder linker Gruppen, die auf Solidaritätsveranstaltungen im Westen gesammelt hatten. Was nur Matz wusste: Heikes Mutter konnte heimlich auf ihrer Arbeitsstelle, in den Räumen der GST an der Berufsschule in Göschwitz, Ormig-Abzüge herstellen und so Schriftstücke für ihn vervielfältigen. Um Informationen einzuholen und die Unterstützung der Familien Inhaftierter zu koordinieren, fuhren Renate und Matz mit dem Zug oder ihrem Motorrad kreuz und quer durch die DDR. Matz rief mehrfach Schwenger in West-Berlin an, um Infos von Ost nach West durchzugeben oder weitere Treffen abzusprechen.

Die Fahrten gingen nach Altenburg, Halle, Erfurt, Sömmerda, Naumburg und Leipzig. Manchmal stimmten die Anschriften nicht, oder sie trafen auf eingeschüchterte Angehörige. Das war mitunter anstrengend und frustrierend, aber immer wieder sehr befriedigend, wenn sie konkrete Hilfe gegen staatliche Repressionen leisten konnten. Schon allein, dass die Namen von Inhaftierten über das Schutzkomitee im Westen bekannt wurden, bedeutete mehr Schutz für die Betroffenen.

Für die Jenaer Inhaftierten wurde ganz praktische Unterstützung organisiert. Pakete mit Obst, warmen Socken und Vitamintabletten. Die durften aber nicht von Renate und Matz, sondern nur von Eltern oder Ehepartnern geschickt werden. Sendungen von Freunden waren nicht erlaubt, und nur ein Paket im Monat. Matz empörte eine Geschichte sehr: Die flehentliche Bitte von Wallis Mutter, ihrem Sohn wenigstens Weihnachtsplätzchen schicken zu dürfen, schlug der Geraer Staatsanwalt Benndorf mit einem herzlosen Zweizeiler ab.

Ende Mai 1977 brechen Matz und Renate zu einer besonderen Tour auf. Kurz vor Pfingsten fahren sie – manchmal mit Tempo 100, meist aber langsamer – per Motorrad von Jena Richtung Prag. Sie sind den halben Tag unterwegs, über 350 Kilometer. Um die Grenzkontrollen auf den

Hauptstraßen zu vermeiden, nehmen sie Landstraßen. Heimlich geht es auf Schleichwegen durchs Erzgebirge über die grüne Grenze.

Es ist ein Auftrag des Schutzkomitees, der ihnen gefällt. Die kleine Julia haben sie bei Peggy untergebracht. Dazu noch ein Testament, falls ihnen etwas zustößt. Julia soll in diesem Fall bei Renates bester Freundin aufwachsen, um nicht ins Kinderheim zu kommen – aber auch nicht zu den Eltern von Renate oder Matz.

Sie wechseln sich am Lenker der Maschine ab. Beide mit alten Eierschalenhelmen. Wer vorn sitzt, trägt die zweigeteilte Motorradbrille gegen den Fahrtwind. Mal umklammert Renate Matz, mal sitzt Matz hinter Renate und umschlingt sie mit seinen Armen.

An einem Waldrand die erste Pause in der Maisonne. Butterbrote, schwarzer Tee aus der Thermoskanne. Weiter.

On the road. Dann ein kurzer Stopp am Rand eines Dorfes. Matz hat sie zuerst gesehen und geht auf eine betörend duftende Fliederhecke zu. Weißer Flieder, seine Lieblingsblume. Flieder erinnert ihn an den Frühling in Görlitz, den Weg an der alten Gärtnerei vorbei, mitten durch die blühenden Gärten, gleich hinter dem Haus, in dem er aufgewachsen ist.

In Jena hatte Matz im vergangenen Mai gleich büschelweise Flieder im Volkspark Paradies ergattert, und als er mit Gag an jenem warmen Abend etwas angetrunken durch die Stadt taumelte, sangen sie lauthals, als sie die Saale auf der Paradiesbrücke überquerten: *Wir sind geboren, um frei zu sein …* Flieder und Freiheit gehören für ihn seitdem zusammen.

Träum nicht, Matz, wir müssen weiter!

So kommen sie in Prag an. Das Motorrad stellen sie weit von ihrem eigentlichen Ziel entfernt ab. Zu Fuß vorbei am Wenzelsplatz, wo erst vor neun Jahren sowjetische Truppen den Prager Frühling niederschlugen. Rechts vorbei am Nationalmuseum, durch den kleinen grünen Park, quer über die Straße, auf der am 21. August 1968 der Regen die Blutlache des durch einen sowjetischen Panzer überrollten Prager Studenten weggespült hatte.

Noch ein paar Schritte weiter, hastiges Umschauen – folgt ihnen jemand? Dort im Eckhaus muss es sein: Anglická 8. Die Wohnung von Anna Šabatová und Petr Uhl, Mitbegründer der Charta 77. Ihre Grundsatzerklärung haben sie erst vor vier Monaten veröffentlicht. Sie hat international viel Beachtung gefunden.

Renate und Matz nähern sich vorsichtig, denn sie ahnen, dass die beiden überwacht werden. Petr hat jahrelang im Gefängnis gesessen, weil er nach der Niederschlagung des Prager Frühlings eine trotzkistische Gruppe gegründet hatte, die Bewegung der revolutionären Jugend (HRM). Und er hat immer noch Kontakte zu Trotzkisten in Frankreich und Deutschland, besonders enge zu seiner früheren Gefährtin und Geliebten Sibylle Plogstedt. Sie war als Mitglied des Sozialistischen Deutschen Studentenbundes (SDS) wegen einer Seminararbeit 1968 in Prag, erlebte den Einmarsch der sowjetischen Truppen und schloss sich in Petrs Gruppe dem antisowjetischen Widerstand an. Sybille wurde, damals 24-jährig, verhaftet und für eineinhalb Jahre in einem tschechischen Gefängnis eingesperrt.

Renate und Matz erscheinen nicht unangekündigt. Lutz aus Pirna, der ebenfalls Beziehungen zu Trotzkisten im Westen pflegt, kennt Uhl schon länger, und durch die alljährlichen Ostertreffen bei Pfarrer Wagner in Meerane sind ihm auch Renate und Matz vertraut. Dort haben sie zu dritt die Reise besprochen, und Lutz informierte Anna und Petr in Prag.

Sie bleiben drei Tage, übernachten in der mit Büchern vollgestopften Wohnung auf einem Sofa. Anna und Petr sind sehr gastfreundlich, sie kochen gemeinsam, trinken, rauchen, reden von morgens bis abends, tauschen sich intensiv am Küchentisch aus, während die Kinder des Paares um sie herumtoben. Renate und Matz berichten von der Biermann-Solidarität, der Unterschriftensammlung, den Inhaftierten in Jena, von den Repressionen in anderen Städten. Sie diskutieren über politische Perspektiven und lassen sich die Arbeit der Charta 77 erklären.

Petr sagt, es handele sich um eine reine Bürgerrechtsbewegung, bei der die Menschenrechte im Vordergrund stehen. Dafür habe er von seinen trotzkistischen Freunden, die am liebsten die Weltrevolution anstrebten, heftige Kritik einstecken müssen. In der Charta-Erklärung vom Januar 1977 gehe es um die Willkür des Staates, die ständige Verletzung der Menschenrechte, die Beschneidung des Rechts auf Bildung und um die Diskriminierung Einzelner.

Matz, der durch den Ausschluss vom Abi um das Recht auf Bildung betrogen wurde, findet, dass alle diese Punkte auch auf die Situation in der DDR zutreffen. Er staunt über die vielen hektografierten Untergrundpublikationen, die es in Prag bereits gibt. Er kann nicht darin lesen, lässt sich aber hier und da etwas übersetzen.

So etwas müsste doch auch in der DDR möglich sein!

Matz stöbert in den vielen Büchern, Zeitschriften und Broschüren aus dem Westen. Die Wohnung in Prag ist ein Leseparadies.

Ein älterer Herr kommt zu Besuch. Großes Hallo. Es ist Jaroslav Šabata, der Vater von Hanka, wie er seine Tochter Anna liebevoll ruft. Der Großvater spielt ein wenig mit seinen Enkeln, dann wendet er sich den Gästen zu. Schließlich entwickelt sich ein Zwiegespräch mit Matz. Jaroslav erzählt ihm in seiner weichen böhmischen, beinahe wienerischen Mundart vom Prager Frühling und wie es nach dessen gewaltsamer Niederschlagung weiterging.

Dann kommt Jaroslav auf die *Fliegenden Universitäten* zu sprechen. In Mähren mache er selbst mit. Matz horcht auf. Exmatrikulierte Studenten und Wissenschaftler, die sich nach polnischem Vorbild zu Vorlesungen in Privaträumen treffen? Von der Uni geflogene Professoren, die dennoch unterrichten? Die Themen behandeln, die in den staatlichen Universitäten nicht vorkommen? Die ihr Wissen weitergeben und nicht in den Westen abhauen können oder wollen? Junge Leute, die wie Matz nicht an die Uni dürfen und stattdessen im Untergrund studieren? Das fasziniert ihn. Matz erfährt von Vorlesungen und Seminaren in abgelegenen Berg- oder Waldhütten, bei denen die Teilnehmer tagelang unter sich sind, unter einfachsten Bedingungen, schwer erreichbar, nur mit Wasser aus einer Quelle, manchmal ohne Strom. Um nicht entdeckt zu werden, wechseln sie ihre Treffpunkte, deshalb der Name *Fliegende Universität.*

Matz ist beeindruckt. Jaroslav sagt, sein Antrieb rühre daher, dass nicht noch einmal eine Generation heranwachsen soll, die sich nur für das Materielle interessiere, das tägliche Brot, Saufen und Musik. Wie viel geht dadurch an Wissen und Weisheit verloren?

Matz antwortet: Wir sind nur ein Haufen junger Leute, uns fehlen die unterstützenden Künstler, die Wissenschaftler, die Philosophen, um etwas bei uns anzuleiten. Er denkt an sein Telefonat mit Sarah Kirsch, der Schriftstellerin. Da stand Matz abends in der Telefonzelle beim Hotel Schwarzer Bär, wählte ihre mühsam beschaffte Nummer. Wie sie sich wand und vor einer klaren Antwort drückte, als er sie um Hilfe für die Leute in Jena bat.

Er denkt an die zwölf namhaften Künstler, deren Protestbrief die Jenaer verbreitet hatten, die sich aber für das Schicksal der Unterzeichner herzlich wenig interessierten und nun größtenteils in den Westen abhauten. Na ja, vielleicht haben sie nicht einmal richtig davon erfahren.

Spätnachts, mit Renate allein im Wohnzimmer, ist an Einschlafen nicht zu denken. Matz ist klar, dass sie daheim noch weit entfernt davon sind, etwas Ähnliches auf die Beine zu stellen. Keine Fliegende Universität in Sicht, kein Aufruf zu einer DDR-Charta 77. Dazu fehlen uns einfach die Prominenten und die mutigen Köpfe! Und noch etwas vertraut Matz Renate an: Jaroslav hat ihm imponiert. Einen solchen Vater hätte er gern. Einen, der sich gegen das System stellt und nicht mit ihm mitschwimmt.

Bildung, Aufklärung und Wissen. Für Matz sind die Gespräche ein neuer Ansporn, Bücher und Texte noch mehr als bisher zu verbreiten. Und auch Renate verändert eine Haltung, die sie noch bis zur Begegnung mit den Charta-Gründern vehement vertreten hat. Petr hat ihr aufmerksam zugehört, Anna während Renates Bericht über die Situation in Jena mitgeschrieben, um die Fakten später in einer Charta-Information zu verarbeiten. Wenig Verständnis hat Petr jedoch für Renates distanzierte Haltung zu Veröffentlichungen in den Westmedien. Nicht nur sie, viele Beteiligte in Jena wollen nicht, dass die Unterschriftenlisten und Protestbriefe zuerst in den Westen gehen. Sie schreiben an die Partei oder ans »Neue Deutschland«, obwohl sie wissen, dass von dort keine Antwort kommen wird.

Nach den harten Konsequenzen tendieren Renate und Matz zu heimlichen Aktivitäten. Petr redet heftig auf die beiden ein: *Hört auf mit der Konspiration. Ihr müsst öffentlich werden, dazu stehen, was ihr macht, Gesicht zeigen, immer mit Namen und Adresse. Wenn ihr euch versteckt, macht ihr nichts anderes als die auch. Ihr müsst aber anders sein als die. Notfalls geht ihr eben in den Knast.*

Das findet Renate sehr hart und erwidert, sie habe immer noch diese Angst, die ihnen eingeimpft wurde: *Bloß nichts mit Westmedien machen!* Das ist das Allerschlimmste, wovor sie einen warnen. Dann ist man ein Staatsfeind. *Nachrichtendienstliche Verbindungsaufnahme zum Gegner,* darauf steht jahrelang Gefängnis ...

Öffentlichkeit herstellen, das ist das Allerwichtigste, wiederholt Petr noch einmal und verspricht ihnen eine Solidaritätsaktion.

Sie diskutieren intensiv und bleiben länger als geplant, denn ein neuer Gedanke treibt sie nun um: Wir müssen unsere Netze enger knüpfen, um gemeinsame Strategien zu entwickeln, in der DDR, in der ČSSR, in Polen. So planen sie am letzten Tag ihres Miteinanders ein Treffen in den Karpaten mit Leuten aus den drei Ländern, um die Zusammenarbeit und den Informationsaustausch künftig besser zu koordinieren.

Matz und Renate hatten etliche Kontakte in Polen. Einige hatten sich aus Renates Aktion-Sühnezeichen-Arbeit entwickelt, Matz besuchte sie bei ihren Aufenthalten dort. Dabei entstand eine intensive Beziehung zu einer regierungskritischen Gruppe von Katholiken in Wrocław, die zu einem Netzwerk von Klubs der katholischen Intelligenz, *Kluby Inteligencji Katolickiej,* gehörte. Sie produzierten Papiere mit wesentlich klarerer Kritik am Sozialismus und einem weiteren Blick auf Osteuropa und die Sowjetunion, als sie es aus der DDR kannten. In der Monatsschrift »Znak« lasen Matz und Renate einen Essay von Jacek Kuroń mit dem Titel *Wie soll ich mich als Nichtkatholik und Oppositioneller zur Kirche verhalten?*. Das Wichtigste sei, schrieb Kuroń, sich im tätigen Leben dem anderen zuzuwenden, dessen Sorgen zu teilen, ihn zu verstehen, von ihm zu lernen. Es müsse um gegenseitige Bereicherung gehen und darum, das Leben als Individuen einzurichten – und nicht um irgendeine Ideologie.

Nach drei Tagen in Prag haben Matz und Renate viel von ihrer Angst verloren, die sich nach der Verhaftungswelle in Jena ausgebreitet hatte. Als sie wieder zu Hause eintreffen, sind sie sich einig: *Diese Fahrt hat uns ein ganzes Stück mutiger gemacht, sie hat uns Kraft gegeben.*

Was ist bloß daraus geworden?, fragt sich Matz jetzt, vier Jahre später, in einem Vernehmerzimmer. Vor dem Ende des für ihn so wichtigen Jahres 1977 musste er zur Armee. Nicht nur er. Eine ganze Reihe seiner Freunde traf es ebenso. Im Oktober erhielt er die Einberufung. Renate und er hatten sich zu allem Überfluss kurz zuvor getrennt. Sie bekam im August eine Vikariatsstelle als angehende Pfarrerin zugewiesen und zog 60 Kilometer weit fort, nach Nöbdenitz. Matz folgte der Einberufung, verweigerte nicht – wie sein Freund Blase – den Dienst mit der Waffe, er wollte kein Bausoldat werden. Er traf diese Entscheidung auch in der Hoffnung, vielleicht doch noch studieren zu können – an der Abendschule das Abi nachmachen und Ingenieur werden. Wieder so ein Kompromiss.

Und das Schutzkomitee? Mit der Freilassung der Verhafteten im September 1977 und ihrer Übersiedlung unter Druck nach West-Berlin hatte sich auch das erledigt. Behrchen durfte sogar nach Jena zurück. Außerdem ereignete sich etwas, das es Renate und Matz unmöglich machte, in dieser Konstellation weiter zusammenzuarbeiten.

Eines Tages im Spätsommer stand Deicke mit einer nagelneuen Schreibmaschine spontan vor ihrer Tür.

Hier, hab ich von Schwenger für euch, sagte er.

Doch irgendetwas stimmte nicht. Tarzan machte sie darauf aufmerksam: Schaut euch mal die Buchstaben auf dem Papier genau an. Einige Lettern auf den Typenhebeln sind beschädigt, vielleicht angefeilt?

Aufgrund der markierten Buchstaben wäre jedes damit angefertigte Schriftstück eindeutig identifizierbar gewesen. Renate rief Schwenger an und erfuhr, dass Deicke die Maschine schon vor zwei Wochen bekommen hatte. Ihr hatte Deicke jedoch erzählt, die Schreibmaschine sei soeben aus West-Berlin gekommen und er damit sofort nach Jena gefahren. Das war's dann mit dem Vertrauen zu Deicke.

Und die zwanzig Exemplare von Rudolf Bahros Buch »Die Alternative«, die Deicke ihnen mitgebracht hatte? Bei genauerem Hinsehen waren auf etlichen Seiten kleine Punkte angebracht. Damit wäre jedes Buch als ein von ihnen weitergegebenes zu erkennen gewesen. Das alles würde wohl für eine Anklage und Verurteilung zu mehreren Jahren Gefängnis reichen.

Scheiß Stasi, brüllte Matz damals.

Sonntag, 6.30 Uhr– MfS-Untersuchungsabteilung Gera, Raum 523

Scheiß Stasi, möchte er auch jetzt brüllen. Aber er sitzt immer noch auf diesem Stuhl im Vernehmerzimmer der MfS-Untersuchungsabteilung in Gera, statt in Berlin bei seinen Freunden zu sein – oder wenigstens endlich zu schlafen. Doch das geht nicht. Sein Aufpasser starrt ihn unentwegt an. Die Pause dehnt sich, es müsste langsam auf den Sonntagmorgen zugehen. Als die Tür auffliegt und sein Vernehmer wieder eintritt, kommt es ihm beinahe wie eine Erlösung vor.

Na, jetzt hatten Sie ja genug Zeit, um nachzudenken. Was haben Sie also 1977 gemacht? Sonst sag ich es Ihnen. Prag zum Beispiel ...

Und Matz legt los: *Kurz nach der Sache mit Biermann traten die Leipziger Peter und Ali an uns in Jena heran mit der Frage, ob sie uns helfen könnten. Renate nahm Verbindung zum Lutz in Pirna auf, den sie beim Pfarrer Wagner in Meerane kennenlernte. Lutz hatte Verbindung zu Petr Uhl, einem Beteiligten an der »Charta 77« in der CSSR. Renate führte dann Vorgespräche mit Lutz über Pfingsten, und dann fuhr ich mit Renate und dem Motorrad nach Prag. Dort verfaßten wir ein Schriftstück über die Jenaer Ereignisse, das dann von der Charta 77 veröffentlicht werden sollte. Es schilderte in geraffter Form die Jenaer Ereignisse und wurde nur in einer Ausfertigung hergestellt, eine Unterzeichnung erfolgte nicht. Es verblieb bei Uhl. Mir ist nicht bekannt, ob eine Veröffentlichung erfolgte. Diese Handlung unternahm ich gemeinsam mit Renate auf eigene Faust, ohne daß weitere Personen davon Kenntnis haben.*

Sein Vernehmer freut sich über die *Aussagebereitschaft* und notiert alles zufrieden in seine Kladde.

Als draußen der Morgen graut, stellt Peißker eine seltsame Frage: *Sie erhalten Gelegenheit, gegenüber dem Untersuchungsorgan wahrheitsgemäß über weitere Handlungen, die von Ihnen unternommen wurden, auszusagen. Nehmen Sie dazu Stellung!*

So allgemein gefragt ... Was soll das? Handlungen, die vor Jahren unternommen wurden? Was soll ich dazu sagen?

Nach einigem Hin und Her ahnt Matz, worauf es hinausläuft:

Sind Sie nicht mal von Berlin nach Görlitz mit dem Auto gefahren?

Ach, das meint er! Matz überlegt. Woher weiß der das?

Einen Teil der Geschichte gibt er dann preis: *Nachdem ich längere Zeit überlegt habe, bin ich zu der Einsicht gelangt, daß ich 1975 gemeinsam mit Renate eine mir unbekannte Person von Berlin nach Görlitz unter mysteriösen Umständen bringen mußte. Mir ist unbekannt, woher diese Person kam und wohin sie wollte.*

Die Wahrheit war, dass sie damals – vor sechs Jahren – in einem von Renates Vater geliehenen Trabi nach Görlitz gefahren waren. Matz wollte Renate seine Heimatstadt zeigen und seine Schwester besuchen. Auf der Fahrt nahmen sie einen Tramper mit, der ihnen erzählte, dass er von der Armee desertiert sei und nach Görlitz wolle. Er wisse, wie man unter der Brücke entlangklettert und so ohne Grenzkontrolle nach Polen gelangt.

Matz und Renate warfen sich damals nur einen Blick zu: Das war wirklich eine heiße Kiste. Ein NVA-Deserteur, dem sie zur Flucht aus der DDR verhelfen sollten! Gar nicht auszumalen, was das für sie bedeutete, wenn sie deswegen geschnappt würden.

Der Mann war ihnen unheimlich. Sie müssen, sagten sie, in eine andere Richtung, und ließen ihn am Abzweig vor Görlitz aussteigen, um aus der brenzligen Situation herauszukommen. Auf dem nächsten Parkplatz stiegen die beiden aus, umarmten sich und schworen, niemals jemandem etwas davon zu erzählen.

Wenn ich jetzt urplötzlich danach gefragt werde, kann das doch nur bedeuten, dass dieser Tramper damals wirklich eine Falle war. Woher sollten sie sonst davon wissen? Oder wem hab ich es doch mal erzählt?

Plötzlich ein lautes Klacken. Der Vernehmer hat das Tesla-Tonbandgerät ausgeschaltet. Die Spulen mit dem Magnetband auf dem grauen Plastegehäuse drehen sich nicht mehr.

Eine Frage noch: Möchten Sie sich die Aufzeichnung anhören, Herr Domaschk?

Matz schüttelt den Kopf.

Sonntag, 5.30 Uhr – MfS-Untersuchungsabteilung Gera, Raum 524

Blases Befragung ist nach sieben Stunden so gut wie beendet, seine kleine Provokation mit der Alarmauslösung scheinbar vergessen. Auch wenn Oberleutnant Seidel das Auflaufen der Wachposten nicht besonders amüsant fand, brachte er Blase das versprochene Glas Wasser.

Es gab eine kurze Befragungspause mit Tee gegen zwei Uhr nachts, in der Blase zurück in die Aufnahmezelle musste. Während die Tür aufgeschlossen wurde, fiel sein Blick ein paar Meter weiter auf Matz' Stoffbeutel neben dessen Zellentür. Zu Gesicht bekam er seinen Freund auf dem Weg durch das Gebäude nicht.

In der Zelle setzte sich Blase auf den Hocker, zog sein Hemd aus, weil sie extrem überheizt war, und versuchte, im Sitzen zu schlafen. Das funktionierte nicht, denn jedes Mal, wenn er wegsackte, fiel er beinahe vom Stuhl. So hockte er sich in eine Ecke, den Rücken an die Wand gelehnt. Sofort flog die Tür auf, denn er wurde alle paar Minuten durch das Guckloch kontrolliert. Der Wärter brüllte ihn an, dass es verboten sei, sich aus dem Blickwinkel zu entfernen. Also zurück an den Tisch, aber dessen Kante war sehr unangenehm, wenn er seinen Kopf darauf ablegte.

Blase war in gewisser Weise froh, nach einer halben Stunde wieder in einem Bürozimmer zu sein. In den zurückliegenden Stunden hat sich sein Vernehmer mit ihm recht lange darüber gestritten, ob Blase ein Gegner der DDR sei oder nur ein kritischer Bürger. Oberleutnant Seidel wollte recht behalten.

Sei doch nicht so engstirnig, Blase! Ich hab gehört, du bist engstirnig! Na, das seh ich ja nun.

Es ging so weit, dass Seidel ein Lexikon holte und die Begriffe nachschlug, um ihn von seiner Gegnerschaft zu überzeugen.

Kritiker. Gegner … Hmmh. Ich les mal vor.

Er beharrte auf Gegner, Blase verwahrte sich weiterhin strikt dagegen: *Ich bin kritisch und kein Gegner!*

Lügen Sie nicht rum, Rösch!

Seidel las ihm Protokolle von Werkstatttreffen der Jungen Gemeinde vor, die seine Gegnerschaft beweisen sollten.

Allein deine Vorträge über Bausoldaten und wie man den Wehrdienst mit der Waffe verweigert, zeigen doch, dass du ein Gegner unseres Arbeiter-und-Bauern-Staates bist!

Blase versuchte, ihm seine Haltung anhand des Romans »Kippenberg« von Dieter Noll zu erklären, einem Schriftsteller aus Riesa. Im Mittelpunkt des Buches stehe die kritische Auseinandersetzung mit der Realität in der DDR, mit Genossen der SED, die sich von den ursprünglichen Zielen einer sozialistischen Gesellschaft entfernt haben. Blase argumentierte, so gut er es vermochte, um sein Gegenüber zu überzeugen.

Es war ein zäher Kampf zwischen den beiden, aber der Streit lief sich fest. Für den Vernehmer blieb Blase ein Gegner – aber der war damit nicht einverstanden.

So verging die Nacht, Stunde um Stunde. Hans-Joachim Seidel kam auf die Frage zurück, ob Blase sich vorstellen könnte, woanders zu leben. Diesmal wurde er deutlicher: *Zu Ihren Freunden nach Polen ziehen ist ausgeschlossen! Sie haben aber doch auch viele Freunde in Berlin-West?*

Für Blase ein unanständiges Angebot, das er beharrlich ablehnte, obwohl der Vernehmer ihn länger bedrängte.

Schockiert war Blase, als ein anderer Mitarbeiter hereinkam und ihn fragte, ob die Angaben von Domaschk zu den Treffen in Polen und zu ihm stimmten. Blase durfte sogar einen Blick auf die Notizen werfen. Er las und wollte nicht glauben, dass die Aussagen über ihn und das Treffen in Polen von seinem Freund Matz stammten.

Nie und nimmer.

Eins aber wurde ihm dadurch klar: Sie wussten nicht wirklich viel über ihre konkreten Kontakte in Polen, zu den Solidarność-Leuten, einigen Intellektuellen und kritischen Katholiken. Nicht einmal etwas über das Hippietreffen in Tschenstochau. Die Fragen kehrten stattdessen immer wieder zu Thomas Auerbach zurück, der *ein ausgewiesener DDR-Feind* sei.

Wer war bei welchem Treffen in der Tschechoslowakischen Sozialistischen Republik und in Masuren mit ihm dabei? Was hat Auerbach bei diesen Treffen alles finanziert? Wie ist seine Denkweise?

Blase antwortete: *Früher war Tommy anders, ich meine, wo er noch in der DDR wohnte. Heute muß ich ihn auf Grund der Gespräche mit ihm als*

Gegner der DDR einschätzen. Bei unseren Zusammenkünften gab es deshalb auch Auseinandersetzungen zwischen uns, da er sich schon eine beschissene westliche Denkweise angeeignet hat ... Ich dagegen vertrete den Standpunkt, ich lebe hier und muß damit fertig werden, auch wenn ich zu bestimmten Dingen eine andere Auffassung oder Einstellung habe. Ich nutze meine mir gebotenen Möglichkeiten, um mich kritisch zu äußern.

Verstanden. Beschissene westliche Denkweise. Was weißt du denn darüber, was Auerbach so in West-Berlin treibt?

Ich weiß, daß er an einem Institut oder bei einem Verein tätig ist, die sich damit beschäftigen, Westberlinern oder Bundesbürgern etwas über die DDR zu berichten, bevor sie besuchsweise hierher kommen.

Soso, bei einer Institution oder einem Verein. Wer steckt denn wohl hinter solch einer Arbeitsstelle des Senats von West-Berlin?

Blase sah ihn fragend an.

Was sagst du dazu, dass dein Freund Tommy beim Bundesnachrichtendienst ist?

Was sollte Blase schon dazu sagen als: Glaub ich nicht!

Aber der Gedanke war in der Welt.

Es klopfte, und Untersuchungsführer Strakerjahn winkte Seidel zu sich. Die beiden tuschelten kurz bei halb geschlossener Tür, aber Blase verstand nichts. Der Vernehmer kam wieder herein, setzte sich und stellte die Frage, ob er Matz von dem geplanten Treffen mit Ria in Berlin erzählt habe. Worauf Blase antwortete, dass Matz nichts davon wisse.

Das glaube ich dir nicht, Blase! Das ist doch dein Freund!

Blase erwiderte: *Ich vertraue eben niemandem hundertprozentig. Wir hatten ausgemacht, daß jeder am Samstag tagsüber seins macht.*

Der Vernehmer wusste es durch die Aussage von Matz besser. Aber er wollte jetzt offenbar erstmal eine Pause einlegen und sich mit den anderen besprechen.

So lange kommt Blase zurück ins Erdgeschoss, aber nicht mehr in die trostlose Aufnahmezelle, sondern in einen möblierten Raum.

Sonntag, 6 Uhr – MfS-Untersuchungsabteilung Gera, Wache

Guten Morgen, Genossin!

Unterleutnant Wolfgang Schaller hat die Wache pünktlich zum Dienstbeginn betreten und seine Tasche ausgepackt. Die neugierige Hedwig, wie sie einige der Wachposten nennen, ist ebenfalls zur Schicht erschienen. Genossin Hedwig grüßt missmutig zurück.

Von seiner Wohnung im Geraer Stadtteil Bieblach aus bis ins Stadtzentrum braucht der 32-jährige Schaller nur eine gute Viertelstunde zu Fuß. Vorher noch schnell die Fische in seinem Aquarium gefüttert. Der Torposten hat ihn durch die kleine graue Tür hereingelassen, rechts neben dem elektrischen Schiebetor. Knappe Antrittsmeldung beim Vorgesetzten der vierzig Kopf starken Sicherungs- und Wachabteilung XIV.

Was liegt an?, fragt Schaller den Major.

Zuführung mehrerer Personen vor Mitternacht, die Verdachtsprüfungshandlung in der Untersuchungsabteilung bei zwei von denen läuft noch. Dürfen keinerlei Kontakt untereinander haben, also Gewahrsam nur mit entsprechender räumlicher Distanz!

Dann sind es für Schaller nur ein paar Schritte über den Hof, durch die Tür hinein in den Vernehmertrakt. Rechts gleich die Wache, die Schleuse, sein Büro – mit Schreibtisch, Panzerschrank, Diensttagebuch, Erste-Hilfe-Kasten, Fernsprecher und einem Schlüsselkasten. Dort sieht er nun seiner Schicht als Wachleiter entgegen.

Er wird wie alle Tage in unregelmäßigen Abständen Kontrollgänge durch die Alt- und Neubautreppenhäuser, in alle Stockwerke und Flure der Untersuchungshaftanstalt absolvieren. Er wird prüfen, ob die Türen der 36 Zellen verschlossen sind, ob die Posten korrekt arbeiten, ob die Gefangenen, die im Küchentrakt arbeiten, wirklich eingeschlossen sind, und auf Anweisung als *Vorführoffizier* einzelne Personen zwischen den Zellen und anderen Räumen begleiten. Außerdem muss er die Dienste der Wachmannschaft einteilen.

Schaller ist vor kurzem zum kommissarischen Schichtleiter ernannt worden. Eine Handvoll Leute, die Tor- und Stationsposten, unterstehen ihm jetzt. Sein Aufstieg gefällt nicht jedem im Kollektiv. Neid bei Genossin Hedwig und anderen. Warum gerade der?

Die Torposten, Hausposten, Stationsposten rotieren stündlich, das soll *ihre revolutionäre Wachsamkeit* erhöhen. Postenfrau Hedwig sitzt im Raum neben ihm, von ihrem Schreibtisch am Fenster blickt sie in den Gefängnishof. Sie überschaut die dort liegende Werkstatt und Wäscherei sowie die Transportfahrten in und aus anderen Haftanstalten.

Dem Freigang der Inhaftierten dienen auf der anderen Seite des Gebäudes extrem schmale, selbst zum Himmel hin vergitterte Parzellen, die unter den Insassen *Tigerkäfige* genannt werden. Das düstere Gebäude aus der Kaiserzeit ist ziemlich marode und hat eine unrühmliche Geschichte, reich an Gewalt gegen missliebige Menschen. Wer hier erkennungsdienstlich fotografiert wird, sitzt auf einem hölzernen Drehstuhl, der schon der Gestapo diente.

Schallers Großvater, ein Arbeiter, schlug sich als Mitglied des Rotfrontkämpferbundes mit den Nazis und kam einst hier ins Gefängnis. Auch die Großmutter war in der KPD. Schallers Vater verließ die Familie, als sein Sohn sechs Jahre alt war, so wuchs dieser allein bei der Mutter auf. Lehre als Dreher, mit 19 Parteieintritt. Er verpflichtete sich für drei Jahre zur Volksmarine, Grenzbrigade Küste. Schallers Mutter war stolz auf ihren Sohn, sie selbst war in der SED-Kreisleitung. Nach der Armee versuchte er es bei der Schutzpolizei in Gera. Weil die ihm und seiner Frau keine Wohnung besorgen konnte und er immer noch bei seiner Mutter lebte, schmiss er nach drei Monaten hin und begann als Hauer unter Tage bei der Wismut, in den Gruben des sowjetischen Uranbergbaus bei Ronneburg. Ein sagenhaft hohes Gehalt von bis zu 2700 Mark, aber die dreckige, harte Arbeit hielt er nach einem schweren Unfall gesundheitlich nicht durch. Er wurde vom MfS angesprochen, das ihm eine sehr viel leichtere Tätigkeit in Aussicht stellte: Wachposten in der Untersuchungshaftanstalt Gera. Türen auf- und zuschließen – weitaus angenehmer, als in engen Schächten Uran abzubauen, damit die *Freunde* in Moskau Atombomben für den Frieden daraus bauen konnten.

Und eine schöne Neubauwohnung für die junge Familie bekam er als MfS-Angestellter auch. Die Arbeit war tatsächlich viel leichter, aber bald übten der Chef der XIV in Gera, Oberstleutnant Kürschner, und der Parteisekretär Druck aus: Er habe zwar *einen klassenmäßigen Standpunkt,* aber die Linie der Partei könne er *im Kollektiv nicht wirklich durchsetzen*. Seine Kritik an allem Möglichen müsse objektiver und sachlicher werden, seine ideologische Arbeit wesentlich besser. Deshalb haben sie ihm – erst vor ein paar Wochen – einen Grundlehrgang an der MfS-Fachschule in Gransee aufgebrummt, zwecks *Weiterentwicklung zur Leiterpersönlichkeit.*

Besonders glücklich ist er darüber nicht, aber Leiter will er gern sein. Immerhin ist er es schon mal kommissarisch.

Bevor er heute seine erste Kontrollrunde machen kann, klingelt das Telefon. Untersuchungsführer Strakerjahn hat Schallers Nummer 2879 gewählt. Der Wachdienstleiter soll eine zugeführte Person ins Rechtsanwaltszimmer bringen, in dem es ein Sofa gibt. Das ist unten im Vernehmertrakt im Erdgeschoss, der mittlere von drei Räumen auf dem kurzen Flur.

Am Gitter des Treppenhauses übernimmt Schaller den Mann und staunt über dessen üppige Bart- und Haarpracht.

Sonntag, 9.30 Uhr – MfS-Untersuchungsabteilung Gera, Raum 524

Blase hat auf der Couch im Rechtsanwaltszimmer dreieinhalb Stunden tief geschlafen und ist nur mühsam zu wecken. Schaller holt ihn ab und bringt ihn in den dritten Stock. Oben im Vernehmerzimmer steht für Blase ein reichliches Frühstück auf dem Tisch. Echter Bohnenkaffee und belegte Brote. Er steckt sich zuerst eine von den bereitliegenden Zigaretten an.

Zum Essen kommt er nicht, weil er heftig angeraunzt wird.

Du hast mich ganz schön angeschwindelt mit dem, was du erzählt hast! Was ist denn da wirklich los mit dir und Halle?

Aha, denkt Blase, der hat Informationen bei seinen Kollegen eingeholt. Als er antwortet: *Ich weiß nichts anderes darüber, als was ich schon gesagt habe,* knallt der Vernehmer das Lineal auf den Tisch und wird ungehalten.

Warum brüllen Sie mich denn so an?, fragt Blase ganz ruhig, weil er ahnt, dass der Vernehmer Druck bekommen hat.

Ich brülle Sie nicht an.

Aber Frühstück soll es für Blase erst geben, *wenn es Antworten gibt!*

Seidel überschüttet Blase wieder mit Fragen. Nochmal Halle. Die Gruppe um Rochau. Die Verbindung Halle-Jena-Braunsdorf.

Blase staunt, als ihm vorgehalten wird, dass er zumindest Rochau und Schilling erst vor einer Woche im Bezirk Frankfurt (Oder) ausführlich getroffen habe. Sie wissen, dass er abends mit den beiden lange in einem Restaurant gegessen hat und dass sie anschließend von Buckow gemeinsam nach Halle gefahren sind.

Was wurde da besprochen? Jetzt aber raus mit der Sprache!

Blase erzählt dem Vernehmer was von Gesprächen über kirchliche Jugendarbeit. Sie haben am Sonntag vor einer Woche weder in Buckow noch auf der Autofahrt nach Halle einen Anschlag auf den X. Parteitag der SED geplant.

Was Blase nicht erzählt: dass er mit Rochau und Schilling über die Perspektive der Gruppe in Halle gesprochen hat. Er gibt auch nicht zu, dass er in Jena und Schilling in Braunsdorf tatsächlich Kontaktpersonen der Gruppe sind und weitere Unterstützergruppen in Leipzig, Dresden und Berlin geplant sind. Braunsdorf ist als Notfalltreff ausgemacht, und sie haben die programmatischen Entwürfe aus Halle bereits gelesen und mit ihren Anmerkungen zurückgegeben, damit ihre Ideen eingearbeitet werden können. Der Aufruf soll bis Juni mit einer Flugblattaktion landesweit bekannt gemacht werden.

In Buckow trafen sie einen Rechtsanwalt, der den beiden Verhafteten aus der Gruppe beistehen soll, Wolfgang Schnur.

Blase weiß, dass die Gruppe verraten worden ist. Er kennt Friedemann, den theoretischen Kopf, und Gunter, den Militantesten in der Gruppe. Über den will Seidel mehr erfahren. Doch Blase verrät dem Vernehmer nur, dass er mal mit Gunter in Braunsdorf Schach gespielt hat.

Der ist doch Anarchist, hat er dir da nicht mal das Schachbrett auf dem Kopf zertrümmert?

Blase grinst, denn er merkt: Sein Gegenüber weiß längst nicht alles.

Nach einer Weile verliert der Vernehmer das Interesse an weiteren Fragen, er merkt, dass er Blase keine strafbare Handlung nachweisen kann, mit der ein Ermittlungsverfahren eingeleitet werden könnte. So lässt Seidel den Befragten alle sechs Seiten des handschriftlichen Protokolls lesen. Blase unterschreibt auf jedem Blatt, ändert nur an einer Stelle etwas. Statt *Die Aufenthaltskosten für uns hat im wesentlichen Thomas Auerbach getragen* überschreibt Blase: *... hat teilweise Thomas Auerbach getragen.*

Seidel findet das unwichtig: Jetzt mach mal nicht solche Wortklaubereien, Rösch! *Hast du irgendwelche Beschwerden vorzubringen?*

Nein, ich habe keine wesentlichen Beschwerden. Ich erhielt Getränke und Speisen sowie Zigaretten. Lediglich die lange Wartezeit von meiner Zuführung bis zur Vernehmung ist für mich unverständlich. Ansonsten wurde ich anständig behandelt. Forderungen habe ich keine. Meine Worte sind im Protokoll richtig wiedergegeben. Unterschrift: Peter Rösch.

Gut, Blase, du kommst jetzt wieder runter, das Frühstück geht mit.

Zu seinem Entsetzen wird Blase erneut in die fensterlose Aufnahmezelle gebracht. Er setzt sich auf den Hocker, betrachtet die Wände und verspeist die Brote mit Ei, Fleischsalat und Käse.

Am liebsten würde er noch etwas schlafen. Aber außer auf dem kalten Steinfußboden geht das hier drin nicht. Und wenn er die Augen schließt, dringt das Licht der Neonröhre durch seine Lider. Durch den Luftschacht hört er, wie in der Küche mit Geschirr geklappert wird. Gleich an den Untersuchungstrakt der Abteilung IX schließt die Haftanstalt der Geraer Stasi an, voller Insassen, die versorgt werden müssen. Das Bezirksgericht gehört ebenfalls zum Gebäudekomplex. Wer dort zu einer Haftstrafe verurteilt wird, für den sind es nur wenige Schritte über den Hof, um in einer der Zellen eingeschlossen zu werden.

In diesem Gerichtssaal waren Maria und die anderen nach ihren Eingaben wegen des Polizeiüberfalls auf die Feier in der Gartenstraße zu Gefängnisstrafen verurteilt worden, Blase in Abwesenheit zu einer Geldstrafe. Natürlich erhielt er den *Vorläufigen Personalausweis* PM 12. Da bin ich gerade noch mal davongekommen damals, vor sechs Jahren, denkt Blase.

Staat und Stasi haben ihn schon immer drangsaliert. Allein wie oft er Berlinverbot bekommen hat und wie oft diesen PM 12! Während der Weltfestspiele 1973 ein halbes Jahr lang. Wenn man ihn trotzdem in der Hauptstadt erwischt, drohten sie ihm damals, müsse er sofort ins Gefängnis.

Als er vor zwei Jahren wegen eines Abrüstungsappells wieder einmal einen PM 12 bekam, durfte er nicht mal Jena verlassen. Er musste sich regelmäßig auf dem Polizeirevier melden. Von früh bis spät liefen ihm bis zu drei Stasi-Männer hinterher. Die begleiteten ihn sogar zum Hals-Nasen-Ohren-Arzt. Einer kam mit ins Behandlungszimmer. Als der Arzt fragte, wer das sei, antwortete Blase: Mein Stasi-Mann, der immer auf mich aufpasst. Der Arzt schickte den Herrn raus und zeigte Blase nach der Behandlung einen Weg aus der Praxis durch den Keller, aber es dauerte nicht lange, da war sein Bewacher ihm wieder auf den Fersen.

Blase will aus dieser Zelle raus. Auf seine Bitte bringt ihn nach einer Weile ein Wachhabender tatsächlich woanders hin.

Sie kommen jetzt ins Zimmer, das für den Staatsanwalt da ist!

Das befindet sich gleich neben dem vergitterten Treppenhaus, das zu den Räumen der Vernehmer in die oberen Stockwerke führt. Doch in diesem Raum ist kein Sofa wie um sechs Uhr morgens, als er sich im Rechtsanwaltszimmer hinlegen konnte. Hier gibt es eine leere Schrankwand, einen Tisch, drei Stühle und ein vergittertes Fenster, immerhin mit Gardinen.

Es dauert nicht lange, da kommt der Untersuchungsführer und verlangt von Blase eine schriftliche Erklärung. Er liest ihm mehrere Paragrafen vor, gegen die er nicht verstoßen darf: *Beeinträchtigung oder Mißachtung staatlicher Maßnahmen oder Ordnung, Ungesetzlicher Grenzübertritt, Herabwürdigung von Funktionären oder Institutionen, Staatsfeindliche Hetze.*

Schreiben Sie in die erste Zeile *Verpflichtung,* dann das Datum, *Gera, den 12.4.1981.*

Blase befolgt die Anweisung.

Ich wurde am heutigen Tag darüber belehrt, daß ich mich bis zum 18. April 1981 nicht in die Hauptstadt der DDR begeben darf. Ich wurde über den Inhalt der Paragraphen 214, 213, 220 und 106 Strafgesetzbuch belehrt. Ich erkläre, daß ich diese Straftaten sowie andere nicht begehe. Peter Rösch.

Das ist noch nicht alles. Auf einem zweiten Blatt soll er niederschreiben, was er über Pfarrer Wagner aus Meerane weiß. Blase macht es kurz: *Diesen Mann kenne ich nicht.*

Dann schreiben Sie doch mal alles auf, was Sie über Thomas Grund, Spitzname Kaktus, wissen!

Wie jetzt? Blase ist erst unwillig, dann schaut er sich den Stasi-Mann an und ihm fällt ein, was er schreiben kann: *Thomas ist sehr hilfsbereit, intelligent, arbeitet sehr intensiv und gut in der Jungen Gemeinde mit, hat für die Probleme anderer immer ein offenes Ohr und hilft gern, wenn er kann, manchmal etwas jähzornig, ist ein guter Arbeiter, mein Freund, erhebt sich nicht über andere Menschen, liest viel.*

Erledigt. Damit können sie kaum etwas anfangen.

Als die beiden Niederschriften vorliegen und Blases Verpflichtung, nicht während des Parteitages nach Berlin zu fahren, teilt ihm der Untersuchungsführer mit, dass er und sein Freund bald entlassen werden. Er soll sich noch gedulden, die Fahrzeuge seien unterwegs.

Blase sitzt nun wesentlich entspannter und döst ein wenig, steht auf, geht zum Fenster, kann es etwas öffnen und versucht, in den Hof hinauszuspähen, ob irgendwas von Matz zu hören ist.

Leise ruft Blase durch den Fensterspalt: Matz? Matz?

Sonntag, 10 Uhr – MfS-Untersuchungsabteilung Gera, Raum 523

Matz sitzt noch immer drei Stockwerke höher im Vernehmerzimmer und hat Peißkers Kugelschreiber in die Hand gedrückt bekommen. Er soll auf einem Blatt aus der Kladde des Vernehmers ebenfalls eine *Persönliche Niederschrift* anfertigen. Keinen eigenen Text, sondern einen, der ihm diktiert wird. Eine Verpflichtung wie Blase, aber mit einem weitergehenden Satz, der ihn zur Einhaltung der Konspiration zwingt:

Persönliche Niederschrift *Gera, den 12.4.1981*
Durch das Untersuchungsorgan des MfS wurde mir am heutigen Tage die Auflage erteilt, während des X. Parteitages der SED nicht in die Hauptstadt der DDR Berlin zu reisen. Diese Auflage werde ich einhalten. Des weiteren

versichere ich, keine strafbaren Handlungen gemäß Paragraph 100, 106, 214, 220, 219 zu begehen. Die Paragraphen wurden mir inhaltlich zur Kenntnis gegeben. Über den Gegenstand der heutigen Befragung werde ich gegenüber jedermann schweigen.
Matthias Domaschk

Damit ist für Peißker, Seidel und Strakerjahn die Sache mit der Berlinfahrt während des X. Parteitages des SED erledigt. Zwei Erklärungen, die man den beiden schon in einem Vorbeugungsgespräch *vor* dem Parteitag hätte abnehmen müssen. Bei anderen in Jena hat das ja auch geklappt. Von denen ist keiner in die Hauptstadt gefahren.

Matz war so oft in Berlin. Renate hatte ihre Wohnung in einem Hinterhaus in der Brunnenstraße behalten, als sie nach Jena kam. Immer wieder eine gute Möglichkeit, um Freunde aus West-Berlin zu treffen oder mit Renate von dort aus den Prenzlauer Berg zu erkunden. Faustus und Stockel besuchen, ins Theater gehen, nur 50 Pfennig. Aber das Besondere daran: Die Nummer 144 liegt direkt am Todesstreifen. Vor dem Haus endet die Brunnenstraße mit einer Mauer als Sackgasse. Vom Fenster im Treppenhaus hat er sich oft alles angesehen, die Panzersperren aus Stahlträgern, den geharkten Sandstreifen, den Fahrweg, auf dem ab und zu die Wagen mit Soldaten ihre Kontrollfahrten machen. Nachts, im Licht der Peitschenlampen, sah das alles noch unwirklicher aus. Am Tag konnte er manchmal die Doppelstockbusse auf der Westseite erkennen.

Er wollte dort nicht hin. Nicht in den Westen. Wenn sie mit den Linken von drüben über die Mauer sprachen – was sie in Jena untereinander selten taten –, dann war das die Buße für den Krieg, den die Deutschen verursacht hatten. Solange die Verursacher noch leben, so lange würde wohl alles so bleiben.

Wir haben bei unserer Geburt als Los nun mal die Seite Deutschlands gezogen, in der wir weniger Freiheiten, weniger Möglichkeiten haben. Aber trotzdem haben wir die ganze Zeit gehofft, dass die Zukunft auf unserer Seite ist, dass die fortschrittlichere Gesellschaft der Sozialismus ist. Nach dem Kapitalismus kommt der Sozialismus. Wir sind historisch weiter entwickelt. Die Betonköpfe der SED, die gerade in Berlin an der Macht sind, haben es einfach nicht hinbekommen, jedenfalls nicht so, wie wir es uns idealerweise vorstellen.

Aber es ändert sich nichts, und der Druck auf unser Leben nimmt immer weiter zu.

Manchmal, wenn er nachts auf den Todesstreifen blickte, kamen in Matz Fantasien hoch: Man müsste einfach die Mauer an sieben Stellen gleichzeitig anzünden. Was wäre dann?

Ein Gefühl nur, nichts zum Verwirklichen. Das hatte Matz einem Besucher aus dem Westen auch schon mal versucht klarzumachen, Klaus, einem linksradikalen Anarcho-Sponti aus Göttingen, den sie in Polen beim Trampen kennengelernt hatten. Er war für eine Woche zu Besuch nach Jena gekommen. Am letzten Abend hatten Matz und Klaus ziemlich viel getrunken. Sie saßen auf den Matratzen am Boden, hörten die in einer Abba-Hülle getarnt mitgebrachte Frank-Zappa-Platte und qualmten die Bude voll. Klaus probierte eine Karo nach der anderen und Matz die Selbstgedrehten aus Blättchen und Schwarzer Krauser. An jenem Abend fragte Klaus, warum denn in Jena so wenige Parolen an den Hauswänden zu sehen seien. Da wurde Matz sarkastisch: Weißt du was? Du hast doch unten Am Rähmen deinen R4 stehen mit all den Aufklebern. Lass uns Richtung Autobahn fahren, da ist eine Tankstelle, die hat noch offen. Du hast doch einen großen Benzinkanister, den machen wir voll, fahren zurück und stecken die Parteizentrale in der Stadt damit an. Na?

Klaus lachte kurz auf. Matthias meinte es wohl ernst. Oder?

Dann lassen sie mich morgen bestimmt nicht mehr über die Grenze!

Siehste, erwiderte Matz, so geht es uns hier immer.

Nichts, aber auch gar nichts von den Träumen, die wir hatten, hat sich verwirklicht.

Peißker hat inzwischen anhand seiner nächtlichen Notizen und des Tonbandes ein ausformuliertes Protokoll fertiggestellt. Die handschriftlich aufgesetzten 15 Seiten liest er Matz Absatz für Absatz vor, sieht ihn an und fragt: *Einverstanden?*

An einigen Stellen verlangt Matz eine Korrektur. Mal kann Peißker einen Spitznamen nachtragen wie *Fidel* oder *Henne*. Mal lässt Matthias das Wort *Kampf* streichen und durch *Auseinandersetzung* ersetzen. Es gibt, erklärt er seinem Vernehmer, in der JG zwei Richtungen: *Einmal die Auseinandersetzung mit dem Wort und zum anderen das Anstreben einer offenen Opposition gegen den Staat.*

Matz passt genau auf. Anstatt *Zum harten Kern der JG gehören unter anderem ...* soll Peißker besser schreiben: *zum Vorbereitungsteam gehören ...* Das dauert, denn sie diskutieren über jeden einzelnen Punkt.

Am Ende legt Peißker Matz Blatt für Blatt vor, er soll sie einzeln unterschreiben. Das befolgt er. Ein schwerer Fehler. Aber ohne Unterschrift lassen sie ihn nicht gehen.

Ich habe das Befragungsprotokoll selbst gelesen. Der Inhalt entspricht in allen Teilen den von mir gemachten Aussagen. Meine Worte sind darin richtig wiedergegeben.

Was er da unterschreibt, wiegt unter strafrechtlichen Aspekten aus Sicht des MfS schwer. Allein seine Verbindung zu Petr Uhl und der Charta 77 muss als landesverräterische Beziehung zu einer konterrevolutionären Organisation gewertet werden. Die Weitergabe von Informationen und das Verfassen eines gegen die DDR gerichteten Schriftstückes – obendrein nicht allein, sondern als gemeinsames Handeln einer staatsfeindlichen Gruppe – kommen verschärfend hinzu. Ungesetzliche Verbindungsaufnahme und Mitwisser einer geplanten Fahnenflucht aus der Nationalen Volksarmee!

Auch die von Matz genannten Personen wie Pfarrer Wagner und besonders Lutz aus Pirna, der den Kontakt zur Charta 77 eingefädelt hat, werden durch seine Unterschrift belastet. Außerdem hat er sich als partieller Mitwisser der Freunde von RAF und Roten Brigaden und Sympathisant wilder Aktionen in Halle zu erkennen gegeben.

Die Unterschriften bringen ihn in eine heikle Situation. Alles, was Matz über seine Verbindungen und Aktivitäten ausgesagt hat, könnte und müsste nun in ein Ermittlungsverfahren münden. Und es sind nicht gerade wenige Paragrafen des DDR-Strafgesetzbuches, gegen die er verstoßen und diese Verstöße jetzt zugegeben hat.

Peißker kann in jeder Hinsicht zufrieden sein. Er hat mit Domaschk eine ganze Nacht und einen Vormittag allein verbracht, wobei das Gespräch aus seiner Sicht *immer offener* wurde. Eine Störung des X. Parteitages war nicht geplant. Schön und gut. Aber *die Befragung hat für die operativen Mitarbeiter aus Gera und Jena eine Menge gebracht.*

Domaschk ist ihm nicht einmal unsympathisch. Etwas *in sich gekehrt*, findet er, *neigt zum Philosophieren*. Manchmal hat Peißker zwei Seelen in seiner Brust. Er dachte etwas neidvoll bei der Befragung: *Ich bin eigentlich ein Spießer und der lebt sein Leben.*

Aber das sagt er natürlich niemandem. Er hat seinen Erfolg, und damit ist klar: *Die von Domaschk gemachten Angaben sind mit Sicherheit geeignet, ihn damit unter Druck zu setzen.*

Das Tonband und das unterschriebene Befragungsprotokoll übergibt er am späten Vormittag dem Untersuchungsführer Strakerjahn. Auch der ist zufrieden, dass Peißker mit Domaschk *gut hinkam, besser als erwartet.* Er konnte das selbst beobachten, als er in der Nacht ins Vernehmerzimmer trat und eine Weile zuhörte.

Jetzt sprechen er und Peißker noch weiter mit Domaschk in Richtung *Vertrauensbildung*, wie sie es nennen. Oberst Weigelt hat ja die Weisung erteilt, *in einem Gespräch mit Domaschk dessen generelle operative Nutzbarkeit zu prüfen.* Und Oberstleutnant Seidel hat ebenso Druck gemacht.

Dafür haben die Mitarbeiter der IX genug Formeln parat, die in solchen Fällen üblich sind, wenn es in Richtung *Anwerbung* gehen soll:

Sie sprachen davon, daß Sie keine Möglichkeiten in unserem Land sehen, mit an Veränderungen mitzuwirken, Sorgen und Probleme loszuwerden. Diese Möglichkeit bieten wir Ihnen an. Wir lassen mal das Alte ruhen und ziehen einen Schlußstrich darunter. Sie leisten Ihren Beitrag und wir unseren. Wir werden noch gemeinsam beraten, was möglich ist. Würden Sie sich prinzipiell dazu bereit erklären?

Bei Domaschk kann man jetzt aber auch alles mit knallhartem Druck erreichen. Jürgen Seidel will diesen Erfolg. Schon 1976 haben wir den Domaschk, nach seiner Befragung durch uns, auf eine Liste gesetzt mit dem Vermerk: *Auf Kontakt nehmen* – aber es kam nicht so weit. Die KD Jena hat das nicht hinbekommen. Lag vielleicht an dieser Pfeife Köhler. Nun besteht die Chance, dass der Junge über seine *Aussagebereitschaft* hinaus bereit ist, das MfS zu unterstützen.

Oberst Weigelt, der amtierende Chef der BV Gera während des Parteitages, will sich vor Ort ein Bild machen und hat sich am Sonntagmorgen persönlich im Gebäude der Untersuchungsabteilung eingefunden.

Strakerjahn gibt den Gedanken, man könne es bei Domaschk mit einer Anwerbung probieren, an Weigelt weiter.

Jürgen Seidel sitzt nun mit dem Oberst zusammen, berichtet vom positiven Ergebnis der Befragung Domaschk und spricht dann ein gewisses Problem an, wenn man jetzt die mögliche Werbung durchzieht. Die beiden Leitungskader wissen, dass sie eigentlich gegen geltende Regeln verstoßen. Die IX müsste aufgrund der Befragungsergebnisse ein Strafverfahren gegen Domaschk einleiten. Er ist – mit dem, was sie nun offiziell gegen ihn in der Hand haben – absolut reif für ein Ermittlungsverfahren.

Aber Seidel schlägt Oberst Weigelt vor: Pass mal auf, Werner, vielleicht ist es für uns wertvoller, wenn wir die strafrechtlichen Sachen unter den Tisch fallen lassen. Wir müssen uns doch fragen, was bringt mehr? Der Junge hat geliefert, der besitzt Perspektive, den machen wir zum IMB. Der hat Feindverbindung zu den Charta-Leuten, nach Polen, zu den Schutzkomitee-Typen in West-Berlin, einigen anarchistisch-terroristischen Kreisen im Operationsgebiet und zu Jürgen Fuchs, Auerbach und Co. Daraus lässt sich doch was entwickeln. Und weißt du was, Werner? Wenn's nicht klappt und er abspringen sollte, dann holen wir uns den einfach mit dem, was wir haben, wieder in Haft! Weigelt nickt. Wir sagen ihm gleich, dass es ihm nichts nützt, wenn er sich dekonspiriert. Dann ist er sofort wieder hier.

Die Tür zum Vernehmerzimmer 523 fliegt auf.

Peißker, der mit Matz immer noch dort sitzt, steht auf, nimmt Stift, Kladde und einen Umschlag mit, verlässt den Raum, und Horst Köhler, der *operative Mitarbeiter der Linie XX* aus Jena, tritt ein.

Sonntag, 12.45 Uhr – MfS-Untersuchungsabteilung Gera

Der Torposten unten im Hof schaut prüfend auf den Dienstausweis von Major Artur Hermann und lässt ihn passieren. Der Mitarbeiter im Referat XX/4 der MfS-Bezirksverwaltung Gera kennt sich aus. Hinter der Eingangstür zum Untersuchungstrakt meldet er sich bei Wachdienstleiter Wolfgang Schaller, deponiert seine Tasche und die Pistole in einem der Schließfächer vor der Gittertür zum Treppenhaus.

Schaller ruft den Untersuchungsführer an und bringt Major Hermann zu Strakerjahn nach oben in die Räume der Untersuchungsabteilung. Dort erfährt Hermann, dass die Befragungen bereits abgeschlossen sind: *Im Moment findet nur noch ein Gespräch zwischen Domaschk und Hauptmann Köhler statt. Wir haben gegen keinen der beiden Zugeführten ein Ermittlungsverfahren eingeleitet und bei der Kreisdienststelle in Jena bereits zwei Wagen bestellt, um Domaschk und Rösch getrennt dorthin zurückzubringen.*

Es könne nicht mehr lange dauern, bis die Transportfahrzeuge eintreffen.

Hermann ist auf Anweisung von Oberst Weigelt gekommen, schließlich bekämpft die Abteilung XX, Referat 4, von Gera aus – gemeinsam mit den Jenaer Genossen – den politischen Untergrund dort, insbesondere in der Jungen Gemeinde Stadtmitte und deren Umfeld. Hermann koordiniert derzeit alles zur staatsfeindlichen Fünfergruppe in Halle und steht in engster Verbindung zur MfS-Zentrale in Berlin, wo von der Hierarchie her letztlich alles entschieden wird. Dort weiß Führungsoffizier Klaus Roßberg in der Hauptabteilung XX/4 bisher nur, dass Rösch und Domaschk wegen des *Verdachts auf Terrorismus* festgesetzt worden sind. Darum will Hermann sich über die neuesten Erkenntnisse aus den Befragungen informieren lassen. Er muss aber noch eine Weile warten. Denn nachdem Hauptmann Horst Köhler den Vernehmerraum 523 verlassen hat, in dem er mit Matthias Domaschk eine dreiviertel Stunde allein war, lässt sich zuerst Oberst Weigelt Bericht erstatten.

Er ist mit dem Ergebnis zufrieden: Na, dann ist ja wenigstens das noch dabei herausgekommen ... Mit einem gesunden Maß an Härte geht doch alles. Da kommt der Junge nicht mehr raus, bei dem, was wir gegen ihn in der Hand haben: aktive Verbindung zu konterrevolutionären Kräften in der ČSSR und der Volksrepublik Polen, feindlicher Stützpunkt von nachrichtendienstlich gesteuerten Agenturen des Gegners, Verbindungen zu anarchistisch-terroristischen Kreisen, Beihilfe zur Fahnenflucht ... Das reicht für zehn bis 15 Jahre – wenn er die Zusammenarbeit mit uns abgelehnt hätte. Ihm ist hoffentlich klar, dass er sich da nicht einfach wieder rausziehen kann.

Horst Köhler hat endlich seinen Erfolg: Mit Domaschk haben wir einen direkten Draht zum politischen Untergrund, zu Rösch und dem verbliebenen Rest in Jena.

Er klappt die Mappe zu mit dem Bericht von IM »Steiner« über Domaschks Sympathie für die Roten Brigaden, ist zufrieden mit der Anwerbung, die er weitgehend den Genossen der IX zu verdanken hat, und schließt seinen Bericht ab: *Natürlich war jetzt in der Kürze der Zeit kein tiefgehendes Gespräch möglich. Aber es wurde verabredet, gleich für morgen, uns wieder im Volkspolizeikreisamt Jena zu treffen und weiter zu reden.*

Genau wie Rösch soll sich Domaschk dort einen PM 12 abholen. Damit kommt er nicht in die Hauptstadt der DDR, nicht nach Polen, nicht nach Prag – kann sich nur mit Schwierigkeiten außerhalb Jenas bewegen. So ist er praktisch unter vollständiger *operativer Kontrolle.* Bis zum Erhalt des Ersatzausweises gibt es nur einen kleinen Fetzen Papier mit Namen und Stempel, die Personalausweise bleiben eingezogen.

Die handgeschriebene Verpflichtungserklärung von Matthias steckt schon zusammengefaltet für die Akte in einem Umschlag. Köhler zieht sie noch einmal hervor. Domaschk hat mit Kugelschreiber auf liniertem Papier geschrieben, was ihm vorgegeben wurde:

Hiermit verpflichte ich mich, das MfS im Kampf gegen die Feinde der DDR aktiv und ohne jeden Vorbehalt zu unterstützen. Ich werde die mir in der inoffiziellen Zusammenarbeit mit dem MfS bekannt gewordenen Fakten, Tatsachen und Hintergründe gegenüber jeder dritten Person strengstens geheim halten. Ich wurde darüber belehrt, daß eine Verletzung dieser Verpflichtung mit strafrechtlichen Mitteln geahndet werden kann. Für die konspirative Zusammenarbeit mit dem MfS wähle ich mir den Decknamen »Peter Paul«.

Gera, den 12.4.1981 *Unterschrift: Matthias Domaschk*

Peißker spricht noch einmal kurz mit Matz: *Sie werden jetzt nach Jena entlassen. Hier oben sind wir mit Ihnen fertig. Ich bringe Sie gleich wieder runter zur Entlassung in das Besucherzimmer. Dort warten Sie, bis der Wagen kommt, der Sie zurückbringt.*

Der Vernehmer wundert sich, dass sein Gegenüber nicht viel dazu sagt. Matthias Domaschk kommt ihm plötzlich verschlossener, ja deprimiert vor.

Egal, Peißker will in seinen Garten. Endlich gehen, um noch etwas vom Sonntag zu haben. Vernehmer Seidel, sein Kollege, der den Lockenkopf mit der Angela-Davis-Frisur vernommen hat, ist schon längst aus dem Haus.

Peißker wählt die Nummer von Strakerjahn, um Bescheid zu geben. Danach die Nummer 2869. Kollege Joachim Börner vom Referat IX/3 nimmt ab, er sitzt in der zweiten Etage, im Zimmer 322. Ob er ihn jetzt wie verabredet im Auto mitnehmen und zu seinem Garten fahren könne.

Klar, wir treffen uns unten bei der Wache.

Dann wird Matz durch den Gang, das Treppenhaus hinunter bis zum verschlossenen Gitter im Erdgeschoss gebracht. Dort drückt Peißker die Klingel, damit Wachdienstleiter Schaller mit dem Summer öffnet. Strakerjahn kommt hinterher, denn er hat wie üblich bei Zuführungen die ganze Zeit den Schlüssel zum Besucherraum.

Schaller ist gerade von seinem Kontrollrundgang zurück. Er bekommt von Strakerjahn die Weisung: Wir sind fertig mit den Herren. Dieser *geht jetzt hinter ins Besucherzimmer, der andere bleibt noch im Staatsanwaltszimmer. Zwei Fahrzeuge sind schon unterwegs. Wenn sie eintreffen, erfolgt getrennter Transport nach Jena! Solange dürfen die sich nicht sehen.*

Peißker bringt Matz zu der nur wenige Schritte entfernten Tür des Besucherzimmers, verabschiedet ihn und verlässt gemeinsam mit seinem Kumpel Börner das Gebäude.

Tür und Gitter schließen sich hinter Matz.

Es ist 13.45 Uhr.

Matz ist allein im Raum. Er sieht sich um. Links an der Wand ein Bild von Erich Honecker. Rechts eine Schrankwand wie in Hunderttausenden DDR-Wohnzimmern. Nussbaumfurnier, Modell Leipzig 4/1.

Auf dem braun gemusterten Teppichboden ein Tisch mit Häkeldeckchen, beige, darauf ein schwerer Aschenbecher aus Glas. Bräunliche Blümchentapete und zwei blau bezogene Cocktailsessel. Das Fenster mit Gardine und Vorhangschals – ohne Griff, komplett vergittert. Daneben eine geschlossene Tür. Versperrt von oben bis unten durch ein Gitter aus Eisen.

Es ist mitten am Tag. Eigentlich müsste es hell sein.

Doch das Fenster ist von außen mit einem Sichtschutz komplett abgedeckt. Durch die trübgelbe Plasteplatte dringt nur fahles Licht in den Raum.

Matz legt seine Umhängetasche auf dem Tisch ab. Keine fünf Minuten später rumpelt es, die Tür geht auf, doch das Gitter davor bleibt geschlossen.

Es ist der Wachhabende.

Ihr Anorak, sagt er. Wohl oben vergessen? Na, gerade noch rechtzeitig, da haben Sie Glück. Sie werden ja gleich nach Hause gebracht.

Er reicht Matz den grünen Parka durch die Metallstäbe hinein. Matz legt ihn über die Lehne des Stuhls, der vor dem Gitter an der Wand steht. Ihre Blicke treffen sich.

Leutnant Schaller wird diesen Moment nie vergessen.

Sonntag, 14.10 Uhr – MfS-Untersuchungshaftanstalt Gera, Hof I

Das schwere Eisentor bewegt sich langsam zur Seite, auf der Straße warten zwei Barkas B 1000, die gegen Mittag in Jena losgefahren sind. Die Fahrzeuge sind mit den Kraftfahrern Richard G. und Henning D. sowie mit je zwei Mitarbeitern der Kreisdienststelle besetzt. In einem Wagen sitzt Oberleutnant Roland Mähler, der vor drei Stunden den Auftrag bekommen hat, *die Herren Rösch und Domaschk in Gera abzuholen und getrennt nach Jena zu bringen.*

Jetzt ist das Tor ganz geöffnet, und die beiden Wagen fahren nach kurzer Kontrolle am Torposten vorbei in den Hof. Keiner der Insassen steigt aus. Sie warten.

Leutnant Schaller hat seine Kontrollrunde beendet. Durch das alte Treppenhaus der Haftanstalt am Küchentrakt und dem Aufenthaltsraum der Posten vorbei sind es nur noch ein paar Schritte bis zu seiner Wache. In diesem Moment sieht er einige Männer das Treppenhaus von der Untersuchungsabteilung herunterkommen: Hermann, Köhler, Strakerjahn. Sie haben mitbekommen, dass die Transporter aus Jena eingetroffen sind, und ihre Diskussion beendet, *ob nicht Schwierigkeiten zu befürchten sind wegen der Zeitabläufe, was das Festhalten von Personen ohne Haftbefehl angeht. Zwischen der vorübergehenden Festnahme in Jüterbog und der bevorstehenden Entlassung in Gera liegen deutlich mehr als 24 Stunden.*

Die Frage, über die sie diskutiert haben, ist, *ob hier die gesamte Zeit der vorläufigen Festnahme oder nur die Zeit zwischen der Übernahme der Personen in Jüterbog durch die Geraer Mitarbeiter zu berücksichtigen ist.* Sonst wäre es ein Verstoß gegen die Vorschrift.

Schaller hat ihnen inzwischen das Sicherungsgitter vom Treppenhaus geöffnet, und da die Untersuchung beendet ist, die Schlüssel von Strakerjahn für die von der Untersuchungsabteilung IX genutzten Räume hier unten auf dem Gang zurückerhalten. Er schließt zuerst das Staatsanwaltszimmer auf und lässt Horst Köhler eintreten, der noch kurz Rösch sprechen will.

Blase hat längst mit seiner Entlassung gerechnet und durch das Fenster ebenfalls die Ankunft der beiden Autos aus Jena mitbekommen. Er hat nicht nur gesehen, wie das Rolltor aufging, sondern sogar gehört, wie ein Fahrer dem Torposten zurief: *Ich soll die zwei aus Jena abholen!*

Wo Matz ist, weiß Blase immer noch nicht, nimmt aber an, dass er nicht weit weg sei, denn er hat mehrmals das Aufschließen einer Tür ganz in der Nähe vernommen.

Nun steht ein Mitarbeiter der Kreisdienststelle in der Tür, den Blase als Widerling empfindet. Der belehrt ihn, *er soll über alles nichts erzählen und wenn jemand fragt, soll er sagen, er wäre zur Klärung eines Sachverhaltes gewesen.*

Köhler erklärt ihm auch, *daß man jemanden wie ihn 24 Stunden festhalten kann, unter gewissen Umständen aber auch länger – und diese 48 Stunden sind eingehalten worden.* Den PM 12 soll er sich *ab morgen Mittag auf dem Volkspolizeikreisamt abholen.*

Blase schnappt sich seinen Koffer mit den Geburtstagsgeschenken für Henry und Ede, den er zurückbekommen hat, und folgt Schaller und Köhler hinaus auf den Hof. Er steigt in den B 1000 und setzt sich hinten in die letzte Bank, neben einen Aufpasser aus Jena. Köhler bleibt am Wagen stehen.

Aha, denkt Blase, wir warten noch auf Matz.

Schaller steht währenddessen vor dem Besucherzimmer, schließt die Holztür auf und öffnet sie.

Seltsam, denkt er, hier sitzt gar keiner mehr drin.

Dann entriegelt er das Gitter und betritt den Raum. In der Nische hinter der breiten Schrankwand sieht er ihn nicht sofort. Dass er da hängt. Mit dem Rücken zur Wand.

Schaller stürzt vor, zum Stuhl in der Ecke, auf dessen Lehne der Parka liegt, den er dem jungen Mann vor gut einer halben Stunde durch das Gitter hineingereicht hat.

Schnell auf den Stuhl hoch, der Junge muss doch da runter! Runter vom Heizungsrohr, um das ein Ärmel seines Hemdes geknotet ist. Mit einer Hand versucht Schaller den Knoten des Flanellhemdes zu lösen, mit der anderen den Körper anzuheben. Er ist schwer.

Die anderen sind doch noch da, draußen auf dem Gang, stehen noch an der Treppe …

Schaller schreit: Schnell, *ein Arzt, ein Arzt!*

Strakerjahn ist zuerst im Besucherzimmer und hilft Schaller, den leblosen Körper, dessen Füße über dem Teppichboden baumeln, etwas anzuheben.

Endlich gelingt es Schaller, den Knoten am Heizungsrohr zu lösen. Sie legen den Jungen mit dem Rücken auf den Teppich, öffnen auch den Knoten an seinem Hals. Für Schaller ist er noch kein Toter, er handelt genau so, wie er es gelernt hat und wie es die Vorschrift für Notfälle im Diensthandbuch vorsieht.

Herzdruckmassage, gleich auf dem T-Shirt, im Wechsel mit Mund-zu-Mund-Beatmung. Dann ist auch Köhler da, und sie lösen sich ab. Schaller bittet Strakerjahn, aus dem Sanitätskasten das Gummimundstück für die Beatmung zu holen, wie es Vorschrift ist.

Weiter, weiter, Schaller strengt sich an, schwitzt und ringt bald selbst nach Luft.

Strakerjahn ruft den diensthabenden Arzt an.

Blase hat die Unruhe im Gebäude registriert. Er hat auch die Rufe nach einem Arzt vernommen.

Köhler, der auf Domaschk gewartet hat, verschwindet kurz im Gebäude, kommt zurück zum Barkas, sagt zum Fahrer: *Fahrt schon mal los, ich ruf dich nachher an!*

Dann flüstert er noch etwas, schließt die Schiebetür, verschwindet erneut ins Innere des Backsteinbaus.

Der Fahrer startet den Motor, das große Tor öffnet sich, und der Wagen mit Blase fährt los.

Im Besucherzimmer müht sich Schaller weiterhin mit Herzdruckmassage und Beatmung. Er hofft immer noch auf eine Wiederbelebung.

Als nach etwa einer halben Stunde der herbeigerufene Arzt Dr. Hagner eintrifft, hält er Domaschk einen Spiegel vor Nase und Mund. Der beschlägt etwas, und Schaller schaut den Doktor erwartungsvoll an. Doch dieser winkt ab: Es ist euer Atem, nicht mehr seiner.

Hagner schaut auf seine Armbanduhr, es ist 14.30 Uhr, und stellt den Tod von Matthias Domaschk fest.

Sonntag, 15.15 Uhr – Jena

Blase wird am Roten Turm abgesetzt, mitten im Stadtzentrum. Er denkt nicht im Geringsten daran, dass seinem Freund etwas Ernsthaftes zugestoßen sein könnte. Vermutlich zu viel Kaffee getrunken und übermüdet.

Sonnabendmittag hat er schon ganz schön gezittert und war fertig vor Übermüdung, dann kann das schon sein mit dem Kreislauf.

Er geht zu Kaktus in die Melanchthonstraße und gibt ihm kurz Bescheid, was aus ihrer Fahrt nach Berlin geworden ist, und fragt, ob er oder andere Freunde nicht ab und zu Am Rähmen nachsehen könnten, ob Matz inzwischen eingetroffen ist.

Denn wenn Matz fertig aus dem Gefängnis rauskommt, da geht's dem bestimmt nicht so richtig gut, deshalb soll sich jemand um ihn kümmern.

Blase geht noch in der Wohngemeinschaft am Markt vorbei, mit derselben Bitte.

Ute, schau doch bitte heute Abend nach, ob Matz aus Gera zurück ist.

Er selbst ist ziemlich müde und fertig, geht nach Hause in den Spitzweidenweg und will nur noch eins: schlafen.

Auf seinem Weg vom Roten Turm zu Kaktus und weiter zur WG am Markt ist Blase nicht aufgefallen, dass ein *Beobachterkollektiv* der Kreisdienststelle ihm den ganzen Weg gefolgt ist. Sie haben auf ihn und Matz gewartet und sollen die beiden wegen des andauernden Parteitages noch die ganze Woche *unter operativer Kontrolle halten.*

Sonntag, 15.15 Uhr – MfS-Untersuchungsabteilung Gera

Nachdem Dr. Hagner den Tod von Matz festgestellt hat, herrscht ein großes Durcheinander im Gebäude der Untersuchungsabteilung. Leitende Mitarbeiter kommen hinzu, andere werden fortgeschickt. Oberst Weigelt, Oberstleutnant Seidel, der Leiter der Abteilung IX in Gera, Untersuchungsführer Strakerjahn, die IM-führenden Mitarbeiter Hermann und Köhler, Wachdienstleiter Schaller ... Schließlich erscheinen Bezirksstaatsanwalt Benndorf und vier Mitarbeiter der *Spezialkommission.* Alle anderen müssen den Besucherraum verlassen.

Seidel ermahnt Schaller noch rasch beim Verlassen des Ereignisortes: *Hier geht nichts raus aus dem Raum!*

Für den Wachdienstleiter eine Selbstverständlichkeit. Er absolviert seinen Kontrollgang durchs Haus und kehrt danach in die Wachstube zurück.

Was war denn da wieder los? Die neugierige Hedwig will von ihm wissen, was die vielen Leute, das Kommen und Gehen, die beiden Kleintransporter im Hof zu bedeuten haben.

Ach, nichts, nichts, antwortet Schaller, *frag nicht, das geht dich nichts an. Gib aber mal Bohn Bescheid, daß er herkommen soll.*

Bohn ist der diensthabende Leiter der XIV.

Hedwig murmelt vorwurfsvoll: *Bei dir passiert doch immer irgendwas.*

Nun sitzt Schaller in seinem Zimmer, versucht das Erlebte fürs Erste zu verdauen. Einen Toten hier im Haus hat er noch nicht erlebt. So ein junger Kerl. Warum hat der das gemacht?

Er wartet auf seine Ablösung.

Oberleutnant Karl-Heinz Petzold ist vom Leiter der Abteilung IX zu Hause angerufen und zur Dienststelle bestellt worden. Zwanzig Minuten braucht er mit dem Auto. Er ist plötzliche Einsätze zu jeder Tages- und Nachtzeit gewohnt, seit Jahren gehört er zur *Spezialkommission,* die jedes *Ereignis* und *Vorkommnis* im Auftrag der IX dokumentiert.

Er kennt die Untersuchungshaftanstalt Gera sehr gut. Vor Jahren war er hier – genau wie Schaller – Wachleiter der Abteilung XIV, bevor er an der Berliner Humboldt-Universität Kriminalistik studieren durfte. Petzold hat Schulungen in Leipzig, Dresden, Berlin und in der Gerichtsmedizin Jena absolviert. Er war in Gera mit der Morduntersuchungskommission der Volkspolizei unterwegs. Petzold kennt sich aus mit Leichensachen und auch damit, wie versucht wird, unnatürliche Tode zu vertuschen.

Mit Oberleutnant Gunter Barth macht er sich an die Arbeit. Schaller wird als *Erstzeuge* befragt und aufgefordert, für die Spezialkommission einen handschriftlichen Bericht anzufertigen. Barth hört ihn sagen: *Dieser dumme Kerl sollte nach Hause gehen können und hat sich aufgehängt.*

Der Besucherraum wird ausgemessen und alles darin Befindliche dokumentiert, die Höhe der beiden Heizungsrohre knapp unter der Decke erfasst und die Position des Stuhls, der seitlich darunter vor dem Türgitter steht. Notiert wird auch, dass der grüne Parka über dessen Lehne hängt und das blau-weiß gestreifte langärmelige Hemd, Marke *Olymp,* mit dem immer noch zusammengedrehten Ärmel unter Matz' Kopf liegt.

Mit diesem Ärmel ist es von der Länge her möglich, einen Knoten am Heizungsrohr festzuziehen und dann den anderen Ärmel um den Hals zu schlingen.

Auf dem Tisch liegt ein blau-weiß gestreifter Stoffbeutel, der eingerissen ist, als habe jemand versucht, die langen Trageschlaufen abzutrennen.

Oberleutnant Barth hat den Raum und den Toten fotografiert, für den Bildbericht. An der Wand findet Petzold Spuren auf der Tapete unterhalb der beiden Heizungsrohre. Anschlagspuren, die zur leichten Abschürfung am Ellenbogen des Toten passen. Für ihn ist der Fall eindeutig: Suizid.

Was ihm aber nicht klar ist, ist die Frage, wieso der junge Mann ohne Beobachtung allein im Besucherzimmer war. Schaller hat in seiner Aussage extra darauf hingewiesen, dass es sich nicht um einen Untersuchungshäftling handelte.

Für zugeführte Personen sind ausschließlich Angehörige der Abteilung IX zuständig. Ausnahmen gibt es nur dann, wenn wir Wachdienstleiter auf Anweisung der Abteilung IX für diese tätig werden.

Schaller habe jedoch keinerlei Anweisung zur Bewachung der Person im Besucherzimmer erhalten. Weder von Untersuchungsführer Strakerjahn noch von Vernehmer Peißker oder dem operativen Mitarbeiter aus Jena. Alle seien offenbar der Ansicht gewesen, dies sei nicht mehr notwendig, da die Entlassung bevorstand.

Auch der Staatsanwalt führt Gespräche mit den Mitarbeitern der Untersuchungsabteilung. Gegen 17 Uhr beendet die *Spezialkommission* ihre Arbeit. Staatsanwalt Benndorf gibt die Leiche frei, sie wird in einen herbeigerufenen Sankra gelegt. Petzold packt alle Kleidungsstücke von Matthias und den Beutel ein, auch das Hemd, das noch auf dem Teppich lag.

Der Besucherraum wird von der Spezialkommission versiegelt, und der Krankenwagen macht sich mit dem Leichnam auf den Weg nach Jena.

Sonntag, 18.30 Uhr – Jena, Fürstengraben 23

In der Wohnung von Manfred Disse ist die Stimmung bestens. Kaffee, Torten, Likör und Weinbrand sind längst serviert worden, das Abendessen wird vorbereitet. Sein jüngster Sohn hat heute Jugendweihe, und die Familie feiert diese gebührend, schon den ganzen Tag. Doch ein Anruf aus Gera reißt ihn heraus. Der Doktor der Medizin muss die Familienfeier verlassen.

Disse macht sich sofort auf den Weg zum Fürstengraben 23, früher einmal Hauptgebäude der Jenaer Universität und jetzt *Institut für Gerichtliche Medizin und Kriminalistik* – sein Arbeitsplatz, an dem Disse täglich Obduktionen durchführt.

Er geht von der Straße auf das zweihundert Jahre alte, etwas heruntergekommene Gebäude zu, die Treppen hoch, zum Hauptportal hinein, holt den passenden Schlüssel, öffnet damit das Außentor auf der Rückseite des Gebäudes und wartet auf den Wagen aus Gera, der ihm angekündigt worden ist. Es ist kühl, und die Sonne geht unter. Disse geht zurück ins Haus, in sein Büro.

Es dauert nicht lange, da kommt kein Leichenwagen, wie es üblich ist, sondern ein Barkas-Krankenwagen mit nur einem Fahrer. Disse wundert sich darüber etwas, aber ihm wurde von dem MfS-Mitarbeiter ja schon am Telefon gesagt, dass es sich um einen unerwarteten Suizid handele. Sein Eindruck ist, dass sie in Gera die Leiche schnell loswerden wollten.

Zu zweit tragen sie den Toten auf der Bahre hinunter in den hell erleuchteten *Leichenaufbewahrungsraum.*

Gleich am nächsten Tag, am Montag um zehn Uhr, soll die Obduktion stattfinden.

Disse wirft einen kurzen Blick auf den Toten, verabschiedet sich vom Fahrer, schließt das Tor wieder und kehrt zur Familienfeier zurück.

Sonntag, 23 Uhr – MfS-Bezirksverwaltung Gera

Oberstleutnant Seidel, der Leiter der Abteilung IX in Gera, hat seinen Bericht *zu einem Vorkommnis in der Bezirkshaftanstalt der Bezirksverwaltung für Staatssicherheit Gera* fertig und lässt den Text per Fernschreiber an Oberst Klaus Herzog, den Chef der Berliner Hauptabteilung IX, schicken.

Er hat darin alle ihm vorliegenden Informationen von sämtlichen beteiligten Personen und Dienststellen und der Leitung der Bezirksverwaltung zusammengefasst.

Durch die Festlegung der Leitung, formuliert Seidel, erfolgte die Überführung nach Gera, *um tiefgründig zu prüfen, inwieweit diese Personen Demonstrativstraftaten während der Durchführung des X. Parteitages der SED in Berlin beabsichtigten.* Die beiden weiblichen Personen seien nur kurz befragt worden, *da sie zweifelsfrei ein anderes Reiseziel* gehabt hätten. Deshalb seien sie bereits nachts um zwei Uhr in einem Auto der Kreisdienststelle Jena zurückgefahren worden. *Rösch und Domaschk konnten keine geplanten Straftaten, die sich gegen die Durchführung des X. Parteitages der SED richten, oder andere Straftaten nachgewiesen werden.*

Seidel stellt dennoch den Wert des langen Festhaltens heraus: *Im Rahmen der durchgeführten Befragung konnten insbesondere durch die Aussagen des Domaschk politisch-operativ interessante Fakten erarbeitet werden.*

Nachfolgend listet Seidel die belastenden Aussagen zu Thomas Auerbach auf, *der die Junge Gemeinde in Jena zu einer Basis der Feindtätigkeit gegen die DDR entwickele – durch konspirative Treffs vom Ausland aus, die Auerbach im Wesentlichen finanziere. Da Domaschk detailliertere Angaben als Rösch tätigte, wurde der Vorschlag unterbreitet, den Domaschk auf Kontakt zu nehmen.*

Das bedeutet *anzuwerben.* Seidel beruhigt die Berliner Zentrale mit dem Hinweis, dass man *die Beisetzung operativ absichern werde, sie solle nicht in Jena, sondern in einem anderen Ort des Bezirkes stattfinden, deshalb werde er mit dem Staatsanwalt Benndorf in der Objektdienststelle Zeiss ein Gespräch mit dem Vater des Domaschk führen, um ihm den Tod seines Sohnes mitzuteilen sowie die Modalitäten der Beisetzung zu beraten. Demonstrativstraftaten des bekannten Personenkreises in Jena um die JG werde die Kreisdienststelle verhindern.*

Ein Exemplar des Berichts landet zur Kenntnisnahme auf dem Tisch des Genossen Minister Erich Mielke. Der lässt sich mit Weigelt verbinden und brüllt ins Telefon: Wie konnte das überhaupt passieren? Was war mit eurer Wachsamkeit, Genossen? Jetzt bekommt das bloß in den Griff, damit da nichts aus dem Ruder läuft. Der Gegner schläft nicht und wird versuchen, das gegen uns auszunutzen. Aber was können wir schon dafür? *Wenn sich Feinde selber richten, haben Genossen keinen Grund, den Kopf hängen zu lassen ...*

Die Tage danach

wenn man zwischen zwei mühlsteinen sitzt,
muß man sich entscheiden,
entweder man läßt sich auch zu mehl verarbeiten
und kommt in die großen säcke,
oder man sucht nach einem ausweg.

Matthias Domaschk in einem
Brief an seinen Freund Heppe,
28. Februar 1978

Montag, 13. April, 10 Uhr – Jena

Auf seinem Weg zur Arbeit registriert Manfred Disse die starke Beflaggung von Straßen und Häusern. Jena hat sich herausgeputzt für die sowjetische Delegation, die im Rahmen des X. Parteitages heute zu Besuch in der Stadt sein wird. In den Morgennachrichten auf Radio DDR I war vom *Gelöbnis der hunderttausend Mitglieder der Freien Deutschen Jugend* die Rede, auf dem Marx-Engels-Platz in Berlin.

Die junge Generation, sagte der Nachrichtensprecher, *hat ein kämpferisches Bekenntnis zur Politik der Partei der Arbeiterklasse und ihrem sozialistischen Vaterland abgelegt.*

Auf Disse warten im Gerichtsmedizinischen Institut sein Assistent Sascha Rommeiß, Heinz Wöhrl, Staatsanwalt der Kreisstaatsanwaltschaft Jena-Stadt, und Karl-Heinz Petzold von der Spezialkommission in Gera. Sie alle wollen bei der Obduktion des gestern Abend angelieferten Leichnams dabei sein.

Disse beginnt pünktlich und lässt protokollieren: *Gesichtsknochen unverletzt, im gesamten Kopfbereich keine Verletzungen, kein Gelenk abnorm bewegbar, kein Genickbruch, am rechten Oberarm eine fünf Zentimeter lange Hautrötung, am Ellbogen kleinere Hautdefekte. Nach der äußeren Besichtigung die innere – ohne Auffälligkeiten. Im Ergebnis Strangmarke mit Anstieg an beiden Halsseiten, nach oben auslaufend. Todesursache: Strangulation.*

Petzold hat das Flanellhemd mitgebracht. Disse schreibt dazu in der abschließenden Beurteilung: *Das uns vorgelegte Hemd kann als Strangwerkzeug in Frage kommen.*

Im Journal des Gerichtsmedizinischen Instituts, in dem die Obduktionen fortlaufend aufgeführt sind, wird die Sektionsnummer eingetragen, in Spalte 238 des Buches: *13.04.81 Sektion Domaschk Jena Nr. 238.*

Montag, 13. April, 16 Uhr – MfS-Kreisdienststelle Eisenberg

Am Vormittag ist Gerhard Domaschk zur Behandlung seiner Kriegsverletzung ins Rudolf-Elle-Krankenhaus nach Eisenberg gefahren. Oberstleutnant Seidel hat gehofft, den Vater von Matthias in seinem Betrieb anzutreffen. Dort wollte er ihn auffordern, *in einem Raum der MfS-Objektdienststelle Zeiss zu einer Aussprache zu erscheinen, um ihm mittzuteilen, daß sein Sohn am Vortag verstorben ist, und das aufrichtige Beileid zu übermitteln.*

Seidel hat bereits frühmorgens eine Konzeption für das Gespräch aufgesetzt und sie von Oberst Weigelt bestätigen lassen. Darin ist der geplante Gesprächsverlauf genau festgehalten, wer daran teilnimmt, was gesagt wird, was nicht, was erreicht werden soll. Zudem Hinweise zur Persönlichkeit des 60-jährigen Domaschk: *Seit 1967 SED-Mitglied. Vater trennte sich 1977 von seinem Sohn aufgrund der dekadenten Lebensweise des Domaschk.*

Den fünf Seiten langen Plan für das Zusammentreffen hat Seidel an Staatsanwalt Benndorf weitergereicht, der das Gespräch eröffnen soll.

Zum Abschluß wird nochmals unser Beileid ausgesprochen.

Dass Gerhard Domaschk an diesem Montag nicht an seiner Arbeitsstelle anzutreffen ist, überrascht Seidel. Der Plan wird schnell geändert: Dann holt ihn einfach Genosse Petzold von der *Spezialkommission* mit einem Fahrer im Krankenhaus ab und bringt ihn von dort in die Kreisdienststelle Eisenberg, wo wir auf ihn warten.

Da sitzen sie nun im Büro des Leiters zusammen, die Atmosphäre ist angespannt. Noch weiß Gerhard Domaschk nicht, worum es genau geht.

Wie geplant eröffnet Staatsanwalt Benndorf die *Aussprache* und sagt, dass *ein bedauerlicher Anlaß zum heutigen Gespräch führt. Der Suizid seines Sohnes in der Haftanstalt der Bezirksverwaltung Gera.*

Der Vater reagiert darauf kaum, zumindest nicht sichtlich. Er hört Seidel zu, der das Wort ergreift, um über die Umstände der *Zuführung* von Matthias zu berichten: *Durch sein renitentes Verhalten im D-Zug nach Berlin ist Ihr Sohn durch die Transportpolizei von der Weiterfahrt ausgeschlossen worden. Zur Prüfung der gesamten Angelegenheit erfolgte eine Befragung in Gera. Ihr Sohn hat im Verlauf der Befragung erkennen lassen, daß er sehr enge Kontakte zu feindlich-negativen Personen in der DDR sowie im Ausland unterhielt, konspirative Treffs mit ihnen vornahm und entsprechend der dort vorgegebenen Linie handelte. Gegnerische Kräfte haben auf ihn einen sehr starken Einfluß ausgeübt.*

Im Verlauf der Befragung hat er recht freimütig und offen über diese Probleme gesprochen, sich offenbart und der Eindruck entstand, daß er Schlußfolgerungen für die weitere Gestaltung seines Lebens gezogen hat, so daß mit dem Staatsanwalt entschieden wurde, gegen ihn keine strafprozessualen Maßnahmen einzuleiten, sondern ihn zu belehren und nach Jena zu entlassen.

Er nahm das Angebot an, mit einem PKW zurückgebracht zu werden, und sollte im Besucherzimmer auf den Wagen warten. Der Genosse, der ihn zum PKW begleiten sollte, stellte fest, daß sich Matthias unter Benutzung seines Oberhemdes am Heizungsrohr stranguliert hat. Sofort einsetzende Maßnahmen zur Wiederbelebung unter Einsatz eines Sauerstoffgerätes zeigten keinen Erfolg.

An diesem Punkt des Berichts mischt sich Benndorf ein und betont, *daß aufgrund der Entscheidung keine strafprozessualen Maßnahmen einzuleiten, eine Bewachungspflicht nicht bestanden hätte.*

Seidel staunt, *wie ruhig und gefaßt* Gerhard Domaschk all das zur Kenntnis nimmt und dann beginnt, aus seinem Leben zu erzählen.

Wie er sich nach 1945 hochgearbeitet hat, vom Feinmechaniker über ein Studium in Dresden zur ersten Arbeitsstelle 1951 bei Zeiss in Jena. Nach dem Unglückstod der ersten Tochter Sabine habe er Jena verlassen und ist mit seiner Frau zurück nach Görlitz. Dort ein schneller Aufstieg in eine leitende Funktion bei Meyer-Optik.

Mit 50 Jahren habe er einen Neuanfang gewagt, sei wieder nach Jena und habe eine Karriere bei Zeiss als Reisekader geschafft. Er dürfe ins kapitalistische Ausland fahren, in fernen Ländern den Bau von Planetarien aus der DDR organisieren.

Mit der Übersiedlung nach Neulobeda habe jedoch die Tragik mit Matthias angefangen: *Matthias ist von Natur aus sehr weich und hilfsbereit und hat sich schon immer zu den Randgruppen und Suchenden in der Gesellschaft hingezogen gefühlt. Er unterhielt bereits in diesem Abschnitt seines Lebens Kontakte zu Jugendlichen, die Zweifel und negative Einstellungen zur Politik der SED gehabt hatten. Die Konfrontation zwischen mir und meinem Sohn wurde mit zunehmendem Lebensalter konträrer. Matthias hat mir vorgeworfen, daß ich »verbürgerlicht« sei, »konservative« Auffassungen habe und bedingungslos glaube, was mir die SED sagt. Ich forderte von ihm, sich von den Personen seines Umgangskreises zu trennen und eine andere Haltung zur DDR einzunehmen. So kam es 1977 zum offenen Bruch. Matthias hat sich damals unter dem Einfluß des Pfarrers Zollmann und der Katechetin Renate Groß immer mehr vom Elternhaus entfremdet. An dieser ganzen Misere und am Selbstmord trägt die Kirche die Schuld!*

Mein Sohn war auf der Suche und die negativen Kräfte haben den stärkeren Einfluß ausgeübt. Vor zwei Wochen erst, da war Matthias bei mir und hat mir versprochen, sich zurückzuziehen.

Seidel fällt ihm ins Wort: *Diesen Eindruck hatten wir auch. Trotzdem gab es bis in die jüngste Vergangenheit engste Kontakte zu im Ausland feindlich gegen die DDR tätigen Personen, die letztlich für seine Kurzschlußhandlung die volle Verantwortung tragen.*

Gerhard Domaschk äußert spontan einen Wunsch: *Kann ich Einsicht in das Protokoll der Befragung bekommen?*

Der Staatsanwalt und Seidel erwidern, dass dies prinzipiell nicht möglich sei, und wechseln das Thema: Die Beerdigung solle in ganz kleinem Rahmen stattfinden, *damit negative Kräfte aus dem tragischen Vorfall um Ihren Sohn kein politisches Kapital schlagen. Deshalb bitte auch keine Anzeige in der Zeitung.* Sollen wir es übernehmen, mit Ihrer Frau zu sprechen?

Gerhard Domaschk schüttelt den Kopf. Das will er selbst tun. Er macht den Männern klar, dass sie vermutlich an ihrer Arbeitsstelle, der Sektion Theologie an der Universität Jena, bei den zu erwartenden Nachfragen wohl kaum wird schweigen können.

Er nimmt das Angebot an, in einem Wagen der Kreisdienststelle nach Hause gefahren zu werden. Ebenfalls den Vorschlag, sich morgen wieder mit Petzold zu treffen, um die Trauerfeier abzusprechen.

Dienstag, 14. April, 14 Uhr – MfS-Bezirksverwaltung Gera

Oberstleutnant Seidel spricht mit Oberst Weigelt und Major Hermann. Er informiert darüber, dass die Verabredung zwischen Genossen Petzold und Gerhard Domaschk am Morgen um 9.30 Uhr geklappt habe.

Domaschk hält sich konsequent an das, was wir ihm empfohlen haben.

Seine Ehefrau ist recht aufgelöst und verstört, er jedoch weiterhin ruhig. Petzold und Domaschk sind gemeinsam beim Bestattungsinstitut gewesen. Dort wurde die Trauerfeier vom Bestatter auf den 16. April um 8 Uhr auf dem Nordfriedhof festgelegt. Sie soll nur im engsten Kreis stattfinden. Nur die Eheleute Domaschk und ihre Tochter nebst Ehemann.

Der Vater bat darum, noch einmal mit mir und dem Staatsanwalt reden zu können, aber an einem neutralen Ort. In den Dienststellen des MfS sei er befangen. Petzold hat einen Termin für morgen ausgehandelt. Da es sich um eine dienstliche Angelegenheit handelt, erklärte sich Domaschk damit einverstanden, daß die Verhandlung in einem Raum der MfS-Objektdienststelle Carl Zeiss Jena stattfindet. Er möchte dazu seine Ehefrau mitbringen und wiederholte die Bitte um Einsicht in das Befragungsprotokoll.

Petzold hat dem Vater beim Treffen im Bestattungsinstitut die in Gera zurückgelassenen Sachen seines Sohnes überreicht: den Parka und den zerrissenen Stoffbeutel, Schlüssel, Ausweis, die Mitgliedskarte des Universitäts-Filmklubs, ein Handtuch und Toilettenartikel, eine unbeschriebene Papierrolle nebst Kugelschreiber, das Buch »Der falsche Nero«, eine angebrochene Schachtel Karo.

Mittwoch, 15. April, 16 Uhr – Jena

Sissi trägt ein Körbchen mit Ostergras, Schokohasen und bunten Schleifen und geht an der Hand ihrer Mutter auf die steile Treppe zu, die am Griesbachgarten hinunter in die Stadt führt. Maria hat ihre Tochter aus dem Kindergarten abgeholt, an der anderen Hand hält sie Rina, ihre Jüngste. Die Kinder freuen sich, dass in wenigen Tagen Ostern ist.

Noch bevor sie die Treppe erreichen, sieht Maria, wie Gag mit dem Fahrrad auf sie zurast. Er stoppt unmittelbar vor ihr, steigt nicht einmal ab, schaut sie ungewohnt ernst an und sagt: Matz soll tot sein.

Maria braucht einen Moment, um zu begreifen, was er meint. Gag kann nur das wiedergeben, was er bisher gehört hat: die Fahrt nach Berlin, raus aus dem Zug, Verhör in Gera.

Das kann ich nicht glauben, erwidert Maria. Warum soll er tot sein?

Sie hat am Dienstagabend auf Matz gewartet, der sie besuchen wollte. Seitdem sie ihn am Freitag auf dem Weg zum Bahnhof getroffen hatte, freute sie sich sehr auf ihn, denn sie hatten sich schon länger nicht mehr in Ruhe gesprochen.

Gag hat gerade erst von Matz' Tod erfahren und fährt durch die Stadt, um die Nachricht zu verbreiten. So wie Maria trifft er die meisten nicht in ihren Wohnungen an, sondern unterwegs in den Straßen.

Blase, Kaktus, Ute und andere haben Am Rähmen umsonst nachgeschaut, ob Matz wieder zurück ist. Keine Spur von ihm. Am Montag nicht, am Dienstag immer noch nicht.

Wer könnte die Eltern fragen? Die meisten wissen nicht, wo genau die in Neulobeda wohnen. So versucht es ein Freund auf der Arbeitsstelle von Matz' Mutter in der Universität. Dort heißt es: *Sie ist schon gestern nicht erschienen.* Und dann: *Weil ihr Sohn verstorben ist.*

Die schockierende Nachricht verbreitet sich rasant.

Einige sitzen nach der Arbeit in der Milchbar am Johannisturm zusammen, wie auch Blase und Matz so oft. Als sie die Nachricht bekommen, verstummen ihre Gespräche. Sie laufen später Kneipen ab, um den Freunden, die sie dort antreffen, Bescheid zu geben: *Matz soll sich umgebracht haben.*

Jutta verbreitet es auf ihrer Tour, die sie als Briefträgerin absolviert. Der Jugendpfarrer Hans Gellner kommt auf die Idee, im Beerdigungsinstitut nachzufragen. Mit Erfolg. Dort verrät eine Mitarbeiterin, was sie nicht soll – den genauen Termin der Trauerfeier: am nächsten Morgen um acht Uhr auf dem Nordfriedhof.

In der Wagnergasse 27 heftet Hilli einen Zettel außen an die Haustür: *Morgen findet um 8 Uhr auf dem Nordfriedhof die Trauerfeier für Matz statt, der in Jüterbog von der Stasi festgenommen worden ist und nicht zurückkehrte.*

Die Nachricht von seinem Tod und der Termin der Trauerfeier verbreiten sich weit über Jena hinaus, auch unter Freunden und Bekannten in Weimar, Erfurt, Apolda, Leipzig und Berlin.

Katrin Werlich geht schließlich zu den Eltern. Sie ist eine der wenigen, die Gerhard und Ruth Domaschk kennen, und weiß, wo sie wohnen, denn Matz hat sie erst vor kurzem mitgenommen, um das elterliche Wohnzimmer zu renovieren. Gerhard bittet sie hinein, ist jedoch sehr reserviert. Katrin will erfahren, was die Eltern über den Tod von Matz wissen, und ihnen etwas von der Erschütterung vermitteln, die seine Freunde in der Stadt erfasst hat. Gerhard Domaschk ist besorgt, dass aus der Trauerfeier eine Demonstration werden könnte.

Am Abend geht Kaktus gemeinsam mit der Schwester von Matz' Freundin Kerstin zu den Eltern. Er versucht den Vater zu überreden, eine Obduktion vornehmen zu lassen. Gerhard, der nichts von der bereits erfolgten Obduktion weiß, lehnt dies ab und sagt, er glaube an einen Selbstmord seines Sohnes: *Vor etwa vierzehn Tagen*, erzählt er, *sei Matthias bei ihm gewesen und habe zu ihm gesagt, wenn er noch einmal von der Stasi mitgenommen wird, dann wisse er, was zu tun ist. Dann hänge er sich auf. Und er wisse auch, wie man das macht.*

Maria holt abends, nachdem sie die Kinder ins Bett gebracht hat, die Nähmaschine heraus. Sie ist allein in der Wohnung, Tarzan wegen einer älteren Knieverletzung im Krankenhaus. Sie braucht nicht lange in der Kiste mit Stoffen zu suchen und zieht ein großes Stück hervor. Vollkommen schwarz.

Gründonnerstag, 16. April, 8 Uhr – Jena, Nordfriedhof

Die Freunde aus Weimar gehören zu den Ersten, die frühmorgens auf dem Friedhof eintreffen. Vor ihnen haben sich schon die Eltern und seine Schwester Steffi in der Leichenhalle am offenen Sarg von Matz verabschiedet.

Sylvi, Menzi und ein paar andere aus der Weimarer Clique haben so ebenfalls die Gelegenheit, ihren toten Freund noch einmal zu betrachten. Er liegt auf einem Kissen, mit weiß glänzendem Stoff bis zum Kinn zugedeckt.

Kurz darauf wird der Deckel auf den Sarg gelegt. Wer jetzt kommt, wird Matz nicht mehr sehen können. Gag und etliche andere sind zuerst auf dem Markt gewesen und haben dort fast alle Blumen aufgekauft, vor allem rote Tulpen. Weißen Flieder gibt es nicht.

Aus dem schwarzen Stoff und einem Stock hat Maria eine Fahne gebastelt und diese, bevor sie das Haus verließ, zur Straße raus weithin sichtbar angebracht. Susi, Micha, Peter, Helma, ein paar Freunde aus Leipzig, stehen zu ihrer Überraschung vor der Tür und holen sie ab.

Der Gründonnerstag ist kein Feiertag, es wird wie immer gearbeitet, das Stadtzentrum ist voller Menschen. Einige von Matz' Freunden haben sich freigenommen, andere ihre Schicht getauscht, um bei der Trauerfeier dabei sein zu können.

Es ist ein langer Weg durch die Stadt zum Nordfriedhof, am Ende geht es den Berg hoch.

In der Nähe der Strecke liegt der Pausenhof der Nord-Schule. Christian Dietrich ist dort Schüler der achten Klasse und hat heute einen seltsamen Morgenappell miterlebt. Die Schulleitung hat ein *Hofpausenverbot* ausgesprochen. Niemand soll in der ersten Pause raus, warum, wurde nicht gesagt. Alle halten sich daran. Den 15-jährigen Christian macht das neugierig. Er schleicht sich in Richtung der Kreuzung Dornburger Straße/Hufelandweg und staunt, dass dort ein ganzer Pulk Volkspolizisten neben ihren Autos steht, von denen einige angestrengt mit Feldstechern die Gegend absuchen.

Die Jenaer Stasi ist ebenfalls in voller Stärke angetreten. Überall in den Straßen warten sie in kleinen Grüppchen, sie säumen den Weg hoch zum Friedhof, lungern selbst zwischen den Gräbern herum. Sie beobachten die Trauergäste genau und registrieren, wer kommt. Einzelne grinsen die Ankommenden an. Siegfried Reiprich und seine Frau Christine, die einen Ausreiseantrag laufen haben, bekommen zu hören: *Haltet ja die Schnauze, wehe, wenn im Westen was rauskommt!*

Den einen oder anderen erkennen die jungen Leute wieder. Es sind die Männer, die vor ihren Wohnungen stehen oder ihnen hinterherlaufen, oder solche, die ihnen bei *Aussprachen zwecks Klärung eines Sachverhalts* begegnet sind. Sogar diejenigen, die erfolgreich oder erfolglos versucht haben, den einen oder anderen unter ihnen anzuwerben, sind dabei.

Auf dem Parkplatz vor dem Friedhofseingang stehen LOs der Volkspolizei mit ihren grünen Planen – und ein einzelner Wartburg direkt am Friedhofstor. Cora, die mit Matz schon seit seinem Einzug Am Rähmen befreundet ist, hört im Vorübergehen ein klickendes Geräusch. Seltsam, da sitzt doch niemand drin? Cora umrundet das Auto und bemerkt eine fehlende Strebe am Kühlergrill, dahinter die Linse einer Kamera. Voller Wut und Verachtung geht sie weiter, durch das große Tor auf den Friedhof.

An der Trauerhalle staut sich die Menge der Besucher. Wer kann, nimmt Platz in den Bänken, andere bleiben im Eingang oder vor der Halle stehen.

Mehr als hundert von uns sind gekommen und hundert von denen. Wie groß muss deren Angst vor uns sein?, denkt Maria.

Klaus-Peter Hertzsch, Professor für Praktische Theologie an der Uni Jena, ist da, mit ihm einige Lehrkräfte. Er kennt Ruth Domaschk von ihrer Arbeit in der Bibliothek der Sektion, und sie bat ihn, die Trauerfeier zu übernehmen. Mit den Eltern hat er vereinbart, dass es nur ein Gebet und ein Musikstück von Bach geben wird. Keine Rede über Matthias, kein öffentliches Wort von Freunden oder Freundinnen.

In der Trauerhalle tritt Hertzsch vor, grüßt die Eltern und die Schwester in der ersten Bank. Der Theologe trägt einen Psalm aus der Bibel vor, dann das Vaterunser. Damit ist die Trauerfeier auch schon vorbei.

Das löst Verwirrung unter Matz' Freunden aus: Was passiert hier eigentlich? Kaum einer begreift: Matz wird heute gar nicht beerdigt. Der Sarg nicht zu einem ausgehobenen Grab getragen, sondern der Leichnam heute noch im Krematorium Jena verbrannt. So schnell. Die Urne mit der Asche von Matz soll erst sehr viel später in ein Grab kommen, im Juni, dann aber wirklich nur im engsten Kreis der Familie, zu seiner Schwester Sabine, die Matz nie kennengelernt hat, weil sie fünf Jahre vor seiner Geburt in Jena in einem Badesee ertrank.

Die Eltern sind gegangen. Ratlos stehen hundert Freunde herum. Das ist doch kein richtiger Abschied von Matz! Alles geht so schnell, die Nachricht von seinem plötzlichen Tod erst gestern, und nun diese viel zu kurze Trauerfeier?

Wohin mit Fassungslosigkeit, aufkommender Wut und all der Trauer um Matz? Einer von ihnen, der immer dabei war, der dazugehörte, den sie mochten – und manche liebten.

Walter Schilling wandert zwischen den Leuten, die in Gruppen herumstehen, hin und her. Hier und da wird geredet, Gerüchte entstehen,

Theorien, was passiert sein könnte. Walter ist besorgt, dass es noch auf dem Friedhof zur Konfrontation mit den Stasi-Leuten kommen könnte. Er beschwichtigt – was nicht jedem gefällt.

Wir müssen dem nachgehen … Eine Obduktion ist nötig … Die Kirche muss Nachfragen stellen …

Wo ist eigentlich Blase? Er fehlt. Sie haben ihn frühmorgens abgeholt, zu einer Befragung. Er wird den ganzen Vormittag festgehalten, aber nicht wirklich befragt. Das MfS will nicht, dass er dabei ist, *weil von ihm Provokationen ausgehen könnten.*

Hilli vermisst Matz und weiß nicht, was seinem Freund passiert ist. Er hat schwarze Stiefmütterchen mitgebracht. Aber wohin mit all den Blumen?

Es spricht sich herum, dass es ein Grab der Familie gibt, in dem die Schwester liegt. Hilli und Maria gehen mit vielen anderen zum Grab von Sabine Domaschk. Dort legt er die schwarzen Blumen ab und verabschiedet sich mit einem letzten kurzen Gruß, den auch Matz so oft gemacht hat: der geballten Faust.

Matz, lotta continua!

Auch Maria legt ihre Tulpen ab, andere folgen dem Beispiel. Bald ist alles voller roter Blumen.

Tränen rinnen über viele Wangen. Ein grinsender Stasi-Mann ruft Maria zu: *Mädchen, du brauchst doch nicht so zu heulen!*

Kaum hat er das ausgesprochen, brüllt sie zurück: *Ihr sollt in unseren Tränen ersaufen!*

Ihre Freundinnen stimmen ein: *Euch soll die Schnauze abfaulen! Es geht nicht so weiter in diesem Scheißstaat! Was macht ihr Schweine überhaupt hier? Haut ab!*

Die Frauen umarmen sich, lassen die Stasi-Männer stehen und drehen sich nicht mehr um. Sie gehen nebeneinander auf der Straße den Berg hinunter zurück in die Stadt.

Als Maria ihr Wohnhaus erreicht, wundert sie sich, dass die Trauerfahne nicht mehr zu sehen ist. Sie öffnet die Tür und findet die schwarze Fahne im Wohnzimmer. Jemand hat sie abgerissen und auf den Fußboden geworfen.

Foto: Wolfgang Diete, Thüringer Archiv für Zeitgeschichte

Matthias im Hof der Gartenstraße 7, Mai 1977

Fotos: privat Familie Domaschk, Thüringer Archiv für Zeitgeschichte

Matthias mit seiner Schwester Stefanie, seinem Vater Gerhard und seiner Mutter Ruth Domaschk, 1958

Stefanie, Matthias und Ruth Domaschk, um 1960

Familienurlaub an der Ostsee, 1962

Fotos: privat Familie Domaschk, Thüringer Archiv für Zeitgeschichte

Fotos: privat Familie Domaschk, Thüringer Archiv für Zeitgeschichte

Familienurlaub an der Ostsee, 1963

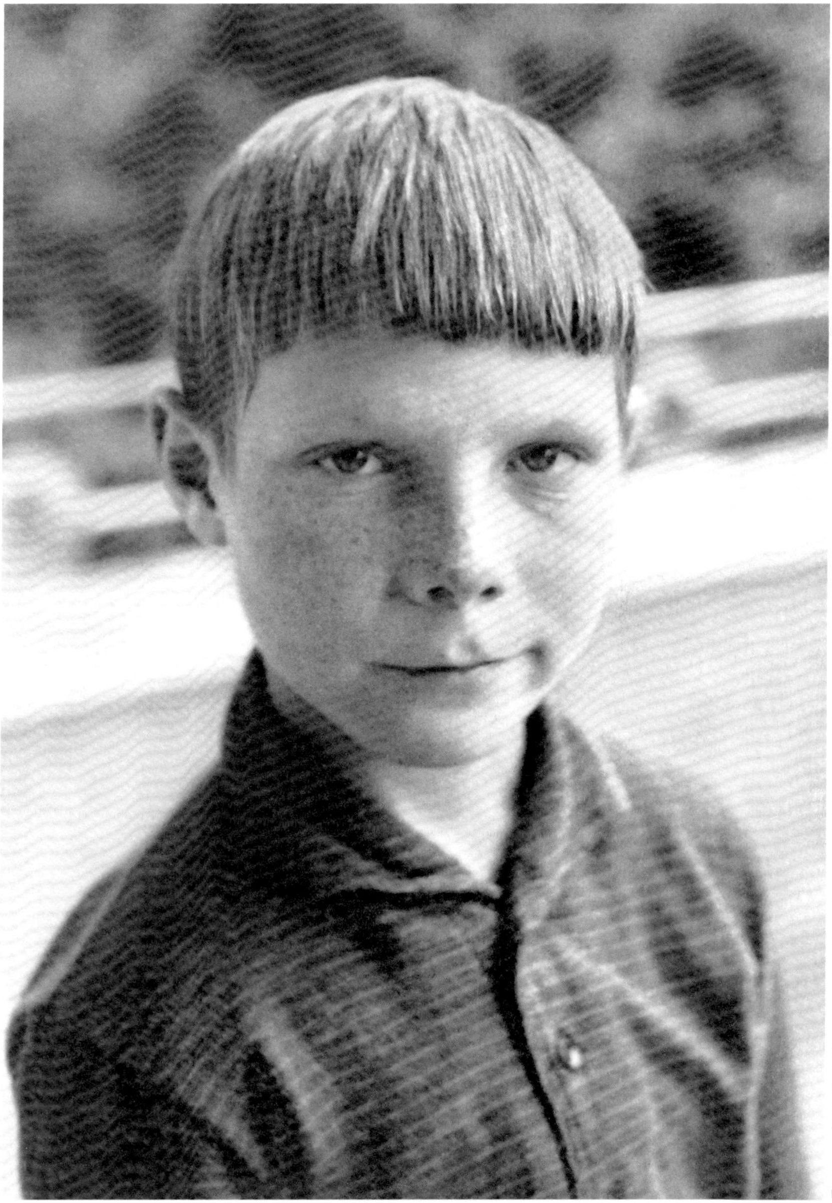

Foto: privat Familie Domaschk, Thüringer Archiv für Zeitgeschichte

Matthias mit vom Vater verpasstem Haarschnitt, 1967

Matthias und Stefanie an der Ostsee, 1968

Ausflug nach Polen, um 1967

Fotos: privat Familie Domaschk, Thüringer Archiv für Zeitgeschichte

Foto: privat Familie Domaschk, Thüringer Archiv für Zeitgeschichte

Matthias mit seinem Vater, 1973

Gerhard Domaschk 1972

Fotos: privat Familie Domaschk, Thüringer Archiv für Zeitgeschichte

Das elterliche Wohnzimmer in Neulobeda, 1972

Foto: Norbert Weinz

Neulobeda Anfang der siebziger Jahre

Foto: privat Familie Domaschk, Thüringer Archiv für Zeitgeschichte

Blick aus Matthias' Zimmer in der elterlichen Wohnung, um 1974

Foto: privat Familie Domaschk, Quelle: Robert-Havemann-Gesellschaft

Konfirmation 1972, rechts Lutz Birnbaum, daneben Matthias

Foto: privat Familie Domaschk

Vater und Sohn auf dem Wochenendgrundstück in Dürrengleina, 1975

Foto: Herbert Wenzel

Matz' Görlitzer Freund Matthias Wenzel, 1974

Foto: privat Familie Domaschk, Thüringer Archiv für Zeitgeschichte

Billy und Matz beim Arbeitseinsatz in Dürrengleina, 1975

Foto: Dietmar Saupe

Matz mit der Band Uller, hinten Sänger Billy, 1976

Fotos: Jochen Wich, Dietmar Saupe

Seite aus dem Uller-Album von Jochen Wich, 1976

Foto: Hans-Helmut Kurz, Quelle: Robert-Havemann-Gesellschaft

Foto: Hans-Helmut Kurz, Quelle: Robert-Havemann-Gesellschaft

Auftritt von Uller in der Jungen Gemeinde Jena-Stadtmitte, Juni 1977

Fotos: Jochen Wich / Dietmar Saupe

Auftritt im F-Haus, Jena, Seite aus dem Uller-Album von Dietmar Saupe

Foto: Hans-Helmut Kurz

Treffen zur Wanderung am Hanfried, 1976

Fotos: Hans-Helmut Kurz/Wolfgang Diete

Verlobungsfeier von Doris und Ponder, 18. Januar 1975, vor dem Polizeiüberfall

Foto: Uwe Petzold, Thüringer Archiv für Zeitgeschichte

Hippietreffen in Częstochowa, Polen, 1980

Foto: Bundesarchiv, Stasi-Unterlagen-Archiv

Matthias mit Uwe Behr auf dem Motorrad in Nöbdenitz, 1976, MfS-Foto

Foto: Wolfgang Diete, Thüringer Archiv für Zeitgeschichte

Maria und Matz, Wanderung nach Vollradisroda 1976

Foto: Hans-Helmut Kurz

Im Hof der Gartenstraße 7, 1977

Foto: Wolfgang Diete, Thüringer Archiv für Zeitgeschichte

Kinderfest auf dem Sportplatz im Mühltal, 5. Juni 1977

Fotos: Hans-Helmut Kurz

Faustus, Renate, Matz mit »Kundenbuch« und liegend Michael Stokelbusch am Fuße des Hanfried in Jena, 2. Mai 1976

Foto: Hans-Helmut Kurz

Maria und Tarzan (Wolfgang Diete) 1976

Foto: Wolfgang Diete, Thüringer Archiv für Zeitgeschichte

Blase (Peter Rösch) 1976

Foto: vermutlich Hans-Helmut Kurz

Susi (Dieter Henger) und Tarzan (Wolfgang Diete) 1976

Foto: Wolfgang Diete

Behrchen (Uwe Behr) 1977

Foto: Wolfgang Diete, Thüringer Archiv für Zeitgeschichte

Heppe (Klaus-Dieter Siegel) 1977

Foto: Wolfgang Diete, Thüringer Archiv für Zeitgeschichte

Fete in der WG Maxim-Gorki-Straße 1, 1976

Foto: Klaus-Dieter Boost

Ekki, Petra, Hunz und Gag, um 1979

Matthias mit seiner Tochter Julia, Februar 1977

Foto: Manfred Hildebrandt, Robert-Havemann-Gesellschaft/Manfred Hildebrandt/RHG_Fo_HAB_11721

Renate 1977

Foto: Wolfgang Diete, Thüringer Archiv für Zeitgeschichte

Foto: Wolfgang Diete, Thüringer Archiv für Zeitgeschichte

Losung zum 1. Mai 1976 an der Jahnstraße 10

Foto: Hans-Helmut Kurz

Teerunde im Steinweg 12 bei Achim Dömel, 1976

Foto: Hans-Helmut Kurz

Weihnachtskarte 1975 aus der Gartenstraße 7

Foto: Hans-Helmut Kurz

Im Hof der Gartenstraße 7, 1976

Foto: privat, Michael Wagner

Hochzeit von Andrea und Michael Wagner in Meerane, 1978

Quelle: Fotoalbum von Achim Dömel

Blues-Festival in Wandersleben, 29./30. Juni 1975

Foto: Hans-Helmut Kurz

Ausflug nach Mecklenburg, Sommer 1975

Foto: Hans-Helmut Kurz

Wanderreise durch Mecklenburg, Sommer 1975

Foto: Albrecht Heger

Matz bei Freunden in Zeitz, Anfang 1981

Quelle: Hans-Helmut Kurz

Doppelseite aus dem »Kundenbuch« der Gartenstraße 7

Fotos: privat Familie Domaschk, ThürAZ

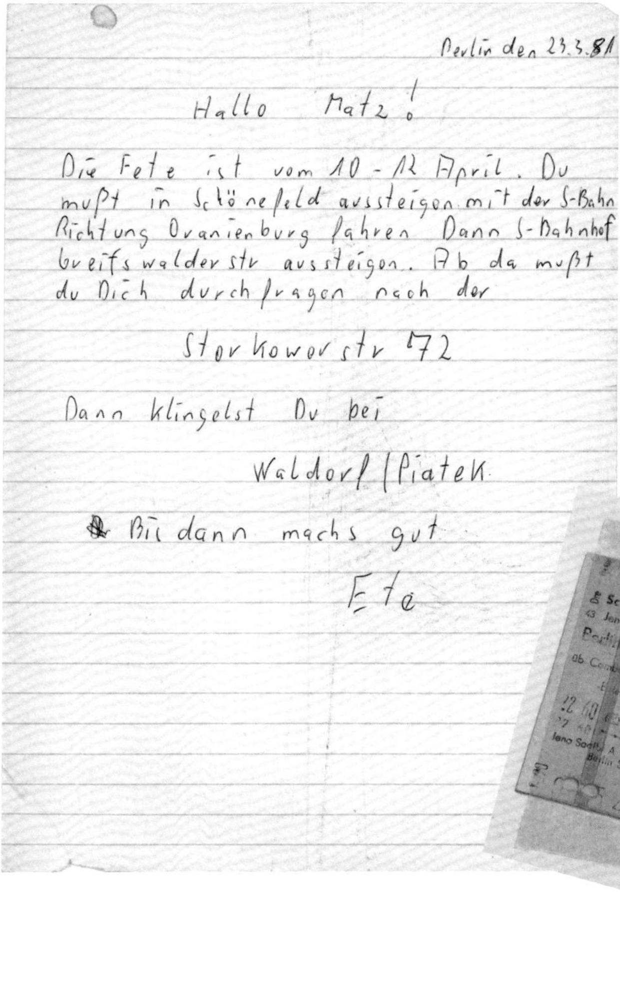

Berlin den 23.3.81

Hallo Matz!

Die Fete ist vom 10 - 12 April. Du mußt in Schönefeld aussteigen mit der S-Bahn Richtung Oranienburg fahren Dann S-Bahnhof Greifswalder str aussteigen. Ab da mußt du Dich durchfragen nach der

Storkowerstr 72

Dann klingelst Du bei

Waldorf/Piatek

Bis dann machs gut

Ete

Foto: Maria Diete

1979

Die Jahre danach

Für mich ist entscheidend, wo er gestorben ist.
Mir ist egal, wie er starb, ob er die Treppe runtergefallen ist,
ob er sich verschluckt hat und erstickt ist, ob er
zu Tode geprügelt wurde oder ob er Selbstmord begangen hat.
Das spielt alles keine Rolle.
Das Einzige, was immer entscheidend war, war der Ort
und dass er zu diesem Ort nicht freiwillig gegangen ist.

Dorothea Fischer,
Friedensgemeinschaft Jena

Der Tod von Matthias Domaschk ist nicht das Ende der Geschichte.

Nach dem ersten Schock über den plötzlichen Verlust des Freundes entwickelt sich in Jena eine Widerstands- und Protestbewegung, stärker und radikaler als je zuvor, die bis zum Ende der DDR aktiv ist.

Der Tod von Matthias löst weit über die Stadt hinaus Zweifel und Empörung aus. Viele seiner Freunde sehen keine Zukunft mehr für sich und ihre Kinder in der DDR, sie stellen einen Ausreiseantrag. Andere rebellieren nun erst recht – wie Roland Jahn, damaliger Spitzname Gag:

Mit dem Tod von Matz brach plötzlich eine andere Dimension über uns herein. Diese Nachricht hatte eine existenzielle Wucht. Wir wussten nun, dass auch der Tod am Ende unserer Auseinandersetzung mit der Diktatur stehen konnte. Sein Tod war ganz nah an jedem von uns dran. Sie hatten ihn zur Strecke gebracht – einen sanften jungen Mann, der einfach nur anders leben und nicht mitlügen wollte.

Renate erfährt vom Tod ihres Freundes und des Vaters ihrer vierjährigen Tochter Julia erst am Tag seiner Beerdigung, da sie gerade bei einem frisch ausgereisten Jenaer Freund in Kaiserslautern zu Besuch ist. Dort trifft ein Telegramm aus einer Wohngemeinschaft in Hartroda ein. Es ist von Matthias Vernaldi, deren Mitbegründer und ein guter Bekannter von Renate. Darin steht, dass Matz tödlich verunglückt sei. Renate fährt sofort zurück in ihre Wohnung nach Frankfurt am Main. Dort angekommen, sieht sie im Hausflur in ihrem Briefkasten nach und findet eine Postkarte aus Jena vor. Es ist jene, die er vor seiner Reise nach Berlin eingeworfen hat: *Scheiß Grenze! Alles liebe, bis bald! Matz.*

Tagelang kann Renate keinen klaren Gedanken fassen. Telefonate nach Jena sind schwierig und einreisen lässt die DDR sie nicht.

Der Maler und Bildhauer Frank Rub schreibt noch am Tag der Beerdigung unter dem Eindruck der zahlreichen MfS-Mitarbeiter auf dem Friedhof ein Gedicht mit dem Titel *Zum gewaltsamen Tod des M. D.*

Die Hunde, die Mörder, die Spitzel ...
haben ihn fertiggemacht,
und jetzt noch Blumen zum Friedhof gebracht
Boxervisagen, glotzen und grinsen,
das ist nicht geträumt, kannst bersten vor Wut,
doch keiner in der Reihe, der denen was tut.

Die Arbeitskollegen von Matz im ZIMET hören von seinem Tod bereits am Montagnachmittag, dem 13. April, auf einer Belegschaftsversammlung. Auch dort wird ähnlich wie am selben Tag gegenüber den Eltern erzählt, er habe sich staatsfeindlich betätigt, im D-Zug randaliert, Widerstand geleistet und sich in der Untersuchungshaftanstalt erhängt. In einer weiteren Veranstaltung der FDJ wird spekuliert, er sei krank gewesen und habe einen Herzfehler gehabt. Diese widersprüchlichen Informationen vermitteln unter den Arbeitskollegen von Matz den Eindruck, dass irgendetwas nicht stimmt und Matthias in Gera etwas Mysteriöses passiert sei.

Matz' Meister Müller aus der Tankschlosserei des ZIMET erzählt das seinem Freund und schildert ihm Matthias als *intelligenten, fleißigen und ruhigen Kollegen.* Und Meister Müller scheint noch einiges mehr gewusst zu haben: *Domaschk war Verbindungsmann zwischen Rechtsanwälten, Eltern und festgenommenen Jugendlichen. Er kümmerte sich um die Eltern und informierte Bekannte und Rechtsanwälte.*

Lange nach der Trauerfeier im April wird die Urne Nummer 73909 mit der Asche von Matz am 26. Juni 1981 im Grab der älteren Schwester, die er nie kennengelernt hat, beigesetzt. An diesem Tag sind nur drei Menschen dabei: seine Schwester Stefanie und die Eltern.

Anfangs gibt es keinerlei Hinweis auf sein Grab, keinen Stein, kein Schild. Daher ritzen Maria und Hilli in den Stamm einer in der Nähe stehenden Birke seinen Namen. Andere fotografieren es und verschicken das Bild als Postkarte an Freunde in Ost und West.

Mitarbeiter der MfS-Kreisdienststelle observieren regelmäßig selbst noch das Grab von Matthias Domaschk, aus Angst, dort könnten staatsfeindliche Botschaften zu sehen sein. Es ist ihr Wunschdenken, dass alles in Vergessenheit gerät und sein Tod nicht zu Protesten führt. Doch seine Freundinnen und Freunde legen Blumen nieder. Immer wieder, monatelang.

Zum ersten Todestag, im April 1982, gelingt es Gag, Traueranzeigen in der SED-Zeitung »Volkswacht« und der »Thüringer Landeszeitung« aufzugeben: *Wir gedenken unseres Freundes Matthias Domaschk, der im 24. Lebensjahr aus dem Leben gerissen wurde.*

Gag klappert die wenigen Kioske ab und kauft ganze Zeitungsstapel auf. Er schneidet die Anzeigen heraus und klebt sie im Schutz der Dunkelheit in der Nacht zum 12. April überall in der Innenstadt gut sichtbar an Laternen, Verkehrsschilder, Hauswände. Es wirkt peinlich, wie die Mitarbeiter der MfS-Kreisdienststelle später versuchen, die Anzeigen mit dem Namen Matthias Domaschk in aller Öffentlichkeit zu entfernen. Doch die in ihren Augen *Störung der öffentlichen Ordnung* ist schwerer zu beseitigen, als sie denken. Denn das Papier wurde mit dem Spezialkleber Chemisol angebracht. Manchmal können sie nur den Namen zerkratzen, viele Jenaer fragen nun erst recht: Was stand denn da?

Zur gleichen Zeit arbeitet der Bildhauer Michael Blumhagen an einer Gedenkskulptur aus Stein für Matthias. Sie zeigt ein schutzloses, kauerndes Opfer von Gewalt. Auf dem Sockel ist die Inschrift *Matthias Domaschk 12.6.57–12.4.81* eingraviert. Die 200-Kilogramm-Skulptur stellt er zunächst auf den Johannisfriedhof nahe dem Stadtzentrum. Doch dort bleibt sie nur vier Tage – bis ein Transporter des VEB Stadtwirtschaft Jena vorfährt. In diesem Moment kommt zufällig Gag vorbei, um die Plastik zu fotografieren. Er geht ins angrenzende Altersheim und kann von dort den Abtransport der Gedenkskulptur in allen Schritten dokumentieren. Seine Fotos gelangen über mehrere Stationen in die Westpresse.

Damals schrieb der »Spiegel« über das, was auf dem Friedhof geschah: *Langsam rollt der schwarze Lada an den Grabsteinen des alten Jenaer Stadtfriedhofs vorbei, stoppt an einer fast mannshohen Statue aus Stein. Vier Männer steigen aus, packen das Kunstwerk, den Sockel, wuchten beides auf einen zweirädrigen Anhänger, breiten eine karierte Plane darüber. Dann verläßt das Kommando des DDR-Staatssicherheitsdienstes mit seiner Beute schleunigst den Gottesacker.*

Als der Bildhauer Michael Blumhagen, 23, kurz darauf nach dem Verbleib seiner Figur forscht, verwickeln sich die Ämter in Widersprüche: Erst heißt es, die Plastik sei »beschlagnahmt« worden. Später erklären sie, Unbekannte hätten das Werk »gestohlen«. Blumhagen wird kurz darauf zur Armee eingezogen und sein Haus, ein beliebter Treffpunkt der Szene, wegen angeblicher Baufälligkeit abgerissen.

Es bleibt nicht allein beim Gedenken an Matz. In den Jahren nach seinem Tod kommt es zu immer mehr Demonstrationen und widerständigen Aktionen in Jena: Schon am 1. Mai 1982, dem Kampf- und Feiertag der Arbeiterklasse, läuft Roland Jahn, das Gesicht zur Hälfte als Stalin und zur anderen Hälfte als Hitler geschminkt, dazu Jackett und roter Schlips, durch die Jenaer Innenstadt und stellt sich provozierend-protestierend neben die Tribüne mit der lokalen SED-Prominenz, an der die Jenaer vorbeilaufen und winken müssen. Er wird angepöbelt, aber ihm passiert nichts. Den ganzen Tag läuft er in dieser Aufmachung herum, durch Straßen und Kneipen, hier und da löst er Diskussionen aus. *Man sollte sich mal überlegen, wem man zujubelt,* will er damit zu bedenken geben.

Es ist nicht seine erste Aktion dieser Art. Durch ein Plakat, das bei Matz im Zimmer hing, kamen Gag und Matz auf die Idee, die SED-Losung *Das Arbeiterwort gilt!* aufs Korn zu nehmen: Gag zog ein gestreiftes Arbeitshemd an, setzte einen Bauarbeiterhelm auf, ließ sich in der Pose eines Vorzeigearbeiters fotografieren, und auch diese Satire wurde von Jena aus als Postkarte verbreitet.

Doch als er angesichts des Ende 1981 verhängten Kriegsrechts in Polen die weiß-roten polnischen Papierfähnchen an seinem Fahrrad auch noch mit dem Schriftzug *Solidarnosc* versieht und damit durch Jena fährt, wird er am 1. September 1982, dem ersten Jahrestag der Solidarność-Gründung, vor dem Werkstor von Zeiss verhaftet. Von seinem gerade abgestellten Rad wird ein Fähnchen heruntergerissen und als Beweismittel mitgenommen.

Im Januar 1983 wird er vom Gericht in Gera zu 22 Monaten Gefängnis verurteilt. Sein Vernehmer sagt ihm ins Gesicht: *Du bist wie Gift. Und Gift gehört in den Giftschrank – und der muss abgeschlossen werden!*

Behrchen – Uwe Behr – verschickt daraufhin eine Variante der Das-Arbeiterwort-gilt-Postkarte. Die zeigt seinen Freund hinter Gittern.

Im November 1982 kommt es auf dem zentralen Platz der Kosmonauten zu einer Schweigedemonstration mit fünfzig Teilnehmern. Sie bilden einen großen Kreis, reichen sich die Hände und zeigen erstmals eigene Plakate mit Losungen wie *Ohne Frieden keine Zukunft!*. Eine weitere Aktion im Dezember wird durch den Einsatz von mehr als 200 Sicherheitskräften verhindert, die den kompletten Innenstadtbereich absperren.

Es kommt zu Verhaftungen. Im Januar 1983 trifft es auch Peter Kähler, einen Feinmechaniker im VEB Carl Zeiss Jena, nachdem er ein Lied über Matthias Domaschk im Jenaer Volkshaus vorgetragen hat. Er kennt Matz nur vom Sehen, war aber bei der Trauerfeier auf dem Nordfriedhof dabei. Ihn berührt dessen Schicksal zutiefst. Bei Liederabenden in der Jungen Gemeinde und in Privatwohnungen hat er öfter seinen Unmut über die Verhältnisse in der DDR zur Gitarre kundgetan.

Aber ein toter Freund? In den Räumen der Stasi? Da muss was geschehen, sagt er sich, das kann man nicht sprachlos hinnehmen!

Als er von Matz' Lieblingsblume hört, schreibt er ein Lied mit dem Refrain:

Im Mai, da blüht der Flieder
und die Fahnen sind rot,
auch dieses Jahr, da blüht er wieder,
doch der Matz, der ist tot.

Wegen *staatsfeindlicher Hetze* wird er in Gera inhaftiert. Nach Veröffentlichungen in der Westpresse und internationalen Protesten werden Peter Kähler Ende Februar 1983 und 13 andere Jenaer überraschend freigelassen, darunter Roland Jahn. Ermuntert durch den Erfolg tritt im März die *Friedensgemeinschaft Jena* als eine der ersten von der Kirche unabhängigen Oppositionsgruppen in die Öffentlichkeit. In ihrer programmatischen Konzeption haben die Gründer formuliert, was sie unter Frieden verstehen: *Ein Leben in Gemeinschaft, in freier Verantwortung. Offenheit für Neues und Andersdenkende. Eine Lebensweise, durch die menschliche Würde und Persönlichkeit geachtet und die persönliche Freiheit des Einzelnen nicht eingeschränkt wird, durch die es zur Selbstverständlichkeit wird, einander beizustehen und zu helfen, durch die Gerechtigkeit unter den Menschen waltet.* Die Gruppe um Thea Rost, eine Freundin von Matz, mischt sich mit eigenen Transparenten und Plakaten – wie *Schwerter zu Pflugscharen* – unter eine offizielle Demonstration, um gegen die Militarisierung des Lebens in der DDR zu protestieren. MfS-Mitarbeiter und SED-Genossen versuchen die Schilder zu zerreißen, was ihnen nur teilweise gelingt. Da die Friedensgemeinschaft Fotoaufnahmen organisiert hat, gelangen die für den Staat unangenehmen Bilder in die Westmedien.

Vor allem weil die Jenaer Aktivisten diese Ost-West-Verbindung hergestellt haben, beginnt die Stasi eine Aktion, die sie *Gegenschlag* nennt. In nur drei Tagen werden 40 von ihnen zur Ausreise gedrängt. Wenig später wird auch Roland Jahn gegen seinen Willen nachts am Grenzübergang Probstzella gewaltsam in den Interzonenzug Berlin–München verfrachtet, in ein Abteil des D 301 eingesperrt und in den Westen abtransportiert. Der *Gegenschlag* erweist sich schon bald als ein Schlag ins Wasser, denn er führt zu noch mehr Öffentlichkeit und Verbindungen über die Grenze hinweg. In Bonn demonstrieren im Oktober 1983 etwa 300 000 Menschen für die Abrüstung in Ost und West, und viele von ihnen zeigen in Kenntnis der Jenaer Vorfälle, sehr zum Ärger der SED, die im Vorfeld dieser Demonstration alles versucht hatte, um über ihre Agenten im Westen Einfluss auf die politische Richtung der Demo zu nehmen, das Emblem *Schwerter zu Pflugscharen* der staatsunabhängigen ostdeutschen Friedensbewegung.

Die Grünen-Mitgründerin Petra Kelly trägt wenig später in Ost-Berlin das Symbol bei einem offiziellen Treffen mit Erich Honecker konfrontativ auf ihrem T-Shirt, und das »Neue Deutschland« muss ein Foto von Kelly, Honecker und dem allerdings weitgehend verdeckten Zeichen der unabhängigen Friedensbewegung auf Seite eins abdrucken.

Die Berliner MfS-Generäle entsenden 1983 mehrere Untersuchungstrupps, die analysieren sollen, warum die widerständigen Menschen in Jena nicht weniger, sondern immer mehr werden. Sie halten in ihrem Bericht fest: *Jena ist gegenwärtig das Zentrum der Opposition in der DDR.*

Ihre Ratschläge, wie diese einzudämmen sei, nützen nicht viel. In Jena wächst rasch die nächste Protestgeneration heran, besonders in der Jungen Gemeinde um die Band Airtramp. Olli, Mühle und ihre Freunde sehen sich einem geradezu neurotisch denkenden und handelnden Sicherheitsapparat gegenüber, der schon gegen eine Floßfahrt auf der Saale oder ein öffentliches Frühstück von Jugendlichen auf dem Platz der Kosmonauten glaubt, mit massiver Polizeigewalt vorgehen zu müssen.

Es erweist sich als Irrglaube, die Ausreise der Störenfriede könnte die Probleme von SED und MfS lösen. In Jena reißt das widerständige Handeln in zunehmend vielfältiger Form nicht mehr ab. Im Vorderhaus der JG entsteht ein *Leseladen* mit verbotenen Büchern, eine Gruppe namens *Hinterhofproduktion* stellt subversive Super-8-Filme her, ein Kreis *Homosexuelle Liebe* beginnt gegen Diskriminierung zu kämpfen, Gruppen wie *Hoffnung Nicaragua* oder *Künstler für Andere* blicken unabhängig von staatlichen Institutionen in die Welt hinaus und treten für eine solidarische Gesellschaft auch in der DDR ein.

Einige der Exil-Jenaer wie Peter Rösch, Thomas Auerbach und Bernd Markowsky halten die Verbindungen und schlagen eine Brücke zu den Westmedien, den West-Grünen und anderen politischen Kräften.

Jürgen Fuchs und Roland Jahn werden in den letzten Jahren der DDR zu den Hauptfeinden von Stasi-Chef Erich Mielke, gegen die er sogar Haftbefehle erlässt, gleichwohl sie im Westen leben.

Vor allem über Jahn und Fuchs gelangen Informationen in den Osten und umgekehrt Nachrichten über Opposition und Widerstand aus dem Osten in den Westen. Fuchs versorgt Oppositionelle in der DDR regelmäßig mit dem selbstproduzierten Pressespiegel »Dialog«, der im Bundestagsbüro von Petra Kelly kopiert wird.

David gegen Goliath. Ein paar Jenaer gegen eine Hunderttausend-Mann-Armee des MfS. Mielke ist General und die Stasi ein Militärapparat, der nicht zimperlich vorgeht.

Es gibt Drohanrufe, und eines Tages explodiert vor Jürgen Fuchs' Wohnhaus am Tempelhofer Damm eine Bombe, da, wo er gerade noch mit seinen Kindern gestanden hat. Der Verursacher? Schwer nachzuweisen. In den Stasi-Akten findet sich später ein nachgemachter Schlüssel zu seiner Wohnung. Auch Roland Jahns Wohnung, sogar der Schulweg seiner Tochter werden bis ins kleinste Detail ausspioniert. Im West-Berliner Café Einstein, in dem Jahn sich öfter mit Presseleuten trifft, versucht das MfS unter dem Kennwort »Kaffee Charly« sogar IMs unter Kellnern zu werben und Abhörwanzen gezielt unter Tischen anzubringen.

Das gewalttätige System und sein Feindbild machen vor der innerdeutschen Grenze nicht halt. Mehrere Agenten und Leute, die sich als Freunde ausgeben, werden in die Jenaer Community rund um Kottbusser und Schlesisches Tor in Berlin-Kreuzberg eingeschleust, die Zersetzungsmaßnahmen der ausgereisten Freunde von Matthias Domaschk durch falsche Informationen und gezielte Rufschädigung Einzelner auch im Westen fortgeführt.

Am Ende hat das alles dem Erhalt der Diktatur in der DDR nichts genutzt. Was in Jena lange vor dem Fall der Mauer begann, gehört zu den Wurzeln der Demokratiebewegung vom Herbst 1989. Die Verbindung zwischen Jena und West-Berlin, die Arbeit von Fuchs, Jahn, Rösch und all den anderen, ihre Verbindung zu den Grünen und anderen Parteien und Institutionen bekommen von Jahr zu Jahr eine größere Bedeutung für die Alternativ- und Friedensbewegung in der DDR. Die erzwungenen Ausreisen erweisen sich als schwerer Fehler. Damit haben Stasi und SED erst jene Öffentlichkeit hergestellt, die sie in Jena fürchteten und eindämmen wollten. Der Tod von Matthias Domaschk wurde nicht vergessen, auch wenn er nicht so in die Breite des historischen Gedächtnisses unseres Landes gelangte wie der Tod des West-Berliner Studenten Benno Ohnesorg, 1967 erschossen durch einen West-Berliner Polizisten und MfS-Agenten. Der Fall Ohnesorg war Auslöser für langanhaltende Studenten- und Jugendproteste, die zur Veränderung der westdeutschen Nachkriegsgesellschaft führten. Auch das Schicksal von Matthias Domaschk hatte eine erhebliche Wirkung, weit über die unmittelbar folgenden radikalen Proteste in Jena hinaus.

Was passierte nach dem Tod von Matthias Domaschk hinter den Kulissen der MfS-Kreisdienststelle Jena und der -Bezirksverwaltung Gera?

Noch am Sonntag, dem 12. April, klingelte in der Wilhelm-Pieck-Straße 24 in Jena-Neulobeda bei Familie Würbach das Telefon. Am Apparat war Hauptmann Köhler. Der rief aus Gera an und sagte: Verdammter Mist, der Junge hat sich aufgehängt! Die Familien Würbach und Köhler waren Nachbarn und hatten einen Doppelanschluss, eine Telefonleitung, die man sich teilte.

Erst am Dienstag wurden alle Mitarbeiter in Jena auf einer großen Versammlung im Saal von KD-Leiter Nowack recht knapp darüber informiert: Befragung, Verpflichtung, Suizid.

Wir konnten doch nichts dafür ...

Leutnant Schütz kam erst nach einer Woche von seinem Einsatz zum X. Parteitag aus Berlin zurück. Heute berichtet er, dass Horst Köhler sich über das Wochenende in Gera ausgeschwiegen habe. Andere Mitarbeiter erinnern sich, dass Köhler eine Zeit lang wegen des toten Jugendlichen geschnitten worden sei. Drei Wochen nach dem Tod von Matthias Domaschk bekam Köhler von der Leitung dennoch 400 Mark der DDR als übliche alljährliche Prämie, allerdings extra ausgewiesen für seinen Einsatz zu *Kampfkurs X.*

Schütz bearbeitete Peter Rösch unverdrossen weiterhin mit Köhler im Operativvorgang »Qualle«. Das Ziel war die Ausreise von Rösch, die ihm schon in der nächtlichen Befragung im April 1981 angeboten worden war. Denn, so hieß es in einem Zwischenbericht, *sein feindlich-negatives Wirken und alle inoffiziellen Erkenntnisse über ihn habe er in eindrucksvoller Art und Weise bestätigt.* Wie er anschließend unter Druck gesetzt wurde, formuliert Köhler so: *Mit Rösch wurden im Rahmen der Bearbeitung mehrfach Verunsicherungs- und Disziplinierungsgespräche geführt. In diesen Prozeß waren Schlüsselpersonen und gesellschaftliche Kräfte eingebunden. Rösch erkannte, daß das MfS seine feindliche Zielstellung durchschaut hat und ihm weitere Betätigungsmöglichkeiten in dieser Richtung auch künftig verwehren muß.*

Am 20. Mai 1982 hatten sie ihn so weit: Blase ließ sich von Freunden in Ost-Berlin bis zum »Tränenpalast« begleiten, dem Eingang zum Grenzübergang Friedrichstraße. Von dort war es für ihn nicht weit zu den anderen Jenaer Freunden in Kreuzberg.

In Leutnant Schütz arbeitete es weiter, er geriet zunehmend in Widerspruch zur Arbeit von Köhler, der Kreisdienststelle und zum gesamten MfS, insbesondere im Umgang mit Jugendlichen. Und so gehörte er mit seinen *Zweifeln, Unklarheiten und Bedenken* zu einer Handvoll Mitarbeiter in Jena, die in den Jahren nach dem Tod von Matthias Domaschk um ihre Entlassung baten. Am 23. Juni 1982 sprach er von *einem tiefgreifenden inneren Konflikt,* der zum Entschluss geführt habe, ein Entlassungsgesuch zu stellen. Er kritisierte die Arbeit der Kreisdienststelle, *Mißstände im Arbeitskollektiv* und des MfS insgesamt: *Das Verhältnis zu Fehlern und Fehlentscheidungen, Mißständen und Mängeln, zu Korruption und Manipulation, die Einschätzung der Bevölkerung, Niveau unserer Agitation und Propaganda, die Darstellung und Beurteilung vorhandener oppositioneller Strömungen in unserem Staate, die Rolle der Massenmedien, die Schönfärberei, das Zurückhalten von Informationen, das Niveau der Kirchenpolitik insbesondere zur Problematik »Schwerter zu Pflugscharen«, Feinfühligkeit, Kompromisse …*

Auch der operative Mitarbeiter Oberleutnant Mähler, aus dessen Bericht über Domaschk und dessen verbale Sympathie für die italienischen Roten Brigaden eine womöglich *bereits existierende Terrorgruppe* hochfantasiert wurde, quittierte nach einem heftigen Streit im Arbeitskollektiv mit Köhler über dessen Stil seinen Dienst: *Im Kollektiv herrschte eine schlechte Atmosphäre, ich bin durch den GO-Sekretär* (Köhler) *enttäuscht, seine geringschätzigen Kontakte zu den einzelnen Kollektivmitgliedern, die Ablehnung jeglicher Kritik an seiner Person.* Köhler hatte es als *treu ergebener Genosse* 1983 zum Leiter des Referats XX geschafft, weil sich der alkoholkranke Kreisdienststellen-Leiter Nowack für ihn eingesetzt hatte und der bisherige Referatsleiter Urbansky abgesetzt wurde.

Doch Nowack wurde bald darauf selbst als KD-Leiter abgelöst.

Major Würbach verließ zehn Monate nach Domaschks Tod die Kreisdienststelle Jena. Er setzte sich lieber frühmorgens in den Bus und fuhr nach Gera in die Bezirksverwaltung, zur Arbeit in der Allgemeinen Kontrollgruppe (AKG). Dort traf er gerade noch auf Werner Weigelt, der ohne großes Buffet in den Ruhestand ging, und auf Jürgen Seidel, der als Leiter der Untersuchungsabteilung IX an jenem Aprilwochenende unbedingt einen Erfolg hatte verbuchen wollen und den Druck auf Matthias massiv erhöhen ließ. Tatsächlich bekam Seidel später den erhofften Posten *Stellvertreter Operativ,* wurde also Nummer zwei nach dem Leiter der Bezirksverwaltung.

Vernehmer Peißker wurde 1981 zum Oberleutnant befördert, jedoch 1982 bestraft wegen eines *schwerwiegenden Verstoßes gegen die militärische Disziplin.* Dahinter steckte seine Unaufmerksamkeit bei der Übergabe von Gegenständen eines Inhaftierten an dessen Sohn im Besucherzimmer. In einem der von ihm nicht kontrollierten Kartons mit Kleidung und Haushaltsgegenständen befand sich eine Pistole. 1986 geriet er ins Visier der inneren MfS-Kontrollen, weil seine Tochter in der Schule Filzstifte aus dem Westen benutzte.

Und Untersuchungsführer Strakerjahn? Er verließ die Abteilung IX in Gera, begann eine Ausbildung und wurde SED-Funktionär.

Schließlich Sigurd Schneider, der das Beobachterkollektiv am Saalbahnhof geleitet hatte. Er bekam Ende 1981 keine Prämie, dafür einen Verweis wegen groben Alkoholmissbrauchs. Dr. Hagner, der den Tod von Matthias festgestellt und den Totenschein ausgefüllt hatte, wurde nach einer längeren Phase der Auseinandersetzung über seine Person wegen *Nichteignung* aus dem MfS gedrängt.

Horst Köhler verließ 1985 die Kreisdienststelle Jena und wechselte in die MfS-Zentrale nach Berlin zur Hauptabteilung XX, die zuständig für die zentrale Bearbeitung der Opposition in den Kirchen war. Dort leitete er das Referat IV (HA XX/4/IV). Ranghohe Stasi-Offiziere wie Generalmajor Paul Kienberg und Oberstleutnant Joachim Wiegand haben ihn weiter gefördert. Es gab Prämien, Verdienstmedaillen in Silber und Gold sowie die Ernennung zum Major.

Nur einer hatte Pech: Holger aus der Kaffeerunde. Er wollte nicht mehr mitmachen, hätte am liebsten alles hingeschmissen. Aber er schrieb kein Austrittsersuchen, sondern fuhr mit seiner Familie im Auto nach Prag, bog in die Straße ein, in der die Botschaft der Bundesrepublik lag, stieg nicht einmal aus und fuhr angesichts des gut bewachten Eingangs zurück nach Jena. Doch der Vorwurf *Spionage für einen ausländischen Geheimdienst* reichte zur Verurteilung zu zehn Jahren Gefängnis.

Nach dem Ende der DDR gab es für Horst Köhler eine neue Karriere. Zunächst in einem Immobilienbüro am Berliner Kurfürstendamm, dann als Center-Manager einer Markthalle in Berlin-Kreuzberg. Im August 2013 sorgte ein Artikel des Journalisten Max Thomas Mehr im Berliner *Tagesspiegel* über Köhlers Stasi-Vergangenheit für dessen Entlassung. Eine Ausstellung in der Halle über Köhlers Wirken in Jena folgte. Heute lebt er zurückgezogen in Berlin-Treptow-Köpenick und betont, dass sich an seiner Haltung zur DDR nichts geändert habe.

Als im Januar 1990 Demonstranten die MfS-Zentrale in Berlin besetzen, schreibt Axel, der Sohn von Thomas Auerbach, auf die Hauswand direkt unter Mielkes Büro: *Ihr habt Matthias Domaschk ermordet!*

Auch in Gera haben fortan Stasi-Auflöser das Sagen über die *Objekte* des ehemaligen MfS, das sich eine Woche nach dem Mauerfall schnell noch in Amt für Nationale Sicherheit umbenannt hat.

Am 14. November 1989, fünf Tage nach dem Mauerfall, gibt der zum Major aufgestiegene Ronald Peißker, der Vernehmer von Matthias Domaschk, einen Zettel bei seinem Vorgesetzten ab:

Nach nunmehr 17-jähriger Zugehörigkeit zum MfS muß ich jetzt erkennen, daß meine sozialistischen Ideale durch die Führung meiner Partei und das MfS mißbraucht wurden. Auch ich habe als Mensch versagt, indem ich nicht konsequent und rechtzeitig gegen alle mir bekannt gewordenen Erscheinungen des Machtmißbrauches, durch wen auch immer, aufgetreten bin. Ich bitte deshalb um meine Entlassung aus dem aktiven Dienst.

Kurz darauf, am 26. November 1989, stellt der Vater von Matthias beim Generalstaatsanwalt der DDR in Berlin Strafanzeige gegen Erich Honecker und Erich Mielke und verlangt Aufklärung darüber, was wirklich mit seinem Sohn passiert ist: *Wir möchten endlich die offene Darlegung des Sachverhalts … und vor allem die Gründe, die zur Festsetzung in Gera mit den schwerwiegenden Folgen führten, aufgeklärt wissen. Wir erwarten eine Erklärung, wie es zum Tode unter Aufsicht der Staatssicherheit kommen konnte. Uns Angehörigen wurde damals lediglich erklärt, daß eine Zuführung nach Gera aufgrund staatsfeindlicher Tätigkeiten erfolgte … Wir bitten, die Verantwortlichen zur Verantwortung zu ziehen … Wir sind nach wie vor der Meinung, daß Matthias Domaschk ein Opfer der zu damaliger Zeit herrschenden Verhältnisse geworden ist.*

So kommt es zu ersten Ermittlungen einer DDR-Staatsanwältin in Gera unter dem Aktenzeichen 103 UJs 21/90. Diese verlaufen nach einer Weile im Sande, werden von anderen Staatsanwälten in Erfurt fortgeführt, jedoch fünf Jahre später ganz eingestellt – wegen *mangelnder Verdachtsmomente auf strafbares Handeln.* Renate Ellmenreich, Freundin von Matz und Mutter der gemeinsamen Tochter Julia, beginnt bereits im Januar 1990 mit ersten Recherchen. Ihre Versuche, die beteiligten Stasi-Offiziere vor laufender Kamera des ARD-Fernsehens sprechen zu lassen, bleiben unbefriedigend, die meisten schlagen ihr die Tür vor der Nase zu. Sie zieht aus Frankfurt am Main sogar für ein paar Jahre nach

Gera, um in der Stasi-Unterlagenbehörde zu arbeiten, in der Hoffnung, das Schicksal ihres Freundes weiter aufzuklären.

Es folgen für Renate jedoch Jahre des zähen Ringens um Einsichtnahme in Ermittlungs- und andere Akten. So kam es erst im Jahr 2000 zu einem Prozess gegen sieben beteiligte MfS-Mitarbeiter. Allerdings wurden nur geringe Geldstrafen wegen *Beihilfe zur Freiheitsberaubung* ausgesprochen, weil nach geltendem DDR-Gesetz die 24-Stunden-Frist einer Gewahrsamnahme überschritten worden war und eine 48-stündige vorläufige Festnahme nicht gerechtfertigt gewesen sei, denn die Befragungen in der Nacht zum 12. April 1981 bezogen sich nicht auf eine aktuelle Straftat, sondern lediglich auf inoffizielle, operative Informationen.

Keiner der Stasi-Mitarbeiter hatte im Gericht ein Wort des Bedauerns an Matthias Domaschks Tochter Julia übrig.

Nachwort

ich will endlich wieder
machen können, was ich will,
hingehen, wohin ich will,
und reden, mit wem ich will.
ich will nicht mehr meine gefühle
vor mir selbst verstecken müssen.

Matthias Domaschk, 1. Mai 1977

Matthias Domaschks Schicksal bewegt viele Menschen bis heute, auch mich. Über seinen Tod berichtete ich vor vierzig Jahren im »Spiegel«. Ich kannte Matthias nicht persönlich, aber Jugendliche wie er waren mir vertraut. Ich traf sie Ende der siebziger und Anfang der achtziger Jahre überall in der DDR, wenn ich als Westjournalist dort zu großen und kleinen Treffen junger Leute unterwegs war. Sie hofften darauf, dass sich die Verhältnisse ändern, und sie wollten wie Matthias selbst dazu beitragen.

Einer seiner Freunde, Roland Jahn, saß mir sieben Jahre lang am Schreibtisch gegenüber in der Redaktion des politischen ARD-Magazins »Kontraste«. Die Zusammenarbeit begann nach einem Interview, das ich Mitte der Achtziger, nach seiner gewaltsamen Ausbürgerung aus der DDR, mit ihm und den Liedermachern Bettina Wegner und Wolf Biermann über die Lage in der DDR geführt hatte. So entstanden viele Magazinbeiträge und Dokumentarfilme über Widerstand und Opposition, oft mit heimlich gedrehtem Videomaterial von mutigen jungen Leuten. Die Entwicklung in Jena war dabei ein immer wiederkehrendes Gesprächsthema.

Den entscheidenden Anstoß zur Recherche für dieses Buch gab vor drei Jahren die frühere Lebensgefährtin von Matthias, Renate Ellmenreich. Sie war Initiatorin einer vom Land Thüringen eingesetzten Arbeitsgruppe zur Aufklärung der Todesumstände von Matthias Domaschk, zu der auch Peter Rösch bis zu seinem Tod 2017 gehörte und der Historiker Henning Pietzsch.

Mit den in dieser Gruppe erarbeiteten Erkenntnissen, Zweifeln und Fragen begann ich meine Recherche, suchte und fand teils verschollen geglaubte Freunde und Freundinnen von Matthias, Angehörige und Wegbegleiter – Menschen, die ihn in den unterschiedlichsten Lebensabschnitten kennengelernt hatten.

Vierzig Jahre danach war es nicht einfach, sie wiederzufinden. Nur wenige wohnen noch oder wieder in Jena, manche hat es auf andere Kontinente verschlagen, ein paar sind in Berlin-Kreuzberg geblieben. Wichtige Zeitzeugen sind schon verstorben, wie Blase, Tommy, Walli, Hubert oder Ekki, der Schlagzeuger von Uller, der mir selbst noch auf der Intensivstation begeistert von der Zeit mit der Band erzählte. Im

Lauf der Recherche stieß ich bei den Besuchen auf Hunderte von Fotos, Akten, Briefe, Bücher, Flugblätter und Kalender aus der Zeit, in der Matthias noch lebte. Stundenlang suchte ich zusammen mit Bibe alle Kisten auf seinem riesigen Dachboden ab, in der Hoffnung, ein besonderes Schriftstück zu finden. Er hatte sich daran erinnert, was die Partei nach der Verhaftung 1976 wegen seiner Beteiligung am Protest gegen die Biermann-Ausbürgerung verlangt und bekommen hatte: Sein Vater musste sich vom eigenen Sohn distanzieren. Wir fanden die Erklärung nicht, dafür alle Briefe vom Vater an Bibe ins Gefängnis.

Bei Peter in Leipzig, bei Faustus in Berlin fanden sich bislang unbekannte Briefe von Matz. Tarzan vertraute mir die Fotokiste der Gartenstraße an. All diese Dokumente und auch die teils auf Video festgehaltenen Interviews sind die Grundlage dieses Buches. Ebenso die Arbeit in den Archiven, die eine Fülle neuer Akten und Erkenntnisse hervorbrachte. Ob die Verhörprotokolle von Matthias aus dem November 1976 oder Zweitüberlieferungen vom Schreibtisch Erich Mielkes.

Wichtig war mir, nicht nur Stasi-Akten durchzusehen, sondern auch die von Landes-, Kirchen-, Partei- und Staatsarchiven bis hin zum Werksarchiv von Carl Zeiss Jena und Archiven in Warschau und Prag. Überall fanden sich neue Spuren von Matthias und seinen Freunden. Vom Überfall auf die Gartenstraße 1975 steht kaum ein Wort in den MfS-Akten, aber zu meiner Überraschung fand ich sehr viel dazu im Thüringer Landesarchiv. Wichtige Funde brachten auch die Einsicht in die Unterlagen des Nordfriedhofs und des zugehörigen Krematoriums, die Nachfrage in Schulen oder im Jenaer Stadtarchiv.

Wertvoll waren der Besuch von Originalschauplätzen und das Wandern entlang der alten Pfade in und um Jena, ob mit Renate, Ditsche, Maria oder Tarzan als Begleiter. Von Ditsche entdeckte ich ein umfangreiches Tagebuch in den Akten, das einst bei einer Hausdurchsuchung beschlagnahmt worden war. Darin hatte er penibel alle Ereignisse und Veranstaltungen in Jena Mitte der siebziger Jahre notiert. Nicht nur das. Auch den Wortlaut von Diskussionen, insbesondere mit dem damaligen Jenaer Kulturstadtrat Moser über den Lyrikkreis. Was für eine Quelle! Mit Nina Heike Scholz und Albrecht Heger war ich mehrere Tage in Zeitz unterwegs auf den Spuren von Matz und Blase.

Über einzelne Abschnitte in Matthias' Leben wollte ich mehr und Genaueres wissen. In bisherigen Veröffentlichungen über ihn steht, dass er aus Görlitz stammt und in Jena kein Abitur machen durfte. Mehr nicht. Dabei hat er in seiner Geburtsstadt Görlitz länger gelebt als in Jena. Was für ein Glück, dass ich dort auf seinen besten Freund aus Kindertagen stieß, der von der ersten Klasse an neben ihm die Schulbank drückte. Er zeigte mir Görlitz und erzählte ausführlich, was sie gemeinsam erlebt hatten. Er hatte für seinen Freund die brisanten Texte sicher aufbewahrt, die Matz ihm brachte, bevor er zur Armee ging. Dazu kam ein Stapel Briefe von Görlitz nach Neulobeda und umgekehrt, die beiden schrieben sich noch jahrelang.

Ganz besonders waren die Gespräche mit Stefanie, der Schwester von Matthias, die immer noch in Dresden lebt. Zum Glück hatte ihr Vater Gerhard alles Schriftliche aufgehoben, was er in der Wohnung Am Rähmen nach Matthias' Tod vorfand. Sogar die Einladung zur Geburtstagsfeier in Berlin hatte noch auf dem Tisch gelegen. Aus dem Kalender von Matz geht hervor, dass er Polnisch lernte, und welche Kontakte er nach Warschau, Krakau und Posen hatte. Aus seinem Reisetagebuch und den Interviews mit Ekki konnte ich die gemeinsame Tramptour rekonstruieren.

So ist »Jena-Paradies« vor allem ein Buch über das Leben von Matthias und das seiner Freunde in Jena Ende der siebziger bis Anfang der achtziger Jahre geworden. Mit allem, was ihm und seinen Freunden Spaß gemacht hat, was zur Suche nach Freiheit gehörte und zum Aufbruch aus verklemmten, spießigen deutschen Verhältnissen – worauf nicht nur die Staatsmacht absolut verständnislos und intolerant reagierte. Fast alle hatten auch mit ihren Familien zu kämpfen.

Es sind die Jahre einer Zeitenwende, im Westen wie im Osten. Ein Vierteljahrhundert nach dem Ende des Zweiten Weltkriegs wuchs eine neue Generation heran – mit frischen Ideen, abweichenden Gefühlen und alternativen Lebensvorstellungen, inspiriert von einer weltweit radikalen Veränderung der Jugendkultur. Alte Werte wurden bedeutungslos, neue gesucht, es wurde viel experimentiert. All dies führte unweigerlich zu Konflikten.

Mich haben die Beziehungen und Parallelen zwischen den langhaarigen, Parka und Jeans tragenden Jugendlichen in Ost- und in Westdeutschland jener Zeit überrascht und interessiert. Die Gemeinsamkeiten in der Musik, den Büchern, dem Wissensdurst und in den Sehnsüchten und Hoffnungen auf ein besseres Land als jenes, das Eltern und Großeltern mitgestaltet hatten.

Musik und Poesie gehörten für Matz zu einem guten Leben, und es bedeutete für ihn Glück, dies mit anderen zu teilen. Es war etwas, größer als sie selbst, das sie verband, ihnen Lebenskraft gab, ihnen aber immer wieder aufs Neue verwehrt und genommen wurde.

Vor allem aber ist »Jena-Paradies« auch eine Nahaufnahme des weitgehend verborgenen Innersten des autoritären Machtapparates und seiner Vollstrecker geworden. Ich bin dabei auf tief verwurzelte Denkweisen gestoßen, die offenbar bis heute nachwirken. Auf Menschen, die wahnhafte Vorstellungen von Feinden und Gegnern haben, den Westen und seine Demokratie bis heute kategorisch ablehnen, die andere Leben und Lebenswege zerstört haben – und glauben, sie wären am Aufbau einer menschlicheren Gesellschaft beteiligt gewesen.

In ihrem Denken herrschte ein Idealbild von Gleichheit und Einheitlichkeit. Abweichungen von der Norm, Eigeninitiative und Individualität wurden schon beim geringsten Verdacht wegen angeblicher Staatsfeindlichkeit bekämpft. Das begann im Kindergarten, setzte sich in der Schule fort, im Studium, im Betrieb.

Was mir meine Gesprächspartner über ihre ersten Ausgrenzungserfahrungen in der Kindheit und Jugend erzählten, war erschreckend. Matthias' Freundin Renate musste vor die Klasse treten, die Lehrerin forderte die Mitschüler auf, sie auszulachen: *Stellt euch vor, die glaubt noch an den lieben Gott!*

Am Ende meiner Recherche wurde mir deutlich: Es geht in diesem Buch letztlich um die Fragen: Wie wollen wir miteinander leben? Wie gehen wir miteinander um? Wie finden wir einen respektvollen Umgang miteinander? Respekt für die Freiheit der anderen? Respekt der Eltern vor den Kindern, aber auch Respekt der Kinder vor den Eltern. Und vielleicht das Wichtigste: Jeder hat eine eigene Verantwortung für sein Handeln und darf sich nicht auf Befehle, Anweisungen und Hierarchien berufen, wenn ihm Verstand oder Bauchgefühl sagen: Nein, das mach ich nicht mit!

Matthias Domaschk stellte sich genau diese Fragen. Er wollte für sich und andere Freiräume schaffen, nicht länger der Willkür und Drangsalierung ausgeliefert sein. Sein Leben zerbrach daran, dass er Strukturen gegenüberstand, die seinen Spielraum immer mehr einengten, die Gespräche nur als Belehrung oder Verhör praktizierten.

Der Druck auf ihn war am Ende extrem.

Zehntausende hauptamtliche Stasi-Mitarbeiter haben bei ihm und vielen anderen ihren Teil dazu beigetragen – doch sie waren es nicht allein. Seit über dreißig Jahren schweigen sie sowie die meisten der mit dem MfS verbundenen sogenannten *Kräfte des gesellschaftlichen Zusammenwirkens.* Die Stasi konnte sich auf ein unglaubliches Netzwerk stützen. Ob Volkspolizei, Lehrer, Hausbuchführer, Transportpolizisten, Freiwillige Helfer der Deutschen Volkspolizei, Schuldirektoren, sogenannte Schlüsselpersonen in den Rathäusern, Offiziere im besonderen Einsatz, die Sicherheitsbeauftragten oder das Leitungspersonal in Betrieben. Hunderttausende beteiligten sich an der Unterdrückung ihrer Nachbarn, Kollegen oder gar Verwandten, ermöglichten den Herrschenden eine Ein-Parteien-Diktatur, die die SED als Befreiung von Faschismus und Ausbeutung feierte. Sie alle trugen dazu bei, dass Jugendliche wie Matz, seine Freunde und so viele andere im Land als *feindlich-negativ-dekadent bearbeitet* werden konnten – mit verheerenden Folgen für ihr Leben.

Eine Akte hat mich besonders beeindruckt. Ein Stasi-Offizier schrieb über einen Jugendlichen in Weimar: Er setze sich ein *für eine menschlichere Gesellschaft in der DDR.* Deshalb müsse er *bearbeitet* werden. Hat er die Absurdität seiner Notiz überhaupt bemerkt?

All dies erinnerte mich an meine Recherchen über die fünfziger und sechziger Jahre im Westen Deutschlands. Als fast eine Million Jugendliche in Erziehungsheimen verschwanden, weil sie nicht der gewünschten Norm entsprachen. Die Exponenten des DDR-Staates reagierten ähnlich panisch auf die sich anbahnende Zeitenwende: die Befreiung vom autoritären Geist der Nachkriegsgesellschaft durch die nachwachsende Generation, gegen die Anpassung und Erstarrtheit der Eltern. Die langhaarigen Jugendlichen mussten sich in beiden deutschen Staaten, »solange sie ihre Beine unter den Familientisch steckten«, vor allem mit ihren Vätern auseinandersetzen, die nicht verstanden, warum die Söhne nicht in ihre Fußstapfen treten wollten. Ob Beat-Anhänger, Gammler, Rowdys und später Punker, egal ob auf den Straßen im Westen oder im Osten – es schallte ihnen entgegen: Wascht euch! Geht doch erst mal arbeiten! Bis hin zu: Euch hat man wohl vergessen zu vergasen!

Bei allen Unterschieden in der Staatsform der Bundesrepublik und der DDR: Die Aufbau-, die Elterngeneration war auf beiden Seiten der Mauer durch die Nazi-Zeit geprägt, durch das Ausgrenzen von Menschen, das Bekämpfen von Individualität und die Abneigung gegen Vielfalt. Alte Werte wie Disziplin, Gehorsam, Pflichterfüllung, Treue, Unterordnung, Fleiß, Bescheidenheit oder Fügsamkeit lösten zunehmend Widerspruch aus.

Deshalb begehrte die Jugend auf beiden Seiten der Mauer auf. Sie inspirierte dieselbe Musik, die gleichen Bücher, und sie waren fasziniert von Rebellen, die gegen Ungerechtigkeiten und für Freiheit aufbegehrten. Mit einer trostlosen Vergangenheit im Rücken wollten sie die Gesellschaft verändern, um eigene Lebensentwürfe zu finden und zu verwirklichen. Irrwege inklusive.

Als der russische Angriffskrieg gegen die Ukraine zwei Wochen alt war, überkamen mich Zweifel, ob die Beschäftigung mit einer mehr als vierzig Jahre zurückliegenden Geschichte noch angemessen war.

Da las ich etwas in den Akten, das die Zweifel zerstreute. Schon in den ersten Wochen, als die Wohngemeinschaft Gartenstraße entstand, legte nicht die Stasi, sondern die Volkspolizei, Kommissariat I, eine Akte »Wohnung« an. Darin heißt es, dort braue sich wohl eine staatsfeindliche Gruppe zusammen. Diese Jugendlichen hätten nicht nur *einen eigenen Begriff von Freiheit,* sondern wollten denselben *auch verwirklichen.* Verrückt, dachte ich – deshalb sollten die bekämpft werden? Was im Kleinen die Mentalität in Jena war, sind das nicht auch die Denkmuster des KGB-Offiziers und Stasi-Ausweis-Inhabers Putin, der den Freiheits- und Selbstbestimmungsdrang der Ukraine auslöschen will?

Ich schrieb also weiter, recherchierte, suchte Zeitzeugen auf und machte die noch lebenden Stasi-Mitarbeiter ausfindig.

Es war schon merkwürdig, wenn ich den Klingelknopf mit dem Namen aus den Akten drückte, daneben ein getöpfertes Schildchen »Willkommen«, oder als ich jemanden in seiner Datsche besuchte, wo der Spruch »Ein schöner Garten wäscht den Staub des Alltags aus der Seele« neben dem Gartentor prangte.

Ich traf sie in Eigenheimen mit gepflegten Vorgärten, mit Wohnmobil, SUV und Motorrad in der Doppelgarage, in adretten Singlewohnungen oder Reihenhäusern. Es schien so, als ob viele von ihnen mitten in der Gesellschaft angekommen waren. Die Oppositionellen und Revolutionäre von 1989 haben ihre Unterdrücker mit befreit. Ich stand aber auch vor Gräbern von Offizieren, die sich totgesoffen hatten. Tschekisten, deren Familien kaputtgegangen waren, für die ihr Lebensweg gegen die Wand endete. Oberleutnant Steffen Lippolt, der die Bewohner der Gartenstraße bearbeitete, den Hauskauf in Jena-Burgau verhinderte und so den großen Traum von Matz und seinen Freunden vernichtet hat, wurde nicht viel älter als 30 Jahre. Anfang der neunziger Jahre warf er sich vor einen Zug. Auch IM »Runge«, der Pfarrer Michael Stanescu, der die ersten Berichte über Matthias Domaschk ablieferte, beging Jahre nach dem Mauerfall Selbstmord.

Wer noch lebte, dem hörte ich zu. Natürlich klagten sie über *die harten Jahre der Transformationszeit, die Schwierigkeiten ihrer Kinder, im Kapitalismus zurechtzukommen, und über die Lügen der Siegermedien.* Ich vernahm noch im Jahr 2022 abfällige Bemerkungen über das heruntergekommene Aussehen der »Biermann-Anhänger und DDR-Feinde« und Schilderungen darüber, *wie schlimm es in diesen Kommune-Wohnungen aussah, wo einfach jeder übernachten konnte,* die sie von Zuführungen und Hausdurchsuchungen kannten. Aber zumindest *eine* Gesprächsbereitschaft über »das Vorkommnis« war da – nach vierzig Jahren. Major Würbach, so schien es mir, beschäftigt es besonders. Er kann angesichts seines Gesundheitszustandes kaum noch sein Wohn- und Arbeitszimmer verlassen, spricht aber über vieles, als wäre es gestern geschehen.

Das Vergangene schien nicht nur bei ihm erstaunlich präsent. Als ich in einem kleinen Dorf in Thüringen bei einem ehemaligen Offizier aus

Gera vor der Haustür stand und sagte: *Ich möchte mit Ihnen über das Vorkommnis vom 12. April 1981 sprechen,* antwortete er ohne nachzufragen: *Komm'se rein!*

Es waren Zeitreisen zu Menschen, von denen nur noch wenige stolz darauf sind, so wie Horst Köhler es mir gegenüber betont hat, ihre *Meinung zur DDR nicht geändert* zu haben.

Einige redeten ganz anders. Es sei der größte Fehler seines Lebens, beim MfS gewesen zu sein, war der erste Satz eines Hauptmanns der Untersuchungsabteilung IX, als er mich mit in seine Wohnung nahm. Und Ronald Peißker, der letzte Vernehmer, der Matthias im April 1981 die ganze Nacht befragt hatte, gab mir am Ende stundenlanger Gespräche dann noch etwas mit auf den Weg, um es seiner Schwester, der Tochter, seinen Freunden und Freundinnen auszurichten: *Was meine Schuld betrifft, bin ich schon der Meinung, dass ich allein durch meine Tätigkeit in diesem Amt mit dazu beigetragen hab, dass der Herr Domaschk so eine Entscheidung für sich gefällt hat. Ohne diese Vernehmungen und ihre Folgen hätte er sich das wahrscheinlich nicht angetan. Aus dieser Sicht bin ich eigentlich mitschuldig und bereue das.*

Das macht Matthias nicht wieder lebendig. Was geschehen ist, ist geschehen. Die Vergangenheit ist in uns allen, ob wir es wollen oder nicht. Matthias ist nicht zurückgekehrt von seiner letzten Reise. Er könnte heute seine Enkelkinder an die Hand nehmen, durch Jena ziehen, über die Kernberge bis hin zur Lobdeburg wandern, bei Tarzan vorbeischauen oder mit alten Freunden vom Paradies-Bahnhof aus zu einem Rock- oder Blueskonzert fahren, irgendwo in Thüringen oder anderswo.

Auch wenn er sein Hemd dazu genommen hat: Matthias beging keinen Selbstmord. Er wurde in den Tod getrieben, und viele waren beteiligt.

Was bleibt, ist sein politisches Zeichen: Ihr kriegt mich nicht. Ich mache mich nicht gemein mit euch, nicht mit eurer Art zu leben, nicht mit eurer Diktatur.

Was bleibt, ist heute so aktuell wie damals. Es geht darum, Gesellschaft miteinander zu gestalten. Es ist der Wunsch nach Offenheit im Denken und Handeln. Es ist der Wunsch nach einem Land, in dem die Menschen in ihrer Vielfalt frei, ohne Angst und Willkür leben können.

Dank

Ich danke allen, die bereit waren, mich bei diesem Buch zu unterstützen. Es konnte nur dadurch zustande kommen, dass sehr viele Leute mit mir sprachen, meine Fragen geduldig beantworteten, Fotos und Dokumente erklärten und überließen.

Besonderer Dank gilt dabei Stefanie Domaschk, der Schwester von Matz.

Renate Ellmenreich und Henning Pietzsch aus der Erfurter Arbeitsgruppe zur Klärung der Todesumstände von Matthias Domaschk überließen mir sämtliches Arbeitsmaterial und gaben immer wieder wichtige Hinweise. Gerold Hildebrand half mir bei der Suche nach den ehemaligen Freunden und Freundinnen. Die Thüringer Staatskanzlei unterstützte unbürokratisch eine erste Befragung von Zeitzeugen. Wesentlich für das weitere Gelingen war besonders die Förderung durch die Bundesstiftung zur Aufarbeitung der SED-Diktatur. So konnte das Thüringer Archiv für Zeitgeschichte »Matthias Domaschk« (ThürAZ) in Jena als Ansprech- und Projektpartner die Arbeit realisieren. Das ermöglichte Zeitzeugengespräche in großer Zahl sowie die archivgerechte Aufbereitung der Ergebnisse. Die Archivarin Maria Riedel vom ThürAZ begleitete jahrelang das Projekt und stand mir immer wieder ganz persönlich mit Rat und Tat zur Seite. Hilfreich waren zudem Dr. Peter Wurschi, der Thüringer Landesbeauftragte zur Aufarbeitung der SED-Diktatur, und ganz besonders Susan Pethe und Nina Ziesemer, Mitarbeiterinnen des Stasi-Unterlagen-Archivs im Bundesarchiv, die mit ihren Hinweisen und Ideen erheblich dazu beitrugen, dass ich eine Fülle neuer Akten finden und auswerten konnte. Besonders bedanken möchte ich mich bei Bernd Markowsky, Nina Heike Scholz und den ehemaligen Bewohnern der Gartenstraße 7, bei Achim Dömel, Hans-Helmut Kurz, Maria und Wolfgang Diete für ihre intensive und freundschaftliche Begleitung.

Das Thüringer Archiv für Zeitgeschichte »Matthias Domaschk«, 07749 Jena, Camsdorfer Ufer 17, bildung@thueraz.de, bietet auf Anfrage Stadtrundgänge zu Matthias Domaschk in Jena an.

Abkürzungen

AG	Arbeitsgemeinschaft
BBC	British Broadcasting Corporation
BRD	Bundesrepublik Deutschland
BSG	Betriebssportgemeinschaft
BV	Bezirksverwaltung
CDU	Christlich Demokratische Union Deutschlands
ČSSR	Československá socialistická republika (Tschechoslowakische Sozialistische Republik)
DDR	Deutsche Demokratische Republik
FDGB	Freier Deutscher Gewerkschaftsbund
FDJ	Freie Deutsche Jugend
GO	Grundorganisation
GST	Gesellschaft für Sport und Technik
HIM	Hauptamtlicher inoffizieller Mitarbeiter
HO	Handelsorganisation (staatlicher Einzelhandel in der DDR)
HOG	HO-Gaststätte
HRM	Hnutí revoluční mládeže (Bewegung der revolutionären Jugend in der ČSSR)
HV A	Hauptverwaltung A (Spionageabteilung des MfS)
IM	Inoffizieller Mitarbeiter (des MfS)
IMB	IM der Abwehr mit Feindverbindung bzw. zur unmittelbaren »Bearbeitung« im Verdacht der Feindtätigkeit stehender Personen
JG	Junge Gemeinde
K I	Arbeitsgebiet I der Kriminalpolizei
KD	Kreisdienststelle
KGB	Komitet Gossudarstwennoi Besopasnosti (Komitee für Staatssicherheit beim Ministerrat der UdSSR)
KOR	Komitet Obrony Robotników (Komitee zur Verteidigung der Arbeiter in Polen)
KP	Kontaktperson
KPD	Kommunistische Partei Deutschlands
KPD/ML	Kommunistische Partei Deutschlands/ Marxisten-Leninisten

KPdSU	Kommunistische Partei der Sowjetunion
KSZE	Konferenz über Sicherheit und Zusammenarbeit in Europa
LO	Luftgekühlter Ottomotor
LP	Langspielplatte
MfS	Ministerium für Staatssicherheit
ND	Neues Deutschland
NKWD	Narodny Kommissariat Wnutrennych Del (Volkskommissariat für Innere Angelegenheiten der UdSSR)
NSDAP	Nationalsozialistische Deutsche Arbeiterpartei
NVA	Nationale Volksarmee
OV	Operativer Vorgang
OvD	Offizier vom Dienst
PA	Personalausweis
PGH	Produktionsgenossenschaft des Handwerks
PM 12	Vorläufiger Personalausweis
POS	Polytechnische Oberschule
RAF	Rote Armee Fraktion
RAW	Reichsbahnausbesserungswerk
RIAS	Rundfunk im amerikanischen Sektor
Sankra	Sanitätskraftwagen
SC	Sportclub
SDS	Sozialistischer Deutscher Studentenbund
SED	Sozialistische Einheitspartei Deutschlands
Stasi	Staatssicherheit
SU	Sowjetunion
Trapo	Transportpolizei
UdSSR	Union der Sozialistischen Sowjetrepubliken
UKW	Ultrakurzwelle
VEB	Volkseigener Betrieb
VP	Volkspolizei
VPKA	Volkspolizeikreisamt
WG	Wohngemeinschaft
ZIMET	Zentralinstitut für Mikrobiologie und experimentelle Therapie
ZOS	Zentraler Operativstab

Vornamen und Spitznamen

Achim Dömel
Albrecht Heger
Assi – Astrid Eckner
Behrchen – Uwe Behr
Bibe – Marian Kirstein
Billy – Ferdinand Hajduk
Blase – Peter Rösch
Cora Bauer
Ditsche – Wolfgang Hinkeldey
Doris Liebermann
Ede – Günter Kern
Ekki – Ekkehard Reinsch
Faustus – Michael Pfauder
Fidel – Ulf L.
Gag – Roland Jahn
Geige – Hans-Joachim Schau
Gudrun Zöllner
Hanne – Ralf Türke
Heike – Nina Heike Scholz
Henry Waldorf
Heppe – Klaus-Dieter Siegel
Hilli – Gerold Hildebrand
Hopser – Christina Klingenberg
Hubert Schnell
Jagger – Klaus-Dieter Boost
Jesus – Rainer Paul
Jonny oder Gerdchen – Gerd Lehmann
Kaktus – Thomas Grund
Käse – Uwe Sinnig
Kathrin Schilling
Katrin Werlich
Kerstin Hergert
Kommunisten-Bernd – Bernd Markowsky
Lutze – Lutz Birnbaum

Maik – Marcella Kunze
Maria Diete
Marina Menzel
Matz – Matthias Domaschk
Menzi – Ulrike Hartmann
Micha – Michael Wagner
Moses – Dietmar Saupe
Nobi – Norbert Weinz
Ohms – Joachim Bode
Otto (der kleine Otto) Schmidt
Peter Schiefner, Leipzig
Ponder – Hans-Helmut Kurz
Pump – Detlef Pump
Ria Brouwers
Renate Groß, heute Ellmenreich
Rosti – Michael Rost
Seifi – Andreas Seifert, Görlitz
Siegfried Reiprich
Speiche – Bernd Tetzner
Steffi – Stefanie Domaschk
Sterz – Kardinal Georg Sterzinsky, damals Kaplan
Stockel – Michael Stokelbusch
Sylvi – Sylvia H.
Sylvia Granderath
Tarzan – Wolfgang Diete
Thea – Dorothea Rost, heute Fischer
Tommy – Thomas Auerbach
Torsten Kaleve, Görlitz
Waldi – Waldemar Holtorf
Walli – Walfred Meier
Willi Krüger